MINERVA
社会福祉叢書
71

児童養護施設の労働問題
子ども・職員双方の人権保障のために

HORIBA Junya
堀場純矢
［著］

ミネルヴァ書房

はじめに

　近年，子ども虐待の深刻化に加えて，2022年の改正児童福祉法やこども基本法の制定，2023年のこども家庭庁の開設，里親制度を推進する政策動向も影響して，社会的養護に関する研究は増加傾向にある。しかし，そのほとんどは子どもの権利や現行制度の枠組みの下での子どもへのケアに関するもので，施設職員に関するものは少ない。数少ない施設職員に関する研究をみても，小規模化・地域分散化に伴って深刻化している職員の確保・育成や職場環境の一部を取り上げて分析したものや，ストレス・バーンアウトなどの心理学的な視点に基づくものが中心である。

　しかし，これらの研究では児童養護施設（以下，施設）における職員の労働条件・労働環境をトータルに捉えているとはいえず，それを改善するための労働組合についてもふれられていない。本来であれば，それに加えて労働条件・労働環境が大きく反映される職員の健康状態，仕事上の不安・悩みと相談相手，仕事のやりがい，仕事を辞めたいと思った理由と支えになったもの，小規模化の影響なども含めて，施設における労働問題をトータルに明らかにする必要がある。これらのことを構造的に捉えることなしに，施設における労働問題の本質を明らかにすることはできない。

　また，施設はその多くが第二次世界大戦で親を失った戦争孤児を宗教家・篤志家が私財を投じて保護したことから始まった経緯や，親代わりの役割を求められる仕事の特性から，長年にわたって職員が自己犠牲的な働き方をせざるを得なかった状況がある。こうした状況にありながら，労働問題や労働組合については，施設だけではなく社会福祉に関する学会・研究会においても忌避される傾向があり，施設にかかわる研究者でこの問題に正面から取り組んでいるのは筆者のみとなっている。

　しかし，職員が安心して働き続けられる環境がなければ，子どもに適切なケアをすることができないだけでなく，施設そのものの持続可能性も危ういといえる。本書はこうした問題意識に基づいて，2016年度に2つの外部助成（非営利・協同総合研究所いのちとくらし研究助成，生協総研賞・第14回助成事業）を得て行ったアン

ケート調査とインタビュー調査を基に，施設における労働問題をトータルかつ実証的に明らかにしたものである。

　本書の構成は，序章で労働問題研究の背景と目的，研究の視点と枠組み，研究対象と方法について述べた上で，第1章で社会福祉労働と施設職員に関連する先行研究を分析し，第2章で施設における労働問題の歴史をみていく。そして，第3～14章では，筆者が行ったアンケート調査とインタビュー調査結果を通して施設における労働問題と労働組合の役割を明らかにし，終章では本書で明らかになったことを踏まえて，本研究の意義と課題について述べる。

　以上のように，本書は施設における労働問題についてトータルかつ実証的に分析した他に類のない学術書である。テーマをみると近寄りがたいイメージがあるかもしれないが，研究者や学生だけでなく，施設職員の方々にも本書を施設の労働環境を改善するための基礎資料として活かしていただくことを願っている。

　2024年12月

堀場純矢

児童養護施設の労働問題
――子ども・職員双方の人権保障のために――

目　次

はじめに

序　章　施設職員を「労働者」としてみる……………………………i

　　1　労働問題研究の背景と目的………………………………………i

　　2　労働問題研究の視点と枠組み………………………………………3

　　3　労働問題研究の対象と方法…………………………………………7

　　4　本研究の課題と構成…………………………………………………11

第Ⅰ部　先行研究と労働問題の歴史

第1章　施設職員に関する先行研究の分析………………………………18

　　1　社会福祉労働に関する先行研究……………………………………18

　　2　労働条件・労働環境…………………………………………………22

　　3　健康状態とストレス…………………………………………………25

　　4　支えになったものと仕事のやりがい………………………………28

　　5　小規模化の影響………………………………………………………34

　　6　研修体制………………………………………………………………36

　　7　働き続けられる環境づくり…………………………………………38

　　8　労働組合の役割………………………………………………………40

　　9　国・自治体の役割……………………………………………………41

　　10　先行研究の意義と課題………………………………………………43

第2章　児童養護施設における労働問題の歴史——1945〜2024年……46

　　1　戦争孤児の保護と児童養護施設の設立——1945〜1953年………46

　　2　労働運動の高揚と制度の改善——1954〜1972年…………………47

　　3　労働運動の停滞と労働時間短縮問題——1973〜1994年…………49

　　4　社会福祉の市場化と施設内虐待・労働争議の続発…………………51
　　　　——1995〜2010年

　　5　小規模化・地域分散化の推進——2011〜2019年…………………54

6　コロナ禍と地域分散化の影響——2020〜2024年 …………………… 56
　　7　歴史区分ごとの労働問題の共通性と特徴 ………………………… 58

第Ⅱ部　施設職員の労働条件

第3章　基本属性・施設の形態・就業の条件・職種等 ……………… 64
　　1　基本属性 ………………………………………………………………… 64
　　2　施設の形態・就業の条件・職種等 …………………………………… 71
　　3　基本属性等からみた職員の状況と意識 ……………………………… 80

第4章　給与体系 ……………………………………………………………… 82
　　1　年　収 …………………………………………………………………… 82
　　2　賞与の有無と支給月数 ………………………………………………… 85
　　3　昇給の有無と額 ………………………………………………………… 88
　　4　職員の賃金 ……………………………………………………………… 91

第5章　労働条件 ……………………………………………………………… 93
　　1　有給休暇の有無と取得日数 …………………………………………… 93
　　2　週当たりの実労働時間 ………………………………………………… 96
　　3　月当たりの超過勤務手当の支給時間数 ……………………………… 99
　　4　宿直の回数 …………………………………………………………… 101
　　5　職員の労働条件 ……………………………………………………… 104

第Ⅲ部　施設職員の健康状態と人間関係

第6章　健康状態とストレス …………………………………………… 108
　　1　自覚症状 ……………………………………………………………… 108
　　2　精神的ストレス ……………………………………………………… 111
　　3　仕事上の不安・悩みと相談相手 …………………………………… 113
　　4　健康状態・ストレスと人間関係 …………………………………… 124

第7章　退職を考えた時に支えになった要因 …………………………129
　　1　仕事を辞めたいと思った理由と支えになったもの …………………129
　　2　長く続けられている理由 ………………………………………………145
　　3　辞めたいと思った時に何が支えとなったか …………………………152
第8章　施設職員として働くことになった経緯と仕事のやりがい …155
　　1　施設職員として働くことになった経緯 ………………………………155
　　2　仕事のやりがい …………………………………………………………157
　　3　労働環境の保障と積極的な情報発信 …………………………………164
第9章　子どもと家族からの行政機関や施設に対する苦情や要望 …167
　　1　子どもと家族からの苦情や要望 ………………………………………167
　　2　苦情や要望の内容 ………………………………………………………169
　　3　苦情や要望の捉え方と対応 ……………………………………………174

第Ⅳ部　施設職員の労働問題を規定する要因

第10章　小規模化の影響 ……………………………………………………176
　　1　アンケート調査からみた小規模化の影響 ……………………………176
　　2　インタビュー調査からみた小規模化後の変化と課題 ………………189
　　3　小規模化の影響と課題 …………………………………………………202
第11章　研修体制 ……………………………………………………………206
　　1　研修の内容・回数 ………………………………………………………206
　　2　役立った研修の内容 ……………………………………………………210
　　3　今後望む研修内容 ………………………………………………………215
　　4　研修の実態と課題 ………………………………………………………217
第12章　働き続けられる環境づくり ………………………………………219
　　1　職員が安心して働き続けるために必要なこと——アンケート調査から
　　　………………………………………………………………………………219

2　施設で安心して働き続けるための配慮──インタビュー調査から……221
   3　職員集団づくりの方法──インタビュー調査から……………………228
   4　職員が安心して働き続けられるために……………………………………235

第13章　労働組合の役割……………………………………………………238
   1　労働組合の有無と必要性──アンケート調査から……………………238
   2　労働組合の必要性を「感じる」「感じない」理由…………………………242
   3　労働組合の必要性と意義──インタビュー調査から…………………253
   4　総合考察………………………………………………………………………259
   5　労働組合の役割と課題………………………………………………………263

第14章　国・自治体の役割…………………………………………………266
   1　アンケート調査からみた本調査および国・自治体に対する要望・意見
      ………………………………………………………………………………266
   2　インタビュー調査からみた国・自治体への要望・意見………………273
   3　国・自治体の役割と課題……………………………………………………280

終　章　子ども・職員双方の人権が保障される環境づくり………283
         ──施設における労働問題と対策
   1　児童養護施設における労働問題……………………………………………283
   2　子ども・職員双方の人権保障に向けた課題………………………………286
   3　労働問題研究の意義と今後の課題…………………………………………292

おわりに

参考文献

巻末資料

索　　引

| 序　章 | 施設職員を「労働者」としてみる |

1　労働問題研究の背景と目的

　児童養護施設（以下，施設）は，その多くが第二次世界大戦後の混乱期に民間の篤志家・宗教家が戦争孤児を保護したことから始まっており，社会福祉施設の中でも歴史が長い。また，その設立の経緯から，創設者一族が理事長・施設長などの重要ポストを世襲する同族経営が多く，封建的な施設運営や措置費・職員配置基準の低さなども影響して，職員が住み込み制や断続勤務という特殊な勤務形態のもとで働く状況が長年続いてきた（皿海 1972）。1990年代初頭の状況をみても，黒田（1992）は，施設では職員が年間3,000時間以上働くことも珍しくなく，職員が次々と退職する状況にあると述べている。

　その後，施設関係者らの運動により，措置費や職員配置基準は改善されてきたものの，労働環境の厳しさが影響して，勤続年数が5年未満の職員（正規の養育担当）が半数（50.5％）を占めており，年齢構成も若手とベテランに二極化している場合が多い（全国児童養護施設協議会 2015）。こうした中で，小規模化・地域分散化が進められた結果，施設では一人勤務や宿直が増えて職員が孤立・疲弊したり，職員の確保・育成が困難になったりしている（黒田 2013；堀場 2022a）。また，最近は施設長に同族以外の職員が就くことが増えているが，同族経営はそれ自体が問題というよりも，施設が民間への措置委託というシステムに依拠され続けてきた結果ともいえるため，国・自治体の責任が問われる事項である（堀場 2023b）。

　このような中で，職員を「生活者」「聖職」として捉えたり，その仕事を「労働」として位置づけることを否定したりする論理が長年にわたって温存され（浅井 1991：28），労働組合（以下，労組）が忌避されてきたといえる。この点について，浦辺（1973a：4）は「これまでの日本の社会福祉研究は社会科学的，政策的研究を異端視して，もっぱら対象と処理方法の心理学的，社会病理学的研究が学界を風びしていたこと」と指摘している。この状況は現在もそれほど変わっていないが，日本のソーシャルワークとその研究の悲劇は近年「労働」をどこかに置

き忘れてきたことだといえる（秋元 2019：3）。

　こうした状況の中で，1970年代半ばまでは労働運動の高揚や1967年に起きたのぞみの家指導員解雇撤回裁判などを背景として，労働問題や労組に関する研究（鷲谷 1968；皿海 1972；小川 1973；杉本 1973）が一部でみられた。これは，当時の時代背景も影響しており，浅井（1987：330）が指摘するように，社会福祉労働論は1970年代前半に最も盛んに取り組まれたが，福祉見直し論が台頭した1970年代後半には退潮傾向となり，臨調・行革が進められた1980年代にはほとんど取り組まれなくなった。それ以降は1990年代から2000年代にかけて一部の施設で労働争議が起きたものの(3)，研究・運動の両面で活動が停滞している。このため，伊原（2019：310）が指摘するように，労組を真正面から扱う研究者は近年ほとんどいなくなったが，好むと好まざるとにかかわらず，職場改善や職場秩序を考える上で労組は避けられないテーマといえる。

　この背景には，前述した施設の歴史的背景や労働運動の停滞に加えて，労組の存在感や必要性などの評価の低さ（間淵 2005），社会福祉士・保育士などの養成課程のカリキュラムが対人ケアを軸にした技術主義的な内容になっていることも影響していると考えられる（野澤 1980；加藤ら 1992）。この点について垣内（2015：42）は，保育者論の教科書は資質論や生きがい論が中心で，ほとんどが労働環境・労働条件抜きの専門性を論じているとし，それでは自己犠牲的保育労働者像を再生産することを懸念せざるを得ないと述べている。筆者も施設の状況を踏まえて，垣内と同様の危惧をしているが，近年，市場化・営利化（横山 2003)(4)が進む介護・保育の分野では，低賃金や職員不足が深刻化する中で，社会問題として広く認識されている（大川 2016；結城 2019）。

　一方，施設はほとんど注目されていないが，職員の労働条件は，児童養護問題対策(5)の水準を示しており，それがケアの質にも大きく影響するため，筆者はそれを明らかにする必要があると考える。実際に，職員が自らの人権すら守られていない状態におかれていては，子どもの人権を守ることは困難である（堀場 2016a）。こうした状況があるにもかかわらず，筆者が全国福祉保育労働組合（以下，福祉保育労）（2023）と厚生労働省（2024a）を基に算出した民間の社会的養護関係施設（以下，社会的養護）の組織率は1.3%（2022年度）で，これに全日本自治体労働組合（以下，自治労）や日本医療労働組合連合会（以下，日本医労連），地域労組などの加入者を含めたとしても2.4%と推測される(6)。これは，同年の全労働者（16.5%）や関連職種の組織率（公務30.2%，教育・学習支援業13.7%，医療・福祉5.8%）と比較

しても低水準である（厚生労働省 2022a）。

　このような中で，筆者は施設における労働争議の事例分析（堀場 2007）や，職員の労働問題アンケート調査（堀場 2013a：222-266）を行い，その実態を明らかにしてきた。このうち，後者では正規職員の労働条件は相対的に安定しているものの，有給休暇消化日数の少なさや非正規職員の賃金の低さ，職員の心身のストレスが深刻であるなど，雇用と働き方からみると問題があることが明らかとなった。さらに，労組の有無別にみると，労組がある施設は正規雇用率や研修参加率などが高いことに加えて，職員の多くが労組や社会運動の必要性を強く認識していた。しかし，調査対象が5施設と少なかったことや，小規模化が十分に進んでいない段階であったため，課題が残った。

　そこで，本書では2016年度に行った職員の労働問題アンケート調査[7]と小規模化の影響に関するインタビュー調査を基に，施設における労働問題と労組の役割についてトータルかつ実証的に明らかにしたい。なお，本研究は施設における子ども・職員双方の人権保障（井上 2010）[8]という視点を基に行われた独自の調査である。

2　労働問題研究の視点と枠組み

（1）労働問題研究の視点

　アンケート調査とインタビュー調査の理論的な根拠は，働く人々の労働問題と生活問題を不可分のものとして捉える先行研究（三塚 1997：52-59，80-96；髙木 2007：35-89，111-125）に依拠している。三塚（1997：85）は，働く人々とその家族のくらしの内容・水準を規定している社会的条件の中で最も基本的なものは，雇用・労働条件とそれを決定する拠りどころとしての労組による運動のあり方や組織的な力量であると述べている。さらに，三塚（1997：186-187）は，「社会福祉の現場における労働者の実践の基盤は，職場を基礎にした労働組合運動の発展にある」と指摘している。

　この点について三富（2005：21，310）は，欧米諸国のケアワーカーの研究を踏まえて，労組が労働条件の形成に寄与しており，労働条件は労組が存在する職場で良く，移動率も低いと指摘している。Goodman（2000＝2006）も，労組の拠点がある施設では労働条件が良く，職員の勤続年数も長いと述べている。このため，職場における労組の存在や組織率は，安定的な雇用や職場における民主化の程度

を示す指標の一つとして捉えることができるといえる。

　また，三塚（1997：56, 88-89）は，人間のくらしの中身や水準は健康状態に鋭く現れるため，くらしを捉えるにはその項目は必須で，社会的な健康（人と人とのつながり，日常的な対話・交流・協力関係）を軸に据えて分析する必要があると述べている。福地（2023）も，労働者の心身の健康状態は，基本的に日々の労働のあり方とそれに規定される日常生活条件によって決まると指摘している。この点については，高林（2004：20）が指摘するように，健康とは単に病気・疾病の有無だけではなく，労働・生活条件の欠如・歪みが精神的ストレスや身体的疲労などの自覚症状として現れる。加えて，「くらしの中の健康（自覚症状）から労働・生活条件をみるときに，労働者・勤労者の間で社会的に容認しえない共通の問題がよりはっきりする」（高林 2004：20）といえる。このため，筆者は健康状態を軸に分析することによって，施設における労働問題の深刻さが鮮明になると考える。

　ここで，健康状態の指標を「自覚症状」とした理由は，日本人は健康状態の調査項目で，「健康である」「ふつう」「具合の悪いところがある」という選択肢の場合，「ふつう」と答える場合が多く，「自覚症状」としてみていかないと，実態がつかみにくいからである（三塚 1997：57）。さらに，人間の健康は，社会的な健康であるヨコのつながりがどうなのかということから精神的な健康と身体的な健康を関連づけてみていく必要がある（三塚 1997：58）。

　関連して，Pfeffer（2018＝2019）は，労働者の健康状態は組織や社会がうまくいっているかどうかを示す重要な指標であるとした上で，客観的な健康状態よりも自己申告による健康状態の方が有用で正確なデータであると指摘している。さらに，Pfeffer（2018＝2019）は，労働者の意欲や健康にとって重要なのは労働環境であるとした上で，仕事の裁量性（何をどの順序でどうやるかを自分で決められること）の確保とともに，ソーシャルサポート（困った時に頼ることができる仲間がいること）の確立が必要だと述べている。このため，本調査を通して，健康状態（自覚症状，精神的ストレス）を軸に，ストレッサーとしての職員の不安・悩みや，社会的健康及びソーシャルサポートとしての仕事上の相談相手も含めて，職員の健康状態をトータルに明らかにする意義は大きいといえる。

（2）労働問題研究の枠組み

　次に，本研究の枠組みである図序-1と調査項目との関連について述べる。本

序　章　施設職員を「労働者」としてみる

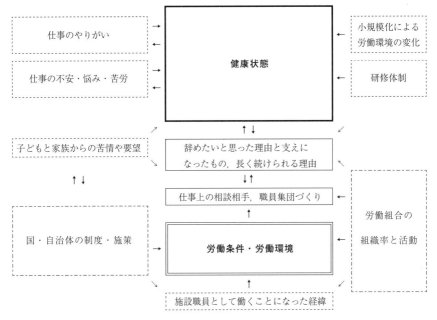

図序-1　施設職員の労働問題を捉える枠組み

出所：三塚（1997：83）の「図表3-1　生活問題をとらえる基本的な柱と枠組み」を参考に筆者作成。

来であれば，労働者の生活実態を捉えるには，労働問題とそこから関係派生的に引き起こされる生活問題（三塚 1997：52-59, 80-96）も含めてトータルに明らかにする必要があるが，本調査では，施設における職員の労働問題に限定して取り上げる。ただし，本調査では，労働条件・労働環境とそれが大きく反映される健康状態を軸に，関連する幅広い項目を取り上げているため，職員の労働問題をトータルかつ具体的に明らかにすることができると考える。

　まず，職員が施設で働く上では，図序-1の下部にある「労働条件・労働環境」が最も重要で，それを大きく規定しているのは左下にある「国・自治体の制度・施策」である。このうち後者は，児童福祉法や児童福祉施設の設備及び運営に関する基準などの関係法令とそれに基づく措置費である。また，三塚（1997：85）が指摘するように，右下にある「労働組合の組織率と活動」のあり方もそれを規定することになる。さらに，労組は「労働条件・労働環境」だけではなく，図序-1の中心部にある「仕事上の相談相手」「職員集団づくり」「辞めたいと

思った理由と支えになったもの」「長く続けられる理由」にも大きな影響を与えている。加えて，労組が職員の意見を集約し，上部団体を通して国・自治体と交渉・運動しているため，「労働組合の組織率と活動」のあり方が「国・自治体の制度・施策」にも影響する。

一方，右上の「小規模化による労働環境の変化」「研修体制」，左上の「仕事の不安・悩み・苦労」「仕事のやりがい」「子どもと家族からの苦情や要望」に加えて，真ん中にある「辞めたいと思った理由と支えになったもの」「長く続けられる理由」「仕事上の相談相手」「職員集団づくり」も最上部にある職員の「健康状態」に大きく影響する。このうち，「子どもと家族からの苦情や要望」は，職員の人権意識や施設の組織的な対応力にも深くかかわる事項で，施設を管轄する自治体（児童相談所）に対する苦情や要望も含まれる。

また，このうち，特に「仕事の不安・悩み・苦労」「仕事のやりがい」「子どもと家族からの苦情や要望」と「辞めたいと思った理由と支えになったもの」「長く続けられる理由」「仕事上の相談相手」「職員集団づくり」は，前者が主にストレッサーで後者がソーシャルサポートに該当するため，「健康状態」と相互に影響し合う関係にある。加えて，前述した「国・自治体の制度・施策」の水準や，「労働組合の組織率と活動」も職員の「健康状態」に大きく影響する。

他方で，図序−1の最下部にある「施設職員として働くことになった経緯」は，施設への就職を検討している学生が見学・実習・ボランティアなどを通して，安心して働き続けられる環境であると感じられるかどうかが大きく影響している。これについても，右下にある「労働組合の組織率と活動」のあり方や左下の「国・自治体の制度・施策」の水準が大きく関係している。これらの条件がすべて整うことで，最上部にある職員の「健康状態」が良好に保たれるとともに，そのことが子ども・職員双方の人権が保障（井上 2010）される施設につながるといえる。この点について井上（2010）は，職員の人権が保障されなければ，施設で暮らす利用者の人権が保障されるはずがないとし，職員を「人権のにない手」に，施設を「人権の砦」にする必要があると述べている。このように，子ども・職員双方の人権を守るためにも，本研究の分析視点である労組が重要な役割を果たしている。

しかし，現状では，全国的にみてもこれらの条件が整備されているのは，労組の組織率が高い一部の施設に限られている。そこで，本書では，図序−1の枠組みを基にしたアンケート調査から，施設における労働問題について職員全体の状

況に加えて労組の有無別・雇用形態別・性別に明らかにするとともに，インタビュー調査を通して小規模化の影響について労組の有無別・職階別に職員の意識を明らかにしたい。

3　労働問題研究の対象と方法

　本節では，前述した研究の視点と枠組みに基づき，2016年度に全国各地の20施設で行ったアンケート調査及び6施設で行ったインタビュー調査の対象と方法について述べる。なお，アンケート調査は堀場（2020a）を基に，インタビュー調査は堀場（2018）を基に加筆修正した上で再構成している。

（1）職員の労働問題アンケート調査

　調査対象は，全国各地の施設20カ所の全職員である。全職員を対象とした理由は，先行研究（伊藤 2007：71-120；亀田・藤枝・中村 2014；新村・葛西 2018）では児童指導員・保育士を対象にしたものが多いが，施設ではすべての職種で子どもたちを総合的にケアしているからである。調査先は，筆者が役員を務める全国児童養護問題研究会や労組などのネットワークを活かし，地域バランスも踏まえて，東北1施設，関東7施設，中部6施設，関西2施設，中国2施設，四国1施設，九州1施設で実施した。

　調査方法はアンケート調査（無記名自記式）で，各施設の担当者（施設長，主任，家庭支援専門相談員など）に調査への協力を依頼し，同意を得た上で1部ずつ封筒に入れた職員数分のアンケート調査票（以下，調査票）を各施設に郵送した。そして，担当者を調査票の配布・回収の窓口にし，職員が個別に記入した調査票を集約・返送してもらった。各施設の担当者には，個別の調査票を厳封した形での集約・返送を依頼した。

　調査票は，2016年7月初旬に発送し，担当者には8月20日頃までの返送を依頼したが，全施設の調査票の回収が終了したのは11月初旬であった。調査票の配布数と回収数は，施設の担当者が記入した「施設情報に関するアンケート票」と返送された調査票の状況などから確認した。なお，調査対象者には，調査票を2016年7月時点の情報で回答するよう文書で依頼した。しかし，配布数が不明の施設が1カ所，職員室に調査票を置き，そこから職員が持っていく方法をとった施設が1カ所あったため，回収率を厳密に算出することはできないが，回収数を565

票と確認した。回収数565人のうち，労組の有無別の内訳は「労組有（以下，有）」が7施設206人，「労組無（以下，無）」が13施設359人，雇用形態別の内訳は「正規」491人，「非正規」63人，「無回答」11人，性別の内訳は「男」183人，「女」371人，「無回答」11人である。このうち，労組の有無別の項目は筆者が施設ごとに分類し，雇用形態別・性別の項目は調査対象者の回答に基づいて分類した。

　アンケート調査は，前述した先行研究（三塚 1997：52-59，80-96；髙木 2007：35-89，111-125）に依拠し，基本属性（性別，年齢，婚姻関係，世帯の生計中心者，最終学歴，資格，施設の形態，従業員規模，職種，勤続年数）と労働条件（就業の条件，健康保険，年収，賞与の有無と支給月数，昇給の有無と額，有給休暇の有無と年間取得日数，週当たりの実労働時間，月当たりの超過勤務手当の支給時間数，勤務形態，宿直の回数）に加えて，それが大きく反映される健康状態（自覚症状，精神的ストレス）を軸に，施設職員として働くことになった経緯，仕事上の不安・悩んでいること，仕事のやりがい，研修の内容・回数，労組の有無と必要性，仕事上の悩みなどをよく相談する相手，仕事をやめたいと思ったこととその理由，辞めたいと思った時に支えになったもの，長く続けられる理由，子どもと家族からの行政機関や施設に対する苦情や要望，小規模化の影響（子どもの生活環境の変化，職員の働き方の変化など），施設で職員が安心して働き続けるために必要なこと，本調査及び国・自治体行政に対する要望・意見の項目を設定した。このうち，小規模化の影響に関する項目については，事前に数人の施設職員に選択肢について意見を求めた上で作成した。

　分析方法は単純集計に加えて，労組の有無別・雇用形態別・性別のクロス集計を行い，それぞれの傾向を把握できるようにした。労組の有無別に分析したのは，それが労働条件・労働環境の改善や職員の意識に大きな影響を与えるからで，雇用形態別・性別に分析したのは，それによって職員が置かれている立場や意識が異なるからである。このうち，労組の有無別の分析については，労組の組合員と非組合員でどのような意識の違いがあるかについても分析することが望ましい。しかし，本書では，施設に労組があるかないかによって，どのような傾向の違いがあるかを大まかに摑むことを目的としていることに加えて，「無」で労組に「入っている」と回答した者のうち，その多くが職場の互助会や共済会などと混同して回答している可能性があり，組合員と非組合員の比較が難しい。このため，労組の必要性を「感じる」「感じない」の自由記述の項目以外では両者の意識の

違いを分析していない。

　自由記述は，先行研究（高木 2007：73-89；安部ら 2013；永田・笠原 2013）を踏まえてコード化・カテゴリー化した。コード化・カテゴリー化の方法は，自由記述を共通する内容ごとに整理し，コード化した上でそれらをカテゴリーごとに分類した。自由記述で1人が複数の異なる意見を書いていたり，記述が複数のカテゴリーにまたがる内容だったりした場合は，内容を踏まえていずれかに分類し，いずれのカテゴリーにも当てはまらない場合は「その他」に分類した。ただし，各項目の自由記述のうち，選択肢の一つである「その他」の自由記述欄に記入されたものについては，記述数が少ないためコード化・カテゴリー化はせず，本文で主なものを取り上げるに留めた。なお，前述したように，労組の有無別の職員数（有206人，無359人）は「無」が「有」の1.8倍であるため，特に自由記述数については単純に比較することが難しいが，主に両者で記述数の差が20以上ある場合を軸に傾向の違いを示した。

　表のうち，クロス集計は全体の割合と比較して5％以上の差がある項目を網掛けし，本文の項目ごとの比較においてもそれを軸に分析した。その際，本文における各項目で全体の割合と比較して上回っている及び下回っているという表記については，原則として全体の割合と比較して5％以上の差がある場合を指している。ただし，クロス集計のうち，雇用形態別及び性別の「無回答」は11人と数が少ないため，網掛けをしていない。また，「非正規」は，元々の人数も63人と少ないが，調査項目によっては回答者が40人に満たない場合，人数の関係で「正規」と比較することができない。

　倫理的配慮は，日本社会福祉学会研究倫理指針（現規程）に基づき，各施設の担当者に同意を得るとともに，調査対象者に対して個人や施設を特定できない形で統計的処理をすること，調査で得られた情報は研究目的以外で利用しないことを記載した文書を個別の調査票に同封した。その上で，施設や個人が特定されない形で集計・分析を行った。

（2）小規模化の影響に関するインタビュー調査

　インタビュー調査は，アンケート調査の対象施設20カ所のうち，地域バランスを踏まえて，小規模化を先駆的に進めてきた6施設（有3カ所，無3カ所）を選定した。内訳は，中部地方のA園（有），B園（無），C園（無），中国地方のD園（有），関東地方のE園（無），F園（有）で，すべて社会福祉法人が運営している

施設である。調査対象者は，施設の管理職が「管理職」「中堅」「初任」を1人ずつ選定した。

ここでいう「管理職」とは，施設長や事務員など，施設の管理・運営に携わっている職員のことである。「中堅」「初任」は，児童指導員・保育士（家庭支援専門相談員や主任を含む）を対象とし，「中堅」は勤続5年から15年程度，「初任」は勤続3年未満とした（「有」の「中堅」「初任」は組合員）。調査対象者の内訳は，「管理職」は6人全員が40代の男性，「中堅」は30代が5人，40代が1人（男性4人，女性2人），「初任」は20代が5人，30代が1人（男性1人，女性5人）の計18人である。

調査は，2016年11月（A園・B園）と2017年2月（C園・D園・E園・F園）に行った。調査方法は，施設に訪問し，応接室や会議室において調査対象者（管理職・中堅・初任）に1人ずつ，アンケート用紙に基本情報（年齢，学歴，職種など）を記入してもらった後，1人につき40〜60分程度，個別にインタビュー調査を実施した。調査には，筆者に加えて調査補助者（2〜4人）が同行し，筆者がインタビューの進行と記録を行い，調査補助者はインタビューの記録とデータ化を行った。そして，筆者がインタビューの記録とデータ化したものを照合し，確認・修正した上で逐語録を作成した。

インタビュー調査の項目は，①仕事のやりがい，②仕事の苦労・悩み，③辞めたいと思った出来事とそのときに支えになったこと，④長く働き続けられる理由，⑤小規模化する前と後の変化（子どもの変化，職員の労働環境・働き方・疲労度の変化など），⑥職員集団づくりの方法（ホーム・ユニット間の連携方法，職員が孤立しないための工夫など），⑦職員が安心して働き続けるための配慮，⑧施設における労働組合の必要性と意義，⑨小規模化を進めていく上での課題，⑩国・自治体行政への要望・意見の10項目である。ただし「初任」については，勤続年数の関係で④⑤を除く8項目とした。

分析方法は，逐語録を基にアンケート調査と同じく先行研究（髙木 2007：73-89；安部ら 2013；永田・笠原 2013）を踏まえてコード化・カテゴリー化した上で，カテゴリー別に調査対象者の意見数を示した。コード化・カテゴリー化の方法は，インタビューの逐語録を共通する内容ごとに分類し，コード化した上でそれらをカテゴリーごとに分類した。逐語録を基にコード化したものがいずれのカテゴリーにも当てはまらない場合は，「その他」に分類した。また，インタビュー調査の結果では，調査対象者の語りの中で区切りが良い部分や，内容が異なる意見

を分けて意見数を示した。調査対象者が語った内容は,話の流れもあるため厳密に意見数を区分することは困難だが,筆者はそれを示すことで労組の有無別及び職階別の大まかな傾向を摑むことができると考える。

　倫理的配慮は,アンケート調査と同じく日本社会福祉学会研究倫理指針(現規程)に基づき,調査対象者に目的・内容を説明し,口頭と文書で同意を得た。さらに,逐語録のうち,施設や個人が特定される可能性がある部分などの表現は一部加工した。

4　本研究の課題と構成

(1) 本研究で明らかにする課題

　ここでは,本書で明らかにする課題について述べる。まず1点目は,施設の労働問題をトータルかつ実証的に明らかにし,それを踏まえた政策課題を提示することである。この点については,先行研究において部分的に取り上げたものはあるが,労働条件・労働環境とそれが反映される健康状態を軸に,仕事のやりがい,仕事上の不安・悩み,仕事を辞めたいと思った理由と支えになったもの,労組の有無と必要性,小規模化の影響なども含めてトータルに明らかにしたものはない。そこで,本書を通して,施設における労働問題とそれに対する政策課題を明らかにしたい。

　2点目は,施設における労組の役割を明らかにすることである。この点については,前述したように1970年代半ばまでは主に労組役員による現場からの報告や労働争議の裁判事例を取り上げた研究が一部でみられたものの,施設で労組が果たしている役割と労組に対する職員の意識について,労組の有無別の調査を通して実証的に明らかにした研究はない。そのため,本書では,アンケート調査とインタビュー調査を通してそれを明らかにしたい。

　3点目は,小規模化した施設における労働問題と対策を明らかにすることである。この点については,小規模化した施設における子ども・職員の変化,職員の確保・育成,労働環境の一部を取り上げた調査研究はみられるものの,小規模化した施設で労働環境をどのように改善しているか,そして,ユニット・ホームや職員の孤立・疲弊をどのように改善し,職員集団づくりをしているかについて,労組の有無別及び職階別に明らかにした研究はない。このため,本書では,アンケート調査とインタビュー調査を通してそれを実証的に明らかにしたい。本研究

では，ここで述べた3点を課題とする。

なお，本研究の社会的及び学術的な意義は，施設における労働問題を改善するための基礎資料として施設現場に還元できることに加えて，社会福祉施設全体をみても先行研究でほとんど取り組まれていない，施設における労働問題と労組の役割について実証的に明らかにすることである。

（2）本書の構成

本書は，序章，Ⅰ～Ⅳの4つの部からなる第1章～第14章，終章で構成されている。まず，序章で研究の背景と目的及び視点と枠組み，研究対象と方法などについて述べた上で，第Ⅰ部では，第1章で社会福祉労働と施設職員に関する先行研究を分析し，第2章で施設における労働問題の歴史についてみていく。それを踏まえて，第Ⅱ部では，第3章で基本属性・施設の形態・就業の条件・職種等，第4章で給与体系，第5章で労働条件を取り上げる。さらに，第Ⅲ部では，第6章で労働条件・労働環境が大きく反映される健康状態とストレスを軸に，第7章で退職を考えた時に支えになった要因，第8章で施設職員として働くことになった経緯と仕事のやりがい，第9章で子どもと家族からの行政機関や施設に対する苦情や要望についてみていく。

その上で，第Ⅳ部では，第10章で小規模化の影響，第11章で研修体制，第12章で働き続けられる環境づくり，第13章で労組の役割，第14章で国・自治体の役割を取り上げる。最後に終章では，本書で明らかになったことや，本研究の意義と課題について述べる。このうち，第Ⅱ部はアンケート調査のみだが，第Ⅲ・Ⅳ部ではアンケート調査とインタビュー調査で項目が共通するものについては，それぞれ一括して示した。また，アンケート調査では職員全体の状況に加えて，労組の有無別・雇用形態別・性別のクロス集計を，インタビュー調査では労組の有無別・職階別（初任・中堅・管理職）の分析を通してそれぞれの傾向を明らかにした。

以上のように，本書は先行研究で取り組まれていない施設における労働問題について，労組を軸にした分析視点に基づき，アンケート調査とインタビュー調査を通してトータルかつ実証的に明らかにすることを目的としている。そのことを通して，施設における職員の労働実態を明らかにするとともに，それを改善するために労組が果たしている役割や労組に対する職員の意識を明らかにしたい。

序　章　施設職員を「労働者」としてみる

注

(1)　断続勤務とは，午前と夕方以降に勤務時間を分割する勤務形態（例：午前6時〜9時，午後4時〜9時）で，子どもがいる時間帯に職員を重点的に配置することを目的としている。この背景には，継続勤務（早番，日勤，遅番）だけでは勤務を組むことができない職員配置基準の低さ（加算はあるが，法令上は子ども〈少年。以下，同じ〉5.5人につき職員1人）がある。

(2)　全国児童養護施設協議会（2015）では，1人あたりの勤続年数別にみると「1年未満」（14.1％），「1〜2年未満」（12.7％），「17年以上」（12.0％）の順に多い。なお，在職中の養育担当職員（正規）の平均勤続年数（1施設あたり）は7.7年である。

(3)　裁判や報道で公になったのは，恵泉寮事件，東京サレジオ学園事件，若松学園事件，救世軍愛光園事件，普恵園事件である。

(4)　横山（2003：10）は，「社会保障の市場化」について，行政ルールに基づいて行政が直接に利用・提供に責任を持つしくみから，利用者と提供者との貨幣を媒介とした直接的な売買関係への転換として，「社会保障の営利化」について，非営利の組織に限定していた事業への参入を，営利目的として事業を営む組織にも認める方式に転換させることだと述べている。

(5)　ここでいう児童養護問題とは，「雇用労働者・自営業者などの社会階層にある子育て世帯の生活の維持・再生産の行き詰まり・困難の問題」（堀場 2013a：39）である。

(6)　福祉保育労（2023）の組合員数は，筆者が福祉保育労中央本部に問い合わせて独自に入手したデータである。ここでいう社会的養護とは，民間の児童養護施設・乳児院・児童心理治療施設・母子生活支援施設のことである。産業別の組織率は，当該施設における福祉保育労の組合員数（395人，2022年）と社会的養護の常勤換算従事者（私営）の総数2万9,607人（2022年10月1日現在。厚生労働省 2024a），筆者が組合関係者に情報収集した自治労に加入している公立民営施設（事業団など），日本医労連，地域労組に加入している民間施設の組合員の推計値（310人）と前述した福祉保育労の組合員数（395人）の合計（705人）から算出した。ただし，福祉保育労以外の加入者は筆者が各組合の関係者から情報収集した推計値であることや，母数が常勤換算従事者（厚生労働省 2024a）であるため，実際の数値とは異なる可能性がある。なお，日本医労連のうち，乳児院の組合員数は2024年7月に入手した情報で，それに他の法人が運営する乳児院の組合員数の推計値と併せて算出した。このほか，日本自治体労働組合総連合（自治労連）とUAゼンセン日本介護クラフトユニオンにも問い合わせたところ，社会的養護の組合員はいなかった。

(7)　本調査は前回調査の調査項目を基本的に踏襲しつつ，調査項目を一部整理したり，一部項目の選択肢を部分的に修正したりした上で，小規模化の影響に関する項目を新たに設けて実施した（前回調査の項目の詳細は堀場〔2013a：314-320〕を参照）。

(8)　井上（2011：7-8）は，人権は思想・精神であると同時に，制度・法律・具体的な

システムであるとし，心や倫理としてではなく，権利として捉えることが重要だと指摘している。その上で，福祉施設やサービスそのものが人権の保障で，そのための砦を築く必要があり，日本の人権保障の体系の下で働く人たちは，健康権・生存権・社会保障の権利を自らの手によって保障しているという意味で「人権のにない手」であると述べている。

(9) 標本調査では，地域ごとに無作為に抽出した施設に調査票を送付し，それを個別に返送してもらう形で回収することが望ましい。しかし，施設では労働問題や労組に関する調査が忌避されるため，その方法で実施した場合，職員の手元に調査票を届けることが難しい。また，その方法では回収率が低くなるだけでなく，施設は労組の組織率が顕著に低いため，労組がある施設の実態を明らかにすることが困難である。そこで，機縁法によって調査対象を選定した上で，施設の担当者から調査票を職員に配布し，施設ごとに回収・返送してもらった。本調査ではこのような方法をとったことや，注の(10)(11)で後述する課題はあるが，信頼性については概ね担保されていると考える。

(10) ただし，1カ所では調査票を封筒から出した状態で職員会議の際に配布された。各職員は，記入した調査票を個々に担当者に提出し，担当者はこれらを1つの封筒にまとめて返送した。また，本調査では担当者への周知が十分ではなかったため，直接処遇職員（児童指導員・保育士など）のみに調査票を配布した施設や，施設長及びパート・アルバイトなどに調査票を配布していない施設もあった。

(11) 6カ所では，回収した調査票のうち，配布した上で回収したかどうかが不明瞭な調査票（全項目が無回答）の調査票が含まれていたため，当該施設の担当者に配布数・回収数を確認した。そのうち，配布・回収した上での無回答の調査票と確認できた施設が1カ所，配布していない残りの調査票を一緒に返送してきた施設が2カ所，職員室に調査票を置き，そこから持っていく形で実施し，残りの調査票を返送してきた施設が1カ所あった。その他の2カ所は，配布・回収した上での無回答かどうかが不明瞭な調査票があったが，「施設情報に関するアンケート票」に記入された配布数・回収数や調査票の状態や施設の担当者に確認し，配布・回収した上での無回答の調査票としてカウントした。なお，11月初旬に回収した1施設の「施設情報に関するアンケート票」は，10月時点での回答と記入されていた。

(12) コード化・カテゴリー化は，髙木（2007：73-89）を踏まえて，アンケート調査の自由記述を整理した上で，安部ら（2013），永田・笠原（2013）を踏まえて行った。なお，コード化・カテゴリー化した部分における本文の記述方法は，増井・岩本（2022）を参考にした。

(13) 小規模化の定義は，定員45人以下の施設が「小規模施設加算」の対象であることや，「小規模グループケア」の定員が子ども6人以上8人以下（調査時点）であることから，対象施設もそれを基準に選定した（一部のユニットを除く）。

(14) 「初任」のうち，同じ法人の他施設からの異動及び転職後の勤続年数が該当する者

⒂　日本福祉大学の2年ゼミ生3人，3年ゼミ生3人の計6人である。調査補助者には，打ち合わせや調査時に守秘義務や個人情報の保護について遵守するよう周知した。
⒃　インタビュー調査は，注⑿と同様の方法で逐語録をコード化・カテゴリー化し，本文の記述方法も同じく増井・岩本（2022）を参考にした。

第Ⅰ部　先行研究と労働問題の歴史

　第Ⅰ部では，先行研究と労働問題の歴史について取り上げる。まず，第1章では，社会福祉労働に関する先行研究を取り上げた上で，序章で述べた研究の視点と枠組みに基づき，施設職員に関する先行研究を8つの視点から分析する。そして，第2章では，施設における労働問題を6つの歴史区分に分けて取り上げ，施設における労働問題の実態と特徴を述べる。

第1章 施設職員に関する先行研究の分析

本章では，社会福祉労働に関する先行研究を取り上げた上で，序章で述べた研究の視点と枠組み（図序-1）に基づいて施設職員に関する先行研究を分析する。具体的には，①労働条件・労働環境，②健康状態とストレス，③支えになったものと仕事のやりがい，④小規模化の影響，⑤研修体制，⑥働き続けられる環境づくり，⑦労組の役割，⑧国・自治体の役割の8つに分けて先行研究を分析した上で，本研究の独自性を述べる。

1　社会福祉労働に関する先行研究

社会福祉労働に関する主な先行研究には，鷲谷（1968），浦辺（1973a；b），真田（1975；2003），浅井（1987；1991）によるものがある。まず，鷲谷（1968：2-5）は，4つの視点から社会事業従事者の概念を規定している。具体的には，①社会事業施設においても雇う者と雇われる者の関係は労働力の売買関係であり，従事者は自らの労働力を売ることによって生活を営む労働者であること，②労働者である従事者が社会事業の担い手であり，その量と質はサービスの内容に大きな影響を与えるため，従事者は一般的性格としての労働者であるだけでなく，社会事業労働者であり，彼らの賃金・労働条件に加えて世界観や社会事業観，教育観や指導能力等の資質が問題になってくること，③社会事業労働者は労働者階級の構成員であり，両者を切り離して考えることはできないこと，④社会事業の対象者は主権在民の観点からは社会事業の主体で，その大部分は従事者と同じ労働者であり，従事者と対象者は同じ働く国民であると指摘している。

そして，鷲谷（1968：2-5）は，このことは従事者がそれを意識するかどうかにかかっているとし，社会事業の領域は複雑多岐で広範囲にわたっており，現実の社会事業従事者を職種ごとに具体的に論じることは不可能に近いが，同時に共通点や性格を明らかにすることは可能であると述べた上で，社会事業と従事者問題，資格と専門職，従事者の実態，労組を含む従事者の組織と活動について幅広く取り上げている（鷲谷 1968）。

また，浦辺（1973a：5）は，社会福祉労働は生産労働から分化した人間労働であるとし，他の労働と区別される特殊性として倫理性をあげている。具体的には，社会福祉労働の労働対象は人間であり，教育労働や医療労働と同様に実践主体としての福祉労働者と対象者との人間的相互関係の上に立った公共サービスで，人間的な労働であると述べている。その一方で，浦辺は，この倫理性が伝統的に宗教と結びついて社会福祉労働者の中に聖職意識や奉仕観を残存させ，使用者によって労働条件改善要求を抑圧するために悪用されるとともに，労働者としての自覚を停滞させていると指摘している。

　さらに，浦辺（1973b：78-79）は，福祉労働の二面性について，第1に，社会福祉労働は行政権力の末端で生活困難に直面する国民と対峙しつつ，最小限の経費で即時的に生活困難に対処し，国民の不満を鎮めて社会的反抗の緩和をはかる一方で，福祉労働者が自らの低賃金や長時間労働が国民に与える福祉サービスの貧困とその根が同じであることを知ることで，低福祉水準打破のための国民の社会的反抗に連帯を見出すことになると指摘している。第2に，社会福祉労働が提供する特殊な使用価値としての福祉サービスは福祉労働者の人格から切り離して存在しないことで，その倫理性が問われるのも医師や教師と同様に人生にかかわる人間的な営みであるからにほかならないと述べている。その上で，浦辺（1973b：83）は，社会福祉労働の専門性を規定する条件として，職務の専門性を規定する職種と資格基準，職能の量と質を規定する職種別職員定数，職業として安定せしめる賃金と労働条件を明らかにする必要性があると指摘している。

　一方，真田（1975：237-238）は，「社会福祉労働は，生産関係を変革する社会運動とも密接な関係をもっている」とした上で，社会福祉労働の内容は資本主義的な生産関係によってさまざまな制約や妨害を受けるため，その矛盾や負担が社会福祉労働者に押しつけられ，社会運動を推し進める部隊になっていくと述べている。そして，社会福祉労働は社会福祉労働者自身の自覚を促すととともに，対象者や国民に民主的な自覚を促すことを通して社会運動と社会進歩に密接なつながりをもっているとしている。

　さらに，真田（1975：238-239）は，社会福祉労働は資本主義的な労働で，一般的な意味と固有の意味の2つがあると指摘している。このうち，前者は「資本―賃労働を主要な生産関係としている社会での労働であるがために，直接に資本―賃労働の関係で社会福祉労働が展開されるか，そうでない場合でも資本―賃労働生産関係によっていろいろな規定を受ける労働」で，資本主義社会における多く

の労働と共通の性格があることである。後者は「資本主義社会に特有な社会問題を前提とし、これに対する対策として展開される労働」で、「この社会問題対策としての機能が、資本主義社会の矛盾の激化・爆発を抑えることによって資本主義の維持・再生産を順当におこなわせるという社会的機能に奉仕するもの」という社会福祉労働としての固有の意味である。その上で、真田（1975：248-253）は、社会福祉労働の専門性を確立していくためには、社会福祉労働の総合性を確認し、そのための知識の体系化を行い、これらを基礎にした総合技術としての社会福祉技術を追求していく必要があると指摘している。

加えて、真田（2003：114-124）は、社会福祉労働の一般的特徴として、①労働対象が人間であるため、人間の内面的なものや行為の相互交換の過程でもあるとし、労働者と対象者がどのように人間関係を取り結ぶのかによって大きく左右されること、②社会福祉の労働過程は労働力のみでなく、人格も参入して労働過程全体が共同労働としての特徴を持っていること、③労働手段の革新が行われたとしても生きた労働力が主役であり続けること、④社会福祉労働のための労働力の内容には専門的な能力とともに人格性が必要で、対象者観が労働の成否を決めることなどをあげている。

ここで取り上げた三者に共通しているのは、社会福祉労働者を資本主義社会における労働者として捉え、その位置づけや特徴を示していることである。また、浦辺と真田が指摘する社会福祉労働の二面性の捉え方にもほぼ共通したものがある（浅井 1987：291）。個別にみると、鷲谷の研究は、戦後初めての社会事業従事者に関する体系的な単著で、社会事業と従事者問題、資格と専門職、従事者の実態、労組を含む従事者の組織と活動を明らかにしている。しかし、従事者問題を理論的かつ実証的に明らかにするというよりも、従事者や労組の状況を網羅的に示すに留まっている。

浦辺は、社会福祉労働者について理論的に整理した上で、社会福祉労働の特殊性を倫理性に求めているものの、それは浦辺自身が指摘するように医療労働や教育労働も同じであり、それが社会福祉労働の特殊性とは言い難い。また、浦辺は実践主体が社会福祉労働者だと述べているが、「さまざまな手段・技術を、ある目的実現のために自由に動員し利用できる立場にある政策主体とそのために雇用されて働く専門職・労働者とを区別する必要」（三塚 1997：177）がある。ここでいう政策主体とは、施設に関する制度や予算の権限を持つ国及び措置権を持つ自治体で、施設職員はその下で配置された施設に雇用されている労働者である。

また，真田は，社会福祉労働と社会運動の関係，社会福祉労働の意味や特徴，専門性などについて幅広く分析している。しかし，真田は，社会福祉労働が社会福祉労働者や対象者・国民の自覚を促し，それが社会運動と密接なつながりを持つと指摘しているが，実際には三塚（1997：124）が指摘するように，労働者階級の状態そのものが社会運動の基盤であり，労働者階級のさまざまな組織的要求・運動の発展が政策側（支配階級）による何らかの対応を必要とする社会問題を登場させるといえる。このため，真田には社会福祉労働と社会運動の関係についての認識に課題がみられる。さらに，鷲谷・浦辺・真田の研究は約50年前のものであるため，近年の状況と比較することは困難である。

他方で，浅井（1987：261-309；1991：16-22）は，社会福祉労働に関する先行研究を歴史的に整理した上で，養護労働の分析を試みている。まず，浅井（1987：261-309）は，主に戦後から1970年代にかけての社会福祉労働論の発展過程を4期に分けて分析し，社会福祉労働論は1970年代前半が最高潮で，福祉見直し論が台頭した1970年代後半に退潮傾向となり，1980年代に見る影もなくなったと指摘した上で，社会福祉労働論の再構築に向けた今後の課題として，①社会福祉労働と社会福祉運動を解明すること，②分野・施設別・職務別の社会福祉労働論を追求していくこと，③社会福祉労働の歴史的規定性を分析すること，④発達保障論としての社会福祉労働論を追求することの4点をあげている。

さらに，浅井（1991：16-22）は，「養護労働を一義的に定義・分析することは困難であると同時に意味がない」とした上で，養護労働は幼児・学童養護労働，保育労働，作業労働，ケースワーク労働，給食労働，事務労働，管理・指揮労働などによって構成される協働的集団労働で，人権・生命危機への対応，基礎的生活保障，生活指導，あそび指導，学習指導，自治・集団活動援助，進路指導，性教育，平和教育，アフターケア，自立援助などの多面的な内容で構成される総合的専門労働であると述べている。そして，養護労働の性格として，歴史性（女性労働及び家事労働としての色濃さ），専門性（子どもの生活・人格発達保障を行うための総合性），二面性（生活・発達保障労働と生活発達制限労働）の側面があるとしている。

その上で，養護労働の落とし穴として，①仕事の落ちこぼしがみえないこと，②仕事の無限性，③人間性を蝕む側面，④成果の不可視性の4点をあげ，そうならないための手立てとして自らの実践を集団的に検討する場を設定することを提起している。加えて，浅井（1991：27-60）は，1980年代の労働基準法改正に伴う労働時間短縮問題について，法改正の経緯を踏まえてさまざまな立場の論者を取

り上げて分析した上で，施設における長時間労働の克服は喫緊の課題であると指摘している。

浅井は1970年代までの社会福祉労働に関する先行研究を歴史的に整理した上で，養護労働の分析を試みている。しかし，浅井は養護労働とその内容を羅列的に捉えていることや，分野ごとの社会福祉労働に関する研究の必要性を指摘しながらも，1990年代以降は性教育及び子どもの貧困に関する研究にシフトしている。さらに，施設における労働問題について調査を通して実証的に明らかにしているわけではない。

ここで取り上げた社会福祉労働に関する先行研究を踏まえて，筆者は施設職員を資本主義社会における生存権保障の最後の砦として，国の政策（児童福祉法）によって配置された施設に雇用され，児童養護問題（以下，養護問題）によって家庭で暮らすことができない子どもの生命・健康・生活・発達をトータルにケアするとともに，その社会的自立に向けたケアや退所者及び家族のケアを担う労働者と定義する。

2　労働条件・労働環境

序章で述べたように，1970年代までに取り組まれた施設における労働問題に関する先行研究（鷲谷 1968；皿海 1972；小川 1973；杉本 1973）では，同族経営による封建的な施設運営の下で職員の労働実態が過酷であることや，一部の施設で労働争議になっている実態などが浮かび上がった。しかし，それ以降は浅井（1987；1991）や筆者を除くと先行研究ではほとんど取り組まれていない。

こうした中で取り組まれた労働条件・労働環境に関する近年の主な先行研究には，岡本（2000），伊藤（2007），安倍ら（2013；2014），吉村・吉村（2022）によるものがあり，国及び関係団体が行ったものには，日本児童問題調査会（1992），厚生労働省（2008a），全国児童養護施設協議会（以下，全養協）（2010a；2015）によるものがある。まず，岡本（2000）は，施設職員の職場定着の現状について神奈川県内の19施設の新規採用者（1994年度）のデータを基に，職員の平均勤務年数を3.4年と試算している。さらに，職員配置基準と施設のモデルケースを基に，週54時間から週40時間に移行した場合の子どもと保育士の比率を37対1と試算し，職員の増員を図ることなしに労働時間の短縮を進めた結果，無理のある状況が生じており，この状況では職員も長続きしないと述べている。その上で，岡本は，

住み込みと断続勤務を採用している施設の勤務実態（休憩時間の園内待機や宿直の際の長時間勤務）を踏まえて再検討する必要性を指摘している。

　また，伊藤（2007：77-91）は，全国554施設（1施設につき職員4人）を対象に職場環境とストレスに関する質問紙調査（2001年に実施）を行っている。この調査では，ほとんどの職員が働く中でよろこびや充実感を強く感じている（「いつもある」「時々ある」が計91.5％）一方で，否定的ストレスとして「子どもとのかかわりの中」（78.5％），「職場の労働条件」（67.9％），「職場の人間関係」（53.8％）の割合が高いことが明らかとなった。このうち，「職場の労働条件で感じる過度の不満や負担感」では，「労働時間が長い」（65.3％），「有給休暇がとれない」（45.5％），「給与が少ない」（39.4％）の割合が高く，「職場の人間関係で感じる過度の不満や負担感」では「先輩・上司との関係」（83.8％）が最も多い。そして，これらのストレスに対して現在行っている対処法では，「施設内の職員に相談する」（58.7％）の割合が最も高かった。

　さらに，①「1日あたりの平均的な実働時間」は8時間以内が30.7％（9時間21.0％，10時間23.9％，11時間9.0％，12時間以上13.2％）であること，②「昨年度1年間の有給休暇の利用の有無」は「ある」が76.6％で，有給休暇（以下，有休）の消化率は40～49％未満の合計が44.8％，50～59％以上の合計が28.3％であること，③「宿直」（夜勤を除く）は「月1～5回」が57.7％，「月6～10回」以上の合計が20.9％であることが明らかとなった。しかし，賃金については「現在の給与への満足度」（「大変満足している」「満足している」が計52.9％，「不満である」「大変不満である」が計46.0％）を示すに留まっている。

　一方，安部ら（2013；2014）は神奈川県内の施設を対象にした職場環境とワーク・ライフ・バランスの視点に基づく質的調査（フォーカスグループインタビュー）と量的調査（質問紙）から，職員の労働実態を明らかにしている。このうち，質的調査（安部ら 2013）では，労働負担の重さや待遇面，職員関係，ワーク・ライフ・バランスの実現の困難さが課題になる中で，職員の労働負担を軽減するために，短時間勤務や宿直の免除など，さまざまな配慮がされていることが明らかとなった。次に，量的調査（安部ら 2014）における職員向けの調査では，職員の給与の低さ（手取りの月収が20代は約80％が20万円未満，40代は半数が20～30万円未満）に加えて，直接ケア職員（常勤）の有休の付与日数が22.7日であるのに対して取得日数が4.9日（消化率約21.6％）であることや，超過勤務時間が月64.2時間で，月当たりの宿直回数が5.8回であることなどが明らかとなった。さらに，施

設向けの調査では，育児・介護休業などの制度があっても実際には利用できている施設が少ないことも浮かび上がった。

他方で，吉村・吉村（2022）は，2019年に全国601施設を対象に行った出産・育児中の職員の産休・育休の取得状況及び育児と仕事の両立に焦点化したアンケート調査（回収数179施設）を通して，過去3年間で出産した女性職員のうち，育休を取得した経験のある女性職員の割合が約93％と高い一方で，育児休業制度を利用しない理由では，結婚で退職する女性職員が約4割存在していることに加えて，妊娠・出産で退職する女性職員も約4割いることを明らかにした。その上で，吉村・吉村は，この背景に女性は仕事と家庭の両立の困難という性別役割分業の問題があるため，職場内の意識の転換の必要性や柔軟で多様な働き方の導入，代替要員となる人材確保ができる体制と人材の質の向上，保育機能・環境の整備に加えて，措置費・職員配置基準の改善の必要性を提起している。

次に，国や関係団体が行った調査のうち，日本児童問題調査会（1992）は107施設を対象にした調査（施設長用，職員用）から，職員配置の実態や求人・採用，職員処遇，職員の養成・研修，人材確保に関する問題点などを明らかにしている。この調査における労働条件・労働環境に関する内容をみると，「施設長用調査票」では直接処遇職員の勤務形態は住み込みが36％，勤続年数は5年未満が50％，優秀な人材を確保するために必要なことは「労働条件の改善」が58％であることなどが明らかになった。また，「職員用調査票」をみると，給与の改善では諸手当と定期昇給のニーズが高いこと，1週間の実労働時間が「50時間以上」が49％，休日は4週8休が58％，有休は「あまりとれない」「全くとれない」が計64％，労働条件の優先順位の1位は「賃金の改善」であることなどが浮かび上がった。

厚生労働省（2008a）が220施設を対象に行った調査では，施設の常勤職員の1週間の合計勤務時間数が49.9時間で，時間外勤務が発生した常勤職員の割合が59.6％であることなどが明らかとなり，全養協（2010a）が労働基準法や職員の勤務時間などを基にして行った調査では，ケア単位の小規模化モデルで子ども6人につき職員4.8人が必要という職員配置の試案が示された。同じく全養協（2015）が行った人材確保に関する調査では，職員採用の募集総数や求人方法，平均勤続年数，退職事由などが明らかとなったが，賃金については新卒採用の初任給とパートの時給のみとなっている。

これらの先行研究は，職員の労働条件・労働環境などを実証的に明らかにした点で重要な意義がある。しかし，岡本（2000）は神奈川県内の施設の実態や職員

配置基準を基に職員の労働実態の深刻さを明らかにしているが、賃金を含む労働条件・労働環境をトータルに明らかにしているわけではなく、それを改善するための労組に関する分析もされていない。

伊藤（2007：77-91）は全国の施設を対象にした調査を通して、仕事のやりがいやストレスとの関係性に着目して職員の労働環境や意識を明らかにしているが、主に若手の児童指導員・保育士（20代が約8割）を対象にしているため、職員が安心して働き続けられる労働環境を保障していくための条件を分析することができないことや、労組の有無との関係性など職員の賃金・労働条件を規定する要因に関する分析がされていない。安部ら（2013：2014）も神奈川県内の施設を対象に職員の労働実態や意識を具体的に明らかにしているが、量的調査で性別・年代別（27歳未満とそれ以上の男女混合・男女別、未婚・育児経験別）の分析をしているものの、賃金については手取りの月収を示すに留まっていることに加えて、岡本や伊藤と同じく労組に関する分析がされていない。

一方、吉村・吉村（2022）の調査は、出産・育児中の職員の産休・育休の取得状況や、育児と仕事の両立に焦点化したものであるため、労働条件の一部を分析するに留まっており、厚生労働省（2008a）と全養協（2010a；2015）の調査も施設における労働問題をトータルに明らかにしているとはいえない。加えて、いずれの調査も労組に関する分析がされていない。

3　健康状態とストレス

労働者の健康状態は、前述した労働条件・労働環境や生活条件が大きく反映している。施設職員の健康状態に関する先行研究をみると、労働環境の厳しさが影響して、1970年代頃から頸肩腕症候群、腰痛症、蓄積疲労などの自覚症状が深刻であることが指摘されてきた（浦辺 1973b：97-98）。また、職員のストレスやバーンアウトについての先行研究は、同じ対人援助職である看護職（平田 2017；武藤・石井 2018）や、保育職（重田 2010；砂上 2017）については一定の蓄積がある。一方、施設における近年の主な先行研究をみると、職員のストレスについては高橋・原田（1999）、亀田・藤枝・中村（2014）、新村・葛西（2018）によるものがあり、バーンアウトについては山地・宮本（2012）、加藤・益子（2012）、田島・谷島（2014）によるものがある。そこで、本節では、先行研究をストレスとバーンアウトに分類した上で分析する。

(1) ストレスに関する研究

　まず，ストレスに関する先行研究についてである。高橋・原田（1999）は，東京都の施設（回収した42施設の職員862人）を対象にした職員のストレスに関する質問紙調査の中で，「自覚症状」について分析している。この調査では，「無気力な状態」の割合が最も高く，「眠れないことが多い」「胃や腸などの内臓の痛みや病気」の順となっている。加えて，「その他自覚されている症状等」の自由記述（145人）では，「慢性的な疲労，目疾患，腰痛，肩凝り」が最も多く，次いで「内臓疾患」「精神的ストレス」が主要因として考えられるものであることなどが明らかとなった。

　また，亀田・藤枝・中村（2014）は，職員15人への半構造化面接をとおして，直接処遇職員の勤務年数短群7人と勤務年数長群8人のストレッサーを明らかにしている。その結果，ストレッサーは「子どもとの関わり」「他職員との関わり」「労働環境等」の大きく3つに分類され，勤務年数短群では，慢性的な眠気，イライラ感や怒りっぽい状態になるなどのストレス反応がみられた一方，勤務年数長群では職員としての存在価値や専門性を追求する姿勢があることなどが明らかとなった。そして，その上でストレス軽減のための対策として，援助技術の向上，危機的な対応の理解，研修会やスーパービジョン体制の整備，チームワークの構築，職場環境の改善などを提起している。

　他方で，新村・葛西（2018）は，職員の養育観とストレスの関連を明らかにするため，10施設の職員を対象に，養育観尺度とストレッサー尺度を用いた質問紙調査を行っている。ここでは，養育観の因子構造は2因子（第1因子「養育に対する肯定的印象」，第2因子「養育に対する否定的印象」）が，ストレッサー尺度の因子構造は3因子（「業務・役割遂行の困難」「対応困難な子どもとの関わり」「子どもを取り巻く環境」）が抽出され，男性職員の養育観はいずれもストレッサーに影響を及ぼさない一方，女性職員は養育観がストレッサー認知に影響をもたらしていることなどが明らかとなった。それを踏まえて，新村・葛西は，女性職員に対する細やかな対応の必要性に加えて，ここで示された知見を職員のメンタルヘルスに活用することが期待されるとし，そこで心理療法担当職員が果たす役割の重要性を指摘している。

　ここで取り上げた先行研究のうち，高橋・原田（1999）は，職員のストレスに関する調査の中で自覚症状について分析しているものの，労働条件・労働環境に関する項目は部分的に取り上げるに留まっていることに加えて，調査結果の記述

が中心で先行研究との共通点及び相違点に関する分析もされていない。一方，亀田・藤枝・中村（2014）は，勤務年数群ごとの職員のストレスの違いを明らかにしており，新村・葛西（2018）は，職員の養育観とストレスの関連性や，性別を踏まえた職員への支援の必要性を明らかにしている。しかし，両者の研究は施設の労働環境や業務について部分的に取り上げているものの，職員の健康状態とストレスをトータルに捉えているとはいえない。加えて，いずれの研究も職員の意識やストレスに大きな影響を与える労組に関する分析がされていない。

（2）バーンアウトに関する研究

次に，バーンアウトに関する研究についてである。山地・宮本（2012）は，13施設の職員への質問紙調査から，職員のバーンアウトに及ぼす環境要因や個人差要因の影響を心理学的に分析している。この調査では，コーピングの各因子に対して，「勤続年数」「子どもへのポジティブ態度」「関係性不安」が影響を及ぼしていること，子どもへのポジティブな態度を意図的にとることがストレッサーとして作用すること，情緒的消耗感には「職員とのネガティブ関係」「内向的問題行動」「関係性不安」が促進的に影響を及ぼしていることなどが浮き彫りとなった。また，ここでは，個人的達成感の低下について積極的に問題を解決しようとすればするほど仕事への達成感が下がることに加えて，バーンアウトの脱人格化については「子どもとのネガティブ関係」と「職員とのネガティブ関係」が影響を及ぼしていることなどが明らかとなった。そして，その上で，山地・宮本（2012）はバーアウトの予防策として，職員間や子どもとの良好な関係，情報の共有，チームワークを良くすること，職員自身が自己の特性を把握することなどを提示している。

一方，加藤・益子（2012）は，被措置児童等虐待の発生を防止する観点から，職員のバーンアウトの現状を27施設の職員への質問紙調査から検討している。その結果，「個人的達成感」については27.5％がハイリスク群に該当すること，女性の方が「情緒的消耗感」が高いこと，経験年数では若年群の方が「情緒的消耗感」と「脱人格化」が低く，「個人的達成感」が高いことなどを明らかにしている。そして，それを踏まえて，経験年数が短い職員には養育理念や養育技術に関する研修などの支援が，経験を積んだ職員には自己の能力の成長以外に「個人的達成感」を感じることができるような環境整備や支援が必要だと指摘している。

田島・谷島（2014）も，3施設の職員への質問紙調査から，職員のストレス状

況をバーンアウトの概念を用いて分析している。ここでは，他の対人援助職と同様に一定数のバーンアウトを示す職員の存在が確認されたが，その特徴として個人的達成感の低下をあげている。さらに，職員は精神医学的にみると，「身体症状」及び「不眠と不安」において１割が顕在的な症状を示しているものの，その多くが非病的な状態にあり，そうした中で個人と集団双方の予防的介入を実施することにより，ストレス低減効果が期待できると指摘している。

これらの先行研究のうち，山地・宮本（2012），加藤・益子（2012），田島・谷島（2014）は，バーンアウトの視点から職員のストレス要因や特徴などを明らかにし，それを防ぐための視点を提示している。しかし，これらの研究は主に心理学的な視点に基づき，近似した手法（バーンアウト尺度）を用いて分析している。また，職員のストレスに大きく影響する労働条件・労働環境や制度面の課題についての分析が十分にされておらず，労組に関する分析もされていない。

他方で，加藤・益子（2012）が被措置児童等虐待の背景として指摘している組織的要因（養育風土やマネジメント）や，集団的要因（職員間のサポート体制）について異論はないが，加藤・益子はそれについての分析をしていない。したがって，前述したストレスに関する先行研究（亀田・藤枝・中村 2014；新村・葛西 2018）と同じく，職員の労働条件・労働環境を踏まえて，職員の健康状態とストレスをトータルに明らかにしているとはいえない。この点について重田（2010：88）は，日本では結果としてのストレスをどのように緩和するかに焦点が当てられ，個人の責任で行う対処が中心的な課題になっているため，ストレスの背景にある仕事や社会的要因を押さえていないと個人責任論になってしまうと述べている（重田 2010：89）。筆者も重田が指摘するように，心の健康が強調されることによって，労働問題が個人の心の問題にすり替えられる危険性があると考える。

4　支えになったものと仕事のやりがい

施設で職員が働き続けるためには，前述した職員の労働条件・労働環境が最も重要だが，それに加えて，職員が仕事を辞めたいと思った時に何が支えとなって踏み留まり，長く働き続けることができているか，さらには施設職員として働くことになった経緯や，職員が何にやりがいを感じて働いているかについても明らかにする必要がある。加えて，職員の人権感覚や，施設の組織的な対応力が問われる子どもと家族からの苦情や要望への対応についても取り上げる。そこで，本

節では「仕事を辞めたいと思った理由と支えになったもの」「施設職員として働くことになった経緯と仕事のやりがい」「子どもと家族からの苦情や要望」の3つに分けて関連する先行研究を分析する。

(1) 仕事を辞めたいと思った理由と支えになったもの

　職員の退職理由とそこで支えになったものに関する主な先行研究には，日本児童問題調査会（1992），黒田（2009），藤田（2011）によるものがある。まず，日本児童問題調査会（1992）では，職場を辞めたいと思ったことがある職員が78％で，その理由（複数回答）は「精神的に疲れてしまう」（73％）と「児童の処遇にあたり，力不足を感じた」（71％）の割合が高く，「職場の人間関係がわずらわしい」（51％），「休暇がとれない」（48％），「給与が安い」（38％）の順であることが明らかになった。また，黒田（2009）は，現場での経験をもとに，職員が辞める理由の多くは不透明な人事，必要な話し合いがもたれない，職員の提案が活かされないなどの不適切な管理運営から生じる構造的問題であることや，職員のメンタルヘルス対策は組織的な要因を踏まえた職場環境の改善が中心的課題であると述べている。

　一方，藤田（2011）は愛知・岐阜県内の職員（117人）及び元職員（111人）を対象にしたアンケート調査から，職員が退職した理由や辞めたいと思ったこと及び思い留まった理由などを明らかにしている。具体的には，退職職員の「退職した理由」は，結婚，精神的疲労，変則勤務の順に多い一方，勤続職員は「辞めたいと思ったこと」があったと回答した者が約7割で，その理由は精神的疲労が最も多く，次いで給料が安い，子どもとの関係が同率であることが明らかとなった。藤田はこの両者の意識の差について，今後の人生で自分の生活または仕事のどちらを優先に考えるかに大別されると指摘している。

　さらに，退職職員が「どのようなサポートがあれば退職を思いとどまることができたか」については，労働時間の改善，休日・休暇の保障，職場の人間関係の順に多く，「長く働き続けるために重要なこと」の自由記述は，職員，労働環境，制度・政策の3つに分けることができ，特に職場における良好な人間関係が必要であることが浮かび上がった。加えて，勤続職員が「仕事を辞めたいと思いながらも，辞めずに思いとどまった理由」は，子ども，職員自身，仕事に関する事項の3つに分けられ，4割以上が職員自身に関する事項で，そのうち3割が前向きな気持ちを持つことで退職を思い留まっており，子どもに関しては子どもの成長

や笑顔，言葉に救われていた。

　このほか，「仕事を長く続けていくうえで最も大切なこと」は，職員自身と職場環境の2つに分けられ，4割以上が職員自身の気持ちや意志が非常に大切と回答しており，職場環境では職場の人間関係とスーパーバイズ，チームワークや連携という記述が多くみられた。そして，藤田は本調査結果を通して，職員が長く働き続けるためには「制度政策」「労働条件」「職員間のチームワーク」が鍵になることが示唆されたと指摘している。

　これらの研究には重要な意義があるが，日本児童問題調査会（1992）は約30年前の調査であるため，現在の施設と比較することは難しい。また，黒田（2009）は，現場での経験をもとに職員が仕事を辞めたいと思った理由を分析しているが，調査を通して客観的に明らかにしているわけではない。他方で，藤田（2011）は愛知・岐阜の施設を対象にしているため，全国各地の施設の実態を明らかにしているわけではなく，労組の有無別・雇用形態別・性別に職員の意識にどのような傾向の違いがあるかを分析しているわけではない。加えて，藤田（2011）は退職職員と勤続職員の比較により両者の意識の違いを指摘しているが，問題の本質は，職員が生活と仕事を両立できる環境が施設で整備されているかどうかである。

（2）施設職員として働くことになった経緯と仕事のやりがい

　次に，施設職員として働くことになった経緯と仕事のやりがいに関する先行研究についてみていく。まず，社会福祉施設における仕事のやりがいに関する先行研究には，介護職（小野内・壬生 2014；八巻 2016；介護労働安定センター 2021）で一定の蓄積があり，保育職（横井 2007；蓑輪 2018c）や看護職（日本医労連 2017）においても，調査の一部で取り上げられている。一方，施設における先行研究は少ないが，伊藤（2007：85-87），藤田（2016），安部ら（2013；2014），赤間・稲富（2023）によるものがある。

　まず，伊藤（2007：85-87）は，前述した調査の中で仕事のやりがいについて取り上げている。ここでは，職員が働くなかでよろこびや充実感を強く感じている割合（「いつもある」「時々ある」で計91.5%）が高く，その内容（上位3つの合計）をみると，「子どもの成長を強く感じた時」（97.5%），「子どもが学校で褒められた時」（30.7%），「施設行事が終わった時」（29.7%）の順に多いことが明らかにされている。

　また，藤田（2016）は，岐阜県児童福祉協議会の初任者研修に参加した職員46

人を対象としたアンケート調査の中で,職員が働くことになったきっかけや,仕事のやりがいなどについて自由記述のカテゴリー分析を行っている。具体的には,「児童福祉施設で働くきっかけは何ですか」という設問において,「大学での講義,実習や経験を通して」が最も多く,次いで「仕事の内容が魅力的だった」「自らの強い意志や思い」「自分自身の家族・家庭環境」の順に多いことを踏まえて,施設実習が就職に大きく影響していることや,施設保育士ならではの魅力を実習で学生に伝えていくことが重要だと述べている。

さらに,「この1年働いてうれしかったこと,楽しかったこと,この仕事を選んでよかったと思うエピソードについて」では,「子どもの関係性の変化」「日常生活での会話,遊び,楽しい体験の共有」「子どもの成長が感じられたこと」が最も多く,次いで「子どもから頼られる・甘えられること」「子どもの笑顔」「子どもからの手紙や温かい言葉」などがあり,藤田は子どもたちとのかかわりや成長が職員の就労意欲につながっていると指摘している。この点については安部ら(2013；2014)も,前述した調査の中で,職員が担当している子どもとのかかわりや仕事内容,アフターケアのために働き続けることなどにやりがいや意義を感じていることなどを明らかにしている。

一方,赤間・稲富(2023)は,入職から5年未満の職員202人(新卒者122人,中途採用者80人)への調査から,施設に就職する際に最も重視したこととして,①いずれの職種においても,仕事のやりがい,子ども,職場の雰囲気,仕事の内容の4つが多いこと,②新卒者は職場の雰囲気,中途採用者は仕事のやりがいを重視した人数が多いこと,③現在勤務している施設に就職を決めた理由の自由記述では子どもにかかわる仕事であること,④大学での学び・興味,実習での楽しかった経験,職場の雰囲気,資格を活かすこと,周囲に社会福祉分野への就職者が多かったことを明らかにしている。加えて,施設がより魅力的になるために必要と考えること(改善点)の自由記述では,給料と労働環境の改善,子どもと職員との人間関係,専門性と研修・向上,超過勤務及び手当とコミュニケーション・情報共有,意見と話しやすさなどが抽出された。

これらの研究は,職員として働くことになったきっかけや仕事のやりがいなどについて実証的に明らかにした点で意義がある。しかし,伊藤(2007：85-87)の調査は主に若手の児童指導員・保育士が対象であるため,職員全体の傾向が明らかにされておらず,藤田(2016)も岐阜県の施設における初任者を対象としていることや自由記述の分析であるため,同じく職員全体の傾向が明らかにされてい

ない。他方で，赤間・稲富（2023）は，新卒者・既卒者を対象に就職した動機や施設がより魅力的になるために必要なことを明らかにしているが，労働条件・労働環境や職員集団づくりなど施設の改善点に対する具体的な方策が示されていない。加えて，いずれの先行研究においても，職員の意識に大きな影響を与える労組に関する分析がされていない。

（3）子どもと家族からの苦情や要望

　施設で暮らす子どもと家族からの苦情や要望への対応は，職員の人権意識や施設の組織的な対応力が問われる事項で，それを労組の有無別に分析することによって，労組の意義が明確になるといえる。これに関する主な先行研究には，2000年の社会福祉法で施設に苦情解決のシステムが義務づけられたことと関連した調査（高橋ら 2001；髙井・阪本 2002）や，施設の取材に基づく記事及び実践報告（岩城 2000；齋藤 2001；調布学園 2003）がある。加えて，関連職種では，ホームヘルパーを対象にした調査（髙木 2007）の中でも取り上げられている。

　まず，高橋ら（2001）は，全国554施設を対象にした子どもの権利擁護に関する質問紙調査の中で，施設内で子どもの意見や相談を受け付けるしくみが「ある」という回答が9割近いのに対して，苦情解決委員会を設置しているのが約4割，第三者委員会を設置しているのが約3割，意見箱や定期的な意見聴取の場を設けているのが約3割と少ないこと，保護者からの苦情を受け止めるしくみは約6割にあったものの，外部評価が実施されている施設が1割強と少ないことなどを明らかにしている。

　また，髙井・阪本（2002）は施設におけるリスクと苦情について，それを未然に防いで最小限に止める努力が子どもの権利擁護につながることを指摘した上で，大阪府社会福祉協議会が作成した子ども・保護者・地域等からの苦情の例を基に，その内容を項目ごとに紹介している。それを踏まえて，髙井・阪本（2002）は，リスクがあったとしても生活の質を追求することや，苦情解決のしくみの義務化によって今後，施設の苦情解決の責任者や第三者委員との連携が求められると述べている。

　一方，施設の取材に基づく記事や実践報告（岩城 2000；齋藤 2001；調布学園 2003）では，各施設において苦情解決制度導入以前からの取り組みが紹介されている。まず，岩城（2000）は，自らが園長を務める施設で運営適正化委員会を設置する提案をしたり，監事が施設を回ったり，実習生・学校教員・業者の意見を

聞いたりするなどの取り組みを踏まえて,子どもたちの権利意識がどのくらい育っているかを課題としてあげている.

齋藤(2001)は,聖家族の家の取材を通して,同施設では苦情解決制度の導入以前からケースワーカーを独自に配置して保護者や子どもの声に耳を傾けて対応をオープンにしたり,保護者会や中高生と園長・職員が話し合う会を定期開催したり,子どもたちへの援助全般を向上させるためのシステムの確立を目指したりしていると述べている.その上で,聖家族の家の今後の課題として,第三者委員(地域の主任児童委員)が1名であることを指摘している.

調布学園(2003)は,『月刊福祉』編集部の取材によると,苦情解決制度導入以前から間接的な支援にあたる職員と子どもたちが密接にかかわっていたため,以前から日常の中で子どもたちが意見を言える状況があり,職員側も対応できていたとのことである.具体的には,子どもたちからの苦情の受付は間接支援の職員3名が担当するとともに,3カ所に「お手紙箱」を設置しており,苦情処理責任者の施設長が,施設内で解決できるものか,第三者委員会に提出するべきものかを判断している.この第三者委員会は,地元の民生委員・弁護士・学識経験者などで構成され,児童会で年2回程度,委員との話し合いの場を設けており,子どもの権利ノートも毎月のミーティングで書かれている権利について話し合い,意識の啓発も図られている.

他方で,髙木(2007:62-63)は,ホームヘルパーを対象にした調査の中で,利用者からの苦情・相談とその内容について分析している.ここでは,全体では利用者からの苦情・相談を「聞いている」が約78％だが,職場に労組が「ある」場合は「聞いている」が約83％で,「ない」場合は約76％であった.また,労組があると回答したグループは,利用者からの苦情・相談の内容のすべての項目で平均値を上回っていた.この背景について,髙木は働く者の健康・生活問題を明らかにしたり,その諸問題を克服するための取り組みが日常的に身近で行われていたり,自らその取り組みに加わっていたりする場合には,利用者の暮らしの悩みや,介護保険制度及びサービスの担い手に向けられたさまざまな苦情を受け止める傾向がみられると指摘している.

これらの先行研究では,施設における苦情解決制度や苦情への対応などが明らかにされている.しかし,高橋ら(2001)は,苦情解決の制度が導入された直後の2001年1月に行われた調査であるため,現在とは状況が大きく異なる.さらに,苦情解決のしくみは社会保障の市場化・営利化(横山 2003)の一環として導入さ

れたものだが，それに対する分析もされていない。一方，髙井・阪本（2002）は，施設におけるリスクと苦情に関する内容の紹介が中心である。また，3つの施設の記事や実践報告（岩城 2000；齋藤 2001；調布学園 2003）は，各施設の取り組みの紹介に留まっている。加えて，髙木（2007：62-63）以外は，職員の人権意識や職員集団づくりを含む組織のあり方に大きな影響を与える労組に関する分析がされていない。

5　小規模化の影響

　施設で進められている小規模化は，子どもにとっては多くのメリットがある一方，先行してユニット化が進められてきた高齢者施設（岡 2016）と同様に，宿直（一部，夜勤）や一人勤務が増えたことによって職員が孤立・疲弊し，職員の確保・育成が困難になるなどのデメリットが指摘されている（黒田 2013；堀場 2022a）。こうした状況があるにもかかわらず，小規模化した施設における職員の労働環境を分析した先行研究はほとんどない。

　そうした中で，施設における小規模化の影響に関する近年の主な先行研究には，橋本・明柴（2014），吉村・吉村（2016），みずほ情報総研（2017；2020），吉村（2019），川上（2020），全養協（2010b），NTTデータ経営研究所（2023）によるものがある。まず，橋本・明柴（2014）は，施設で暮らす子どもの作文などを踏まえて，子どもに家庭的な支援を行っていくためには小規模で個別的な特定の保育者からの継続的なかかわりが必要だと述べている。そして，施設は家庭の代替的機能として専門的保育者集団で構成され，虐待などのトラウマからの回復や治療的養育，少人数で小規模な家庭に近い形態が必要だと指摘している。

　一方，吉村・吉村（2016）は，小規模化した2施設の子どもと職員に聞き取り調査を行い，子どもと職員及び子ども間の関係構築，問題行動の軽減，子どもたちが家庭的な養護を望んでいることなどを明らかにしている。また，吉村（2019）は，全国の施設（地域小規模児童養護施設と小規模グループケア）で暮らす中高生を対象にしたアンケート調査で明らかになったことを踏まえて，①小規模化の移行前に子どもへの説明と同意に努めて不安を緩和すること，②子ども・職員の相性や関係性を重視したマッチングを検討する必要があること，③関係性不調の早期発見と介入できるシステムを構築すること，④家族的な子ども集団づくりを意図的に行っていく必要があると指摘している。

他方で，川上（2020）は小規模化の移行過程にある施設の職員5人へのインタビュー調査から，小規模化のメリットと課題を踏まえて，課題が発生する背景要因を職員間連携の視点を基に分析している。ここで，川上は，課題への対応について，ホーム統括者及び管理職間の共有力強化，施設の養育理念・小規模化の目的とリスクの共有，しくみづくりと組織マネジメントの重要性を指摘している。

　次に，近年行われた業界団体や国の委託調査に基づく研究のうち，全養協（2010b）は全国575施設（回収率70.4％）を対象に，養育単位の小規模化に関するアンケート調査を行っている。ここでは，小規模化による子どもの変化について，「大舎」では課題を「表出しなくなった」子どもの割合が高く，「中舎」では「ほとんど変化がない」子どもの割合が高い一方，「小舎」では課題を「表出することが増えた」の割合が高い傾向がみられた。また，小規模化による職員にかかわる課題では，「職員一人ひとりの資質・経験の違いによる養育の差が生じやすくなった」「職員の勤務体制，ローテーションを組むのが難しくなった」「労働基準法を超える勤務が発生した」割合が高いことなどが明らかとなった。そして，全養協はこの結果を踏まえて，職員配置基準の抜本的な見直しと職員の資質向上を提起している。

　みずほ情報総研（2017）による全国の施設を対象としたアンケート調査とヒアリング調査では，小規模化によって子どもとの個別のかかわりが増えたことや個室の確保などの利点がある一方，全養協（2010b）と同様に，職員によって養育の差が生じやすくなったことに加えて，職員の精神的疲労や一人勤務及び長時間労働が増え，職員の確保・育成が課題になっていることなどが明らかになった。さらに，みずほ情報総研（2020）は，施設の小規模かつ地域分散化を進める上での課題と対応策を示すことを目的として，7施設からヒアリング調査を行っている。ここでは，小規模かつ地域分散化を進めるにあたって，「子どもの養育およびケアにおける困難さ」「運営上の難しさ」「職員の支援の難しさ」があり，その手立てとして情報共有や顔の見える話し合いの場を通したお互いの信頼関係の構築，職員が地域の行事や活動に参加することが指摘された。その上で，本体施設のバックアップ機能が重要であることや，土地・建物探しを容易にするしくみの構築が必要であることが提起された。

　NTTデータ経営研究所（2023）は，小規模化・地域分散化した施設における職員の負担及び本体施設によるバックアップの取り組みに関する全国612施設を対象としたアンケート調査と4施設を対象にしたヒアリング調査を行っている。

ここでは，職員が業務上の困難さや業務の負担感を感じる要因として，子どものケアニーズへの対応の難しさ，自身のスキルやノウハウへの不足感，一人で勤務する時間や経験の少ない職員のみで対応する場面の多さなどの課題が指摘された。そして，それに対する職員のバックアップニーズと本体施設の取り組みを比較したところ，「身近な相談相手の確保」のニーズが高いにもかかわらず，取り組みがあまり行われていないことなどが明らかとなった。

ここで取り上げた小規模化の影響に関する先行研究のうち，橋本・明柴 (2014) が指摘する点は重要なことだが，小規模化を持続可能な形で進めていくためには，子どもへの個別的・治療的なケアや施設の形態論だけでなく，職員の労働環境に関する分析も必要である。また，橋本・明柴 (2014) を除く先行研究は，小規模化の影響や課題などについて調査を通して実証的に明らかにしている。特にみずほ情報総研 (2017：2020)，NTTデータ経営研究所 (2023) は，国の委託事業に基づく調査であるため，アンケートによる小規模化した施設の全国的な実態やヒアリング調査を通して，先進的な施設の実態を明らかにしている。

しかし，みずほ情報総研 (2020) で指摘されている地域活動への参加は，地域分散化した施設で働く職員の負担が大きいため，現行制度の枠組みの下での改善策を提起するだけでは限界がある。加えて，いずれの先行研究も労働条件・労働環境や職員の意識に大きな影響を与える労組に関する分析がされていない。

6 研修体制

職員の育成については，前述したように労働条件・労働環境の改善が最も重要になるが，筆者はそれに加えて，職員の力量や専門性を高めるための研修のあり方を検討する必要があると考える。施設における研修に関する主な先行研究には，日本児童問題調査会 (1992)，Goodman (2000＝2006)，宮地 (2013)，岡本 (2018)，大原・萩生田・相澤 (2019)，松村ら (2020) によるものがある。まず，日本児童問題調査会 (1992) では，施設就職後の再教育制度について「施設内研修のあり方について」が40.7％で，その内容は「勤務時間内に研究会ができる体制」(17.4％)，「外部から講師を招けるように」(16.5％) の割合が高かった。一方，「施設外研修のあり方について」は42.3％で，その内容は「施設見学，施設間交流のできる研修」(31.7％)，「研修に出られる条件整備」(18.5％) の割合が高いことなどが明らかとなった。

また，宮地（2013）は，愛知県内のベテラン職員を対象としたインタビュー調査から，新任職員に対する施設内研修のあり方は「OJT重視タイプ」「導入教育実施タイプ」「事前宿泊教育実施タイプ」の3つに大別されることや，全職員を対象とした研修は施設内でのケースカンファレンス及び施設内外での講義形式の研修を受講する機会が増えていることが明らかとなった一方で，被虐待児への支援以外の支援技術（発達障害，自立支援など）を学ぶ機会や，自己覚知及びセルフコントロール，ソーシャルワークの視点が少ないことなどが浮き彫りとなった。その上で，宮地は研修における支援技術に対する認識は職員間で十分に共有されているとはいえない状況にあると述べている。他方で，Goodman（2000＝2006）は，同族経営の施設における研修の特徴として，政治や労働問題が取り上げられることはなく，子どもへの支援方法に特化していると指摘している。

　次に，施設で行われている研修プログラムとその効果を実証的に明らかにした研究をみると，岡本（2018）は自らが研修で関与している施設において，2年目以上の現任職員を対象にした集合研修のプログラム化を基に分析している。ここで，岡本（2018）は，研修の経緯を踏まえて，自己覚知，アサーティブコミュニケーション，境界線の理解，ストレングス視点に基づく支援，主体的な課題解決を支える支援方法の5つのテーマを連動させ，「研修→課題→研修」というサイクルを設定し，全員体制による人材育成，視点・行動パターンの変容を支える研修内容，学び・実践・ふり返りを支える提供方法という3つの要素を有機的に連動することで目的が達成されるプロセスを重視した取り組みだと指摘している。

　大原・萩生田・相澤（2019）は，子どもの混乱やトラブルの解決と背景にある本質的な課題にアプローチするため，6施設の職員に対して生活場面面接の段階と焦点及び技法に関する研修を行い，その効果を分析している。具体的には，研修前後と研修から6カ月後の3つの時点で養育に関するコンピテンス尺度と自由記述の回答を分析した結果，本研修は女性職員の養育に関するコンピテンスを上昇させ，職員のエンパワメントに寄与していたことが明らかとなり，生活場面面接が活用できる可能性も示唆された。

　松村ら（2020）も，5施設で子どもに行った児童養護施設版「生活安全感・安心感尺度」（SCSSS）調査の結果を盛り込んだ職員研修を実施し，研修の前後と研修の1カ月後に調査を行っている。その結果，研修を通して職員の要因に関する不安感が軽減されたり，研修直後の意識調査では子どもの安全感や安心感に対する職員の意識に良い変化がみられたりしたことが明らかとなった。この調査では，

研修の1カ月後も同じく職員の意識に有意に良い変化がみられ，自由記述においても子どもへの理解が深まったり，職員同士のコミュニケーションに役立ったり，安全感・安心感に対する職員の意識の向上にもつながったりしていることが示された。

　これらの先行研究のうち，岡本（2018），大原・萩生田・相澤（2019），松村ら（2020）は，施設で行われている研修プログラムとその効果を実証的に明らかにしている。しかし，これらの研究は，主に研究者が重要と考える手法に基づいて分析した職場内研修における職員の研修プログラムの開発と効果測定が軸となっている。このため，全国各地の施設でどのような研修が取り組まれ，職員がそれをどう捉えているか，さらには今後どのような研修内容を望んでいるかを分析しているわけではない。

　一方，日本児童問題調査会（1992）は約30年前の調査であるため，近年の状況と単純に比較することができない。また，宮地は職員へのインタビュー調査を通して愛知県内の施設における研修の現状を明らかにしているが，全国各地の施設で職員がどのような研修に参加し，それをどう捉え，今後どのような研修内容を望んでいるかについては明らかになっていない。なお，宮地（2013）が研究内容で不足していると指摘した発達障害や自立支援に関する研修は，近年は増加傾向にある。加えて，Goodman（2000＝2006）が指摘するように，施設における研修では政治や労働問題についてはほとんど取り上げられておらず，子どもへの支援内容に傾斜していることも課題といえる。

7　働き続けられる環境づくり

　施設で近年進められている小規模化は，職員の労働環境面における課題が多い。このため，小規模化を持続可能な形で進めていくためには，子どもだけでなく職員も支えるしくみが必要である。この点について，前述した安部ら（2013）の質的調査では，労働負担の重さや待遇面，職員関係，ワーク・ライフ・バランスの実現の困難さが課題になる中で，職員の労働負担を軽減するために，各施設で短時間勤務や宿直の免除など，さまざまな配慮がなされていることが明らかとなっている。

　一方，座安（2020）は，施設で働き続けることができる職場環境の要因を明らかにするため，1施設の30〜60代の職員8人を対象にしたインタビュー調査を

行っている。ここでは，働き続けられる要因として，子どもの成長や対等な職員関係がある一方で，仕事と家庭の両立の困難さ，職員間の不和で辞めようと思ったことがあること，そして，それに対しては職場内保育や勤務面の配慮，子どもからのサポートや職員に相談するによって克服することができていることなどが明らかとなった。さらに，今後求められる職場環境として，職員集団の構築や日勤が必要であることも浮き彫りとなった。

しかし，安部ら（2013）は小規模化した施設に焦点化して職員が働き続けるための配慮や職員集団づくりの方法を取り上げて分析しているわけではない。座安（2020）も質的調査を通して施設で働き続けることができる要因を具体的に明らかにしているが，1施設の調査であることや，調査で明らかになった職員集団づくりや勤務面の課題をどのように実現してくかについての分析がされていない。加えて，両者の研究では，働き続けられる環境を構築する上で必要な労組に関する分析もされていない。

他方で，小規模化した施設において課題になっている職員集団づくりの方法については，関連する先行研究は近年ほとんど行われていない。なお，ここでいう職員集団とは，先行研究（積 1981：153-154；竹中 1985：187-193, 202-206）を踏まえて定義すると，施設運営や子どもの支援方針などについて，話し合いをベースにした職員間の合意形成をていねいに行う中で，職員同士が育ち合い，支え合える自治的な職員集団のことである。この点について藤岡（2008）は，大変な子どもであっても，チームとして対応できている場合は職員の傷つきを最小限に食い止めることができると指摘している。しかし，施設では，子ども集団づくりよりも，職員集団づくりの方が困難な状況がある（浅倉 1979：86）。

こうした中で，栗山（2013：69-116）は集団主義養護論[5]とグループワーク[6]を比較した上で[7]，後者の視点に基づき，その治療的な作用・意義を踏まえて，グループワーカーとグループの関係や活動プログラムなどを取り上げて分析している。しかし，栗山は，集団の肯定的側面を捉えているものの，既存のグループワーク理論に関する解説が中心であることや，職員集団づくりに焦点化して分析しているわけではない。

一方，加藤（2012；2016；2021）は記録のA園におけるダンスの実践や，そこでダンスに参加している子ども9人のケース分析を踏まえて，実践記録や子ども・職員への聞き取り調査を基に，ダンスを通した子どもと職員の変化を分析し，子どもの心身の緊張感の緩和と自己肯定感の向上，子ども集団の育ち合い，職員間

の連携の促進など，子ども集団づくりとダンスの有効性を実証的に明らかにしている。加藤は，小規模化した施設における子ども集団づくりの意義について調査を通して実証的に明らかにしているが，1施設の調査及び実践報告であるため，複数の施設を比較した上で職員集団づくりの方法を分析しているわけではない。

また，永井（2013）は，子どもが主人公の生活づくりをするためには職員集団のチームワークが欠かせないとした上で，ケース会議において職員全体で子どもたちに何ができるのかという視点で話し合い，解決に向けて行動化することの重要性を指摘している。永井は，施設での実践を踏まえて職員集団づくりの視点を示しているが，1施設の実践報告である。さらに，いずれの研究も職員集団づくりのあり方に大きく影響する労組に関する分析がされていない。

8　労働組合の役割

ここでは，職員の労働条件・労働環境を改善するための労組に関する先行研究についてみていく。労組については1970年代半ば以降，研究・運動の両面で活動が停滞しているが，1960〜1970年代にかけて取り組まれた主な先行研究には，鷲谷（1968），皿海（1972），小川（1973），杉本（1973）によるものがある。

まず，鷲谷（1968：139-140）は，社会事業の経営者が労組を異常に恐れ，非難と攻撃に躍起となっていると指摘した上で，従事者の組合観にも誤った先入観や偏見などの俗流的組合観があると述べている。さらに，鷲谷（1968：161-196）は社会事業における労組の歴史的な展開を踏まえ，「民間施設従事者解雇事件の多発」について，各地の施設における解雇事件は氷山の一角であり，大部分は経営者の意にそぐわない行動をとったことによると指摘している。

この点について皿海（1972）は，家族経営・世襲制が多い民間施設の特徴を踏まえ，経理の非公開や職員会議の非民主的運営，住み込み制などの過重労働によって職員の健康破壊や退職，低賃金，職員不足などの問題があると指摘している。その上で，皿海は各地の施設で組合結成の要求が高まり，施設運営の民主化や労働条件の改善が前進しているとし，こうした闘いに恐れをなした一部の人たちは，日本社会福祉労働組合が無法者の集団であるかのように宣伝していると述べている。

一方，小川（1973）も，民間社会事業の多くが中小零細事業であり，委託費が低額で職員の労働条件は公務員より悪く，私物的意識を持つ経営者が少なくない

実態を踏まえて，民間施設労働者の身分保障が必要であると指摘している。さらに，小川は，のぞみの家指導員解雇撤回裁判における指導員敗訴の判決の問題点を指摘した上で，困難であっても民間施設こそ労働者の団結が必要で，それが子どもの民主的養育権要求に応える基礎になるものであるとし，この意味で本件訴訟は働く者の権利を守り，施設の民主化を勝ち取り，子どもの権利を守るために極めて重要な意義を有するものだと述べている。

他方で，杉本（1973）は，民間社会福祉労働者の実態について，日本社会福祉労働組合を中心とした労働争議の状況を取り上げている。ここで，杉本は，同労組の20年の歴史を踏まえ，①職場の民主化闘争，②自治体に対する経費や人員要求，③国に対する予算増額・労働条件の改善要求，の3つのたたかいを基本に進められてきたと指摘している。その上で，杉本は，民間社会福祉施設の多くは，宗教的なものを背景に慈善的・恩恵的・救済的な形で出発したことが影響して，運営が前近代的・封建的で家族的な経営形態になりがちであるため，各地の争議を踏まえた一つ一つの職場を民主化するたたかいの積み重ねこそが，社会福祉全体の前身の基盤ともなっていることを忘れてはならないと述べている。

ここでみてきたように，鷲谷・皿海・小川・杉本は，1960〜1970年代にかけて施設における労組や争議の実態などを浮き彫りにしているが，いずれも約50年前のものであるため，近年の施設の状況と比較することが困難である。加えて，調査を通して施設で労組が果たしている役割や，労組に対する職員の意識を実証的に明らかにしているわけではない。

9　国・自治体の役割

これまで述べてきたように，施設で小規模化を進めていくためには，職員を支えるしくみが必要である。これは，個々の施設の自助努力だけでは限界があるため，国・自治体の責任による条件整備が不可欠である。この点について，施設における制度面の課題を含む国・自治体への要望・意見に関する近年の先行研究には，伊藤（2007：85, 114-116），みずほ情報総研（2017）や，施設現場からの報告として斎藤（2019）と中條（2019）によるものがある。

まず，伊藤（2007：85, 114-116）は，前述した調査の「施設外部との関係で過度の不満や負担を感じること」の項目で，「児童相談所と協力体制がとれない」（76.6％）が最も多いことを明らかにしている。また，この調査では「児童相談所

への不満や要望」の自由記述は6件だったものの，児童相談所（以下，児相）と連携・協力して親子を支援したいという職員の思いが窺える一方で，児童福祉司と連携がとりにくいことや，児相と協力体制がとれないなどの記述がみられた。加えて，施設と地域との関係に関する自由記述では，施設への偏見の根強さやイメージの悪さ，社会の理解のなさや認知度の低さに関する記述に加えて，地域の中の施設として何ができるかという意見や，関係機関とのネットワークを構築する必要があるなどの主体的な意見もみられた。

　一方，みずほ情報総研（2017）では，全国の施設を対象としたアンケート調査とヒアリング調査を通した小規模化の利点と課題に加えて，「小規模化の推進にあたり，制度・施策面で必要と考えること」では，「職員配置基準の改善・職員の増員」「夜間時間帯における複数職員の配置確保」「施設整備費の補助」の順に多いことが明らかにされている。

　他方で，斎藤（2019）は，勤務先の職務経験を踏まえた行政に対する疑問・要望として，子どもと向き合える職員体制の充実と連携体制づくりをしてほしいこと，小規模化・家庭的養育を一律に目指すだけでなく，多様な養護形態のあり方を再論議してほしいことの2点を提起している。さらに，中條（2019）は，大阪府内の施設で行われた調査結果をもとに，小規模化の整備推進にあたって，地域小規模児童養護施設における職員の増員と適正な配置数の調整に加えて，本体施設の体制を強化する必要があると指摘している。

　ここで取り上げた先行研究のうち，伊藤（2007：85，114-116）は，職員が児相と協力体制がとれないことに不満を感じていることなどを明らかにしており，みずほ情報総研（2017）は，全国規模の調査によって小規模化に伴う制度面の課題などを明らかにしている。斎藤（2019）と中條（2019）も，現場の視点から小規模化の実態と課題を提起している。しかし，これらの先行研究は，職員による国・自治体への要望・意見に焦点化して分析しているわけではないことや，制度を改善するために必要な労組に関する分析がされていない。加えて，制度・政策に対する批判的な分析も不十分である。

10　先行研究の意義と課題

　本章では，社会福祉労働及び施設職員に関する先行研究について，本研究の視点と枠組みに基づいて分析した。まず，社会福祉労働に関する先行研究（鷲谷 1968；浦辺 1973a；b；真田 1975；2003）は，社会福祉労働者を資本主義社会における労働者として捉えた上で，その位置づけや特徴を示しているが，社会福祉労働の捉え方に課題がみられることに加えて，いずれも約50年前の研究である。浅井（1987；1991）も1970年代までの社会福祉労働に関する先行研究を歴史的に整理した上で養護労働の分析を試みているものの，養護労働の内容を羅列的に捉えている。さらに，いずれの研究も施設における労働問題について，調査を通して実証的に明らかにしているわけではない。

　次に，施設職員に関する先行研究をみると，「労働条件・労働環境」についてトータルに捉えているとはいえず，特に賃金に関して詳細に明らかにされていない。さらに，「労働条件・労働環境」が大きく反映される「健康状態とストレス」についても，心理学的な視点に基づく分析が中心となっている。「支えになったものと仕事のやりがい」に関する先行研究をみても，それに大きな影響を与える労組に関する分析がされていない。

　一方，「小規模化の影響」に関する先行研究は，そのほとんどが調査を通して現状と課題を分析しているものの，現行制度の枠組みの下でどのように状況を改善していくかに重きが置かれている。「研修体制」に関する先行研究についても，研修プログラムとその効果を実証的に明らかにしたものが中心で，全国各地の施設でどのような研修が取り組まれ，職員が今後どのような研修内容を望んでいるかを分析しているわけではない。また，「働き続けられる環境づくり」のうち，職員集団づくりに関する先行研究をみると，既存の理論を解説したものや1施設における調査及び実践報告であるため，複数の施設を比較分析した上で職員集団づくりの方法を明らかにしているわけではない。

　他方で，「労働組合の役割」に関する先行研究は，いずれも約50年前のものであることに加えて，調査を通して施設で労組が果たしている役割や，労組に対する職員の意識を明らかにしているわけではない。「国・自治体の役割」に関する先行研究についても，職員による国・自治体への要望・意見に焦点化して分析しているわけではないことや，制度を改善するために必要な労組に関する分析がさ

れていない。

　ここでみてきたように，先行研究では施設における労働問題をトータルに明らかにしているとはいえず，労働問題を改善するための労組の役割と労組に対する職員の意識についても調査を通して明らかにされていない。このため，本書でアンケート調査及びインタビュー調査を通して，職員の労働条件・労働環境とそれが大きく反映される健康状態を軸に，施設職員として働くことになった経緯，仕事のやりがい，研修体制，小規模化の影響，労組及び国・自治体の役割なども含めて，施設における労働問題をトータルかつ実証的に明らかにする意義は大きい。

注

⑴　ここでいう「社会的自立」とは，竹中（2009：62-63）が指摘するように，自己責任論としての自立ではなく，社会的に自立を妨げられている子ども・若者に対する社会的施策を前提とした権利保障の考え方を前提とする自立の保障である。特に施設養護では，子ども・若者を取り巻く競争的な人間関係に対抗して，生活の中で共同的な人間関係を築くことができる可能性があり，それが自立支援の重要な課題といえる（望月　2009：11）。

⑵　否定的ストレスの各項目は，過度の不満や負担感を感じることが「いつもある」「時々ある」の合計数。

⑶　職場の労働条件及び人間関係で感じる過度の不満や負担感の各項目は，強く感じる順に選択した上位２つの合計数。

⑷　業務の中で感じる不満や負担感への対処法の各項目は，上位３つのうち第１位の回答数。

⑸　「集団主義養護論」を提唱した積（1981：153-154）は，「集団主義」を「資本主義社会の生活原理ともいえる『個人主義』の対立概念であって，『自分さえよければ』とか『金さえあれば』といった，利己主義，現金主義とは違って，あくまでも，仲間を大切にし，仲間のなかで成長する，集団の優位性を指すこと」と述べた上で，「この集団も管理集団や準拠集団ではなく，個人を大事にするなかで，個人の意志によって作り出される自治集団でなければいけない」と指摘している。積の「集団主義養護論」に対しては，事実と異なる批判もあるが，積は集団の形成にあたって個の尊重を重視しており，子ども同士及び子どもと職員の関係においても個を尊重している（遠藤　2018）。

⑹　Konopka（1963＝1967）は，「ソーシャル・グループ・ワーク」について，「社会事業の一つの方法であり，意図的なグループ経験を通じて，個人の社会的に機能する力を高め，また個人，集団，地域社会の諸問題に，より効果的に対処しうるよう，人びとを援助するもの」と定義している。

(7) 竹中（1985：199）は，グループワークと集団主義教育には共通する部分が多くあるとした上で，グループワークの目的は現状（社会体制）への適応である一方，集団主義教育は遠い目標（見通し）によって明確に方向づけられる社会変革を見据えた理論だと指摘している。ここで竹中が指摘する点がグループワークの課題といえるが，集団主義養護論についても，どのように職員集団を形成するのか及び子ども集団と職員集団の組織の方法論が具体的に展開されていないなど，未整理な点が多い（竹中1985：203-204, 214）。

| 第2章 | 児童養護施設における労働問題の歴史 ——1945〜2024年 |

本章では，施設における労働問題の歴史について取り上げる。ここでは，堀場（2013：46-67）を基に，施設における労働問題を軸にして再構成した上で大幅に加筆修正し，2013年以降の状況を新たに加筆した。具体的には，「戦争孤児の保護と児童養護施設の設立」（1945〜1953年），「労働運動の高揚と制度の改善」（1954〜1972年），「労働運動の停滞と労働時間短縮問題」（1973〜1994年），「社会福祉の市場化と施設内虐待・労働争議の続発」（1995〜2010年），「小規模化・地域分散化の推進」（2011〜2019年），「コロナ禍と地域分散化の影響」（2020〜2024年）の6つに区分してみていく。さらに，それぞれの歴史区分ごとに起きた労働争議（以下，争議）は，施設における労働問題の典型事例といえるため，裁判や報道などで明らかになっているものも併せて取り上げた[1]。

1　戦争孤児の保護と児童養護施設の設立——1945〜1953年

　第二次世界大戦直後の多くの国民の生活は，長期の戦争による荒廃と敗戦による混乱に加え，食料の不足によって飢餓的な状況の下におかれていた。この時期，GHQによる民主化政策が進められ，1946年の日本国憲法と労働組合法の制定によって労組への組織化が急速に進み，労働組合法が改正された1949年には55.8％（約666万人）と半数を超える労働者が労組に組織化された（厚生労働省 2023）。しかし，ドッジ・ラインや朝鮮戦争を契機としたレッドパージなど米日支配層による労働運動の弾圧，社会党と共産党の分裂による左派運動の混乱（大野 1987）などの影響もあり，1950年には組織率が46.2％に，1953年には36.3％にまで低下した（厚生労働省 2023）。

　当時は，約12万人の戦争孤児や引揚孤児が浮浪児として都市に集中し，それに対して政府は「狩り込み」と呼ばれる人権を無視した収容政策を行った（西田 1996：36-37）。当時の施設の多くは，民間の篤志家・宗教家によって寺院や旧兵舎などを活用して設立されたが，施設が認可された当時の職員配置基準（1948年）は，子ども10人につき職員1人（厚生労働省 2017a）という極めて低い水準で

あったため，職員は住み込み制や断続勤務などによる自己犠牲的な働き方を余儀なくされた。

その後，全国社会福祉協議会の中に全養協が結成され，国に対して予算要求を行っていたが，1953年に社会福祉分野で初の労組である日本社会事業職員組合が組織された。それ以降，両者を中心に職員の労働条件や措置費・職員配置基準の改善に向けての運動が展開されていくことになる。その後，民間施設への措置委託により，施設の措置費は公的に整備・拡充されていった（堀場 2013a：47）。

2 労働運動の高揚と制度の改善――1954～1972年

日本は1950年に勃発した朝鮮戦争に伴う朝鮮特需を契機に経済復興が促されるとともに，高度経済成長期に重化学工業にシフトして急激な経済成長を遂げた。この間，産業構造の大転換の下で雇用労働者が増加し，その大多数が大都市圏に集中した。特に中学校を卒業したばかりの子どもたちは，「金の卵」ともてはやされ，集団就職により農村部から都市部へ大移動した。こうした若年層の雇用労働者化は，核家族化を進行させるとともに，農村の過疎化や都市部の過密問題などを生じさせた（堀場 2013a：47-48）。さらに，高度経済成長の弊害として労働災害や公害などが頻発し，それに対して各地で住民・労働運動が展開された。

高度経済成長期の雇用労働者の数は，1954年の1,712万人から1973年には3,659万人と約２倍に増えたが，労組の組織率は概ね30％台前半で推移した（厚生労働省 2023）。また，1950～1960年代にかけて大企業を中心とした日本特有の企業別労組が形成され主要な組織形態となり，それ以降，労組の右傾化（労使協調路線）が進んだ（山田 2020：58-59）。産業別では，鷲谷（1968：196）によると，日本社会事業職員組合は1968年時点で1,300人の組合員と12の支部を持つ組織だった。

一方，この時期に施設職員の労働問題は大きな転換点を迎えることになる。その口火を切ったのは，1954年に九州の施設で労働基準法違反の摘発があったことで，その翌年にも北海道の施設で同様の事態が発生したことである（長谷川 1986：53）。この時代は職員の勤務形態は住み込み制や断続勤務が多く，肩・腰痛などの職業病の多発と労働条件の低劣さが際立っていた。こうした中，1957年には全養協による勤務実態調査（タイムスタディ調査）が行われ，男性指導員の１日の労働時間の平均が13時間40分（女性指導員は14時間6分），保母が14時間46分であるなど，長時間労働の実態が浮かび上がった（長谷川 1986：56）。

こうした実態を背景として，全養協や労組などによる職員の給与改善運動が起こり，民間施設経営調整費（1965年）及び民間施設給与等改善費（1972年）の創設などによって，給与格付が公務員に準ずる形になるなど，労働条件が改善した（西田 1996：47；堀場 2013a：49）。また，職員配置基準も1964年に子ども9人につき職員1人（予算措置及び法令上），1966年には同8人につき同1人（予算措置上。法令上は1967年），1971年には同7.5人につき同1人（予算措置上），1972年には同7人につき同1人（予算措置上。法令上は1973年）に改善された（厚生労働省 2017a）。

　さらに，1970年には，日本社会事業職員組合の呼びかけで，民間社会福祉労働組合全国連絡会が結成され，20万人署名を軸に国に対して社会福祉施設における労働基準法違反をなくし，職員の増員措置や予算の増額を目的とする運動が全国的に展開された（日本社会福祉労働組合 1984：1-2）。このような労働運動の高まりの中で，全国各地の自治体（東京都，京都府，大阪府，愛知県，名古屋市など）で革新首長が当選し，自治体独自の補助金制度である「公私間格差是正制度」[(2)]も整備された。一方，前述した20万人署名も影響して，1971年から1972年にかけて労働省による社会福祉施設の労働条件に関する調査が行われ，大半の施設で労働基準法違反が指摘されたことと関連して，厚生省から全養協に対して協議の要請があり，1974年には全養協に「労働適正化特別委員会」が設置された（西田 1996：49-50）。

　この時期の施設における争議には，のぞみの家児童指導員A氏と加盟する労組による運動があった（日本社会福祉労働組合 1973）。この争議は1967年に児童指導員A氏が施設長から退職勧告を受け，それに対して地位保全の仮処分申請を東京地裁へ提訴した事件である。施設側は，A氏の解雇理由として，機関誌への投稿の動きとともに，施設の指導方針を尊重せず独自の方針で指導にあたった点をあげている。

　A氏は日本社会事業職員組合とともに団体交渉を9回行ったが，埒があかず裁判に踏み切った。しかし，東京地裁は，A氏の主張ではなく施設側の主張を採用し，仮処分申請を却下する判決を下した。その後，A氏は東京高裁へ上告したが，敗訴が確定した（日本社会福祉労働組合 1973；片岡 1978）。この争議はA氏の敗訴となったが，同族経営による非民主的な運営の下で裁判をしたことは，施設の民主化に向けて一定の意義があったといえる。

　他方で，この時期の施設に関する研究・運動の特徴は，1972年に全国養護問題研究会（現・全国児童養護問題研究会。以下，養問研）が発足したことである。養問

研は，創設当初から養護問題や子ども・職員集団づくり，養護労働などの本質的なテーマを取り上げ，年1回の全国大会や地域ブロック（中部・関西・関東）ごとの研修会，各支部で定期的に学習会を開催しており，全国大会では毎年400人程度の参加者が集っている。

3 労働運動の停滞と労働時間短縮問題——1973～1994年

戦後の日本は高度経済成長に伴い好景気を持続してきたが，1973年の「オイルショック」（石油危機）を契機に低成長の時代に入り，長引く不況は特に中小企業に大きな打撃を与え，倒産に追い込まれる業者も増加した（堀場 2013a：50）。こうした中で，政府は1970年代に一旦掲げた「福祉国家」政策を転換し，1980年代には「日本型福祉社会」という名目で国家責任を縮小し，「民間活力導入」や「自助・自立」原則を強調しはじめた。こうした政策の下で，社会福祉施設の民営化や外郭団体化（事業団）が進められるとともに，社会福祉施設措置費の国庫負担率が当初の10分の8から1986年には10分の5に削減された（堀場 2013a：50, 52）。

その後，1980年代後半から1990年代初頭にかけて一時的に見せかけの好景気（バブル景気）を迎えたが，1990年代初頭にバブルが崩壊して以降，長く不況が続くことになった。また，日経連は1995年に「新時代の『日本的経営』」を出し，これによって従来の年功賃金・終身雇用が縮小・解体され，リストラや正規から非正規への置き換えに加えて，成果主義賃金制度の導入が本格的に進められていくことになった（山田 2020：146-148）。一方，1976年には予算措置により施設の職員配置基準が子ども6人につき職員1人（法令上は1979年）（厚生労働省 2017a）に改善されたが，それ以降は単年度の予算措置を除いて，2011年まで改定されることはなかった（堀場 2013a：51-52）。

この時期，雇用労働者の数は，1973年の3,659万人から1994年には5,279万人と約1.4倍に増加した（厚生労働省 2023）。また，労組の組織率は，1975年に34.4％になったものの，それ以降は低下の一途を辿り，1983年には29.7％と20％台になり，1990年に25.2％，1996年には23.2％にまで低下した（厚生労働省 2023）。産業別にみると，この時期の特筆すべき事項は，1973年に日本社会事業職員組合が日本社会福祉労働組合に名称が変更され，1977年から全国単一組織となり（日本社会福祉労働組合 1984：12-13, 16-18），1986年にはそこから発展した福祉保育労が結成されたことである。福祉保育労の前身の日本社会福祉労働組合は，1983年時

点で組合員が6,000人（28支部）を超え，1985年時点で組合員が7,000人に迫る状況であった（日本社会福祉労働組合 1983：15；1985：15）。

　福祉保育労が発足した翌年の1987年における同労組の組合員数は9,438人で，同年の社会的養護の組織率は2.7％（組合員数410人）だった（厚生省 1988；福祉保育労 2023）。その後，福祉保育労における1991年の社会的養護の組織率は2.2％（組合員数337人）だったが，1994年には組織率が2.9％（同438人）に上昇した（厚生省 1993；1996；福祉保育労 2023）。なお，福祉保育労は児童養護を含む各種別協議会を組織し，発足当初から年１回，厚生省（当時）との交渉にも取り組んでおり，それが制度の改善にもつながっている。

　その後，1980年代には施設において労働基準法施行規則改正（1981年）と労働基準法改正（1987年）に伴う労働時間短縮問題が議論を呼んだ。具体的には，それまで施設では労働基準法施行規則で１日９時間及び週54時間の特例が認められていたが，それが廃止され，すべての事業所に週48時間労働が義務づけられたことである（西田1996：54）。さらに，1993年の労働基準法改正によって，施設においても1997年度から週40時間労働制が適用されることになったため，全養協に特別委員会が設置され，1994年３月に「養護施設における労働時間短縮への提案」報告書が出された（福島・村井 1996：72）。しかし，いずれも一時的な議論に終わり，1980年代以降は労働運動の停滞も影響して，労働問題に関する研究・運動の両面で活動が停滞した（堀場 2013a：52）。

　一方，施設における争議としては，1990年に起きた恵泉寮事件がある。本事件は，社会福祉法人恵泉寮が1990年１月に施設及び乳児院から知的障害者更生施設への転換を理由に職員全員を一旦整理解雇したのは「労働組合潰しを狙った解雇権の濫用」だとして，元職員６人が雇用契約の存在確認と同法人に未払い賃金の支払いを求めた裁判を起こした事例である。神戸地裁は2001年３月に，「新施設で必要な資格はとくになく，解雇も原告の組合活動を念頭に検討しており，解雇権の濫用」と雇用契約の存在を認め，同法人に対して計約１億7,000万円の支払いを命じた。その後，法人側が不服として控訴した後，2003年７月に大阪高裁で原告６人の勝利和解が決定し，職場復帰を果たした事件である（秋田 2002：317-319，首切り攻撃に反対し恵泉寮の仲間を励ます会 2003）。

　他方で，施設に関する研究・運動面をみると，前述した養問研に続いて，1975年に全国児童相談研究会（発足当初は児童相談所問題研究全国連絡会。以下，児相研），1979年に小舎制養育研究会が発足した。このうち，児相研は会員数が約400

人でセミナーやブロックセミナー，ワークショップを定期的に開催しており，児相の関係者が数多く集っている。さらに，1994年には，子ども虐待の社会問題化も影響して，医療・福祉・教育・司法・行政関係者や研究者によって，日本子ども虐待防止研究会（2004年から学会）が発足した。

4　社会福祉の市場化と施設内虐待・労働争議の続発——1995～2010年

　1990年代後半は，金融危機や日本企業の多国籍化による産業の空洞化を背景に，大企業のリストラや中小企業の倒産が相次いだ（堀場 2013a：53）。この間，労働法制の規制緩和が影響して非正規労働者が急増し，2000年代半ば頃から「ワーキングプア」「ホームレス」などが社会問題化した。その後，2007年の米国発のサブプライムローンに端を発したリーマンショックと世界同時不況により，日本も製造業の大企業を中心に「派遣切り」「非正規切り」が横行した（堀場 2013a：55）。こうした状況も影響して，2009年8月の総選挙で自民党が大敗して民主党政権が誕生し，子ども手当や公立高校の授業料無償化などの政策が進められた。

　この時期，雇用労働者の数は，1995年の5,309万人から2010年には5,447万人に増えた（厚生労働省 2023）。労組の組織率をみると，1997年は22.6％だったが，2003年に19.6％と10％台になり，2006年には18.2％にまで低下した後，前述した状況も影響して2009年及び2010年に18.5％とやや上昇した（厚生労働省 2023）。産業別にみると，2003年に新設された同年の「医療・福祉」の組織率は9.2％で，2008年は8.0％となっている（厚生労働省 2003；2009）。一方，福祉保育労における社会的養護の組織率は，1997年は2.5％（組合員数389人）だったが，2003年は2.1％（同376人），2008年は1.7％（同352人）に低下した（厚生労働省 1999；2005；2010；福祉保育労 2023）。

　また，社会福祉の分野においても社会福祉基礎構造改革によって措置制度が解体され，介護保険制度の創設や保育所の利用選択制への移行など，市場化・営利化（横山 2003）が進む端緒となった。さらに，1960～1970年代に革新自治体で創設された「公私間格差是正制度」は，2000年代に東京都，大阪府，愛知県などで次々と解体された。このような中で，福祉保育労は福祉人材確保に向けた実態調査や国会請願，厚生労働省との交渉に取り組み，それが2007年の新福祉人材確保指針や2008年の介護従事者等処遇改善法の制定，2009年の介護報酬引き上げなどにもつながった（前田 2009）。

この時期に行われた東京都社会福祉協議会（2001）の調査によると，職員配置を独自に加算している東京都（子ども5人につき職員1人）においても，断続勤務で働いている職員が通勤交替制で約32%，住み込み制で約85%いることなどが明らかとなった。さらに，大阪府社会福祉協議会の調査（朝日新聞 2003）においても，児童養護施設・乳児院など39施設（職員631人）の直接処遇職員（週40時間勤務）の1週間当たり（7月中）の勤務時間が約58時間（時間外労働が月当たり約72時間）で，休日も職員の3分の1が出勤しているなど，施設における労働問題が深刻であることが改めて浮き彫りとなった。

　他方で，厚生労働省（2008a）が220施設を対象として行った調査では，施設の常勤職員の1週間の合計勤務時間数が49.9時間で，時間外勤務が発生した常勤職員の割合が59.6%であることなどが明らかとなった。加えて，全養協（2010a）が労働基準法や職員の勤務時間などを基にして行った調査では，ケア単位の小規模化モデルで子ども6人につき職員4.8人が必要という職員配置の試案が示された。

　翻って，1990年代後半から2000年代にかけて恩寵園事件に代表される施設内虐待事件とともに，争議（東京サレジオ学園事件，若松学園事件，救世軍愛光園事件，普恵園事件）が続発した。まず，東京サレジオ学園事件は，児童指導員として勤務していたB氏が，1999年4月に調理員への配置転換を命じられたため，配転命令は業務上の必要性を欠くとして，無効の確認を東京地裁に申し立てた事件である。一審の東京地裁は，業務上その必要性を認めることはできず，権利の濫用にあたるとして，2003年3月に配転命令を無効とした。しかし，東京高裁は，雇用契約は職種を限定しておらず配転は有効とし，2003年9月に原判決を取り消しB氏の敗訴が確定した（秋田2004：175-177）。

　若松学園事件は，2002年6月に起きた保育士C氏が解雇された事件である。当該施設では以前から多くの問題が起きており，1998年4月に労組が結成されたが，経営側で対立が起きたことを機に，理事による子どもへの差別発言があったり，必要な職員採用がされなかったり，組合員への不当労働行為が起きたりした。それに対して，C氏を含む組合員が関係者と2001年6月に組織を立ち上げて改善運動を起こし，理事会や監督官庁に働きかけるなどした結果，再建委員会が立ち上がり，理事に学識者が入るなど一定の改善がなされた。そして，C氏以外の組合員が退職して以降，C氏は理事会によって，些細な行動を理由に2002年6月に解雇された。C氏は加盟していた労組の支援を受けながら，同年7月に地位保全の仮処分申請を行い，2003年4月に仮処分決定が出された。その後，C氏は，2003

年6月に不当解雇の撤回を求めて地裁に提訴し，裁判は約2年続いた。この間，労組や支援者による運動が組織的に展開され，C氏は2005年4月に勝利和解して職場復帰を果たした[8]。

救世軍愛光園事件は，2006年4月に調理員D氏が「退職の意思がないのに一方的に就労を拒否され，給料も支払われない」として，施設を運営する社会福祉法人を相手取り，賃金の仮払いを求める仮処分を広島地裁に申し立てた事件である。同園では，運営方針などをめぐり前施設長に異議を唱えた調理員らが退職を強要され，他の職員は退職届を出したが，提出を拒み続けたD氏に対して，同園は3月末で退職したとして4月から就労を拒否し，給料も未払いとした。同園では，子どもたちの小遣いからの献金の天引きや女児へのセクハラ疑惑があるとして，県から事実解明と施設運営の改善計画の提出を求める行政指導が行われた。そして，地裁の仮処分決定を経て2007年4月に本訴でD氏が勝訴したが，施設側が控訴して高裁で争われた後，2008年6月にD氏が勝利和解して職場復帰を果たした（広島県労連 2008；「産経新聞」2006年5月13日付朝刊記事）。

普恵園事件は，保育士E氏が勤務していた施設において，新たに就任した理事長兼施設長による体罰事件や非民主的運営などを契機として，1999年6月に労組が結成され，2000年3月に不当労働行為による地方労働委員会への申し立てが行われた。その後，2003年2月に労組の支部長だったE氏が降格処分となり，2006年5月にはE氏が起こした業務中の交通事故を契機として懲戒解雇された事件である。本件は，2006年9月に地位保全の仮処分の申し立てが行われ，翌月に地位保全の仮処分の命令が出た。それを経て2007年1月に地裁で本訴となり，同年12月にE氏が勝訴したが，理事会が高裁に上告し，2009年4月に逆転敗訴となった。その後もE氏は同年5月に最高裁に上告して闘い続け，職場復帰はできなかったものの，2010年10月に勝利和解した後に退職することになった[9]。

ここでみてきたように，特に2000年代以降，各地で不当解雇の裁判が起き，1施設以外は勝利和解により職場復帰や和解金を勝ち取っている。それも労組に加入して闘った結果だが，争議後の組織化は依然として進んでいない。一方，施設に関する研究・運動面では，1999年に日本子ども家庭福祉学会が発足した。

5　小規模化・地域分散化の推進——2011～2019年

　民主党政権は，普天間基地問題や東日本大震災・原発事故への対応，消費税増税を含む社会保障と税の一体改革をめぐる党内対立（船橋 2013）などの影響もあり，2012年12月の衆議院総選挙で大敗し，自民党が公明党との連立で政権に返り咲いた。そして，2013年には安部政権による「アベノミクス」（金融緩和・財政出動・成長戦略）が始動するとともに，環太平洋連携協定（TPP）への交渉参加も開始された。また，同年には特定秘密保護法が成立するとともに，2015年には多くの国民の反対運動があったにもかかわらず，安全保障関連法も成立した。

　さらに，2014年4月から消費税が5％から8％に増税された結果，消費支出（総世帯，実質）が4年連続（2014～2017年）で落ち込み（総務省 2024），実質賃金も2年連続（2014～2015年）でマイナスとなった（厚生労働省 2015a）。社会福祉に関する政策動向をみると，2013年には子どもの貧困対策の推進に関する法律が成立し，翌年には子供の貧困対策に関する大綱が出されたものの，2013年8月から生活保護の生活扶助基準が段階的に引き下げられるという矛盾した政策が進められた（堀場 2016b）。

　この時期，雇用労働者の数は2011年の5,488万人から2019年には6,023万人に増加し，労組の組織率は2009年及び2010年に18.5％と若干上昇したものの，2011年には18.1％，2016年には17.3％にまで低下した（厚生労働省 2023）。産業別にみると，「医療・福祉」の組織率は，2008年の8.0％から2013年には7.0％（厚生労働省 2013）に低下したが，福祉保育労における社会的養護の組織率は，2008年の1.7％から2013年には1.9％（組合員数434人）に若干上昇した（厚生労働省 2015b；福祉保育労 2023）。関連して，福祉保育労東海地方本部では，2017年と2018年の春闘でそれぞれ「3.16ストライキ」「3.15ストライキ」を積み重ね，2019年3月には17分会（21事業所）の72人がストライキに入り，休暇行動を含めて168人が「3.14ストライキを含む全国いっせい行動」を行い，デモでは愛知県医労連の支援も得て広く社会に向けたアピールを行った[10]。

　施設に関する政策動向をみると，2010年12月末下旬から2011年1月中旬にかけて，児童相談所や施設にランドセルや文具などが贈られた「タイガーマスク運動」の影響もあり，2011年に児童福祉施設最低基準が改正され，単年度の予算措置として配置されていた家庭支援専門相談員，個別対応職員，心理療法担当職員

の配置が規定された。しかしその一方で，2011年の地域主権改革一括法によって児童福祉施設最低基準を2012年4月から条例化し，国家責任とナショナルミニマムをなし崩しにする政策も同時に進められた（堀場 2013a：56-57）。

　また，2009年に国連で採択された「子どもの代替養育に関するガイドライン」や，2010年の国連・子どもの権利委員会による日本政府への「第3回定期報告審査最終所見」なども影響して，2011年に取りまとめられた「社会的養護の課題と将来像」では，里親及びファミリーホーム・グループホーム・本体施設をそれぞれ3分の1ずつにすることが目標とされた。その結果，施設では小規模化・地域分散化が進められていくことになり，それに伴う予算措置は年々拡充されていった。さらに，2012年には職員配置基準（児童福祉施設の設備及び運営に関する基準）が子ども5.5人につき職員1人に改正されるとともに，2015年度から予算措置上は子ども4人につき職員1人に改善された。なお，2017年度から研修の受講を要件とした「社会的養護処遇改善加算」が創設された。

　その後，度重なる延期を経て，2019年10月に消費税が8％から10％に増税され，2014年の増税時と同じく，特に2020年度の消費支出（総世帯，実質）が大きく落ち込み（総務省 2024），実質賃金も2年連続（2019～2020年）でマイナスとなった（厚生労働省 2022b）。また，2018年に成立した働き方改革関連法（労働基準法改正）により，2019年4月から施設においても有休を年5日は取得することが義務づけられた。この時期の労組の組織率は，2018年に17.0％に低下し，産業別にみると同年の「医療・福祉」の組織率も2013年の7.0％から6.2％（厚生労働省 2018）に低下した。一方，2018年の福祉保育労における社会的養護の組織率は1.8％（組合員数489人）であった（厚生労働省 2020；福祉保育労 2023）。

　他方で，施設に関する政策動向における大きな変化は，2016年の児童福祉法改正により「家庭養育優先原則」が規定されたことで，それを踏まえて提起された2017年8月の「新しい社会的養育ビジョン」（以下，「ビジョン」）では，数値目標を明記した里親委託の推進が掲げられたため，施設関係者の間で多くの議論を呼んだ。それに対しては，全養協や養問研などから批判的な意見表明がされたが，その後，2018年7月に「都道府県社会的養育推進計画の策定要領」が通知され，数値目標に基づく里親委託の推進に加えて，施設は概ね10年程度での小規模かつ地域分散化と高機能化・多機能化（一時保護，里親支援など）が求められた。このうち，施設は地域分散化が前提で，既存のユニット型の本体施設については一部の例外を除いて一時保護や里親支援などへの機能転換が進められることになった

（堀場 2022c）。

　その後，2019年度末までに自治体ごとに策定された「社会的養育推進計画」では，就学前の幼児の里親委託率の目標値は約9割の自治体で厚生労働省が示した数値より低く設定された。翻って，施設に関する研究・運動面では，2019年に里親・養子縁組を推進するための「家庭養育推進ネットワーク」が発足した。

6　コロナ禍と地域分散化の影響——2020～2024年

　2020年1月に国内で初めての新型コロナウイルス感染症（以下，コロナ）の感染者が確認され，その後，国内及び世界的にそれが流行したことにより，感染対策や不況などの大きな混乱が生じた。また，それが影響して，2020年に予定されていた東京オリンピックも翌年に延期された。さらに，2022年2月に始まったロシアによるウクライナ侵攻の影響により，エネルギーや食品の価格が高騰し，円安も重なったことによる物価高騰が家計を圧迫した。特にコロナ禍の2020年は，名目賃金及び実質賃金が低下した（厚生労働省 2022b）。

　一方，コロナ禍が落ち着いた2023年の春闘では，大企業はベースアップを含む高い賃上げ率となったが，2年連続（2022～2023年）で実質賃金は低下した（厚生労働省 2024b）。この時期の雇用労働者数はコロナ禍などの影響もあり，2020年には前年から約94万人減少して5,929万人となったが，2023年には6,109万人に増加した（厚生労働省 2023）。2023年の労組に関する特筆すべき事項は，そごう・西武労組が親会社によるそごう・西武の投資ファンドへの売却をめぐって，雇用維持に関する懸念から同年8月31日に西武池袋本店で百貨店としては約60年ぶりにストライキを行ったことである。この時期の労組の組織率は，2023年に16.3%と過去最低となり，産業別にみると同年の「医療・福祉」の組織率も2018年の6.2%から5.6%（厚生労働省 2023）に低下した。また，福祉保育労における2022年の社会的養護の組織率は1.3%（組合員数395人）で，2018年の1.8%（同489人）から大きく低下した（厚生労働省 2024a；福祉保育労 2023）。

　他方で，施設では，小規模化によって一人勤務や宿直などが増えて職員が疲弊（黒田 2013；堀場 2022a）する中でコロナ禍も重なり，学校の休講措置や感染対策に追われるなど，職員の労働負担が増加した。具体的には，休講措置時に子どもが制限のある生活の中で1日を過ごす期間が続いたことや，感染対策のための消毒や感染者への対応，外部との交流や行事の中止など，さまざまな混乱が生じた。

そうした中でも，施設では職員が感染対策をしながら，子どもたちのストレスを軽減し，できる限り楽しく過ごすことができるように生活面の工夫をしていたが，職員の負担が増えて勤務を組むことが困難な状況があった（後藤 2020；桑原 2020；相澤 2021）。

筆者が2021年12月に行った5施設の職員5人へのインタビュー調査（堀場 2022b）では，制限のある生活が長期化する中で子どもと職員に多くの影響が出ており，職員の労働負担の重さ，新任職員や卒園生のメンタル不調，研修に参加できないことによる職員のモチベーションの低下や育成面への影響など，多くの課題が浮き彫りとなった。一方，コロナ禍の状況に対しては，都道府県ごとの施設同士の連携・協力体制は一部でできていたものの，施設の自助努力では限界がある（堀場 2022b）。そのため，今後同じような事態が生じた場合に備えて，国・自治体による支援体制をどのように拡充していくかが課題といえる。

翻って，施設を取り巻く政策動向をみると，里親委託が進まない状況を踏まえて，厚生労働省は2020年8月に，計画における里親等委託率の数値目標や里親の推進に向けた取り組みを見える化した上で各自治体に個別に助言を行ったり，2021年2月にも通知（里親委託・施設地域分散化等加速化プラン）を出したりするなどして，里親委託や施設の地域分散化を推進した（堀場 2022c）。そして，2020年度からは地域小規模児童養護施設・分園型小規模グループケアについて，予算措置上は子ども6人につき職員6人という1対1の配置も可能となった。加えて，2022年の児童福祉法改正では，施設における年齢制限が撤廃（児童自立生活援助事業を活用）されるとともに，新たに里親支援センターが児童福祉施設の一つとなった。

さらに，2024年3月には，「都道府県社会的養育推進計画の新たな策定要領」が決定され，すべての自治体で2029年度までの里親委託率の数値目標を国と同じく乳幼児は75％以上，学童期以降は50％以上にすることとされた。一方，施設に関する項目では，小規模かつ地域分散化に向けて各施設にヒアリングを行うよう要請し，既存のユニット型施設も含めて5年程度で確実に機能転換する計画を策定することが求められた（鮫島 2024）。こうした政策動向に基づく予算措置により，施設の小規模化は着実に進んでいるが，前述した職員の労働問題の深刻化に加えて，本体施設のユニット化や職員の確保・育成が不十分な中で，地域分散化を短期間に進めることによる混乱が危惧される（堀場 2022c）。

その後，コロナは2023年5月から5類感染症に移行され，通常の日常が取り戻

されたものの，引き続き留意が必要な状況である。また，前述したように，コロナ禍を経た2024年7月の段階においても，一部の大企業を除き労働者の賃金はほとんど上がらず，円安による物価の上昇も続いているため，養護問題の裾野が広がっているといえる。その一方で，岸田政権による「異次元の少子化対策」など，政府が目指す「こどもまんなか社会」の実現に向けた動きにより，2024年6月には子ども・子育て支援法が改正されたが，「子ども・子育て支援金」という医療保険から徴収される新たな国民負担が前提になっていることが問題である。翻って，施設に関する研究・運動面をみると，こども基本法の成立やこども家庭庁の発足など，子どもの権利に関する機運の高まりも影響して，2022年に子どもアドボカシー学会が発足した。

7　歴史区分ごとの労働問題の共通性と特徴

　本章でみてきたように，それぞれの時代の社会経済状況や政策動向によって現れ方に違いはあるものの，いずれの時代においても施設における労働問題が深刻であることが浮かび上がった。また，高度経済成長期に労災や公害などの弊害が明らかになる中で，住民・労働運動が高揚するとともに好景気も影響して，1970年代までは職員配置基準の改善や民間施設給与等改善費，「公私間格差是正制度」の創設など，施設に関する制度・施策も整備・拡充されたが，その後の不況や住民・労働運動の衰退，国・自治体の緊縮財政などによって社会福祉施設の民営化の流れが加速化するとともに，職員配置基準の改善を含む制度の改善も停滞した。

　さらに，2000年代以降，ほとんどの社会福祉施設は，措置制度が解体されて市場化が進み，職員の労働条件が悪化して人手不足の問題が深刻化している。加えて，2013年に子どもの貧困対策の推進に関する法律が成立したのと同時期に生活保護の生活扶助基準が引き下げられたり，その後も逆進性がある消費税の増税が行われたりするなど，矛盾した政策が行われた。

　一方，施設を取り巻く状況をみると，近年は単年度の予算措置や職員配置は増えているものの，小規模化が進む中で職員が孤立・疲弊し，職員の確保・育成も困難になってきている（黒田 2013；堀場 2022a）。特に2017年の「ビジョン」とそれに基づく近年の政策では，施設か里親かという二者択一的な捉え方（黒田 2018）や，数値目標ありきで進められる傾向があるが，筆者は日本の実情に即し

て両者が協力・連携しつつ、子ども自身が選択していけるようなシステムを構築する必要があると考える（堀場 2022c）。

　他方で、ここで取り上げた施設における争議のうち、恵泉寮事件では勝利和解したものの、長期の裁判を強いられている。また、若松学園事件、救世軍愛光園事件、普恵園事件も裁判で勝利和解したものの、普恵園事件では職場復帰には至らなかった。しかし、のぞみの家事件は約50年前とはいえ、5年間闘った末に高裁で敗訴となり、東京サレジオ学園事件も地裁では勝訴したものの、高裁では逆転敗訴になるなど、いずれも経営側の言い分が認められる結果となった。このように、争議では職員が労組に加入して組織的に粘り強く闘えば、裁判で勝利和解するケースもあるが、職場復帰できない場合もあることや、敗訴した場合は厳しい状況に置かれることも改めて浮かび上がった。

注
(1) これは堀場（2007）においても取り上げているが、ここでは普恵園事件を加えた上で、各事件について加筆修正を行っている。
(2) 「公私間格差是正制度」とは、国の措置費で不足する職員の人件費を格付方式で支給する自治体独自の補助制度である。これは、1960～1970年代頃に革新首長が誕生した東京都・京都府・大阪府・愛知県・名古屋市などで施設関係者らの運動により制度化されたが、2000年代以降に制度の改廃が進み、施設においては制度の骨格が維持されている都道府県・政令指定都市は名古屋市のみで、保育所においても制度が維持されている基礎自治体は、それに加えて刈谷市や春日井市など一部のみとなっている。
(3) ただし、厚生労働省「労働組合基礎調査」における同労組の組合員数と福祉保育労（2023）の組合員数は、各年度で異なっていた。その理由を厚生労働省に確認したところ、両者で組合員数が異なるのは、厚生労働省は福祉保育労の中央本部だけでなく、各支部に対しても支部ごとの組合員数の調査をしており、調査結果として公表しているのは各支部から提出された組合員数の合計であるため、両者に誤差が生じるとのことであった。具体的に述べると、厚生労働省が公表している組合員数は、本部だけが把握している支部がない地域の個人加盟の組合員が抜けていたり、各支部によって組合員数を集計した日が異なっていたりして、福祉保育労中央本部から厚生労働省に提出された組合員数との誤差が生じたと考えられる。したがって、両方とも間違いではないが、ここでは福祉保育労（2023）の数値を取り上げる。福祉保育労（2023）によると、組合員数はその後、1991年に1万84人、1994年に1万612人、1997年に1万678人、2003年に1万1,624人、2008年に1万1,934人と少しずつ増え続けたが、2013年に1万1,807人、2018年に1万1,555人とやや減少した。そして、2022年には9,903人と1

万人を下回り，2023年は，9,372人にまで減少している。
⑷　社会的養護については序章で述べた通りだが，そのうち児童養護施設は旧・虚弱児施設，児童心理治療施設は旧・情緒障害児短期治療施設，母子生活支援施設は旧・母子寮を含んでいる。社会的養護の組織率についても，序章で述べたように，厚生労働省「社会福祉施設等調査」における私営の常勤換算従事者の総数と福祉保育労「定期組織調査」の各年度の組合員数から算出しているが，公立民営施設（事業団など）の職員は自治労に，私営は日本医労連や地域労組などに加入している職員もいるため，実際の組織率はもう少し高くなる。なお，福祉保育労における社会的養護の組合員数は年度によってそれほど差異はないものの，50〜60人の規模で増減がある年度もみられる。その理由は，福祉保育労中央本部によると，争議が起きた施設で一時的に組織されたものの，続けられなくなったり，状況が改善されたりして加入者が脱退した場合や，新規の加入者が少ない年度などがあるからとのことである。
⑸　2024年7月に福祉保育労の児童養護種別協議会で議長を務めていた東京の元施設長にメールで確認したところ，厚生労働省と同協議会の交渉を通して実際に制度化されたものとして，「大学進学等自立生活支度費」や「自立支援担当職員」などがあり，「現場からの発信が時には全養協の要望以上に響くことはあった」と述べている。また，同じく同協議会の東海地方の施設長（組合員）にもメールで確認したところ，厚生労働省との交渉の場で国の最新の制度や他施設の情報を把握できたり，制度の活用や組織の民主化につながったり，現場の声を厚生労働省の職員が関心を持って聞いてくれたりしたことなどを通して，根拠に基づいて説明する力の必要性を学んだとのことである。さらに，管轄の自治体との交渉では，厚生労働省との交渉で聞いた他施設の制度の活用方法を伝え，自施設にも活用できるようにするなどして施設の多機能化や地域分散化を実行できたとのことである。
⑹　1981年の労働基準法施行規則改正に伴う労働時間の特例廃止や，1987年の労働基準法改正に伴う労働時間短縮（週40時間労働制）が施設で大きな議論を呼び，全養協の『季刊児童養護』19(1)〜19(4)（1988年7月〜1989年3月）で「労働時間短縮と児童処遇」（Ⅰ〜Ⅳ）という通年の特集が組まれた。
⑺　全国児童相談研究会ホームページ（https://sites.google.com/site/zenkokujisouken/，2024年7月23日アクセス）。
⑻　本事件は筆者がC氏の支援活動に深く関与したため，C氏を支援する会の資料を踏まえて概要を執筆した。
⑼　本事件も注⑻と同様に，本事件の原告E氏と筆者が旧知の間柄であるため，本人から裁判資料を入手し，それを基に概要を執筆した。
⑽　本件は新聞報道（「中日新聞」2017年3月17日付朝刊記事，同2018年3月16日付記事）や，福祉保育労東海地方本部「19春闘東海地本FAXNEWS」などを踏まえて，同労組の専従職員に当時の状況や総括文書などをメールで確認して記述したものであ

る。
⑾　伍賀（2022）は，コロナ禍の雇用・失業の特徴について，①休業者の急増と半失業の増加，②正規雇用が増加した一方で，非正規雇用が大幅に減少したこと，③非正規労働者の一部は失業者となったが，非労働力人口や正規雇用（特に女性で増加）に転換する者もいたことなどをあげている。その上で，女性の正規雇用が増加した背景について，医療・福祉部門での需要増があったと指摘している。

第Ⅱ部　施設職員の労働条件

　第Ⅱ部では，序章で述べた研究の視点と枠組み及び調査対象・方法に基づき，筆者が行った職員の労働問題アンケート調査（20施設）と，小規模化の影響に関するインタビュー調査（6施設）の結果から，施設における労働問題についてトータルかつ実証的に明らかにする。ここでは，アンケート調査のうち，第3章で基本属性・施設の形態・就業の条件・職種等，第4章で給与体系，第5章で労働条件を取り上げる。ただし，第3章においても，調査項目の関係で労働条件の一部を取り上げている。

第3章　基本属性・施設の形態・就業の条件・職種等

1　基本属性

　本調査対象施設は，前述したように労組の有無別の内訳が「有」が7施設（回答者数206人），「無」が13施設（回答者数359人）である。雇用形態別の回答者数の内訳は，「正規」が491人，「非正規」が63人，「無回答」が11人である。性別の内訳は，「男」が183人，「女」が371人，「無回答」が11人となっている。アンケート調査における各表のクロス集計は，前述したように，全体の割合と比較して5％以上の差がある項目を網掛けし，本文の項目ごとの比較ではそれを軸に分析した。ただし，クロス集計のうち雇用形態別と性別の「無回答」は，数が少ないため網掛けをしていない。なお，ここでは，調査項目を〈　〉で表記（以下，同じ）したが，調査項目は部分的に取り上げたり，要約したりして示した。

　まず，〈性別〉（表3-1）は「女」（65.7％）の割合が高い（男32.4％）。労組の有無別にみると，双方とも「男」が30％台，「女」が60％台でそれほど差異はみられなかったが，「有」は「男」が全体の割合（32.4％）をやや上回る36.4％（無30.1％）で，「女」が全体の割合（65.7％）をやや下回る61.2％である（無68.2％）。

表3-1　性　別
（％〔度数〕）

項　目	男	女	無回答	合　計
	32.4 (183)	65.7 (371)	1.9 (11)	100.0 (565)
労組有	36.4 (75)	61.2 (126)	2.4 (5)	100.0 (206)
労組無	30.1 (108)	68.2 (245)	1.7 (6)	100.0 (359)
正　規	34.8 (171)	64.8 (318)	0.4 (2)	100.0 (491)
非正規	17.5 (11)	81.0 (51)	1.6 (1)	100.0 (63)
無回答[1]	9.1 (1)	18.2 (2)	72.7 (8)	100.0 (11)

注：(1)これは「就業の条件」（雇用形態）の回答がなかった調査票のことである。
出所：筆者作成。

第3章　基本属性・施設の形態・就業の条件・職種等

表3-2　年　　齢

(%〔度数〕)

項　　目	22歳未満	22～25歳	26～29歳	30～34歳	35～39歳	40～44歳
	4.1 (23)	18.9 (107)	15.9 (90)	15.2 (86)	12.0 (68)	6.5 (37)
労組有	1.9 (4)	18.9 (39)	19.9 (41)	18.0 (37)	14.1 (29)	7.8 (16)
労組無	5.3 (19)	18.9 (68)	13.6 (49)	13.6 (49)	10.9 (39)	5.8 (21)
正　規	4.3 (21)	20.0 (98)	17.3 (85)	16.7 (82)	13.0 (64)	7.1 (35)
非正規	3.2 (2)	12.7 (8)	7.9 (5)	6.3 (4)	4.8 (3)	3.2 (2)
無回答	0.0 (0)	9.1 (1)	0.0 (0)	0.0 (0)	9.1 (1)	0.0 (0)
男	2.2 (4)	13.7 (25)	16.4 (30)	19.1 (35)	21.9 (40)	8.2 (15)
女	5.1 (19)	22.1 (82)	16.2 (60)	13.5 (50)	7.5 (28)	5.9 (22)
無回答(1)	0.0 (0)	0.0 (0)	0.0 (0)	9.1 (1)	0.0 (0)	0.0 (0)

項　　目	45～49歳	50～54歳	55～59歳	60歳以上	無回答	合　計
	7.3 (41)	6.0 (34)	4.6 (26)	7.6 (43)	1.8 (10)	100.0 (565)
労組有	4.4 (9)	4.9 (10)	3.4 (7)	4.9 (10)	1.9 (4)	100.0 (206)
労組無	8.9 (32)	6.7 (24)	5.3 (19)	9.2 (33)	1.7 (6)	100.0 (359)
正　規	7.1 (35)	6.1 (30)	3.9 (19)	4.1 (20)	0.4 (2)	100.0 (491)
非正規	9.5 (6)	6.3 (4)	11.1 (7)	34.9 (22)	0.0 (0)	100.0 (63)
無回答	0.0 (0)	0.0 (0)	0.0 (0)	9.1 (1)	72.7 (8)	100.0 (11)
男	7.7 (14)	3.3 (6)	2.7 (5)	4.9 (9)		100.0 (183)
女	7.3 (27)	7.5 (28)	5.4 (20)	8.9 (33)	0.5 (2)	100.0 (371)
無回答	0.0 (0)	0.0 (0)	9.1 (1)	9.1 (1)	72.7 (8)	100.0 (11)

注：(1)これは「性別」の回答がなかった調査票のことである。
出所：筆者作成。

雇用形態別では，「非正規」が63人と少ないが，「非正規」は「男」が全体の割合（32.4％）を大きく下回る17.5％（正規34.8％）である一方，「女」は全体の割合（65.7％）を大きく上回る81.0％となっている（正規64.8％）。

〈年齢〉（表3-2）は，「22～25歳」（18.9％），「26～29歳」（15.9％），「30～34歳」（15.2％）の順に多く，「26～29歳」以下の合計は38.9％と4割を占めている。労組の有無別では，「有」は「26～29歳」（19.9％），「無」は「22～25歳」（18.9％）の割合が最も高い。また，「26～29歳」以下の合計では両者に差異はほとんどないが，「有」は30代（「30～34歳」「35～39歳」の合計。以下同じ）が全体の割合（27.3％）をやや上回る32.0％である（無24.5％）。さらに，「40～44歳」以上の合計は，「有」が全体の割合（32.0％）を下回る25.2％となっている（無35.9％）。項目ごとにみる

と,「有」は「26〜29歳」が全体の割合（15.9％）をやや上回る19.9％（無13.6％）であること以外はそれほど差異がみられなかった。

雇用形態別では,「正規」は「22〜25歳」（20.0％）,「非正規」は「60歳以上」（34.9％）が最も多い。項目ごとにみると,「非正規」は「22〜25歳」「26〜29歳」「30〜34歳」「35〜39歳」が全体の割合を下回っており,「55〜59歳」と「60歳以上」が全体の割合を上回っている。性別では,「男」は「35〜39歳」（21.9％）,「30〜34歳」（19.1％）,「女」は「22〜25歳」（22.1％）,「26〜29歳」（16.2％）の順に多い。また,「男」は「26〜29歳」以下の合計でみると, 全体の割合（38.9％）を下回る32.2％である（女43.4％）。さらに,「男」は30代が全体の割合（27.3％）を大きく上回る41.0％（女21.0％）で,「40〜44歳」以上の合計は全体の割合（32.0％）を下回る26.8％となっている（女35.0％）。項目ごとにみると,「男」は「22〜25歳」が全体の割合（18.9％）を下回る13.7％（女22.1％）で,「35〜39歳」が全体の割合（12.0％）を上回る21.9％である（女7.5％）。

〈婚姻関係〉（表3-3）は,「未婚」（54.3％）が約半数を占めている（「既婚」37.5％）。「その他」（1.1％）の自由記述には,「死別」という記述が2つあった。労組の有無別では, 双方とも「未婚」が50％台,「既婚」が30％台後半で差異はほとんどみられなかった。雇用形態別にみると,「非正規」は「未婚」が全体の割合（54.3％）を大きく下回る41.3％（正規57.0％）で,「離婚」が全体の割合（5.7％）を大きく上回る17.5％となっている（正規4.3％）。性別では,「男」は「未婚」が全体の割合（54.3％）を下回る46.4％（女59.6％）で,「既婚」が全体の割合（37.5％）を大きく上回る50.8％である（女31.8％）。

〈世帯の生計中心者〉（表3-4）は,「自分が生計中心者である」が56.3％,「生計中心者ではない」が37.7％であった。「その他」（3.9％）の自由記述には,「共働き」「半々」「中心者ではないが, ほぼ生計をみている」「折半」などの記述がみられた。労組の有無別にみると,「有」は「自分が生計中心者である」が全体の割合（56.3％）を上回る62.7％（無52.9％）だった一方,「生計中心者ではない」が全体の割合（37.7％）を下回る32.4％となっている（無40.9％）。

雇用形態別では,「非正規」は「自分が生計中心者である」が全体の割合（56.3％）を大きく下回る44.4％（正規58.5％）で,「生計中心者ではない」が全体の割合（37.7％）を大きく上回る54.0％である（正規36.5％）。性別にみると,「男」は「自分が生計中心者である」が全体の割合（56.3％）を大きく上回る72.7％（女49.3％）で,「生計中心者ではない」が全体の割合（37.7％）を大きく下回る21.9％

第3章 基本属性・施設の形態・就業の条件・職種等

表3-3 婚姻関係

(%〔度数〕)

項　目	未　婚	既　婚	離　婚	その他	無回答	合　計
	54.3 (307)	37.5 (212)	5.7 (32)	1.1 (6)	1.4 (8)	100.0 (565)
労組有	56.3 (116)	37.4 (77)	3.4 (7)	1.5 (3)	1.5 (3)	100.0 (206)
労組無	53.2 (191)	37.6 (135)	7.0 (25)	0.8 (3)	1.4 (5)	100.0 (359)
正　規	57.0 (280)	37.9 (186)	4.3 (21)	0.8 (4)	0.0 (0)	100.0 (491)
非正規	41.3 (26)	38.1 (24)	17.5 (11)	3.2 (2)	0.0 (0)	100.0 (63)
無回答	9.1 (1)	18.2 (2)	0.0 (0)	0.0 (0)	72.7 (8)	100.0 (11)
男	46.4 (85)	50.8 (93)	2.7 (5)	0.0 (0)	0.0 (0)	100.0 (183)
女	59.6 (221)	31.8 (118)	7.3 (27)	1.3 (5)	0.0 (0)	100.0 (371)
無回答	9.1 (1)	9.1 (1)	0.0 (0)	9.1 (1)	72.7 (8)	100.0 (11)

出所：筆者作成。

表3-4 世帯の生計中心者

(%〔度数〕)

項　目	自分が生計中心者である	生計中心者ではない	その他	無回答	合　計
	56.3 (318)	37.7 (213)	3.9 (22)	2.1 (12)	100.0 (565)
労組有	62.7 (128)	32.4 (66)	4.4 (9)	0.5 (3)	100.0 (206)
労組無	52.9 (190)	40.9 (147)	3.6 (13)	2.5 (9)	100.0 (359)
正　規	58.5 (287)	36.5 (179)	4.3 (21)	0.8 (4)	100.0 (491)
非正規	44.4 (28)	54.0 (34)	1.6 (1)	0.0 (0)	100.0 (63)
無回答	27.3 (3)	0.0 (0)	0.0 (0)	72.7 (8)	100.0 (11)
男	72.7 (133)	21.9 (40)	4.9 (9)	0.5 (1)	100.0 (183)
女	49.3 (183)	46.4 (172)	3.5 (13)	0.8 (3)	100.0 (371)
無回答	18.2 (2)	9.1 (1)	0.0 (0)	72.7 (8)	100.0 (11)

出所：筆者作成。

であった（女46.4％）。

〈最終学歴〉（表3-5）は「大学卒」（47.4％）の割合が最も高く，次いで「短期大学卒」（25.7％），「専門学校卒」（12.2％）の順である。「その他」（1.1％）の自由記述には，「大学中退」「高校中退」「大学院博士課程」などの記述がみられた。労組の有無別・雇用形態別・性別では，すべて「大学卒」の割合が最も高い。しかし，労組の有無別及び性別では，それぞれ「大学卒」と「短期大学卒」の割合が大きく異なり，雇用形態別では「正規」と「非正規」で「大学卒」と「高校

表3-5　最終学歴

（％〔度数〕）

項　目	中学卒	高校卒	専門学校卒	短期大学卒	大学卒	大学院修士課程修了
	1.6 (9)	5.3 (30)	12.2 (69)	25.7 (145)	47.4 (268)	5.3 (30)
労組有	1.9 (4)	4.4 (9)	11.7 (24)	11.7 (24)	59.7 (123)	7.8 (16)
労組無	1.4 (5)	5.8 (21)	12.5 (45)	33.7 (121)	40.4 (145)	3.9 (14)
正　規	0.8 (4)	3.5 (17)	12.0 (59)	25.9 (127)	50.7 (249)	5.9 (29)
非正規	6.3 (4)	20.6 (13)	15.9 (10)	27.0 (17)	28.6 (18)	1.6 (1)
無回答	9.1 (1)	0.0 (0)	0.0 (0)	9.1 (1)	9.1 (1)	0.0 (0)
男	2.2 (4)	3.8 (7)	12.0 (22)	13.7 (25)	59.6 (109)	6.6 (12)
女	1.3 (5)	6.2 (23)	12.4 (46)	32.1 (119)	42.6 (158)	4.9 (18)
無回答	0.0 (0)	0.0 (0)	9.1 (1)	9.1 (1)	9.1 (1)	0.0 (0)

項　目	その他	無回答	合　計
	1.1 (6)	1.4 (8)	100.0 (565)
労組有	1.5 (3)	1.5 (3)	100.0 (206)
労組無	0.8 (3)	1.4 (5)	100.0 (359)
正　規	1.2 (6)	0.0 (0)	100.0 (491)
非正規	0.0 (0)	0.0 (0)	100.0 (63)
無回答	0.0 (0)	72.7 (8)	100.0 (11)
男	2.2 (4)	0.0 (0)	100.0 (183)
女	0.5 (2)	0.0 (0)	100.0 (371)
無回答	0.0 (0)	72.7 (8)	100.0 (11)

出所：筆者作成。

卒」の割合が大きく異なっていた。

　項目ごとにみると，「有」は「大学卒」が全体の割合（47.4％）を大きく上回る59.7％（無40.4％）で，「短期大学卒」は全体の割合（25.7％）を大きく下回る11.7％である（無33.7％）。「非正規」は「大学卒」が全体の割合（47.4％）を大きく下回る28.6％（正規50.7％）で，「高校卒」が全体の割合（5.3％）を大きく上回る20.6％となっている（正規3.5％）。一方，「男」は「大学卒」が全体の割合（47.4％）を大きく上回る59.6％（女42.6％）で，「短期大学卒」は全体の割合（25.7％）を大きく下回る13.7％である（女32.1％）。

　〈現在，取得している資格〉（複数回答，表3-6）は，「自動車運転免許」（52.4％）が最も多く，次いで「保育士」（39.1％），「幼稚園教員免許」（25.8％）の

順である。このうち，「自動車運転免許」の取得者は，実際には 8 ～ 9 割程度いると考えられるが，5 割程度に留まったのは本調査が主に施設の仕事にかかわる資格を聞いているため，調査対象者があえて回答しなかった可能性がある。「その他」(21.6%) の自由記述には，「社会福祉主事」(31人) や「児童指導員」(21人) などの任用資格が多くみられた。

　労組の有無別・雇用形態別・性別では，すべて「自動車運転免許」の割合が最も高い。項目ごとにみると，「有」は「保育士」(有29.6%，無44.6%) と「幼稚園教員免許」(有19.9%，無29.2%) が全体の割合（前者39.1%，後者25.8%）を下回っていた。加えて，「有」は「社会福祉士」が全体の割合 (10.4%) をやや上回る14.6%となっている (無8.1%)。これは〈最終学歴〉が大きく影響している。「非正規」は「社会福祉士」が全体の割合 (10.4%) を下回る4.8%（正規11.4%）で，「介護福祉士」(正規1.4%，非正規7.9%) と「その他」(正規21.4%，非正規27.0%) が全体の割合（前者2.1%，後者21.6%）を上回っている。一方，「男」は「保育士」(男33.3%，女43.1%)，「幼稚園教員免許」(男19.7%，女29.6%)，「栄養士」(男0%，女8.1%) が全体の割合を下回っていた。

　〈今後，取得したいと思っている資格〉(自由記述) は，「社会福祉士」(81人) が最も多く，次いで「精神保健福祉士」(26人)，「保育士」(22人) の順に多く，心理系の資格や「管理栄養士」「調理師」などの資格もあがっていた。

　ここまでみてきたように，〈性別〉で「女」の割合が高い傾向にあるのは，子どもをケアする仕事であることが大きく影響している。〈年齢〉は20代の割合が高く，特に女性で30代の割合が低い。この性別の年齢構成は，女性が結婚・出産した後に働き続けることが難しい労働環境であることを端的に示している。また，〈世帯の生計中心者〉の割合の違いは，雇用形態が大きく影響しているが，「有」でその割合が高い背景には，労組の活動が影響して，「無」と比較して安定した雇用が保障されやすい環境があるからだと推測される。

　一方，〈最終学歴〉は専門教育を表す重要な指標の一つである（秋山 2007：190）。このうち，「有」で「大学卒」の割合が高いのは，「専門学校卒」や「短期大学卒」の年齢では，中高生の子どもたちへの対応が困難であることや，「有」では職員採用に現場の意向を反映するしくみがあることが影響した可能性がある。この点については，措置費の額はどの学歴・年齢の職員を採用しても同じだが，コストがかかる「大学卒」を採用する割合が高い傾向にあるのは，専門性を重視していることの表れともいえる。ただし，地方の施設は地理的な制約もあり，「大

第Ⅱ部　施設職員の労働条件

表3-6　現在，取得している資格（複数回答）

（％〔度数〕）

項　目	社会福祉士	精神保健福祉士	保育士	介護福祉士	臨床心理士	幼稚園教員免許
	10.4 (59)	2.5 (14)	39.1 (221)	2.1 (12)	3.4 (19)	25.8 (146)
労組有	14.6 (30)	4.9 (10)	29.6 (61)	2.9 (6)	5.3 (11)	19.9 (41)
労組無	8.1 (29)	1.1 (4)	44.6 (160)	1.7 (6)	2.2 (8)	29.2 (105)
正　規	11.4 (56)	2.9 (14)	40.1 (197)	1.4 (7)	3.7 (18)	26.3 (129)
非正規	4.8 (3)	0.0 (0)	36.5 (23)	7.9 (5)	1.6 (1)	25.4 (16)
無回答	0.0 (0)	0.0 (0)	9.1 (1)	0.0 (0)	0.0 (0)	9.1 (1)
男	12.0 (22)	3.3 (6)	33.3 (61)	2.2 (4)	3.3 (6)	19.7 (36)
女	10.0 (37)	2.2 (8)	43.1 (160)	2.2 (8)	3.5 (13)	29.6 (110)
無回答	0.0 (0)	0.0 (0)	0.0 (0)	0.0 (0)	0.0 (0)	0.0 (0)

項　目	小・中・高教員免許	看護師	栄養士	調理師	理学療法士・作業療法士	自動車運転免許
	13.1 (74)	0.7 (4)	5.5 (31)	7.1 (40)	0.0 (0)	52.4 (296)
労組有	14.6 (30)	0.5 (1)	5.8 (12)	6.8 (14)	0.0 (0)	48.5 (100)
労組無	12.3 (44)	0.8 (3)	5.3 (19)	7.2 (26)	0.0 (0)	54.6 (196)
正　規	13.6 (67)	0.8 (4)	5.5 (27)	6.7 (33)	0.0 (0)	53.2 (261)
非正規	11.1 (7)	0.0 (0)	6.3 (4)	11.1 (7)	0.0 (0)	50.8 (32)
無回答	0.0 (0)	0.0 (0)	0.0 (0)	0.0 (0)	0.0 (0)	27.3 (3)
男	15.8 (29)	0.0 (0)	0.0 (0)	3.8 (7)	0.0 (0)	56.3 (103)
女	12.1 (45)	1.1 (4)	8.1 (30)	8.9 (33)	0.0 (0)	52.0 (193)
無回答	0.0 (0)	0.0 (0)	9.1 (1)	0.0 (0)	0.0 (0)	0.0 (0)

項　目	その他	無回答	合　計[1]
	21.6 (122)	5.1 (29)	100.0 (565)
労組有	24.3 (50)	5.3 (11)	100.0 (206)
労組無	20.0 (72)	5.0 (18)	100.0 (359)
正　規	21.4 (105)	3.9 (19)	100.0 (491)
非正規	27.0 (17)	3.2 (2)	100.0 (63)
無回答	0.0 (0)	72.7 (8)	100.0 (11)
男	25.1 (46)	4.9 (9)	100.0 (183)
女	19.9 (74)	3.2 (12)	100.0 (371)
無回答	18.2 (2)	72.7 (8)	100.0 (11)

注：(1)ただし，複数回答のため，合計数は一致しない（以下，同じ）。
出所：筆者作成。

学卒」の採用が難しい場合もある。

　また，伊藤（2007：72）との比較では，「大学卒」の合計が46.4％（社会福祉専攻が25.0％，それ以外が21.4％）で本調査と共通していたが，「短大・専門学校卒」が49.5％と本調査より約20％高い。後者の理由は，筆者の調査が全職種を対象としたのに対して，伊藤の調査が主に若手の児童指導員・保育士（20代が約8割）を対象にしていることや，調査を行ったのが保育士養成課程の四年制大学化が本格的に進む前の2001年だったことが影響したと考えられる。他方で，〈現在，取得している資格〉における労組の有無別と性別の「保育士」及び「幼稚園教員免許」の傾向の違いは，前述したように〈最終学歴〉の違いが大きく影響している。

2　施設の形態・就業の条件・職種等

　〈施設の形態〉（表3-7）は，「小舎制」（53.5％），「大舎制」（23.7％），「中舎制」（12.7％）の順に多い。「その他」（4.8％）の自由記述には，「地域小規模」「大舎的なユニット制」「ユニット制」「小規模グループケア」「中舎と小舎の中間」などの記述があった。

　労組の有無別・雇用形態別・性別では，すべて「小舎制」の割合が最も高い。項目ごとにみると，「有」は「小舎制」が全体の割合（53.5％）を上回る63.1％（無47.9％）で，「大舎制」が全体の割合（23.7％）を下回る16.0％である（無28.1％）。「男」「女」では差異がほとんどみられなかったが，「非正規」は「中舎制」が全体の割合（12.7％）を大きく上回る25.4％（正規11.2％）で，「小舎制」が全体の割合（53.5％）を大きく下回る38.1％となっている（正規56.6％）。

　〈就業先の従業員規模〉（表3-8）は「30～49人」（66.0％），「10～29人」（17.5％），「50～99人」（12.6％）の順に多い。「その他」（0.4％）の自由記述には，「100名以上」「法人4施設での100人以上」という記述があった。労組の有無別・雇用形態別・性別では，すべて「30～49人」が最も多い。項目ごとにみると，「有」は「50～99人」が全体の割合（12.6％）を大きく上回る32.0％（無1.4％）で，「10～29人」（有9.7％，無22.0％）と「30～49人」（有54.9％，無72.4％）が全体の割合（前者17.5％，後者66.0％）を下回っている。一方，「無」は「30～49人」が全体の割合（66.0％）を上回る72.4％となっている（有54.9％）。「非正規」は「30～49人」が全体の割合（66.0％）を下回る60.3％（正規68.2％）だったが，性別ではほとんど差異はみられなかった。

第Ⅱ部　施設職員の労働条件

表3-7　施設の形態

（％〔度数〕）

項　目	大舎制	中舎制	小舎制	その他	無回答	合　計
	23.7 (134)	12.7 (72)	53.5 (302)	4.8 (27)	5.3 (30)	100.0 (565)
労組有	16.0 (33)	12.6 (26)	63.1 (130)	5.3 (11)	2.9 (6)	100.0 (206)
労組無	28.1 (101)	12.8 (46)	47.9 (172)	4.5 (16)	6.7 (24)	100.0 (359)
正　規	24.6 (121)	11.2 (55)	56.6 (278)	4.9 (24)	2.6 (13)	100.0 (491)
非正規	20.6 (13)	25.4 (16)	38.1 (24)	4.8 (3)	11.1 (7)	100.0 (63)
無回答	0.0 (0)	9.1 (1)	0.0 (0)	0.0 (0)	90.9 (10)	100.0 (11)
男	25.7 (47)	11.5 (21)	54.6 (100)	5.5 (10)	2.7 (5)	100.0 (183)
女	23.5 (87)	13.7 (51)	54.2 (201)	4.3 (16)	4.3 (16)	100.0 (371)
無回答	0.0 (0)	0.0 (0)	9.1 (1)	9.1 (1)	81.8 (9)	100.0 (11)

出所：筆者作成。

〈就業の条件〉（表3-9）は、「常勤職員（正規）」が86.9％で、「非正規」（「常勤契約職員（常勤的非常勤）」〈5.5％〉、「パート・アルバイト・嘱託」〈5.7％〉）は計11.2％であった。労組の有無別にみると、「有」は「正規」が全体の割合（86.9％）を上回る92.2％（無83.8％）で、「パート・アルバイト・嘱託」は全体の割合（5.7％）を下回る0.5％である（無8.6％）。性別にみると、「男」は「正規」が全体の割合（86.9％）を上回る93.4％となっている（女85.7％）。

〈職種〉（表3-10）は、「児童指導員」（36.6％）と「保育士」（26.9％）が多数を占めており、次いで「調理員」（7.4％）、「栄養士」（4.2％）、「その他」（4.1％）の順である。「その他」（4.1％）の自由記述には、「治療指導担当職員」「自立支援コーディネーター」「特別指導員」「基幹的職員」「宿直専門員」などの記述があった。労組の有無別では、「有」は「児童指導員」（49.5％）、「無」は「保育士」（33.4％）の割合が最も高い。項目ごとにみると、「有」は「児童指導員」が全体の割合（36.6％）を大きく上回る49.5％であった（無29.2％）。一方、「無」は「保育士」が全体の割合（26.9％）を上回る33.4％と対照的である（有15.5％）。

雇用形態別では、「正規」は「児童指導員」（39.5％）、「非正規」は「保育士」（33.3％）が最も多い。項目ごとにみると、「非正規」は「児童指導員」が全体の割合（36.6％）を大きく下回る17.5％（正規39.5％）で、「保育士」「調理員」「その他」は全体の割合を上回っている。性別では、双方とも「児童指導員」（男43.7％、女33.7％）の割合が最も高い。項目ごとにみると、「男」は「児童指導員」が全体の割合（36.6％）を上回る43.7％（女33.7％）で、「保育士」が全体の割合（26.9％）

第3章 基本属性・施設の形態・就業の条件・職種等

表3-8 就業先の従業員規模

(%〔度数〕)

項　目	1〜4人	5〜9人	10〜29人	30〜49人	50〜99人	その他
	0.2 (1)	0.4 (2)	17.5 (99)	66.0 (373)	12.6 (71)	0.4 (2)
労組有	0.0 (0)	0.5 (1)	9.7 (20)	54.9 (113)	32.0 (66)	1.0 (2)
労組無	0.3 (1)	0.3 (1)	22.0 (79)	72.4 (260)	1.4 (5)	0.0 (0)
正　規	0.0 (0)	0.2 (1)	17.3 (85)	68.2 (335)	12.8 (63)	0.4 (2)
非正規	1.6 (1)	1.6 (1)	22.2 (14)	60.3 (38)	11.1 (7)	0.0 (0)
無回答	0.0 (0)	0.0 (0)	0.0 (0)	0.0 (0)	9.1 (1)	25.0 (0)
男	0.0 (0)	0.5 (1)	19.1 (35)	63.4 (116)	15.3 (28)	0.0 (0)
女	0.3 (1)	0.3 (1)	17.3 (64)	69.0 (256)	11.1 (41)	0.5 (2)
無回答	0.0 (0)	0.0 (0)	0.0 (0)	9.1 (1)	18.2 (2)	0.0 (0)

項　目	無回答	合　計
	3.0 (17)	100.0 (565)
労組有	1.9 (4)	100.0 (206)
労組無	3.6 (13)	100.0 (359)
正　規	1.0 (5)	100.0 (491)
非正規	3.2 (2)	100.0 (63)
無回答	90.9 (10)	100.0 (11)
男	1.6 (3)	100.0 (183)
女	1.6 (6)	100.0 (371)
無回答	72.7 (8)	100.0 (11)

出所：筆者作成。

表3-9 就業の条件

(%〔度数〕)

項　目	常勤職員 (正規)	常勤契約職員 (常勤的非常勤)	パート・アル バイト・嘱託	無回答	合　計
	86.9 (491)	5.5 (31)	5.7 (32)	1.9 (11)	100.0 (565)
労組有	92.2 (190)	4.9 (10)	0.5 (1)	2.4 (5)	100.0 (206)
労組無	83.8 (301)	5.8 (21)	8.6 (31)	1.7 (6)	100.0 (359)
男	93.4 (171)	4.4 (8)	1.6 (3)	0.5 (1)	100.0 (183)
女	85.7 (318)	6.2 (23)	7.5 (28)	0.5 (2)	100.0 (371)
無回答	18.2 (2)	0.0 (0)	9.1 (1)	72.7 (8)	100.0 (11)

出所：筆者作成。

第Ⅱ部　施設職員の労働条件

表3-10　職　　種

(%〔度数〕)

項　目	施設長	副施設長	事務員	主任児童指導員	主任保育士	家庭支援専門相談員
	2.1 (12)	0.5 (3)	3.0 (17)	1.6 (9)	1.9 (11)	3.2 (18)
労組有	2.4 (5)	0.0 (0)	1.5 (3)	2.9 (6)	0.5 (1)	3.4 (7)
労組無	2.0 (7)	0.8 (3)	4.0 (14)	0.8 (3)	2.8 (10)	3.1 (11)
正　規	2.4 (12)	0.6 (3)	3.5 (17)	1.8 (9)	2.2 (11)	3.7 (18)
非正規	0.0 (0)	0.0 (0)	0.0 (0)	0.0 (0)	0.0 (0)	0.0 (0)
無回答	0.0 (0)	0.0 (0)	0.0 (0)	0.0 (0)	0.0 (0)	0.0 (0)
男	4.9 (9)	0.5 (1)	4.9 (9)	2.7 (5)	0.5 (1)	3.8 (7)
女	0.8 (3)	0.5 (2)	2.2 (8)	1.1 (4)	2.7 (10)	3.0 (11)
無回答	0.0 (0)	0.0 (0)	0.0 (0)	0.0 (0)	0.0 (0)	0 (0)

項　目	個別対応職員	里親支援専門相談員	児童指導員	保育士	心理療法担当職員	看護師
	2.1 (12)	0.9 (5)	36.6 (207)	26.9 (152)	2.8 (16)	0.7 (4)
労組有	1.9 (4)	1.9 (4)	49.5 (102)	15.5 (32)	2.9 (6)	0.5 (1)
労組無	2.2 (8)	0.3 (1)	29.2 (105)	33.4 (120)	2.8 (10)	0.8 (3)
正　規	2.4 (12)	1.0 (5)	39.5 (194)	26.7 (131)	2.6 (13)	0.8 (4)
非正規	0.0 (0)	0.0 (0)	17.5 (11)	33.3 (21)	4.8 (3)	0.0 (0)
無回答	0.0 (0)	0.0 (0)	18.2 (2)	0.0 (0)	0.0 (0)	0.0 (0)
男	4.4 (8)	0.5 (1)	43.7 (80)	21.9 (40)	1.6 (3)	0.0 (0)
女	1.1 (4)	1.1 (4)	33.7 (125)	30.2 (112)	3.5 (13)	1.1 (4)
無回答	0.0 (0)	0.0 (0)	18.2 (2)	0.0 (0)	0.0 (0)	0.0 (0)

項　目	栄養士	調理員	その他	無回答	合　計
	4.2 (24)	7.4 (42)	4.1 (23)	1.8 (10)	100.0 (565)
労組有	3.9 (8)	7.8 (16)	4.5 (16)	1.9 (4)	100.0 (206)
労組無	4.5 (16)	7.2 (26)	3.4 (7)	1.7 (6)	100.0 (359)
正　規	4.1 (20)	5.7 (28)	2.6 (13)	0.2 (1)	100.0 (491)
非正規	6.3 (4)	22.2 (14)	15.9 (10)	0.0 (0)	100.0 (63)
無回答	0.0 (0)	0.0 (0)	0.0 (0)	81.9 (9)	100.0 (11)
男	0.0 (0)	2.7 (5)	7.1 (13)	0.5 (1)	100.0 (183)
女	6.2 (23)	10.0 (37)	2.4 (9)	0.5 (2)	100.0 (371)
無回答	9.1 (1)	0.0 (0)	9.1 (1)	63.6 (7)	100.0 (11)

出所：筆者作成。

を下回る21.9％となっている（女30.2％）。加えて，「男」は「調理員」が全体の割合（7.4％）をやや下回る2.7％である（女10.0％）。

〈加入している健康保険〉（表3-11）は，「協会けんぽ」（57.0％）の割合が最も高い。ただし，「正規」が約87％であることを踏まえると，実際には少なくとも8割程度は「協会けんぽ」に加入していると考えられる。それが6割近くに留まったのは，職員のうち2割程度が加入している健康保険の詳細を把握していない可能性がある。「その他」（8.7％）の自由記述には，「社保」「社会保険」という記述が多く，「健保」「県民共済」「分からない」「かんぽ」「日本生命」などの記述もみられた。

労組の有無別・雇用形態別・性別では，すべて「協会けんぽ」の割合が最も高いが，「非正規」はそれと「国保」が同率だった。項目ごとにみると，「有」は「協会けんぽ」が全体の割合（57.0％）を上回る67.0％（無51.3％）である一方，「国保」は全体の割合（16.5％）を下回る10.7％であった（無19.8％）。「非正規」は「協会けんぽ」が全体の割合（57.0％）を大きく下回る28.6％（正規61.9％）で，「国保」（正規14.7％，非正規28.6％）と「その他」（正規7.5％，非正規19.0％）は全体の割合（前者16.5％，後者8.7％）を上回っている。一方，「男」は「協会けんぽ」が全体の割合（57.0％）をやや上回る61.2％（女56.1％）で，「無回答」が全体の割合（12.7％）を下回る6.6％となっている（女14.3％）。ここで，「公務員共済」（1.4％），「組合管掌」（3.7％），「国保」（14.7％）と回答した者のうち，「正規」は勘違いが一部含まれていると考えられるが，短時間勤務の「非正規」の場合，扶養されている家族の健康保険がそうなっていたり，実際に「国保」に加入したりしている可能性がある。

〈勤務形態〉（表3-12）は「住み込み制」が2.7％，「通勤交替制」が92.6％であった。労組の有無別・雇用形態別・性別では，すべて「通勤交替制」の割合が最も高く，いずれも9割を超えている。「住み込み制」（表3-12）は15人と数が少ないため，「その他」の自由記述以外は表のみを示すに留める。「住み込み制」の「その他」（4人）のうち，自由記述には「早遅」「稀に断続勤務」「住込み・通勤共にあり」という記述があった。

一方，「通勤交替制」（表3-12）は，「断続勤務と継続勤務（早・遅番・日勤）の併用」が47.6％，次いで「継続勤務のみ」が42.8％であった。[3]「その他」（4.8％）の自由記述には，「主に宿直のみ」「日勤中心」「週3〜4日」「固定時間勤務」「わからない」などの記述がみられた。項目ごとにみると，「有」は「断続勤務と継

表3-11 加入している健康保険

(%〔度数〕)

項　目	協会けんぽ	公務員共済	組合管掌	国　保	その他	無回答	合　計
	57.0 (322)	1.4 (8)	3.7 (21)	16.5 (93)	8.7 (49)	12.7 (72)	100.0 (565)
労組有	67.0 (138)	1.0 (2)	4.4 (9)	10.7 (22)	8.3 (17)	8.7 (18)	100.0 (206)
労組無	51.3 (184)	1.7 (6)	3.3 (12)	19.8 (71)	8.9 (32)	15.0 (54)	100.0 (359)
正　規	61.9 (304)	0.4 (2)	3.9 (19)	14.7 (72)	7.5 (37)	11.6 (57)	100.0 (491)
非正規	28.6 (18)	9.5 (6)	3.2 (2)	28.6 (18)	19.0 (12)	11.1 (7)	100.0 (63)
無回答	0.0 (0)	0.0 (0)	0.0 (0)	27.3 (3)	0.0 (0)	72.7 (8)	100.0 (11)
男	61.2 (112)	1.1 (2)	6.0 (11)	16.4 (30)	8.7 (16)	6.6 (12)	100.0 (183)
女	56.1 (208)	1.6 (6)	2.7 (10)	16.4 (61)	8.9 (33)	14.3 (53)	100.0 (371)
無回答	18.2 (2)	0.0 (0)	0.0 (0)	18.2 (2)	0.0 (0)	63.6 (7)	100.0 (11)

出所：筆者作成。

続勤務（早・遅番・日勤）の併用」が全体の割合（47.6％）を大きく下回る34.5％（無55.5％）で，「継続勤務のみ」は全体の割合（42.8％）を大きく上回る59.9％となっている（無32.5％）。「非正規」は，「その他」が全体の割合（4.8％）を上回る13.8％（正規3.5％）で，「男」は「継続勤務のみ」が全体の割合（42.8％）を上回る50.0％である（女39.5％）。

〈勤続年数〉（表3-13）は，「3年未満」（26.0％），「3〜5年」（19.6％），「6〜8年」（17.2％）の順である。また，「3年未満」と「3〜5年」の合計は45.7％と半数近い一方，「13〜15年」以上の各項目の数値は極端に低くなり，それぞれ数％程度である。「その他」（0.7％）の自由記述には，「1年未満」「⑨の前に7年間住み込み勤務をしていた。その後パートとして復職」などの記述があった。なお，ここでは「9〜12年以上」と回答した者を対象に，施設の仕事を長く続けられている理由に関する自由記述もある。しかし，これについては詳細な分析が必要であるため，共通する調査項目があるインタビュー調査結果と併せて第Ⅲ部の第7章で取り上げて分析する。

労組の有無別・雇用形態別・性別では，すべて「3年未満」の割合が最も高いが，「非正規」は雇用形態が影響してその割合が高い。項目ごとにみると，労組の有無別では差異はほとんどみられず，「6〜8年」以下の合計と「9〜12年」以上の合計を比較してもほぼ同率であった。「非正規」は「3年未満」が全体の割合（26.0％）を大きく上回る38.1％（正規24.6％）で，「9〜12年」が全体の割合（15.9％）を下回る9.5％となっている（正規16.9％）。さらに，「6〜8年」以下の合

第3章 基本属性・施設の形態・就業の条件・職種等

表3-12 勤務形態

(％〔度数〕)

項　目	住み込み制	通勤交替制	無回答	合　計
	2.7 (15)	92.6 (523)	4.8 (27)	100.0 (565)
労組有	1.5 (3)	95.6 (197)	2.9 (6)	100.0 (206)
労組無	3.3 (12)	90.8 (326)	5.8 (21)	100.0 (359)
正　規	3.1 (15)	94.3 (463)	2.6 (13)	100.0 (491)
非正規	0.0 (0)	92.1 (58)	7.9 (5)	100.0 (63)
無回答	0.0 (0)	18.2 (2)	81.8 (9)	100.0 (11)
男	1.6 (3)	95.1 (174)	3.3 (6)	100.0 (183)
女	3.2 (12)	93.5 (347)	3.2 (12)	100.0 (371)
無回答	0.0 (0)	18.2 (2)	81.8 (9)	100.0 (11)

住み込み制(1)

(％〔度数〕)

項　目	断続勤務のみ	断続勤務と継続勤務	継続勤務のみ	その他(早・遅番・日勤)の併用	無回答	合　計
	20.0 (3)	40.0 (6)	13.3 (2)	26.7 (4)	0.0 (0)	100.0 (15)
労組有	0.0 (0)	33.3 (1)	66.7 (2)	0.0 (0)	0.0 (0)	100.0 (3)
労組無	25.0 (3)	41.7 (5)	0.0 (0)	33.3 (4)	0.0 (0)	100.0 (12)
正　規	20.0 (3)	40.0 (6)	13.3 (2)	26.7 (4)	0.0 (0)	100.0 (15)
非正規	0.0 (0)	0.0 (0)	0.0 (0)	0.0 (0)	0.0 (0)	100.0 (0)
無回答	0.0 (0)	0.0 (0)	0.0 (0)	0.0 (0)	0.0 (0)	100.0 (0)
男	66.7 (2)	0.0 (0)	0.0 (0)	33.3 (1)	0.0 (0)	100.0 (3)
女	8.3 (1)	50.0 (6)	16.7 (2)	25.0 (3)	0.0 (0)	100.0 (12)
無回答	0.0 (0)	0.0 (0)	0.0 (0)	0.0 (0)	0.0 (0)	100.0 (0)

注：(1)ここは15人と数が少ないため，5％以上の差がある項目に網掛けをしていない。

通勤交替制

(％〔度数〕)

項　目	断続勤務のみ	断続勤務と継続勤務(早・遅番・日勤)の併用	継続勤務のみ	その他	無回答	合　計
	3.3 (17)	47.6 (249)	42.8 (224)	4.8 (25)	1.5 (8)	100.0 (523)
労組有	2.0 (4)	34.5 (68)	59.9 (118)	2.5 (5)	1.0 (2)	100.0 (197)
労組無	4.0 (13)	55.5 (181)	32.5 (106)	6.1 (20)	1.8 (6)	100.0 (326)
正　規	3.0 (14)	48.4 (224)	43.4 (201)	3.5 (16)	1.7 (8)	100.0 (463)
非正規	5.2 (3)	43.1 (25)	37.9 (22)	13.8 (8)	0.0 (0)	100.0 (58)
無回答	0.0 (0)	0.0 (0)	50.0 (1)	50.0 (1)	0.0 (0)	100.0 (2)
男	2.9 (5)	44.3 (77)	50.0 (87)	2.3 (4)	0.6 (1)	100.0 (174)
女	3.5 (12)	49.6 (172)	39.5 (137)	5.8 (20)	1.7 (6)	100.0 (347)
無回答	0.0 (0)	0.0 (0)	0.0 (0)	50.0 (1)	50.0 (1)	100.0 (2)

出所：筆者作成。

計でみると、「非正規」は全体の割合（62.8％）を上回る69.8％（正規62.9％）である一方、「9～12年」以上の合計では全体の割合（34.3％）を下回る25.4％であった（正規36.0％）。一方、性別では項目ごとにみるとそれほど差異はみられなかったが、「女」は「6～8年」以下の合計では全体の割合（62.8％）を若干上回る65.2％（男59.6％）である一方、「9～12年」以上の合計では「男」が全体の割合（34.3％）を上回る40.4％となっている（女32.3％）。

　ここでは、施設の形態や就業の条件、職種、勤務形態、勤続年数などについてみてきた。まず、〈施設の形態〉のうち、「有」で「小舎制」の割合が高いのは、労組の活動が影響したというより、調査対象施設が元々小規模化されていた可能性が高い。〈就業先の従業員規模〉における労組の有無別の傾向の違いの背景には、「有」は大規模な法人が運営している割合が高いことが影響しているといえる。ただし、「1～4人」と回答した者が1人いたのは、本園ではなく勤務している地域小規模児童養護施設または分園型小規模グループケアの人数で回答したと考えられる。このほか、「50～99人」と回答した者の中には、勤務する施設ではなく、法人が運営している施設全体の従業員規模で回答した者も一部含まれている可能性がある。

　〈就業の条件〉は、パート・アルバイトが含まれていない施設が半数近くあるものの、その多くは事務補助や調理、学生の宿直バイトなどの短時間で部分的に携わっている者である。「有」の施設で「正規」の割合が高い傾向にあるのは、労組の活動や職務の重要性を踏まえて、雇用の安定化を職場全体で推進してきたからだと考えられる。〈職種〉における労組の有無別と性別の傾向の違いについては、主に社会福祉系の「大学卒」は「児童指導員」として、保育系の「短期大学卒」は「保育士」として働くことになるため、〈最終学歴〉とも深く関連している。

　また、〈加入している健康保険〉において、「有」で「協会けんぽ」の割合が高い傾向にあるのは、「有」は「正規」の割合が高い傾向にあることに加えて、労組の活動を通して健康保険を含む労働条件についての意識が高く、正確に回答している割合が高いことも影響した可能性がある。一方、「無」で「協会けんぽ」の割合が低い傾向にあるのは、「有」と比較して「正規」の割合が低いことや、健康保険に関する認識不足が影響したと考えられる。さらに、「非正規」で「協会けんぽ」の割合が低い傾向がみられたのは、雇用形態が影響しているが、「正規」で「国保」と回答した者も一定数いることから、これについても調査対象者

表3-13 勤続年数

(%〔度数〕)

項　目	3年未満 26.0 (147)	3～5年 19.6 (111)	6～8年 17.2 (97)	9～12年 15.9 (90)	13～15年 4.2 (24)	16～18年 2.8 (16)
労組有	23.3 (48)	19.4 (40)	20.4 (42)	18.0 (37)	4.9 (10)	3.4 (7)
労組無	27.6 (99)	19.8 (71)	15.3 (55)	14.8 (53)	3.9 (14)	2.5 (9)
正　規	24.6 (121)	20.4 (100)	17.9 (88)	16.9 (83)	4.5 (22)	3.1 (15)
非正規	38.1 (24)	17.5 (11)	14.3 (9)	9.5 (6)	3.2 (2)	1.6 (1)
無回答	18.2 (2)	0.0 (0)	0.0 (0)	9.1 (1)	0.0 (0)	0.0 (0)
男	23.5 (43)	18.0 (33)	18.0 (33)	18.6 (34)	5.5 (10)	3.8 (7)
女	27.2 (101)	21.0 (78)	17.0 (63)	15.1 (56)	3.8 (14)	2.4 (9)
無回答	27.3 (3)	0.0 (0)	9.1 (1)	0.0 (0)	0.0 (0)	0.0 (0)

項　目	19～21年 2.7 (15)	22～24年 3.0 (17)	25～27年 1.2 (7)	28～30年 0.7 (4)	30年以上 3.7 (21)	その他 0.7 (4)
労組有	1.9 (4)	2.4 (5)	0.5 (1)	1.0 (2)	3.4 (7)	0.0 (0)
労組無	3.1 (11)	3.3 (12)	1.7 (6)	0.6 (2)	3.9 (14)	1.1 (4)
正　規	2.9 (14)	3.3 (16)	1.4 (7)	0.6 (3)	3.5 (17)	0.4 (2)
非正規	1.6 (1)	1.6 (1)	0.0 (0)	1.6 (1)	6.3 (4)	3.2 (2)
無回答	0.0 (0)	0.0 (0)	0.0 (0)	0.0 (0)	0.0 (0)	0.0 (0)
男	4.9 (9)	2.2 (4)	1.1 (2)	0.5 (1)	3.8 (7)	0.0 (0)
女	1.6 (6)	3.5 (13)	1.3 (5)	0.8 (3)	3.8 (14)	1.1 (4)
無回答	0.0 (0)	0.0 (0)	0.0 (0)	0.0 (0)	0.0 (0)	0.0 (0)

項　目	無回答 2.1 (12)	合　計 100.0 (565)
労組有	1.5 (3)	100.0 (206)
労組無	2.5 (9)	100.0 (359)
正　規	0.6 (3)	100.0 (491)
非正規	1.6 (1)	100.0 (63)
無回答	72.7 (8)	100.0 (11)
男	0.0 (0)	100.0 (183)
女	1.3 (5)	100.0 (371)
無回答	63.6 (7)	100.0 (11)

出所：筆者作成。

の勘違いと考えられる。「男」で「協会けんぽ」の割合が若干高い傾向にあるのは，「女」と比較して「正規」の割合が高いことが影響したといえる。

〈勤務形態〉において，「有」で「継続勤務のみ」の割合が顕著に高い傾向にあるのは，労組の活動を通して労働時間が長くなる断続勤務をできる限り減らし，職員が働き続けられるように継続勤務にすることを推進してきたからだと考えられる。また，「男」で「継続勤務のみ」の割合が高い傾向がみられたのは，「有」と「正規」の割合が高いことや，就いている役職などが影響した可能性がある。

〈勤続年数〉で「非正規」が短い傾向にあるのは，雇用形態が大きく影響しており，「女」の勤続年数が短い傾向にあるのは，女性が結婚・出産した後に働き続けることが難しい労働環境であることや，「男」と比較して「非正規」の割合が高いことが影響したと考えられる。

他方で，〈勤続年数〉を看護職（「5年未満」計35.1％，平均9.9年）（日本医労連 2017）及び保育職（「正規」で「5年未満」が36.5％，「非正規」80.1％），平均勤続年数は「正規」約8年，「非正規」約2年）（横井 2007）と比較すると，年数の区分が若干異なるものの，施設職員は「5年」以下の割合（45.7％）が看護職・保育職よりも約10％高い。これは，全養協（2015）の調査（養育担当職員〈正規〉の1人当たりの勤続年数で「5年未満」の合計が50.5％）とほぼ同様の傾向がみられた。同調査では，養育担当職員〈正規〉の平均勤続年数は7.7年で，保育職（横井 2007）とほぼ共通していたが，看護職（日本医労連 2017）と比較して約2年短い。これは，施設の労働環境の厳しさが反映されているといえる。

3 基本属性等からみた職員の状況と意識

本章では，基本属性や施設の規模，就業の条件，職種などについてみてきた。まず，〈性別〉〈年齢〉は，20～30代の「未婚」の「女」の割合が高い。また，〈最終学歴〉は，「大学卒」「短期大学卒」の割合が高く，特に「有」で「大学卒」の割合が高い傾向にある。〈施設形態〉は，「有」で「小舎制」の割合が高く，〈従業員規模〉も「有」は大規模な法人が運営している割合が高い傾向がみられた。〈就業の条件〉はパート・アルバイトに調査票を配布していない施設が半数近くあるものの，「常勤職員（正規）」の割合が9割近い。このように，全体でみても「正規」の割合が高いが，「有」で「正規」の割合が高い傾向にあるのは労組の活動が影響しているといえる。

〈加入している健康保険〉において,「有」で「協会けんぽ」の割合が高い傾向にあるのは,「有」で「正規」の割合が高い傾向にあることに加えて,労組の活動を通して健康保険を含む労働条件についての意識が高いことが影響した可能性がある。〈勤務形態〉において,「有」で「継続勤務のみ」の割合が顕著に高い傾向にあるのも,労組の活動を通して負担が重い断続勤務を減らしてきたからだと考えられる。

一方,〈勤続年数〉は,「5年未満」が半数近くで,関連職種(看護職,保育職)と比較して短い傾向がみられた。これは全養協 (2015) の調査結果とも共通しており,仕事の特性や宿直を含む変則勤務など,施設の労働環境の厳しさが反映されているといえる。「非正規」と「女」で〈勤続年数〉が短い傾向にあるのは,女性が働き続けることが難しい労働環境であることや,雇用形態が影響したと考えられる。

注

(1) 回収した調査票をみると,パート・アルバイトに調査票を配布・回収したと確認できたのが8施設(パート・アルバイトがいない1施設を除く)であったため,厳密に比較することが難しい。これは,前述したように担当者への周知が十分ではなかったことが影響している。このため,パート・アルバイトについては全体の傾向を掴んでいるわけではないことや,調査票が配布されなかった施設のパート・アルバイトを含めると,「非正規」の割合はもう少し高くなると考えられる。ただし,パート・アルバイトに調査票を配布していない施設においても,配布していないのは学生アルバイトを含む短時間勤務の者に限られている。なお,厳密にはパート・アルバイトと嘱託は分けた方がよいが,施設では後者が皆無に近いため,併せて項目立てをした。

(2) ただし,全職種に配布することの周知が十分ではなかったため,すべての職種について全体の傾向を掴んでいるわけではない。特に「施設長」は,調査票を配布・回収したと確認できたのが11施設(12人。1施設は施設長が2人)であった。このうち,施設長が2人いる施設では,統括施設長と施設長のそれぞれが回答したと考えられる。

(3) 「継続勤務のみ」に回答があった欄外に,「就業規則には断続勤務があるが現状は継続のみ」という記述がある調査票が1つあった。

第4章　給与体系

　施設は，前述したように，その歴史的な経緯や仕事の特性，措置費や職員配置基準の低さなどが影響して，職員が住み込み制や断続勤務などの特殊な勤務形態の下で自己犠牲的に働かざるを得ない状況が長年続いてきた。その後，措置費や職員配置基準は改善されてきたものの，近年は，小規模化が進む中で，一人勤務や宿直が増えて職員が孤立・疲弊したり，職員の確保・育成が困難になったりしている（黒田 2013；堀場 2022a）。

　こうした中で，労働条件・労働環境のうち，賃金については安部ら（2014）が神奈川県の施設を対象に，手取りの月収を明らかにしている。しかし，年収・賞与・昇給については具体的に明らかにされておらず，それに大きな影響を与える労組に関する分析もされていない。そこで，本章では，アンケート調査のうち，給与体系（年収，賞与，昇給）に関する調査項目を取り上げて分析する。なお，本章は堀場（2023c）を基に，若干の加筆修正をしたものである。

1　年　　収

　まず，〈年収（税込み）〉（表4-1）は，「300～350万円未満」(19.8%)，「250～300万円未満」(13.1%)，「350～400万円未満」(11.7%)の順に多い[1]。また，数は少ないものの，最も高い年収は「800～900万円未満」が0.2%（1人）で，次いで「700～800万円未満」が1.6%（9人），「600～700万円未満」が1.9%（11人）であった。一方，「350～400万円未満」以下の合計は，64.2%と約6割を占めていた。

　労組の有無別では，双方とも「300～350万円未満」（有20.9%，無19.2%）の割合が最も高い。また，「有」は「400～450万円未満」以上の合計でみると，全体の割合（31.0%）を上回る41.3%であった（無25.1%）。一方，「無」は「350～400万円未満」以下の合計は全体の割合（64.2%）を上回る70.2%である（有53.9%）。項目ごとにみると，「有」は「450～500万円未満」が全体の割合（7.8%）を上回る13.1%（無4.7%）で，「200万円未満」が全体の割合（8.1%）を下回る1.5%となっている（無12.0%）。

第4章　給与体系

表4-1　年収（税込み）

(%〔度数〕)

項　　目	1,000万円以上	900～1,000万円未満	800～900万円未満	700～800万円未満	600～700万円未満	550～600万円未満
	0.0 (0)	0.0 (0)	0.2 (1)	1.6 (9)	1.9 (11)	4.8 (27)
労組有	0.0 (0)	0.0 (0)	0.5 (1)	1.0 (2)	2.4 (5)	5.8 (12)
労組無	0.0 (0)	0.0 (0)	0.0 (0)	1.9 (7)	1.7 (6)	4.2 (15)
正　規	0.0 (0)	0.0 (0)	0.2 (1)	1.8 (9)	2.2 (11)	5.5 (27)
非正規	0.0 (0)	0.0 (0)	0.0 (0)	0.0 (0)	0.0 (0)	0.0 (0)
無回答	0.0 (0)	0.0 (0)	0.0 (0)	0.0 (0)	0.0 (0)	0.0 (0)
男	0.0 (0)	0.0 (0)	0.5 (1)	2.2 (4)	2.7 (5)	8.2 (15)
女	0.0 (0)	0.0 (0)	0.0 (0)	1.3 (5)	1.6 (6)	3.0 (11)
無回答	0.0 (0)	0.0 (0)	0.0 (0)	0.0 (0)	0.0 (0)	9.1 (1)

項　　目	500～550万円未満	450～500万円未満	400～450万円未満	350～400万円未満	300～350万円未満	250～300万円未満
	3.9 (22)	7.8 (44)	10.8 (61)	11.7 (66)	19.8 (112)	13.1 (74)
労組有	5.8 (12)	13.1 (27)	12.6 (26)	12.1 (25)	20.9 (43)	11.2 (23)
労組無	2.8 (10)	4.7 (17)	9.7 (35)	11.4 (41)	19.2 (69)	14.2 (51)
正　規	4.5 (22)	8.8 (43)	12.4 (61)	13.2 (65)	21.4 (105)	13.4 (66)
非正規	0.0 (0)	1.6 (1)	0.0 (0)	1.6 (1)	7.9 (5)	12.7 (8)
無回答	0.0 (0)	0.0 (0)	0.0 (0)	0.0 (0)	18.2 (2)	0.0 (0)
男	7.7 (14)	14.8 (27)	16.4 (30)	8.7 (16)	13.7 (25)	9.3 (17)
女	1.9 (7)	4.6 (17)	8.4 (31)	13.5 (50)	23.2 (86)	15.4 (57)
無回答	9.1 (1)	0.0 (0)	0.0 (0)	0.0 (0)	9.1 (1)	0.0 (0)

項　　目	200～250万円未満	200万円未満	無回答	合　計
	11.5 (65)	8.1 (46)	4.8 (27)	100.0 (565)
労組有	8.3 (17)	1.5 (3)	4.9 (10)	100.0 (206)
労組無	13.4 (48)	12.0 (43)	4.7 (17)	100.0 (359)
正　規	10.0 (49)	3.1 (15)	3.5 (17)	100.0 (491)
非正規	25.4 (16)	49.2 (31)	1.6 (1)	100.0 (63)
無回答	0.0 (0)	0.0 (0)	81.8 (9)	100.0 (11)
男	6.6 (12)	3.8 (7)	5.5 (10)	100.0 (183)
女	14.3 (53)	10.2 (38)	2.7 (10)	100.0 (371)
無回答	0.0 (0)	9.1 (1)	63.6 (7)	100.0 (11)

出所：筆者作成。

雇用形態別では，「正規」は「300〜350万円未満」(21.4%)，「非正規」は「200万円未満」(49.2%)が最も多い。さらに，「非正規」は「400〜450万円未満」以上の合計でみると，全体の割合(31.0%)を大きく下回る1.6%（1人）であった（正規35.4%）。同じく「非正規」は，「200〜250万円未満」と「200万円未満」の合計でみても，全体の割合(19.6%)を大きく上回る74.6%となっている（正規13.0%）。

性別では，「男」は「400〜450万円未満」(16.4%)，「女」は「300〜350万円未満」(23.2%)の割合が最も高い。加えて，「男」は「400〜450万円」以上の合計でみると，全体の割合(31.0%)を大きく上回る52.5%であった（女20.8%）。一方，「女」は「350〜400万円未満」以下の合計でみると，全体の割合(64.2%)を大きく上回る76.5%と対照的である（男42.1%）。項目ごとにみると，「男」は「400〜450万円未満」（男16.4%，女8.4%）と「450〜500万円未満」（男14.8%，女4.6%）が全体の割合（前者10.8%，後者7.8%）を上回っており，「300〜350万円未満」は全体の割合(19.8%)を下回る13.7%であった（女23.2%）。

ここでみてきたように，本調査では400万円未満の年収が6割を占めていたが，これは前述したように20〜30代前半の職員の割合が高いことや，勤続年数が短いこと（5年以下が計45.7%）も影響している。加えて，本調査では，施設で勤続を重ねていった場合，学歴や役職にもよるが，年収の上限は800万円程度であることも明らかとなった。これは，「公私間格差是正制度」がある自治体の給与表から算出した推定年収とほぼ同水準である。また，勤続年数ごとのモデル賃金をホームページで公開している東京都の施設では，それ以上の年収となっている。[(2)]

一方，「有」で年収が高い傾向がみられたのは，労組の活動や「正規」の割合が高いことが影響しているといえる。「非正規」の年収が低いのは，当然だが雇用形態が影響している。「男」で年収が高い傾向にあるのは，「有」と「正規」で「男」の割合が高いことに加えて，年齢構成や就いている役職，勤続年数の違いなどが影響したと考えられる。[(3)]

関連して，本調査では年収は大まかな状況を掴むことしかできないが，筆者が2009年から2010年にかけて行った5施設の調査（堀場 2013a：225）では，正規職員の平均年収は511万円（36歳）であった。[(4)] これは，今回の調査と同じ2016年度の「民間給与所得者」422万円（46歳）（国税庁 2017）や，「保育士」327万円（36歳），「福祉施設介護員」322万円（41歳），「看護師」481万円（39歳）と比較して低くはない（厚生労働省 2017b）。[(5)]

その理由は，施設は措置制度が維持されているからである。措置制度は，行政

機関の職務権限に基づき，公的責任により社会福祉サービスが提供されるしくみだが，行政処分であるため，利用者に選択する権利がないこと（大山 1999）が批判されてきた。しかし，措置制度は利用者の権利を認めていないわけではなく（小川 1998），国・自治体の責任も明確である。加えて，措置費によって安定的な運営ができるメリットもある（大山 1999）。実際に，措置制度が解体されて市場化・営利化（横山 2003）が進む介護施設や保育所などでは，低賃金や人手不足などの問題が深刻化している（井口 2011；若林 2011）。ここからも，措置制度がいかに重要であるかがわかる。

他方で，地方公務員の平均年収646万円（42歳）（総務省 2017）(6)と施設を比較すると，平均年齢が異なるとはいえ，格差が大きい。これは，措置費の人件費が国家公務員福祉職俸給表に基づき，概ね勤続5～7年の本俸（2021年度は「児童指導員」22万830円〈国家公務員福祉職俸給表2級5号俸〉，「保育士」20万5,530円〈同1級29号俸〉）（厚生労働省 2022c）を基準に算定していることが影響している。このため，第2章で述べた「公私間格差是正制度」がある自治体の施設以外は，勤続年数が長い職員が多くなると施設の財政を圧迫して昇給が厳しくなり，公務員との賃金格差が年々広がることになる。

実際には，全養協（2015）の調査をみると，前述したように正規職員（在職中の養育担当）の勤続年数は5年未満が半数（50.5％）を占めており，平均勤続年数も7.7年と短いため，措置費の範囲内に収まっている場合が少なくない。これは，施設の労働環境の厳しさを反映しているといえるが，その一方で，平均勤続年数が15年程度と長い施設もある(7)。したがって，職員の賃金を公務員と同等にする上でも，実態に即した措置費の改善が必要である。

2　賞与の有無と支給月数

〈賞与（ボーナス）の有無〉（表4-2）は，「ある」が92.9％であった。労組の有無別と性別では，いずれも「ある」が90％台である(8)。雇用形態別にみると，「正規」は「ある」が97.6％であるのに対して，「非正規」は全体の割合（92.9％）を大きく下回る68.3％と対照的であった。

〈賞与（ボーナス）〉が「ある」場合，〈支給月数〉（表4-3）は「4～5カ月未満」（30.5％），「2～3カ月未満」（21.7％），「3～4カ月未満」（14.7％）の順に多い一方，「5カ月以上」も1割近く（9.0％）いた。労組の有無別では，双方とも

表4-2 賞与の有無

(%〔度数〕)

項　目	ある	ない	無回答	合　計
	92.9 (525)	3.4 (19)	3.7 (21)	100.0 (565)
労組有	92.7 (191)	3.4 (7)	3.9 (8)	100.0 (206)
労組無	93.0 (334)	3.3 (12)	3.6 (13)	100.0 (359)
正　規	97.6 (479)	0.4 (2)	2.0 (10)	100.0 (491)
非正規	68.3 (43)	27.0 (17)	4.8 (3)	100.0 (63)
無回答	27.3 (3)	0.0 (0)	72.7 (8)	100.0 (11)
男	94.5 (173)	1.6 (3)	3.8 (7)	100.0 (183)
女	94.1 (349)	4.0 (15)	1.9 (7)	100.0 (371)
無回答	27.3 (3)	9.1 (1)	63.6 (7)	100.0 (11)

出所：筆者作成。

「4～5カ月未満」(有36.1%，無27.2%)の割合が最も高い。また，「有」は「5カ月以上」と「4～5カ月未満」の合計でみると，全体の割合(39.4%)を大きく上回る53.4%(無31.4%)だった一方，「無」は「3～4カ月未満」以下の合計が全体の割合(50.5%)を上回る56.0%であった(有40.8%)。項目ごとにみると，「有」は「4～5カ月未満」(有36.1%，無27.2%)と「5カ月以上」(有17.3%，無4.2%)が全体の割合(前者30.5%，後者9.0%)を上回っており，「2カ月未満」が全体の割合(14.1%)を下回る7.3%であった(無18.0%)。

雇用形態別では，「非正規」が43人と少ないため「正規」と比較することが難しいが，「正規」は「4～5カ月未満」(33.4%)，「非正規」は「2カ月未満」(53.5%)が最も多い。項目ごとにみると，「非正規」は「4～5カ月未満」(正規33.4%，非正規0%)と「3～4カ月未満」(正規15.4%，非正規4.7%)が全体の割合(前者30.5%，後者14.7%)を大きく下回る一方，「2カ月未満」は全体の割合(14.1%)を大きく上回る53.5%であった(正規10.4%)。

性別では，双方とも「4～5カ月未満」(男44.5%，女23.5%)の割合が最も高かったが，「女」は「2～3カ月未満」も23.5%と同率であった。さらに，「男」は「5カ月以上」と「4～5カ月未満」の合計でみると，全体の割合(39.4%)を大きく上回る52.6%(女33.0%)で，「3～4カ月未満」以下の合計では全体の割合(50.5%)を下回る43.4%である(女53.9%)。項目ごとにみると，「男」は「4～5カ月未満」が全体の割合(30.5%)を大きく上回る44.5%(女23.5%)となっている。また，「男」は「2カ月未満」が全体の割合(14.1%)を下回る8.1%(女

第4章　給与体系

表4-3　賞与の支給月数（賞与がある場合）

(%〔度数〕)

項　目	5カ月以上	4～5カ月未満	3～4カ月未満	2～3カ月未満	2カ月未満	無回答	合　計
	9.0 (47)	30.5 (160)	14.7 (77)	21.7 (114)	14.1 (74)	10.1 (53)	100.0 (525)
労組有	17.3 (33)	36.1 (69)	15.7 (30)	17.8 (34)	7.3 (14)	5.8 (11)	100.0 (191)
労組無	4.2 (14)	27.2 (91)	14.1 (47)	24.0 (80)	18.0 (60)	12.6 (42)	100.0 (334)
正規	9.0 (43)	33.4 (160)	15.4 (74)	21.7 (104)	10.4 (50)	10.0 (48)	100.0 (479)
非正規	9.3 (4)	0.0 (0)	4.7 (2)	23.3 (10)	53.5 (23)	9.3 (4)	100.0 (43)
無回答	0.0 (0)	0.0 (0)	33.3 (1)	0.0 (0)	33.3 (1)	33.3 (1)	100.0 (3)
男	8.1 (14)	44.5 (77)	17.3 (30)	17.9 (31)	8.1 (14)	4.0 (7)	100.0 (173)
女	9.5 (33)	23.5 (82)	13.5 (47)	23.5 (82)	16.9 (59)	13.2 (46)	100.0 (349)
無回答	0.0 (0)	33.3 (1)	0.0 (0)	33.3 (1)	33.3 (1)	0.0 (0)	100.0 (3)

出所：筆者作成。

16.9％）だったことに加えて，「無回答」も全体の割合（10.1％）を下回る4.0％であった（女13.2％）。一方，「女」は「4～5カ月未満」が全体の割合（30.5％）を下回る23.5％である（男44.5％）。

　ここでみてきたように，「正規」の賞与は措置費に基づき，公務員に準じて概ね4カ月程度が支給されている場合が多い。その一方で，「正規」であっても2～3カ月程度の支給と回答した者がいた背景には，施設によって給与規程が異なることに加えて，同じ施設であっても支給月数の回答が異なっていたため，職員の勘違いも一部あると推測される。また，「有」で賞与の支給月数が多い傾向にあるのは，労組の活動が影響しているといえる。ただし，「5カ月以上」のほとんどは，組織率が顕著に高い1施設からの回答である。「正規」で賞与が「ある」と回答した者の割合が顕著に高い傾向がみられたのは，雇用形態が影響している。「男」で支給月数が多い傾向にあるのは，「有」と「正規」に「男」の割合が高いことが影響したと考えられる。(9)

　一方，賞与に関する課題は，本調査の対象施設においても約3割がそうだったように，「非正規」に支給されない場合が少なくないことである。この点については，「非正規」のうち，特に「常勤契約職員（常勤的非常勤）」は「正規」とほぼ同一の労働を担っている場合が多い。そのため，財源の問題もあるが，同一労働同一賃金の観点や職員が安心して働き続けるためにも，希望者はできる限り「正規」に移行することが求められる。

表4-4 昇給の有無

(%〔度数〕)

項　目	ある	ない	無回答	合　計
	85.3 (482)	10.8 (61)	3.9 (22)	100.0 (565)
労組有	91.7 (189)	4.9 (10)	3.4 (7)	100.0 (206)
労組無	81.6 (293)	14.2 (51)	4.2 (15)	100.0 (359)
正　規	91.6 (450)	5.9 (29)	2.4 (12)	100.0 (491)
非正規	46.0 (29)	49.2 (31)	4.8 (3)	100.0 (63)
無回答	27.3 (3)	9.1 (1)	63.6 (7)	100.0 (11)
男	90.2 (165)	9.3 (17)	0.5 (1)	100.0 (183)
女	84.4 (313)	11.9 (44)	3.8 (14)	100.0 (371)
無回答	36.4 (4)	0.0 (0)	63.6 (7)	100.0 (11)

出所：筆者作成。

3　昇給の有無と額

〈昇給〉(表4-4)は，「ある」が85.3％であった。労組の有無別にみると，「有」は「ある」が全体の割合（85.3％）を上回る91.7％であるのに対して，「無」は81.6％となっている。雇用形態別では，「正規」は「ある」が全体の割合（85.3％）を上回る91.6％だったが，「非正規」は46.0％と半数以下である。性別では，「男」は「ある」が90.2％，「女」は84.4％とそれほど差異はみられなかった。

〈昇給〉が「ある」場合，〈昇給の額（年）〉(表4-5)は「2,000～4,000円未満」（25.9％），「4,000～6,000円未満」（17.8％），「2,000円未満」（13.5％）の順に多い。なお，公務員の昇給額とほぼ同等の「4,000～6,000円未満」以上の合計は42.7％である。「その他」の自由記述には，「わからない」という記述が多く，「不明」「知らない」「今年から正規で金額が分かりません」「その年によって違う」「500～1,000円未満」「国家公務員に準じてあがる」「時給10円」などの記述もあった。

労組の有無別では，双方とも「2,000～4,000円未満」（有27.0％，無25.3％）の割合が最も高い。また，「有」は「4,000～6,000円未満」以上の合計でみると，全体の割合（42.7％）を上回る48.1％（無39.2％）だった一方，「2,000～4,000円未満」と「2,000円未満」の合計は全体の割合（39.4％）を下回る33.3％である（無43.3％）。項目ごとにみると，「有」は「8,000～10,000円未満」が全体の割合（11.4％）を上回る19.0％（無6.5％）で，「2,000円未満」は全体の割合（13.5％）を下回る6.3％で

第4章 給与体系

表4-5 昇給の額（昇給がある場合）

(%〔度数〕)

項　目	10,000円以上	8,000～10,000円未満	6,000～8,000円未満	4,000～6,000円未満	2,000～4,000円未満	2,000円未満
	1.9 (9)	11.4 (55)	11.6 (56)	17.8 (86)	25.9 (125)	13.5 (65)
労組有	3.2 (6)	19.0 (36)	12.7 (24)	13.2 (25)	27.0 (51)	6.3 (12)
労組無	1.0 (3)	6.5 (19)	10.9 (32)	20.8 (61)	25.3 (74)	18.1 (53)
正　規	2.0 (9)	12.2 (55)	11.3 (51)	18.9 (85)	26.9 (121)	12.7 (57)
非正規	0.0 (0)	0.0 (0)	17.2 (5)	3.4 (1)	10.3 (3)	27.6 (8)
無回答	0.0 (0)	0.0 (0)	0.0 (0)	0.0 (0)	33.3 (1)	0.0 (0)
男	1.2 (2)	12.7 (21)	16.4 (27)	24.2 (40)	22.4 (37)	10.9 (18)
女	2.2 (7)	10.5 (33)	9.3 (29)	14.7 (46)	27.5 (86)	15.0 (47)
無回答	0.0 (0)	25.0 (1)	0.0 (0)	0.0 (0)	50.0 (2)	0.0 (0)

項　目	その他	無回答	合　計
	8.1 (39)	9.8 (47)	100.0 (482)
労組有	7.4 (14)	11.1 (21)	100.0 (189)
労組無	8.5 (25)	8.9 (26)	100.0 (293)
正　規	6.9 (31)	9.1 (41)	100.0 (450)
非正規	24.1 (7)	17.2 (5)	100.0 (29)
無回答	33.3 (1)	33.3 (1)	100.0 (3)
男	6.1 (10)	6.1 (10)	100.0 (165)
女	9.3 (29)	11.5 (36)	100.0 (313)
無回答	0.0 (0)	25.0 (1)	100.0 (4)

出所：筆者作成。

あった（無18.1％）。

　雇用形態別では，「非正規」が29人と少ないため「正規」と比較することができないが，「正規」は「2,000～4,000円未満」（26.9％），「非正規」は「2,000円未満」（27.6％）が最も多い。性別では，「男」は「4,000～6,000円未満」（24.2％），「女」は「2,000～4,000円未満」（27.5％）の割合が最も高い。さらに，「男」は「4,000～6,000円未満」以上の合計でみると，全体の割合（42.7％）を大きく上回る54.5％（女36.7％）だった一方，「2,000～4,000円」と「2,000円未満」の合計は，全体の割合（39.4％）を下回る33.3％である（女42.5％）。項目ごとにみると，「男」は「4,000～6,000円未満」が全体の割合（17.8％）を上回る24.2％となっている（女14.7％）。

　ここでは，施設や職員によって差はあるものの，4割程度が公務員に準じた昇

給額であることが明らかとなった。ただし，施設や年齢によって昇給額が異なるとはいえ，同じ施設であっても昇給額の回答が異なっていたため，職員の勘違いも一部あると推測される。また，「有」で昇給が「ある」と回答した者の割合と昇給額が高い傾向にあるのは，労組の活動が影響しているといえる。「正規」で昇給が「ある」と回答した者の割合が高い傾向がみられたのは，雇用形態が影響している。一方，「男」の昇給額が高いのは，前述したように「有」と「正規」に「男」の割合が高いことなどが影響したと考えられる。

　関連して，前述した東京都の施設では，勤続年数が20年を超えると減少するものの，定期昇給が年8,000～10,000円程度となっている。当該施設で昇給額が高いのは，都市部にあるため，措置費が高いことも影響しているが，措置費の額は地方の施設とそこまで大きな差があるわけではない。したがって，職員の勤続年数にもよるが，地方の施設においてもそれに近い昇給額を実現できる可能性がある。

　翻って，措置費における昇給財源には，第2章で述べた民間施設給与等改善費（以下，民改費）による勤続年数に応じた加算がある。民改費とは，民間施設の職員は公務員並みの昇給が困難なことから，給与を補塡する財源として1972年に創設された。これは要件を満たした民間施設に，職員の勤続年数に応じて，措置費の算定の基礎となる保護単価の事務費分に加算率を乗じて施設に支払われる。具体的には，加算率をみると勤続3年未満（R階級）は11％（人件費加算分9％，管理費加算分2％）で，上限は勤続20年以上（A階級）の28％（人件費加算分26％，管理費加算分2％）となっている（こども家庭庁 2023）。

　しかし，民改費は保護単価の事務費分への加算であることや，それを法人・施設ごとに給与に反映するため，この加算率が職員の本俸にそのまま反映されるわけではない。加えて，前述したように，民間施設では勤続年数が長い職員が多くなるほど財源が不足し，昇給が困難になる。そのため，措置費においても「公私格差是正制度」がある自治体のように，実態に即した昇給財源の確保が必要である。この点については，特に「非正規」の昇給額が少ないため，それも含めた改善が求められる。

　ただし，本調査においても全養協（2015）と同様に，勤続年数が5年以下の職員が半数近くで，年齢も20～30代前半の割合が高い。さらに，性別でみると，「女」は30代が全体の割合（27.3％）を下回る21.0％である（男41.0％）。このアンバランスさは，今後の世代交代や子どもへのケアの質にも大きく影響する。そのため，賃金だけではなく職場レベルで，女性職員が結婚・出産した後も安心して働

き続けられる環境づくりが必要である。

4 　職員の賃金

　本章では，アンケート調査から施設で働く職員の賃金（年収，賞与，昇給）について，職員全体の状況に加えて，労組の有無別・雇用形態別・性別に明らかにした。まず，〈年収（税込み）〉は400万円未満の合計が6割を超えていたが，これは20～30代前半の職員の割合が高いことや，勤続年数の短さが影響している。実際には，措置制度が維持されていることが影響して，「正規」の年収は関連職種と比較して低くはない（堀場 2013a : 225）が，公務員とは格差があるため，実態に即した措置費の改善が必要である。また，〈賞与（ボーナス）の支給月数〉は，「正規」は概ね公務員並みの水準で，〈昇給の額（年）〉は約4割が公務員並みの水準であった。一方，労組の有無別にみると，「有」は「無」と比較して，〈年収（税込み）〉に加えて，〈賞与（ボーナス）の支給月数〉と〈昇給〉が「ある」及び〈昇給の額（年）〉が高い傾向にある。これは，労組の活動が影響しているといえる。

　雇用形態別では，〈賞与〉と〈昇給〉が「ある」と回答した「非正規」の数が少ないため，〈賞与の支給月数〉と〈昇給の額（年）〉は「正規」と比較することができないが，「正規」は「非正規」と比較して〈年収（税込み）〉が高く，〈賞与〉と〈昇給〉が「ある」と回答した者の割合が高い傾向にある。これは，雇用形態の違いが大きく影響している。性別では，「男」は「女」と比較して〈年収（税込み）〉に加えて，〈賞与（ボーナス）の支給月数〉と〈昇給〉が「ある」及び〈昇給の額（年）〉が高い傾向にある。これは，年齢構成や雇用形態，勤続年数の違いなどが影響したと考えられる。他方で，先行研究との比較では，労組がある施設の労働条件が良いこと（Goodman 2000＝2006）が共通していた。このように，本章では賃金からみても，施設に労組があることの意義が浮かび上がった。

注
(1) 本調査でいう年収とは，職員個人の年収を意味している。しかし，調査項目が〈年収（税込み）についてお尋ねします。あてはまるものに○印をつけて下さい〉となっているため，職員個人の年収か世帯の年収なのかがわかりにくい。そのため，世帯年収として回答した者や，手取りの年収として回答した者が一部含まれている可能性がある。なお，「無回答」でカウントしたもののうち，欄外に「答えたくありません」

という記述がある調査票が1つあった。
(2) 東京都にある「子供の家」の「モデル賃金」によると，勤続35年の大学卒・管理職で年収は約830万円となっている。これに通勤・住宅・扶養・宿直などの諸手当を加えると，年収は900万円を超える。なお，「子供の家」では東京都の制度を活用し，有資格のケア職員を対象に，新規採用から10年間，賃貸住宅の家賃補助として月8万2,000円（上限）を支給している（子供の家ホームページ〔https://www.kiyose-kodomonoie.com/wp-content/themes/kiyose-kodomonoie/pdf/model_wages.pdf，2023年2月12日アクセス〕）。
(3) 具体的にみると，「有」は「男」が全体の割合（32.4%）をやや上回る36.4%である（無30.1%）。また，「女」は〈年齢〉で20代以下（「22歳未満」「22～25歳」「26～29歳」の合計）が全体の割合（38.9%）をやや上回る43.4%（男32.2%）で，30代は全体の割合（27.3%）を下回る21.0%となっている（男41.0%）。雇用形態別では，「非正規」（63人）のうち51人が「女」である（男11人，無回答1人）。さらに，「女」は〈勤続年数〉で5年以下の合計が全体の割合（45.7%）を若干上回る48.2%であった（男41.5%）。
(4) 「非正規」を含む職員全体の平均年収は451万円（35歳）で，「非正規」の平均年収は268万円（33歳）である（堀場 2013a：248）。
(5) 「保育士」「福祉施設介護員」「看護師」の平均年収は，厚生労働省（2017b）を基に算出した（「きまって支給する現金給与額」と「年間賞与その他特別給与額」の合計）。
(6) 地方公務員（全職種）（総務省 2017）の平均年収は，平均給料月額33万2,609円，諸手当の平均月額8万6,642円，2016年度の期末勤勉手当の支給月数（4.3カ月分）から算出した。
(7) Goodman（2000＝2006）によると，労組の拠点がある施設では，平均勤続年数が約15年であることが指摘されている。
(8) 「無回答」でカウントしたもののうち，欄外に「同上」という記述がある調査票が1つあった。
(9) 労組の有無別の「男」の割合は注の(3)で述べた通りだが，「男」は「正規」が全体の割合（86.9%）を上回る93.4%である（女85.7%）。
(10) 「無回答」でカウントしたもののうち，欄外に「？」及び「わからない」という記述がある調査票が1つずつあった。
(11) 本調査でいう昇給とは，年1回行われる定期昇給を意味している。しかし，調査項目が〈昇給の額（年）はどのくらいですか。あてはまるものに○印をつけて下さい〉となっていることが影響して，それとは異なる捉え方をした者も一部いると考えられる。
(12) 子供の家ホームページ（2023年2月12日アクセス）。

第5章　労働条件

　前章では給与体系についてみてきたが，本章ではそれ以外の労働条件について取り上げる。労働条件に関する近年の主な先行研究（伊藤 2007：77-81；安倍ら 2013；2014；吉村・吉村 2022）では，調査を通して職員の労働条件を部分的に明らかにしているが，労働条件をトータルに明らかにしているとはいえず，それを改善するために必要な労組に関する分析もされていない。そこで，本章では，アンケート調査における労働条件に関する項目についてみていく。ただし，本章では，労働条件のすべてではなく，〈有給休暇〉の有無と〈年間取得日数〉〈週当たりの実労働時間〉〈月当たりの超過勤務手当の支給時間数〉〈宿直の回数（月）〉を取り上げて分析する。〈月当たりの超過勤務手当の支給時間数〉を第4章ではなく本章に入れた理由は，〈週当たりの実労働時間〉と深く関連するからである。なお，本章は堀場（2024a）を基に，若干の加筆修正をしたものである。

1　有給休暇の有無と取得日数

　まず，〈有給休暇〉（表5-1）は，「ある」が92.0％であった[(1)]。また，有休がある場合の付与日数の自由記述は，記入があった者のうち，「20日」（143人），「10日」（77人），「40日」（51人）の順に多い。労組の有無別と性別では，それぞれ90％台で差異はあまりみられなかったが，雇用形態別では，「非正規」は「ある」が全体の割合（92.0％）を下回る84.1％であった（正規94.3％）。一方，有休がある場合の〈年間取得日数〉（表5-2）は，「6～9日」（21.3％），「4～5日」（18.7％），「1～3日」（18.1％）の順に多い[(2)]。ここでは，「6～9日」以上（「その他」を除く。以下同じ）の合計が43.7％である一方，「4～5日」以下（「0日」を含む。以下，同じ）の合計は48.5％と約半数を占めている。「その他」の自由記述（2.1％）には，「わからない」「新人なのでまだ取ってない」などの記述があった。

　労組の有無別では，双方とも「6～9日」（有21.3％，無21.4％）の割合が最も高い。また，「有」は「4～5日」以下の合計でみると，全体の割合（48.5％）を下回る41.6％（無52.6％）で，「6～9日」以上の合計は全体の割合（43.7％）を上回

表5-1 有給休暇の有無

(％〔度数〕)

項　　目	ある	ない	無回答	合　計
	92.0 (520)	4.8 (27)	3.2 (18)	100.0 (565)
労組有	95.6 (197)	2.4 (5)	1.9 (4)	100.0 (206)
労組無	90.0 (323)	6.1 (22)	3.9 (14)	100.0 (359)
正　規	94.3 (463)	4.1 (20)	1.6 (8)	100.0 (491)
非正規	84.1 (53)	11.1 (7)	4.8 (3)	100.0 (63)
無回答	36.4 (4)	0.0 (0)	63.6 (7)	100.0 (11)
男	95.6 (175)	4.4 (8)	0.0 (0)	100.0 (183)
女	91.9 (341)	5.1 (19)	3.0 (11)	100.0 (371)
無回答	36.4 (4)	0.0 (0)	63.6 (7)	100.0 (11)

出所：筆者作成。

る51.3％となっている（無39.0％）。項目ごとにみると,「有」は「10～14日」が全体の割合（15.0％）を上回る20.3％であった（無11.8％）。

雇用形態別では,「非正規」が53人と少ないが,双方とも「6～9日」（正規20.3％,非正規32.1％）が最も多い。さらに,「非正規」は「6～9日」以上の合計でみると,全体の割合（43.7％）を上回る49.1％（正規43.2％）だったが,「4～5日」以下の合計は,全体の割合（48.5％）を若干下回る45.3％であった（正規48.8％）。項目ごとにみると,「非正規」は「6～9日」が全体の割合（21.3％）を上回る32.1％（正規20.3％）で,「10～14日」が全体の割合（15.0％）を下回る9.4％である（正規15.8％）。

性別では,「男」は「4～5日」（21.1％）,「女」は「6～9日」（24.9％）の割合が最も高い。また,「男」は「4～5日」以下の合計でみると,全体の割合（48.5％）を上回る57.7％（女43.4％）で,「6～9日」以上の合計は全体の割合（43.7％）を下回る36.0％である（女47.8％）。項目ごとにみると,「男」は「0日」が全体の割合（11.7％）をやや上回る16.6％（女9.1％）で,「6～9日」が全体の割合（21.3％）を下回る14.3％となっている（女24.9％）。

ここまでみてきたように,施設で職員が有休を十分に取得できていない背景には,前述した職員配置基準の低さがある。有休については,労働基準法の改正によって2019年4月から有休を年5日は取得することが義務づけられたため,現在はもう少し多く取得できている可能性がある。しかし,本調査を行った2016年と比較して職員配置の加算が増えているとはいえ,小規模化がさらに進んでいるこ

第5章　労働条件

表5-2　有給休暇の年間取得日数

(%〔度数〕)

項　目	0日	1～3日	4～5日	6～9日	10～14日	15～19日
	11.7 (61)	18.1 (94)	18.7 (97)	21.3 (111)	15.0 (78)	4.4 (23)
労組有	9.6 (19)	14.7 (29)	17.3 (34)	21.3 (42)	20.3 (40)	7.1 (14)
労組無	13.0 (42)	20.1 (65)	19.5 (63)	21.4 (69)	11.8 (38)	2.8 (9)
正　規	12.1 (56)	18.4 (85)	18.4 (85)	20.3 (94)	15.8 (73)	4.1 (19)
非正規	7.5 (4)	17.0 (9)	20.8 (11)	32.1 (17)	9.4 (5)	5.7 (3)
無回答	25.0 (1)	0.0 (0)	25.0 (1)	0.0 (0)	0.0 (0)	25.0 (1)
男	16.6 (29)	20.0 (35)	21.1 (37)	14.3 (25)	14.9 (26)	3.4 (6)
女	9.1 (31)	17.3 (59)	17.0 (58)	24.9 (85)	15.2 (52)	5.0 (17)
無回答	25.0 (1)	0.0 (0)	50.0 (2)	25.0 (1)	0.0 (0)	0.0 (0)

項　目	20日	その他	無回答	合　計
	2.9 (15)	2.1 (11)	5.8 (30)	100.0 (520)
労組有	2.5 (5)	1.5 (3)	5.6 (11)	100.0 (197)
労組無	3.1 (10)	2.5 (8)	5.9 (19)	100.0 (323)
正　規	3.0 (14)	2.2 (10)	5.8 (27)	100.0 (463)
非正規	1.9 (1)	1.9 (1)	3.8 (2)	100.0 (53)
無回答	0.0 (0)	0.0 (0)	25.0 (1)	100.0 (4)
男	3.4 (6)	1.1 (2)	5.1 (9)	100.0 (175)
女	2.6 (9)	2.6 (9)	6.2 (21)	100.0 (341)
無回答	0.0 (0)	0.0 (0)	0.0 (0)	100.0 (4)

出所：筆者作成。

とも踏まえると，有休を上乗せして取得できているとは考えにくい。

　一方，「有」で取得日数が多い傾向がみられたのは，労組の活動が影響しているといえる。また，「非正規」の取得日数が多い傾向にあるのは，雇用形態が影響して職場内で有休の取得が配慮されているからだと推測される。さらに，「男」の取得日数が少ない傾向がみられたのは，雇用形態や役職，性別の業務分担などが影響したと考えられる。

　他方で，施設職員の取得日数（「5日」以下が約半数）は，全労働者（取得日数8.8日，取得率47.8％）（厚生労働省 2017c），保育職（10日以上取得した者が34.9％）（横井 2007），看護職（「取得日数」平均8.9日，「5日以下」29.9％）（日本医労連 2017）と比較して少ない。ただし，施設では有休を10日以上取得している者も全体で約2割いため，勤務の工夫次第ではさらに取得できる可能性もある。このように，施設

職員と比較して保育職や看護職の有休取得日数が多い傾向にあるのは，保育所が通所施設であることや，看護職は日本医労連の調査対象が公的病院を含む大規模な病院の割合が高く，労組が組織されていることが影響したと考えられる。

翻って，施設における先行研究のうち，伊藤（2007：80）は取得日数で示していないため単純に比較できないが，有休の消化率（49%以下の合計が44.8%，50%以上の合計が28.3%）を取得日数に換算すると，本調査より高い傾向にある。さらに，安部ら（2014）との比較では，同じく単純に比較することが難しいが，取得日数が4.9日（消化率21.6%）と本調査より少ない傾向がみられた。この背景には，伊藤の調査は小規模化が本格的に進む以前（2001年）に行われた調査であることが影響しており，安部らの調査は対象とした神奈川県内の施設の労組組織率が顕著に低いことが影響した可能性がある。

2　週当たりの実労働時間

〈週当たりの実労働時間〉（表5-3）は，「40～45時間未満」（25.8%），「50～60時間未満」（20.5%），「45～50時間未満」（18.9%）の順に多く，月当たりに換算すると過労死ラインとされる「60～70時間未満」と「70時間以上」の合計は16.5%であった。「その他」（0.5%）の自由記述には，「30～45」「バラバラ」などの記述がみられた。

労組の有無別では，「有」は「50～60時間未満」（26.2%），「無」は「40～45時間未満」（26.5%）の割合が最も高い。また，「有」は「45～50時間未満」以上の合計でみると，全体の割合（55.9%）を上回る65.0%（無50.7%）だった一方，「40～45時間未満」以下（「その他」を除く。以下同じ）の合計は，「有」が全体の割合（40.0%）を下回る31.6%であった（無44.8%）。項目ごとにみると，「有」は「60～70時間未満」（有14.6%，無6.4%）と「50～60時間未満」（有26.2%，無17.3%）が全体の割合（前者9.4%，後者20.5%）を上回っている。

雇用形態別では，「正規」は「40～45時間未満」（27.9%），「非正規」は「20～30時間未満」（20.6%）の割合が最も高い。さらに，「非正規」は「35～40時間未満」以下（「その他」を除く）のすべての項目で全体の割合を上回っており，「40～45時間未満」以上のすべての項目で全体の割合を下回っている。性別では，「男」は「50～60時間未満」（25.7%），「女」は「40～45時間未満」（28.3%）が最も多い。また，「男」は「45～50時間未満」以上の合計でみると，全体の割合

表5-3 週当たりの実労働時間

(%〔度数〕)

項　目	70時間以上	60～70時間未満	50～60時間未満	45～50時間未満	40～45時間未満	35～40時間未満
	7.1 (40)	9.4 (53)	20.5 (116)	18.9 (107)	25.8 (146)	6.4 (36)
労組有	5.3 (11)	14.6 (30)	26.2 (54)	18.9 (39)	24.8 (51)	3.4 (7)
労組無	8.1 (29)	6.4 (23)	17.3 (62)	18.9 (68)	26.5 (95)	8.1 (29)
正　規	7.9 (39)	10.4 (51)	23.2 (114)	20.2 (99)	27.9 (137)	5.5 (27)
非正規	0.0 (0)	1.6 (1)	1.6 (1)	12.7 (8)	14.3 (9)	14.3 (9)
無回答	9.1 (1)	9.1 (1)	9.1 (1)	0.0 (0)	0.0 (0)	0.0 (0)
男	10.9 (20)	10.9 (20)	25.7 (47)	21.3 (39)	22.4 (41)	5.5 (10)
女	5.1 (19)	8.9 (33)	18.3 (68)	18.1 (67)	28.3 (105)	7.0 (26)
無回答	9.1 (1)	0.0 (0)	9.1 (1)	9.1 (1)	0.0 (0)	0.0 (0)

項　目	30～35時間未満	20～30時間未満	20時間未満	その他	無回答	合　計
	2.8 (16)	2.7 (15)	2.3 (13)	0.5 (3)	3.5 (20)	100.0 (565)
労組有	3.4 (7)	0.0 (0)	0.0 (0)	0.5 (1)	2.9 (6)	100.0 (206)
労組無	2.5 (9)	4.2 (15)	3.6 (13)	0.6 (2)	3.9 (14)	100.0 (359)
正　規	1.8 (9)	0.4 (2)	0.2 (1)	0.6 (3)	1.8 (9)	100.0 (491)
非正規	11.1 (7)	20.6 (13)	19.0 (12)	0.0 (0)	4.8 (3)	100.0 (63)
無回答	0.0 (0)	0.0 (0)	0.0 (0)	0.0 (0)	72.7 (8)	100.0 (11)
男	0.0 (0)	0.5 (1)	1.1 (2)	0.0 (0)	1.6 (3)	100.0 (183)
女	4.3 (16)	3.8 (14)	2.7 (10)	0.8 (3)	2.7 (10)	100.0 (371)
無回答	0.0 (0)	0.0 (0)	9.1 (1)	0.0 (0)	63.6 (7)	100.0 (11)

出所：筆者作成。

(55.9％)を大きく上回る68.9％(女50.4％)で,「40～45時間未満」以下の合計は全体の割合(40.0％)を大きく下回る29.5％となっている(女46.1％)。項目ごとにみると,「男」は「50～60時間未満」が全体の割合(20.5％)を上回る25.7％であった(女18.3％)。

ここまでみてきたように,施設では月当たりに換算すると過労死ラインとされる週60時間以上の労働時間の職員が約17％いた。これは,小中学校の教員(「1週間当たりの学内勤務時間数」の「週60時間」以上の合計が「小学校教諭」33.4％,「中学校教諭」57.7％)(文部科学省 2018)ほどではないが,保育職(箕輪 2018c)の0.8％(1カ月の時間外労働時間数が月80時間以上の割合)と比較すると,施設職員は約20倍である。看護職(日本医労連 2017)は時間の区分が異なるため,単純に比較でき

ないが，1カ月の時間外労働で「70時間以上」が0.4％であるのと比較しても，施設職員の労働時間は長い。さらに，施設は宿直や断続勤務を含む変則勤務があり，子どもの親代わりの役割が求められる仕事であるため，時間の区切りをつけることが難しい。加えて，前述したように近年は小規模化が進む中で一人勤務や宿直が増えたことにより，労働環境が悪化している。このため，労働時間が長い小中学校の教員と比較しても深刻な状況にある。

一方，「有」で労働時間が長い傾向がみられたのは，組合員の仕事に対する意識の高さや，「正規」の割合が高いことが影響したと考えられる。しかし，残業は職員にとっては心身の健康悪化や職場外での学びの機会を失うことにもなり，施設にとっては職員の確保・育成や法令違反のリスクもあるなど，長期的にみると弊害が多い（中原・パーソル総合研究所 2018：39-48，136-138）。また，人に直接かかわる仕事は属人的になることが多く，特に子ども相手の仕事は献身性と無限性が労働時間を長くする傾向がある（中原・パーソル総合研究所 2018：84-93，167-170）。この点について日本医労連（2017）の調査では，労働時間が長いほど健康面の不安や自覚症状の訴えが高くなることが明らかになっている。そのため，施設は職員配置が手薄であるため難しい面もあるが，こうしたデメリットも踏まえて，できる限り残業を減らしていく必要がある。他方で，「非正規」の労働時間が短い傾向にあるのは雇用形態が影響しており，「男」の労働時間が長い傾向にあるのは雇用形態や役職などが影響したと考えられる。

施設における先行研究との比較では，伊藤（2007：78-79）の調査とは項目や時間の区分が異なるが，「1日あたりの平均的な実労働時間」を週当たり（5日勤務）に換算すると，40時間以内が30.7％，45時間が21.0％，50時間が23.9％，55時間が9.0％，過労死ラインとされる60時間以上が13.2％で，本調査より労働時間が短い傾向にある。これは，伊藤の調査は主に勤務年数の短い者が対象であることや，前述したように小規模化が本格的に進む以前に行われた調査であることも影響したと考えられる。一方，安部ら（2014）との比較では，直接ケア職員（常勤）の月当たりの超過勤務時間が64.2時間で，伊藤の調査や本調査よりも長い傾向にある。これは，断続勤務をしている直接ケア職員の割合が50％を超えている（安部ら 2014）ことや，前述した労組の組織率が顕著に低いことなどが影響した可能性がある。

3　月当たりの超過勤務手当の支給時間数

〈月当たりの超過勤務手当の支給時間数〉（表5-4）は，「5時間未満」(27.4%)，「5～10時間未満」(25.7%)，「その他」(17.3%)の順に多く，「実際に残業した時間すべて支給」は6.9%であった。「その他」(17.3%)の自由記述には，「なし」という記述が多く，「管理職のため支給なし」「超過しない」「会議日のみ」「全く支給されない」「申告しない」「わからない」などの記述もあった。

労組の有無別にみると，「有」は「5～10時間未満」(49.0%)，「無」は「5時間未満」(30.4%)の割合が最も高い。また，「有」は「5～10時間未満」が全体の割合 (25.7%) を大きく上回る49.0%（無12.3%）で，「10～15時間未満」「5時間未満」「その他」が全体の割合を下回っている。雇用形態別では，「正規」は「5時間未満」(28.5%)，「非正規」は「その他」(34.9%) が最も多い。加えて，「非正規」は「その他」が全体の割合 (17.3%) を大きく上回る34.9%（正規15.3%）で，「15～20時間未満」「5～10時間未満」「5時間未満」が全体の割合を下回っている。性別にみると，「男」は「5～10時間未満」(31.7%)，「女」は「5時間未満」(28.3%) の割合が最も高い。さらに，「男」は「5～10時間未満」が全体の割合 (25.7%) を上回る31.7%（女23.2%）で，「その他」が全体の割合 (17.3%) を下回る12.0%であった（女20.2%）。

ここで取り上げた超過勤務手当（以下，超勤手当）は，措置費で年間96時間分（8時間×12カ月）が算定されている。そのため，本調査においても「5～10時間未満」の割合が高いと考えられる。これは「有」の1カ所がそうであったように，実際の超過勤務の時間数が「5時間未満」及び「5～10時間未満」に収まっている場合もあるため，必ずしも超勤手当が支払われていないわけではない。一方，「有」で「5～10時間未満」の割合が高い傾向にある理由は，前述した措置費の算定額が影響していること以外は各施設の事情もあるため一概にはいえないが，「非正規」で「その他」の割合が高い傾向がみられたのは，雇用形態や職種（調理員など）が影響したと考えられる。「男」で「5～10時間未満」の割合が高い傾向にあるのは，「有」と「正規」に「男」の割合がやや高いことが影響した可能性がある。

翻って，〈月当たりの超過勤務手当の支給時間数〉と前述した〈週当たりの実労働時間〉の「40～45時間未満」以上の項目を比較すると，「5時間未満」では

第Ⅱ部　施設職員の労働条件

表5-4　月当たりの超過勤務手当の支給時間数

(%〔度数〕)

項目	実際に残業した時間すべて支給	15～20時間	10～15時間未満	5～10時間未満	5時間未満	その他
	6.9 (39)	5.1 (29)	10.4 (59)	25.7 (145)	27.4 (155)	17.3 (98)
労組有	7.3 (15)	1.5 (3)	5.3 (11)	49.0 (101)	22.3 (46)	10.7 (22)
労組無	6.7 (24)	7.2 (26)	13.4 (48)	12.3 (44)	30.4 (109)	21.2 (76)
正規	6.5 (32)	5.9 (29)	11.2 (55)	27.5 (135)	28.5 (140)	15.3 (75)
非正規	11.1 (7)	0.0 (0)	6.3 (4)	14.3 (9)	22.2 (14)	34.9 (22)
無回答	0.0 (0)	0.0 (0)	0.0 (0)	9.1 (1)	9.1 (1)	9.1 (1)
男	6.6 (12)	7.1 (13)	13.1 (24)	31.7 (58)	26.2 (48)	12.0 (22)
女	7.3 (27)	4.3 (16)	9.4 (35)	23.2 (86)	28.3 (105)	20.2 (75)
無回答	0.0 (0)	0.0 (0)	0.0 (0)	9.1 (1)	18.2 (2)	9.1 (1)

項目	無回答	合計
	7.1 (40)	100.0 (565)
労組有	3.9 (8)	100.0 (206)
労組無	8.9 (32)	100.0 (359)
正規	5.1 (25)	100.0 (491)
非正規	11.1 (7)	100.0 (63)
無回答	72.7 (8)	100.0 (11)
男	3.3 (6)	100.0 (183)
女	7.3 (27)	100.0 (371)
無回答	63.6 (7)	100.0 (11)

出所：筆者作成。

ほぼ相関していたが，その他の項目は必ずしもそうとはいえなかった。これは，両者の時間の区分が異なることも影響しているが，保育職（箕輪2018a）の調査結果と近似している。これは，箕輪（2018a）が指摘するように，残業代の未払いがあるだけでなく，施設で労働時間の管理が適切に行われていないことも影響した可能性がある。

ただし，本調査で「5時間未満」の支給が3割近いことや，「実際に残業した時間すべて支給」が1割未満だった背景には，前述した点に加えて，法律上のしくみが一部の施設で未整備であることも影響していると推測される。具体的には，超過勤務は業務命令によるものもあるが，原則として事前申請により許可を得て

するものであることや，事後申請の追認には何らかの取り決めが必要になり，上限設定の場合も三六協定の締結が必要になる。したがって，しくみが未整備であるため，超勤手当の申請手続きをしていないという意味での未払いも一定数存在しているといえる。これは，保育職（箕輪 2018a）の調査においても，残業申請をする際のハードルを尋ねる調査項目で，「そもそも残業申請をする習慣が職場にない」と回答した者が41.5％いたこととも共通した背景があるといえよう。

さらに，残業の捉え方は施設や職員によっても大きく異なる。例えば，規定の労働時間で勤務を終えて帰る職員もいれば，施設長が早く勤務を終えるよう促しても，規定の労働時間では子どものケアに支障を来すため，自主的に残業している職員もいる。この背景には，前述したように残業せざるを得ない職員配置基準の低さがある。他方で，居心地が良い職場の場合，勤務が終わってもそのまま同僚と話をするなどして，結果として職場にいる時間が長くなる職員もいるが，この場合は超勤手当が未払いとはいえない。加えて，超過勤務の問題は，施設を管轄する自治体の監査においても形式的な指摘に留まっているため，長年にわたって改善されないままとなっている。

4　宿直の回数

〈宿直の回数（月）〉（表5-5）は，「4～5回」(33.6％)，「その他」(23.5％)，「6～7回」(12.2％)の順に多い。また，労働基準法の規定を超える「6～7回」以上の合計が28.0％である一方，「4～5回」以下（「その他」を除く。以下同じ）の合計は42.5％であった。「その他」(23.5％)の自由記述には，「なし」「0回」という記述が多く，「事務のためなし」「その月によって異なる」「夜勤制です」「宿直フォローがある場合に行う」などの記述もあった。

労組の有無別では，双方とも「4～5回」（有39.3％，無30.4％）の割合が最も高い。また，「有」は「4～5回」以下の合計でみると，全体の割合（42.5％）を上回る47.6％（無39.6％）で，「6～7回」以上の合計は全体の割合（28.0％）をやや下回る23.3％である（無30.6％）。項目ごとにみると，「有」は「4～5回」が全体の割合（33.6％）を上回る39.3％となっている（無30.4％）。

雇用形態別では，「正規」は「4～5回」(35.8％)，「非正規」は「その他」(49.2％)が最も多い。また，「非正規」は「4～5回」以下の合計でみると，全体の割合（42.5％）を大きく下回る28.6％（正規45.0％）で，「6～7回」以上の合

表5-5 宿直の回数（月）

(%〔度数〕)

項　　目	20日以上	15～19回	10～14回	8～9回	6～7回	4～5回	2～3回	2回未満	その他	無回答	合　計
	0.0 (0)	0.2 (1)	4.6 (26)	11.0 (62)	12.2 (69)	33.6 (190)	5.3 (30)	3.5 (20)	23.5 (133)	6.0 (34)	100.0 (565)
労組有	0.0 (0)	0.0 (0)	1.9 (4)	8.7 (18)	12.6 (26)	39.3 (81)	3.4 (7)	4.9 (10)	22.3 (46)	6.8 (14)	100.0 (206)
労組無	0.0 (0)	0.3 (1)	6.1 (22)	12.3 (44)	12.0 (43)	30.4 (109)	6.4 (23)	2.8 (10)	24.2 (87)	5.6 (20)	100.0 (359)
正　規	0.0 (0)	0.2 (1)	5.1 (25)	12.2 (60)	12.8 (63)	35.8 (176)	5.7 (28)	3.5 (17)	20.8 (102)	3.9 (19)	100.0 (491)
非正規	0.0 (0)	0.0 (0)	1.6 (1)	3.2 (2)	9.5 (6)	20.6 (13)	3.2 (2)	4.8 (3)	49.2 (31)	7.9 (5)	100.0 (63)
無回答	0.0 (0)	0.0 (0)	0.0 (0)	0.0 (0)	0.0 (0)	9.1 (1)	0.0 (0)	0.0 (0)	0.0 (0)	90.9 (10)	100.0 (11)
男	0.0 (0)	0.5 (1)	8.2 (15)	12.0 (22)	13.1 (24)	39.3 (72)	2.7 (5)	2.7 (5)	17.5 (32)	3.8 (7)	100.0 (183)
女	0.0 (0)	0.0 (0)	2.9 (11)	10.8 (40)	12.1 (45)	31.3 (116)	6.7 (25)	4.0 (15)	26.7 (99)	5.4 (20)	100.0 (371)
無回答	0.0 (0)	0.0 (0)	0.0 (0)	0.0 (0)	0.0 (0)	18.2 (2)	0.0 (0)	0.0 (0)	18.2 (2)	63.6 (7)	100.0 (11)

出所：筆者作成。

計も全体の割合（28.0％）を大きく下回る14.3％である（正規30.3％）。項目ごとにみると，「非正規」は「4～5回」（正規35.8％，非正規20.6％）と「8～9回」（正規12.2％，非正規3.2％）が全体の割合（前者33.6％，後者11.0％）を下回る一方で，「その他」は全体の割合（23.5％）を大きく上回る49.2％であった（正規20.8％）。

性別では，双方とも「4～5回」（男39.3％，女31.3％）の割合が最も高い。また，「男」は「6～7回」以上の合計でみると，全体の割合（28.0％）を上回る33.9％（女25.9％）だったが，「4～5回」以下の合計では両者の差異はほとんどみられなかった。項目ごとにみると，「男」は「4～5回」が全体の割合（33.6％）を上回る39.3％（女31.3％）で，「その他」が全体の割合（23.5％）を下回る17.5％である（女26.7％）。

ここまでみてきたように，〈宿直の回数（月）〉は労働基準法の規定の範囲内で

ある「4〜5回」以下の合計が約4割だった一方で、それ以上の回数をしている職員が3割近くいた。なお、本項目で「その他」の割合が高いのは、選択肢に「0回」がないことや、全職員を対象としているため、施設長・事務員・調理員などの職種も含まれていることが影響している。一方、「有」で労働基準法の規定の範囲内である「4〜5回」(週1回程度)の割合が高い傾向にあるのは、労組の活動が影響したと考えられる。また、「非正規」の回数が少ない傾向がみられたのは雇用形態が影響しており、「男」の回数が多い傾向にあるのは雇用形態や役職、性別の業務分担などが影響したと推測される。

　他方で、伊藤(2007：77-78)との比較では、「宿直」が「月1〜5回」が57.7％、「月6〜10回」以上の合計が20.9％で、本調査と比較して回数が少ない傾向にある。これは、前述したように小規模化が本格的に進むより前の調査であったことや、「夜勤」をしている職員を別で集計したことが影響している。さらに、安部ら(2014)では、月当たりの宿直回数の平均は5.8回だが、施設形態別にみると、大舎制が3.4回、中舎制が4.3回、小舎制が5.9回、小規模グループケアが6.4回で、小規模化するほど宿直の回数が多くなることが明らかとなっている。このため、小規模化の実態に即した職員配置の改善が必要である。

　翻って、宿直は本来、非常事態に備えるもので、通常の業務は行わないものだが、施設の実態は「夜勤」(夜間における通常業務)に近い。施設における宿直は、多くの施設では遅番(例：午後1時〜午後10時)で勤務に入り、そのまま翌日の早番(例：午前6時半〜午後3時半)まで勤務するため、拘束時間が連続で約26時間にもなる(堀場2013b：52)。この点について、本調査では労働基準法の規定を超える月「6〜7回」以上の宿直をしている職員が3割近くいることや、小規模化が今後さらに進むことを踏まえると、現在よりも宿直の回数が増えることが懸念される。

　加えて、夜間の労働は、循環器疾患・高血圧・糖尿病の罹患率が高まり、私生活上の犠牲も大きい(廣瀬2009)ことや、人間の「生理時計」のリズムが乱れるため、過労状態に陥りやすい(近藤2010)。そして、それがうつ病の原因になることが指摘されている(天笠2009)。このため、「宿直」には健康面のリスクを踏まえた配慮が求められるが、施設では十分に休憩が取れていない実態がある。この点については、職員の勤務が重なる午後の時間帯に確実に休憩を取ることができる体制にするとともに、将来的には、業務の実態に即して「宿直」から「夜勤」に移行する必要がある。ただし、これを実現するには制度の改善が前提とな

るため，労組への組織化とともにどのように社会運動を展開していくかが課題といえる。したがって，まずは月4～5回の「宿直」のうち1回を「夜勤」にするなど，段階的に負担の軽減を図るような取り組みが求められる。

5　職員の労働条件

　本章では，アンケート調査における職員の労働条件に焦点を当てて，職員全体の状況に加えて労組の有無別・雇用形態別・性別に明らかにした。まず，施設の〈有給休暇〉の〈年間取得日数〉は半数近くが5日以下で，看護職（日本医労連 2017）や保育職（横井 2007）と比較して少ない傾向にあることが浮かび上がった。また，〈週当たりの実労働時間〉は，小中学校の教員（文部科学省 2018）と比較すると短いものの，月当たりに換算すると過労死ラインとされる労働時間の職員が約17％もいることや，小規模化が今後さらに進むことを踏まえると，職員の負担軽減に向けた取り組みが必要である。
　一方，労働時間と深く関連する〈月当たりの超過勤務手当の支給時間数〉で「5～10時間未満」の割合が高いのは，措置費の算定額が月8時間となっていることがある。〈宿直の回数（月）〉は，労働基準法の規定の範囲内である月「4～5回」以下が約4割だったが，それを超える「6～7回」以上も3割近くいた。この点について，宿直を含む夜間の勤務は，職員の健康状態や家庭との両立にも大きく影響する。特に安部ら（2014）では，小規模化するほど宿直の回数が増える傾向がみられたため，今後どのように宿直の回数を減らしていくかが課題である。
　労組の有無別にみると，「有」は「無」と比較して〈有給休暇〉の〈年間取得日数〉が多い傾向にある。また，「有」は〈宿直の回数（月）〉において，労働基準法の規定の範囲内である「4～5回」の割合が高い一方で，〈週当たりの実労働時間〉は「有」の方が長い傾向がみられた。このうち，有休の取得日数と宿直の回数は労組の活動が影響しており，労働時間の長さは組合員の仕事に対する意識の高さや，「正規」の割合が高いことが影響したと考えられる。
　雇用形態別では，「非正規」は「正規」と比較して〈有給休暇〉の〈年間取得日数〉が多い傾向にある一方，〈週当たりの実労働時間〉は短い傾向にある。さらに，〈月当たりの超過勤務手当の支給時間数〉で「その他」の割合が高く，〈宿直の回数（月）〉が少ない傾向がみられた。これには，雇用形態が大きく影響している。性別にみると，「男」は「女」と比較して〈有給休暇〉の〈年間取得日

数〉が少ない傾向にあり，〈週当たりの実労働時間〉が長い傾向にある。加えて，「男」は〈月当たりの超過勤務手当の支給時間数〉で「5～10時間未満」の割合が高く，〈宿直の回数（月）〉が多い傾向がみられた。このうち，超勤手当については「有」と「正規」に「男」の割合がやや高いことが影響した可能性があるが，その他の項目は「男」の雇用形態や役職，性別の業務分担などが影響したと考えられる。

次に，先行研究との比較についてである。本調査では，「有」は「無」と比較して〈週当たりの実労働時間〉が長い一方で，労働条件が良い傾向がみられたが，後者は先行研究（Goodman 2000＝2006）とも共通しており，前章で述べた賃金においても同様である。これは，労組による活動の成果といえる。〈超過勤務手当の支給時間数〉については，保育職（箕輪 2018a）と同様に，残業代の未払いがあるだけでなく，施設で労働時間の管理が適切に行われていない可能性がある。

一方，安部ら（2014）では，本調査と比較して〈有給休暇〉の〈年間取得日数〉が少なく，労働時間も長い傾向がみられた。これは，安部らが調査を行った神奈川県内の施設は断続勤務をしている職員の割合が高いことや，労組の組織率が顕著に低いことなどが影響したと推測される。さらに，伊藤（2007：77-80）では，本調査と比較して有休消化率が高く，労働時間が短い傾向にあることに加えて，宿直の回数が少ない傾向がみられたのは，調査をした時期や調査対象，調査項目の違いが大きく影響したためと考えられる。

注

(1) 「ある」でカウントしたもののうち，欄外に「③とれていない状況です」という記述がある調査票が1つあった。
(2) 「無回答」でカウントしたもののうち，欄外に「把握していません」という記述がある調査票が1つあった。
(3) 有休を年20日と仮定した場合，伊藤（2007：80）の調査における49％以下を「9日」以下に換算すると，本調査では69.8％に，同じく50％以上を「10日以上」に換算すると，本調査では22.3％になる。
(4) 福祉保育労（2019）によると，社会的養護（民間の児童養護施設，乳児院，児童心理治療施設，母子生活支援施設）のうち，神奈川県内で加入しているのは2施設2人のみとなっている。この他に，地域労組や自治労などに加入している者もいる可能性があるが，それを含めたとしても神奈川県内の組織率は低い。
(5) 厚生労働省による脳・心臓疾患の労災認定基準（過労死ライン）は，「発症前1か

月間におおむね100時間または発症2か月間ないし6か月間にわたって，1か月あたり80時間を超える時間外労働が認められる場合」とされている。このため，1か月だけ週60時間以上の労働時間であったとしても，厳密には過労死ラインとはいえないが，ここではこの基準に沿った目安として，週60時間以上の労働時間（月80時間を超える時間外労働）を過労死ラインとして示した。

(6) 筆者が2023年2月と6月に調査対象施設2カ所を含む組合員の経験がある施設長4人に対してメールや電話で確認したところ，福祉保育労で役員を長年務めてきた2人から，組合員の労働時間が長いのは，仕事に対する意識の高さや福保労の綱領が影響しているという意見があった。このうち1人（X氏）からは，十数年前に行った職場内の超過勤務に関する意識調査において，組合員は「児童養護の仕事にはある程度の超過勤務は仕方ない」という回答が多く，非組合員は「時間通りあがるべき」という回答が多かったという結果が示された。X氏は，この調査結果から「この仕事に対して誇りと思いをもって仕事をしている人が長期に就労したいという思いで組合に加入している人が多いのではないか」と分析していた。ただし，他の施設長（1人）からは逆の傾向があるという意見もあったため，仕事に対する意識の違いは人によって大きく異なるともいえる。

(7) 「8〜9回」と「6〜7回」の両方に回答があった上で，欄外に「7〜8」という記述がある調査票が1つあった。

(8) この点については，午後に15分程度の仮眠を取ると，仕事中の眠気が少なくなる（細川 2010a）ことが指摘されている。

第Ⅲ部　施設職員の健康状態と人間関係

　第Ⅲ部では，労働条件・労働環境が大きく反映される健康状態・ストレスと職員同士の人間関係について取り上げる。まず，第6章では健康状態とストレスについて自覚症状と精神的ストレスを軸に，職員が抱えている不安・悩み・苦労に加えて，仕事上の悩みなどをよく相談する相手について取り上げ，職員の健康状態をトータルに明らかにしたい。そして，第7章では退職を考えた時に支えになった要因を，第8章では施設職員として働くことになった経緯と仕事のやりがいを取り上げる。さらに，第9章では子どもと家族からの行政機関や施設に対する苦情や要望についてみていく。このうち，第9章は第Ⅲ部の他の章と内容がやや異なるが，職員の人権意識や施設の組織的な対応力にも深くかかわる事項である。

第6章　健康状態とストレス

　施設では，虐待を受けた経験がある子どもの割合が71.7％（こども家庭庁 2024）にものぼっている。職員は，虐待によって困難を抱えた子どもへの対応や小規模化の影響などで労働負担が増している。したがって，子どもだけでなく，職員が健康で安心して働き続けられる環境づくりも必要である。また，前述したように，人間の健康状態は労働・生活条件が大きく反映される（三塚 1997：56；福地 2023：3-5）ため，労働問題を分析する上で健康状態は必須の項目である。

　このような中，職員のストレスやバーンアウトについての先行研究（山地・宮本 2012；亀田・藤枝・中村 2014；田島・谷島 2014，新村・葛西 2018）はあるが，心理学的な分析が中心で，職員の健康状態とストレスを労働条件・労働環境と関連づけてトータルに明らかにしているとはいえない。そこで，本章ではアンケート調査における〈健康状態（自覚症状，精神的ストレス）〉〈仕事上の不安，悩んでいること〉〈仕事上の悩みなどをよく相談する相手〉の項目を，インタビュー調査の〈仕事の苦労・悩み〉の項目を取り上げ，職員の健康状態とストレスをトータルに明らかにする。なお，本章のうち，第3節（2）以外は，堀場（2021a）を基に大幅に加筆修正したものである。

1　自覚症状

　まず，〈自覚症状〉（複数回答，表6-1）は，「首や肩が凝る」(54.7％)，「夜寝るのが深夜12時を過ぎることが多い」(52.9％)，「仕事の疲れがとれない」(40.4％)，「腰や背中が痛い」(37.5％)，「目が疲れる」(37.0％)の順に多い。また，職員の労働実態を反映して，「どこも悪いところがなく，健康である」は，僅か8.8％であった。「通院等で治療を受けている持病がある」(14.9％)の自由記述には，「高血圧」(9人。その他に「血圧」という記述も1人あり)が最も多く，「腰痛」(3人。「腰」と記入した1人を含む)。「高脂血症」(3人)，「喘息」(3人)，リウマチ(2人)，アトピー性皮膚炎(2人)のほか，「潰瘍性大腸炎」「適応障害」「うつ病」「慢性疲労症候群」などの記述があった。

第6章 健康状態とストレス

表6-1 自覚症状（複数回答）

(％〔度数〕)

項　　目	首や肩が凝る	目が疲れる	腰や背中が痛い	息切れや動悸がする	帰宅しても仕事のことが頭から離れない	血圧が高い	食欲がない
	54.7 (309)	37.0 (209)	37.5 (212)	4.8 (27)	28.8 (163)	8.8 (50)	3.5 (20)
労組有	61.7 (127)	39.8 (82)	46.6 (96)	6.8 (14)	26.7 (55)	8.3 (17)	2.4 (5)
労組無	50.7 (182)	35.4 (127)	32.3 (116)	3.6 (13)	30.1 (108)	9.2 (33)	4.2 (15)
正　規	56.2 (276)	38.7 (190)	38.1 (187)	4.7 (23)	30.8 (151)	7.3 (36)	3.9 (19)
非正規	47.6 (30)	30.2 (19)	39.7 (25)	6.3 (4)	17.5 (11)	22.2 (14)	1.6 (1)
無回答	27.3 (3)	0.0 (0)	0.0 (0)	0.0 (0)	9.1 (1)	0.0 (0)	0.0 (0)
男	44.3 (81)	43.2 (79)	42.6 (78)	7.7 (14)	26.8 (49)	9.8 (18)	3.8 (7)
女	60.9 (226)	34.8 (129)	35.8 (133)	3.5 (13)	29.9 (111)	8.4 (31)	3.2 (12)
無回答	18.2 (2)	9.1 (1)	9.1 (1)	0.0 (0)	27.3 (3)	9.1 (1)	9.1 (1)

項　　目	あまりかまずに食べる	仕事のストレスで過食になっている	仕事の疲れがとれない	近頃,寝つきが悪い	ささいなことでカッとする	夜寝るのが深夜12時を過ぎることが多い	胃腸の調子がよくない
	18.1 (102)	16.3 (92)	40.4 (228)	18.8 (106)	12.0 (68)	52.9 (299)	19.6 (111)
労組有	17.0 (35)	16.0 (33)	40.3 (83)	20.9 (43)	9.7 (20)	52.9 (109)	19.4 (40)
労組無	18.7 (67)	16.4 (59)	40.4 (145)	17.5 (63)	13.4 (48)	52.9 (190)	19.8 (71)
正　規	19.1 (94)	17.5 (86)	42.8 (210)	20.2 (99)	13.0 (64)	55.8 (274)	20.8 (102)
非正規	12.7 (8)	9.5 (6)	27.0 (17)	11.1 (7)	6.3 (4)	38.1 (24)	12.7 (8)
無回答	0.0 (0)	0.0 (0)	9.1 (1)	0.0 (0)	0.0 (0)	9.1 (1)	9.1 (1)
男	26.2 (48)	12.0 (22)	38.3 (70)	19.1 (35)	12.0 (22)	55.7 (102)	21.9 (40)
女	14.3 (53)	18.9 (70)	42.0 (156)	19.1 (71)	12.4 (46)	52.8 (196)	18.9 (70)
無回答	9.1 (1)	0.0 (0)	18.2 (2)	0.0 (0)	0.0 (0)	9.1 (1)	9.1 (1)

項　　目	なんとなくイライラする	落ち込むことがよくある	通院等で治療を受けている持病がある	どこも悪いところがなく,健康である	無回答	合　計
	24.1 (136)	22.5 (127)	14.9 (84)	8.8 (50)	2.8 (16)	100.0 (565)
労組有	19.9 (41)	19.9 (41)	10.2 (21)	6.8 (14)	2.4 (5)	100.0 (206)
労組無	26.5 (95)	24.0 (86)	17.5 (63)	10.0 (36)	3.1 (11)	100.0 (359)
正　規	25.7 (126)	22.8 (112)	14.9 (73)	8.1 (40)	1.2 (6)	100.0 (491)
非正規	12.7 (8)	20.6 (13)	17.5 (11)	15.9 (10)	4.8 (3)	100.0 (63)
無回答	18.2 (2)	18.2 (2)	0.0 (0)	0.0 (0)	63.6 (7)	100.0 (11)
男	21.9 (40)	19.1 (35)	12.6 (23)	10.4 (19)	2.2 (4)	100.0 (183)
女	25.6 (95)	24.5 (91)	16.4 (61)	8.4 (31)	1.3 (5)	100.0 (371)
無回答	9.1 (1)	9.1 (1)	0.0 (0)	0.0 (0)	63.6 (7)	100.0 (11)

出所：筆者作成。

労組の有無別では,「有」は「首や肩が凝る」(61.7%),「無」は「夜寝るのが深夜12時を過ぎることが多い」(52.9%)の割合が最も高い。項目ごとにみると,「有」は「首や肩が凝る」(有61.7%,無50.7%)と「腰や背中が痛い」(有46.6%,無32.3%)が全体の割合(前者54.7%,後者37.5%)を上回る一方,「無」は「腰や背中が痛い」が全体の割合(37.5%)を下回る32.3%である(有46.6%)。

雇用形態別では,双方とも「首や肩が凝る」(正規56.2%,非正規47.6%)が最も多い。項目ごとにみると,「非正規」は「血圧が高い」(正規7.3%,非正規22.2%)と「どこも悪いところがなく,健康である」(正規8.1%,非正規15.9%)が全体の割合(前者8.8%,後者8.8%)を上回っている。また,「非正規」は「首や肩が凝る」「目が疲れる」「帰宅しても仕事のことが頭から離れない」「あまりかまずに食べる」「仕事のストレスで過食になっている」「仕事の疲れがとれない」「近頃,寝つきが悪い」「ささいなことでカッとする」「夜寝るのが深夜12時を過ぎることが多い」「胃腸の調子がよくない」「なんとなくイライラする」が全体の割合を下回っていた。

性別では,「男」は「夜寝るのが深夜12時を過ぎることが多い」(55.7%),「女」は「首や肩が凝る」(60.9%)の割合が最も高い。項目ごとにみると,「男」は「目が疲れる」(男43.2%,女34.8%),「腰や背中が痛い」(男42.6%,女35.8%),「あまりかまずに食べる」(男26.2%,女14.3%)が全体の割合を上回る一方,「首や肩が凝る」は全体の割合(54.7%)を下回る44.3%である(女60.9%)。他方で,「女」は「首や肩が凝る」が全体の割合(54.7%)を上回る60.9%となっている(男44.3%)。

関連職種との比較では,調査項目や選択肢が異なるため単純に比較できないが,施設職員は全労働者(「やや不調である」と「非常に不調である」が計17.1%)(厚生労働省 2008b),看護職(現在の健康状態で「やや不調である」と「非常に不調である」が計32.8%)(日本医労連 2017),保育職(「やや不調」と「不調」が計25.2%)(横井 2007)と比較して,「どこも悪いところがなく,健康である」は1割に満たず,多くの自覚症状を抱えていた。また,「自覚症状」の共通した項目でみると,看護職(日本医労連 2017)との比較(該当するものすべて)では,「腰痛」(50.6%),「目が疲れる」(45.8%),「なんとなくイライラする」(36.3%),「胃の調子が悪い」(21.2%)などの割合が高い点が施設職員と共通していたが,いずれの症状も看護職の方が深刻であった。

さらに,看護職(日本医労連 2017)は,疲れの具合で「疲れが翌日に残ること

が多い」と「休日でも回復せず，いつも疲れている」が計71.7％，正規の保育職（蓑輪 2018c）[(4)]は，疲れの程度で「疲れが翌日に残ることが多い」と「休日でも回復せず，いつも疲れている」が計62.9％と，施設職員（「仕事の疲れがとれない」40.4％）よりも深刻である。同じく，保育職（蓑輪 2019）は，疲れの程度で「疲れが翌日に残ることが多い」と「休日でも回復せず，いつも疲れている」の合計は，「非正規」（計31.6％）より「正規」（計62.9％）の割合が高い点も施設職員と共通していた。

翻って，施設では労組の有無別と性別で傾向の違いはあまりみられなかったが，雇用形態別にみると，「非正規」は「正規」と比較して抱えている〈自覚症状〉が少なく，〈精神的ストレス〉も低い傾向にある。これは，「非正規」は短時間勤務で児童指導員・保育士（以下，現場職員）以外の職種も含まれていることに加えて，「正規」は仕事上の責任が重いことや，労働時間が長いことなどが影響したと考えられる。

ここでみてきたように，職員の健康状態を自覚症状から捉えることによって，施設の労働環境の厳しさが鮮明になったといえる。特にここで多くみられた「首や肩が凝る」「腰や背中が痛い」などの自覚症状は，前述したように1970年代から改善されていない（浦辺 1973b：97-98）。加えて，「仕事の疲れがとれない」も約4割いることから，施設ではここで明らかになった点を踏まえて，職員の労働環境を改善していく必要がある。

2　精神的ストレス

〈精神的ストレス〉（表6-2）は，「ある」が85.5％と顕著に高い。労組の有無別と性別では，「ある」がそれぞれ概ね80％台半ばでほとんど差異はみられなかった。雇用形態別にみると，「非正規」は「ある」が全体の割合（85.5％）を下回る76.2％（正規88.0％）で，「ない」が全体の割合（12.2％）を上回る20.6％となっている（正規11.2％）。また，〈精神的ストレス〉が「ある」場合（表6-3）は，「たまにある」（55.5％）の割合が最も高い。「その他」（1.0％）の自由記述には，「家でのイライラが多く，仕事につくとリセットされる」という記述があった。[(5)]

労組の有無別・雇用形態別・性別では，すべて「たまにある」の割合が最も高い。項目ごとにみると，労組の有無別と性別では差異はほとんどみられなかった。雇用形態別では，「非正規」が48人と少ないため「正規」と比較することが難し

第Ⅲ部　施設職員の健康状態と人間関係

表6-2　精神的ストレス

（％〔度数〕）

項　目	ある 85.5 (483)	ない 12.2 (69)	無回答 2.3 (13)	合　計 100.0 (565)
労組有	85.9 (177)	12.1 (25)	1.9 (4)	100.0 (206)
労組無	85.2 (306)	12.3 (44)	2.5 (9)	100.0 (359)
正　規	88.0 (432)	11.2 (55)	0.8 (4)	100.0 (491)
非正規	76.2 (48)	20.6 (13)	3.2 (2)	100.0 (63)
無回答	27.3 (3)	9.1 (1)	63.6 (7)	100.0 (11)
男	84.2 (154)	14.8 (27)	1.1 (2)	100.0 (183)
女	87.6 (325)	11.3 (42)	1.1 (4)	100.0 (371)
無回答	36.4 (4)	0.0 (0)	63.6 (7)	100.0 (11)

出所：筆者作成。

表6-3　精神的ストレスがある場合

（％〔度数〕）

項　目	いつもある 24.4 (118)	周期的にある 18.8 (91)	たまにある 55.5 (268)	その他 1.0 (5)	無回答 0.2 (1)	合　計 100.0 (483)
労組有	27.7 (49)	18.1 (32)	52.5 (93)	1.7 (3)	0.0 (0)	100.0 (177)
労組無	22.5 (69)	19.3 (59)	57.2 (175)	0.7 (2)	0.3 (1)	100.0 (306)
正　規	25.9 (112)	19.7 (85)	53.2 (230)	0.9 (4)	0.2 (1)	100.0 (432)
非正規	12.5 (6)	10.4 (5)	75.0 (36)	2.1 (1)	0.0 (0)	100.0 (48)
無回答	0.0 (0)	33.3 (1)	66.7 (2)	0.0 (0)	0.0 (0)	100.0 (3)
男	27.9 (43)	18.2 (28)	53.9 (83)	0.0 (0)	0.0 (0)	100.0 (154)
女	22.8 (74)	19.1 (62)	56.3 (183)	1.5 (5)	0.3 (1)	100.0 (325)
無回答	25.0 (1)	25.0 (1)	50.0 (2)	0.0 (0)	0.0 (0)	100.0 (4)

出所：筆者作成。

いが、「非正規」は「たまにある」が全体の割合（55.5％）を大きく上回る75.0％（正規53.2％）である一方、「いつもある」（正規25.9％、非正規12.5％）と「周期的にある」（正規19.7％、非正規10.4％）が全体の割合（前者24.4％、後者18.8％）を下回っている。

　ここで、「正規」と比較して「非正規」の精神的ストレスが低い傾向にあるのは、〈自覚症状〉でも述べたように、雇用形態が影響して両者の仕事上の責任の重さや労働時間の違いなどが影響したと考えられる。一方、関連職種との比較では、調査項目や選択肢が異なるものの、施設職員は全労働者（「現在の仕事や職業生活に関することで、強いストレスとなっていると感じる事柄がある」58.0％）（厚生労働

省 2019), 看護職 (「仕事での強い不満, 悩み, ストレス」が「ある」62.5%) (日本医労連 2017), 正規の保育職 (「仕事に関して強い不満やストレス」が「ある」67.0%) (蓑輪 2018c) と比較して,「精神的ストレス」が深刻である。

　ここまでみてきたように, 施設では〈自覚症状〉と同じく, 労働負担や責任の重さが影響して, 特に「正規」が〈精神的ストレス〉を多く抱えていることが浮き彫りとなった。これは, 困難を抱えた幅広い年齢層の子どもの生命・健康・生活をトータルにケアする仕事であることや, 本調査の〈自覚症状〉で「帰宅しても仕事のことが頭から離れない」(表6-1) が約3割いたように, 仕事のオンとオフの切り替えが困難 (安部ら 2013) であることなどが影響したと考えられる。

　この点について重田 (2010：14-19, 30) は, 子ども相手の仕事はやり取りが双方向的で, 自らの感情をコントロールしながら客観的な判断を行わなければならないため, 感情の疲れが生じやすく, 気分の切り替えが困難であると指摘している。さらに, 施設は子どもたちの生活の場であることや, 多様な価値観を持つ多くの職員 (重田 2010：116-117) が働いているため, 職員の成育歴も影響して価値観がぶつかりやすく, 職員との関係においてもストレスを抱えやすい。そのため, 職員のストレスを軽減するには, 労働条件・労働環境の改善に加えて, 民主的な施設運営と職員集団づくりが重要になる。

3　仕事上の不安・悩みと相談相手

　前節までに労働条件・労働環境が大きく反映される健康状態について, 自覚症状と精神的ストレスから明らかにした。それを踏まえて, 本節では精神的ストレスの要因 (ストレッサー) になっている仕事上の不安・悩み・苦労は具体的に何か, そして, それを解決・緩和する上で必要な社会的健康及びソーシャルサポートとしての仕事上の悩みなどをよく相談する相手について, アンケート調査とインタビュー調査から明らかにしたい。

(1) アンケート調査からみた仕事上の不安, 悩んでいること

　まず, アンケート調査における〈仕事上の不安, 悩んでいること〉(複数回答, 表6-4) は,「給与が安い」(38.8%),「心身ともに疲れる」(35.0%),「休暇が取りにくい」(33.6%),「サービス残業が多い」(32.0%),「労働時間が長い」(26.2%) の順に多い。「その他」(12.7%) の自由記述には,「結婚しており, 子どももいる

第Ⅲ部 施設職員の健康状態と人間関係

表6-4 仕事上の不安・悩んでいること（複数回答）

(％〔度数〕)

項　目	労働時間が長い 26.2 (148)	サービス 残業が多い 32.0 (181)	休暇が 取りにくい 33.6 (190)	研修に参加 できない 3.5 (20)	給与が安い 38.8 (219)	健康に 不安がある 14.3 (81)
労組有	28.6 (59)	34.0 (70)	32.5 (67)	2.9 (6)	36.9 (76)	16.0 (33)
労組無	24.8 (89)	30.9 (111)	34.3 (123)	3.9 (14)	39.8 (143)	13.4 (48)
正　規	29.1 (143)	34.6 (170)	36.7 (180)	3.1 (15)	40.5 (199)	14.5 (71)
非正規	6.3 (4)	17.5 (11)	14.3 (9)	6.3 (4)	30.2 (19)	15.9 (10)
無回答	9.1 (1)	0.0 (0)	9.1 (1)	9.1 (1)	9.1 (1)	0.0 (0)
男	30.1 (55)	33.3 (61)	35.0 (64)	2.7 (5)	51.9 (95)	11.5 (21)
女	25.1 (93)	32.1 (119)	34.0 (126)	4.0 (15)	33.4 (124)	16.2 (60)
無回答	0.0 (0)	9.1 (1)	0.0 (0)	0.0 (0)	0.0 (0)	0.0 (0)

項　目	上司との 関係 15.8 (89)	同僚との 関係 13.6 (77)	施設の子ど もとの関係 15.6 (88)	施設の親 との関係 5.0 (28)	関係機関との連 携がとりにくい 6.0 (34)	近隣住民の理解・ 協力がえられない 2.1 (12)
労組有	10.2 (21)	15.5 (32)	19.4 (40)	2.4 (5)	7.3 (15)	3.9 (8)
労組無	18.9 (68)	12.5 (45)	13.4 (48)	6.4 (23)	5.3 (19)	1.1 (4)
正　規	16.7 (82)	14.5 (71)	16.5 (81)	5.1 (25)	6.7 (33)	2.4 (12)
非正規	11.1 (7)	7.9 (5)	11.1 (7)	4.8 (3)	1.6 (1)	0.0 (0)
無回答	0.0 (0)	9.1 (1)	0.0 (0)	0.0 (0)	0.0 (0)	0.0 (0)
男	17.5 (32)	15.3 (28)	13.7 (25)	3.3 (6)	7.7 (14)	3.3 (6)
女	15.4 (57)	12.7 (47)	17.0 (63)	5.9 (22)	5.4 (20)	1.6 (6)
無回答	0.0 (0)	18.2 (2)	0.0 (0)	0.0 (0)	0.0 (0)	0.0 (0)

項　目	身分が 不安定 8.0 (45)	社会的地位 が低い 7.4 (42)	相談相手 がいない 5.8 (33)	自らの知識・経験不足で 仕事がうまくいかない 25.0 (141)	心身とも に疲れる 35.0 (198)	結婚しても働き 続けられるか不安 20.4 (115)
労組有	7.3 (15)	7.8 (16)	6.3 (13)	24.8 (51)	37.9 (78)	21.8 (45)
労組無	8.4 (30)	7.2 (26)	5.6 (20)	25.1 (90)	33.4 (120)	19.5 (70)
正　規	6.7 (33)	7.3 (36)	6.1 (30)	25.7 (126)	36.7 (180)	22.2 (109)
非正規	19.0 (12)	9.5 (6)	4.8 (3)	20.6 (13)	25.4 (16)	9.5 (6)
無回答	0.0 (0)	0.0 (0)	0.0 (0)	18.2 (1)	18.2 (2)	0.0 (0)
男	8.7 (16)	9.8 (18)	6.0 (11)	21.3 (39)	30.1 (55)	7.7 (14)
女	7.5 (28)	6.5 (24)	5.7 (21)	27.2 (101)	38.0 (141)	27.2 (101)
無回答	9.1 (1)	0.0 (0)	9.1 (1)	9.1 (1)	18.2 (2)	0.0 (0)

項　　目	成果・能力主義が強まっている	その他	無回答	合　計
	3.7 (21)	12.7 (72)	8.7 (49)	100.0 (565)
労組有	2.4 (5)	9.2 (19)	8.7 (18)	100.0 (206)
労組無	4.5 (16)	14.8 (53)	8.6 (31)	100.0 (359)
正　規	4.1 (20)	12.6 (62)	6.9 (34)	100.0 (491)
非正規	1.6 (1)	15.9 (10)	11.1 (7)	100.0 (63)
無回答	0.0 (0)	0.0 (0)	72.7 (8)	100.0 (11)
男	3.3 (6)	11.5 (21)	6.0 (11)	100.0 (183)
女	4.0 (15)	13.7 (51)	8.1 (30)	100.0 (371)
無回答	0.0 (0)	0.0 (0)	72.7 (8)	100.0 (11)

出所：筆者作成。

が，働き続けられるか不安」「精神的な病を理由とする親が多く，対応に苦慮している。こちらが精神的にまいってしまう」「出産後の働き方」「仕事と育児，家庭との両立」「年齢を重ねるにつれ宿直が不安かも」「断続勤務（特に宿直明け）がきつい。拘束時間が長い」「勤務が不規則」など，家庭との両立や労働負担の重さについてや，「人材育成，職場と後継者の今後，職場組織の現状」「人事考課がなく，仕事へのやりがいが見つけられない」「言いたいことが言えない」「会議が多い」「自分の職位がプレッシャーに感じる」など，組織のあり方に関する記述もみられた[6]。その一方で，「特になし」「ない」などの記述もあった。

　労組の有無別では，「有」は「心身ともに疲れる」(37.9％)，「無」は「給与が安い」(39.8％) の割合が最も高い。雇用形態別では双方とも「給与が安い」(正規40.5％，非正規30.2％) が最も多く，性別にみると「男」は「給与が安い」(51.9％)，「女」は「心身ともに疲れる」(38.0％) の割合が最も高い。項目ごとにみると，「有」は「上司との関係」が全体の割合 (15.8％) を下回る10.2％ (無18.9％) で，それ以外は「有」「無」でそれほど差異はみられなかった。また，「非正規」は「身分が不安定」が全体の割合 (8.0％) を上回る19.0％ (正規6.7％) だった一方，「労働時間が長い」「サービス残業が多い」「休暇が取りにくい」「給与が安い」「同僚との関係」「心身ともに疲れる」「結婚しても働き続けられるか不安」が全体の割合を下回っていた。一方，「男」は「給与が安い」が全体の割合 (38.8％) を上回る51.9％ (女33.4％) で，「女」は「結婚しても働き続けられるか不安」が全体の割合 (20.4％) を上回る27.2％となっている (男7.7％)。

　関連職種との比較では，調査項目や選択肢が異なるため単純に比較することが

できないが，保育職（蓑輪 2018b）は労働時間が「長すぎる」「やや長い」と思っている人の割合（計66.9％）が施設職員より高い傾向がみられた。また，ここでは上位にあがっていないものの，近似した項目（「上司との関係」「同僚との関係」が計29.4％，表6-4）でみると，全労働者（厚生労働省 2019）の「仕事や職業生活に関する強いストレスとなっていると感じることがある」のうち，「対人関係」が31.3％あること（主なもの3つ以内），看護職（日本医労連 2017）で強いストレス要因として「職場の人間関係」が26.1％あること（上位2つ），保育職のストレス要因（蓑輪 2018c）として「職場の人間関係」（正規35.0％，非正規49.1％）があること（2つ選択）の割合が施設職員とほぼ共通していた。

さらに，全労働者（厚生労働省 2019），看護職（日本医労連 2017），保育職（蓑輪 2019）の「非正規」については，雇用の不安定さがストレスになっている点が施設職員と共通していた。実際に，「非正規」を含む不安定雇用労働者については，先行研究（Kawachi 2009；Pfeffer 2018＝2019）においても，雇用に不安を抱えていることが指摘されている。このため，できる限り安定的な雇用を保障していく必要がある。ただし，本調査では，「非正規」は「正規」と比較して前述した自覚症状が少なく，精神的ストレスも低い傾向がみられた。これは，「非正規」は「正規」と比較して短時間勤務であることや，現場職員以外の職種も含まれていることなどが影響したと考えられる。

一方，「有」で「上司との関係」のストレスが低い傾向にあるのは，労組の活動が影響して，日常的に上司と対話・交流がしやすく，民主的な職場の風土が醸成されていることが影響したと考えられる。性別では，「結婚しても働き続けられるか不安」で「女」の割合が高いことが先行研究（伊藤 2007：112-114；安部ら 2014；蓑輪 2018c）と共通していたが，「男」で「給与が安い」の割合が高い傾向にあるのは，生計中心者が多いことが影響したと考えられる。

また，本調査と施設における先行研究を比較すると，同じく調査項目や選択肢が異なるが，労働条件・労働環境（給与の安さ，労働時間の長さ）に関するストレスは伊藤（2007：84）や亀田・藤枝・中村（2014）の調査結果と概ね共通していたことに加えて，女性の情緒的消耗感が高い（加藤・益子 2012）ことについては，本調査の「心身ともに疲れる」（全体35.0％，男30.1％，女38.0％）の項目で若干の共通点がみられた。しかし，子どもや職員との関係におけるストレスは，先行研究（伊藤 2007：81-83；亀田・藤枝・中村 2014；新村・葛西 2018）と比較して，本調査では高いとまではいえなかった。

ここでは,「正規」が抱えている仕事上の不安・悩みが深刻であることや,「女」が結婚後に働き続けることに不安を抱えていることが浮き彫りとなった。このうち,後者についてKawachi (2009) は,日本の女性は国際的にみて,仕事から家庭,家庭から仕事の両面で高い軋轢とプレッシャーを抱えており,仕事と家庭のバランスの問題が健康状態に大きく影響していると指摘している。ただし,近年は男性にも育児参加が求められる中で,仕事と家庭の両立で苦労しているため,子育て世帯全体に対する家事・育児支援の拡充が必要である。

施設では,早番・遅番や宿直を含む変則勤務があり,結婚・出産した後の家庭との両立が困難だが,安部ら (2014) によると,特に20代後半から30代前半の女性の就労継続意欲が低くなる傾向があり,それに対して施設では,育休から復帰した後の宿直の免除や,日勤で働くことができる職種への変更,非正規への転換などで,働き続けられるように配慮がされている場合もある (安部ら 2013)。しかし,安部ら (2013;2014) で明らかになっているように,実子がいる職員が罪悪感を抱えなから働いていることや,育休・介護休暇などの制度があっても十分に活用できていない実態もある。加えて,個々の施設の自助努力では限界があるため,特に女性が結婚・出産した後も安心して働き続けられるように職員配置基準の抜本的な改善が必要である。

(2) インタビュー調査からみた仕事の苦労・悩み

ここでは,20施設のアンケート調査対象施設のうち,小規模化を先駆的に進めてきた6施設 (有3カ所,無3カ所) の職員18人のインタビュー調査から,職員が抱えている仕事の苦労・悩みについて,労組の有無別及び職階別にみていく。〈仕事の苦労・悩み〉(表6-5) には,47 (有21,無26) の意見があり,5つのカテゴリーとそれを構成する41のコードに分類された。ここでは,逐語録を基に分類したカテゴリーを《 》,コードを【 】で表記した (以下,同じ)。なお,カッコ内の数値は,労組の有無別の意見数である。

カテゴリー別にみると,《子どもとの関係》(計18:有7,無11) は,17のコードが抽出された。職階別にみると,「初任」(計7:有4,無3) は,「有」から出た【自分の処遇が正しいか不安】【正解がないから難しい】【親ではないため,どこまでかかわってよいか悩む】のように,子どもをケアする仕事は答えがないことや,職員という立場でどこまでかかわってよいかに悩みを抱えていた。さらに,【子どもは独特な環境で育っているため,自分の感覚とのすり合わせが難しい】

表6-5 仕事の苦労・悩み（インタビュー調査）

カテゴリー	コード
子どもとの関係	・自分の処遇が正しいか不安 ・正解がないから難しい ・親ではないため，子どもとどこまでかかわってよいか悩む ・子どもは独特な環境で育っているため，自分の感覚とのすり合わせが難しい ・22歳という年齢で男子にどう接したらよいか悩む ・中高生との距離が近い ・子どもに伝えたいことがうまく伝わらない ・子どもの問題行動への対応は毎回ストレスがかかる ・宿直で一人のときに子どもが荒れたら怖い気持ちもある ・手をかけた分だけ子どもが良くなるわけではない ・子どもの対応は大変なことが多いが，それを乗り越えられる瞬間がある ・子どもとかかわることで，自分のずるい部分に向き合わされる ・子どもに注意をしなければ円満に生活できるが，そうはいかない ・自分の子どもではないため，職員として制限が多い ・子どもの問題はきりがない ・フリーだと自分ならこうするのにというもどかしさがある ・親代わりの大人なのか，一時的な育ての大人なのか答えが出ない
職員との関係	・日々悩みながら職員同士で確認できる ・職員は育ちも考え方も違うため，折り合いをつけることや連携が難しい ・職員同士の意見のぶつかり合いで，子どもにつきたくてもつけないときがある ・今は新しい人が多く，考え方も変わっているため，合わせないといけない ・職員が多いがゆえの職員関係の難しさ ・主任がサポートしてくれるため，パンクせずにやれている ・自分は力不足だが，重く受け止めず，周りに支えてもらう ・どれだけ他の職員とわかり合えるかが大事で，話をすることで回復する
勤務体制	・今はないが，就職して2ヵ月は環境に慣れず大変だった ・勤務体制が変則で体力的に大変 ・宿直は月5〜8回で，泊まりが続くこともある ・仕事の幅が広いため，時間が拘束される
職員の育成	・どうやって下を育てていくか正解がないため悩む ・職員のしんどそうな顔をみたときや，職員が辞めたいと思っているとき ・職員の育成には困っていない
その他	・保護者の対応が難しい ・年々変わってくる ・ネガティブにならない習慣がついている ・施設長会で行事を取り仕切っていた人が事件で検挙された ・リービングケア委員会を立ち上げたのに，重鎮が嫌がるので閉鎖されようとしている ・個人的なことだが，研究と業務の両立が難しい ・幅広い視点を持ちながら同時に仕事を進行していくこと ・会報の作成 ・子どもたちが社会に出てから保証人の問題で困る

出所：筆者作成。

のように，施設で暮らす子どもたちと一般家庭で育った職員の成育歴の違いの大きさが影響して，価値観をすり合わせることの難しさについての指摘もあった。一方，「無」からは，【22歳という年齢で男子にどう接したらよいか悩む】【中高生との距離が近い】【子どもに伝えたいことがうまく伝わらない】のように，若手の女性職員が思春期の男子との接し方や距離感に悩みを抱えていた。

　「中堅」(計10：有3，無7) は，「有」から出た【子どもの問題行動への対応は毎回ストレスがかかる】や【宿直で一人のときに子どもが荒れたら怖い気持ちもある】のように，職務経験があったとしても，子どもへの対応に関するストレスがみられた。加えて，【手をかけた分だけ子どもが良くなるわけではない】という語りもあった。また，「無」からは，【子どもの対応は大変なことが多いが，それを乗り越えられる瞬間がある】という大変さを乗り越えた先の見通しに加えて，【子どもとかかわることで，自分のずるい部分に向き合わされる】【子どもに注意をしなければ円満に生活できるが，そうはいかない】【自分の子どもではないため，職員として制限が多い】【子どもの問題はきりがない】のように，多くの矛盾を抱えて日々悩みながら子どもと向き合っていた。さらに，【フリーだと自分ならこうするのにというもどかしさがある】のように，主任の立場ならではの悩みも出された。「管理職」(計1：有0，無1) は，「無」から「初任」で出た意見と同様に【親代わりの大人なのか，一時的な育ての大人なのか答えが出ない】という自らの役割に関する葛藤が語られた。

　《職員との関係》(計10：有5，無5) は，8つのコードに分類された。まず，「初任」(計3：有2，無1) は，「有」から出た【日々悩みながら職員同士で確認できる】という職員同士の関係性の良さに関する意見の一方で，【職員は育ちも考え方も違うため，折り合いをつけることや連携が難しい】という職員の成育歴の違いに伴う価値観の違いによる意思統一の難しさも語られた。「無」からは，「有」と同じく【職員同士の意見のぶつかり合いで，子どもにつきたくてもつけないときがある】という職員同士の考え方の違いによる対立の影響で，子どもの側に立ったケアが困難であることに関する悩みもみられた。

　「中堅」(計2：有2，無0) は，「有」から【今は新しい人が多く，考え方も変わっているため，合わせないといけない】という世代間の意識の違いに関する指摘があった。「管理職」(計5：有1，無4) は，「有」から出た【職員が多いがゆえの職員関係の難しさ】のように，職員が増えたことによる関係づくりの困難さの一方で，「無」から出た【主任がサポートしてくれるため，パンクせずにやれ

ている】【自分は力不足だが,重く受け止めず,周りに支えてもらう】【どれだけ他の職員とわかり合えるかが大事で,話をすることで回復する】のように,周りの職員に支えられながら困難を乗り越えていた。

《勤務体制》(計4:有0,無4)は,4つのコードで構成された。労組の有無別では「有」の意見はなく,職階別にみると「管理職」の意見はなかった。まず,「初任」(計3:有0,無3)からは,【今はないが,就職して2カ月は環境に慣れず大変だった】【勤務体制が変則で体力的に大変】【宿直は月5〜8回で,泊まりが続くこともある】のように,変則勤務や宿直を含む労働環境の厳しさに関する意見があった。「中堅」(計1:有0,無1)からも,同じく【仕事の幅が広いため,時間が拘束される】という仕事の拘束時間の長さに関する悩みが語られた。

《職員の育成》(計4:有3,無1)は,3つのコードに集約された。職階別にみると,「初任」の意見はなかった。まず,「中堅」(計1:有1,無0)は,「有」から出た【どうやって下を育てていくか正解がないため悩む】のように,職員の育成は答えがなく,現場で働く中で自然に身に付くわけではないことに関する悩みが語られた。「管理職」(計3:有2,無1)は,「有」から出た【職員のしんどそうな顔をみたときや,職員が辞めたいと思っているとき】のように,その立場も影響して,自分よりも職員が大変な状況に直面していることに対する悩みの一方で,「無」からは,「中堅」とは逆に【職員の育成には困っていない】という語りもあった。

《その他》(計11:有6,無5)は,9つのコードに分類された。まず,「初任」(1:有0,無1)は,「無」から【保護者の対応が難しい】という意見が出た。「中堅」(計2:有2,無0)も「有」から,「初任」と同じく保護者との関係や,【年々変わってくる】という語りがあった。「管理職」(計8:有4,無4)は,「有」から【ネガティブにならない習慣がついている】という意見に加えて,【施設長会で行事を取り仕切っていた人が事件で検挙された】【リービングケア委員会を立ち上げたのに,重鎮が嫌がるので閉鎖されようとしている】のように,施設外の事件や立ち上げた委員会の閉鎖の動きに対する憤りも語られた。さらに,働きながら大学院に通っているため,【個人的なことだが,研究と業務の両立が難しい】という意見もあった。「無」からは,【幅広い視点を持ちながら同時に仕事を進行していくこと】という仕事の進め方や,担当している【会報の作成】に加えて,【子どもたちが社会に出てから保証人の問題で困る】のように,施設退所後のアフターケアに関する課題も指摘された。

第 6 章　健康状態とストレス

　ここまでみてきたように、インタビュー調査では、職員が子どもや職員との関係に加えて、労働環境の厳しさについて悩みを抱えていることが具体的に明らかとなった。特にここで出た意見にあるように、宿直は拘束時間が長く、健康面や私生活への影響が大きいため、負担を軽減するとともに、実態に即して段階的に夜勤に移行していくことが求められる。

　カテゴリー別にみると、《勤務体制》は「無」のみの意見であった。これは、「無」では「有」と比較して、勤務面の配慮が十分ではないことが影響した可能性がある。また、《子どもとの関係》では、「初任」と「中堅」の意見が多い傾向にあり、《その他》で「管理職」の意見が多い傾向がみられた。これには、それぞれの立場や経験年数が影響している。さらに、「初任」は働きはじめた直後に変則勤務と子どもとの関係に苦労しており、そこで職場の仲間による支えが仕事を続ける意欲につながっているため、周りのサポートに加えて、有休や休息の機会を保障するなどの配慮が求められる。「中堅」も「初任」を育てていくことにプレッシャーを抱えているため、「管理職」のサポートや研修の機会を保障する必要がある。

　一方、《子どもとの関係》で「初任」から出た子どもと感覚をすり合わせることの難しさについては、施設で暮らす子どもと親が抱えてきた「生活文化の貧困」が大きく影響している。ここでいう「生活文化の貧困」とは、社会経験の少なさや食文化・対話の貧しさ、暴力的な人間関係の中で生活することが文化として世代的に継承されている状態をいう (堀場 2016c)。子ども時代にこの状況に長く置かれ続けた場合、施設入所によって環境が変わったとしても、すぐに改善することは難しい。

　ただし、近年注目されつつある「ソーシャルペダゴジー」の視点も踏まえると、「生活文化の貧困」に対しては、職員による日々の生活面のケアが重要だといえる。「ソーシャルペダゴジー」は、ドイツやフランス、デンマークなどで広く普及している子どもの福祉と教育を横断する概念 (細井 2016) で、「社会教育学」「社会における子育て」などと訳されている。具体的には、全人的ケアの視点や集団を活かすこと、言葉より感覚を通して体験を共有すること、遊び・スポーツ・文化・芸術的な活動の意義、楽しむ、参加するなどの生活場面のアプローチや、ユーモアの重要性 (Smith, Fulcher & Doran 2013＝2018) などが指摘されており、これらは職員が日常の勤務の中で取り組んでいることである。このため、筆者は日本においても、職員の日々の仕事の重要性を実証的に明らかにしていくことが

職員の悩みを軽減し，モチベーションを高めることにもつながると考える。

他方で，「無」の「初任」と「管理職」から出た，親ではない職員の立場で子どものケアを担うことに対する悩みについては，親を失った戦争孤児を保護した時代の施設とは大きく異なる状況がある。したがって，親代わりという立場や捉え方ではなく，親と同じ労働者として，あるいは遠藤（2019）が指摘するように，専門性を持つ子どもの権利保障の重要な担い手として，生活づくりを軸にした養護実践に取り組むことが求められる。

（3）仕事上の悩みなどをよく相談する相手――アンケート調査から

前項までにストレッサーとしての仕事上の不安・悩み・苦労などについてみてきたが，ここでは社会的健康及びソーシャルサポートとしての〈仕事上の悩みなどをよく相談する相手〉についてみていく。アンケート調査における〈仕事上の悩みなどをよく相談する相手〉（複数回答，表6-6）は，「同じ施設の同僚」（68.7％），「同じ施設の上司」（38.8％），「家族」（30.8％）の順となっている。「その他」（3.5％）の自由記述には，「退職者」「特に相談しない」「元上司」「学生時代の同期」「前同僚」などの記述があった。

労組の有無別・雇用形態別・性別では，すべて「同じ施設の同僚」の割合が最も高い。項目ごとにみると，「有」は「同じ施設の同僚」（有71.4％，無67.1％），「同じ施設の上司」（有42.7％，無36.5％），「他施設の職員」（有20.4％，無14.5％），「研究会の仲間」（有6.3％，無2.8％）が全体の割合と比較して若干上回っていたが，「有」と「無」ではそれほど差異はみられなかった。「非正規」は「同じ施設の上司」（正規41.1％，非正規25.4％）と「他施設の職員」（正規18.3％，非正規4.8％）が全体の割合（前者38.8％，後者16.6％）を下回っている。「男」は「他施設の職員」が全体の割合（16.6％）を上回る21.9％（女14.6％）で，「友人・恋人」（男14.8％，女31.5％）と「家族」（男25.7％，女34.2％）が全体の割合（前者25.8％，後者30.8％）を下回る一方，「女」は「友人・恋人」が全体の割合（25.8％）を上回る31.5％となっている（男14.8％）。

このうち，「有」で職場内外の相談相手がやや多い傾向にあるのは，組合活動を通して日常的に上司・同僚と話し合うことができる環境があることや，外部の研修会などに参加する機会が多いことも影響していると考えられる。これは，村上（2023）に掲載された村上らによる労働者の仕事と暮らしに関するアンケート調査（web調査）においても，労組の加入者は職場の上司や同僚，家族や友人に

表6-6 仕事上の悩みなどをよく相談する相手（複数回答）

(%〔度数〕)

項　目	同じ施設の同僚	同じ施設の上司	他施設の職員	研究会の仲間	大学等の教員	自治体職員
	68.7 (388)	38.8 (219)	16.6 (94)	4.1 (23)	3.9 (22)	0.5 (3)
労組有	71.4 (147)	42.7 (88)	20.4 (42)	6.3 (13)	3.9 (8)	0.5 (1)
労組無	67.1 (241)	36.5 (131)	14.5 (52)	2.8 (10)	3.9 (14)	0.6 (2)
正　規	70.1 (344)	41.1 (202)	18.3 (90)	4.5 (22)	4.3 (21)	0.6 (3)
非正規	66.7 (42)	25.4 (16)	4.8 (3)	1.6 (1)	1.6 (1)	0.0 (0)
無回答	18.2 (2)	9.1 (1)	9.1 (1)	0.0 (0)	0.0 (0)	0.0 (0)
男	69.9 (128)	42.6 (78)	21.9 (40)	5.5 (10)	3.8 (7)	1.1 (2)
女	69.5 (258)	37.7 (140)	14.6 (54)	3.5 (13)	4.0 (15)	0.3 (1)
無回答	66.7 (2)	33.3 (1)	0.0 (0)	0.0 (0)	0.0 (0)	0.0 (0)

項　目	友人・恋人	家族	率直に相談できる人がいない	その他	無回答	合　計
	25.8 (146)	30.8 (174)	6.2 (35)	3.5 (20)	2.7 (15)	100.0 (565)
労組有	23.8 (49)	30.1 (62)	5.3 (11)	4.4 (9)	2.9 (6)	100.0 (206)
労組無	27.0 (97)	31.2 (112)	6.7 (24)	3.1 (11)	2.5 (9)	100.0 (359)
正　規	26.3 (129)	31.2 (153)	6.7 (33)	3.7 (18)	0.6 (3)	100.0 (491)
非正規	23.8 (15)	33.3 (21)	1.6 (1)	3.2 (2)	6.3 (4)	100.0 (63)
無回答	18.2 (2)	0.0 (0)	9.1 (1)	0.0 (0)	72.7 (8)	100.0 (11)
男	14.8 (27)	25.7 (47)	7.7 (14)	3.3 (6)	0.5 (1)	100.0 (183)
女	31.5 (117)	34.2 (127)	5.1 (19)	3.8 (14)	1.9 (7)	100.0 (371)
無回答	18.2 (2)	0.0 (0)	18.2 (2)	0.0 (0)	63.6 (7)	100.0 (11)

出所：筆者作成。

相談するという回答が多いこととも共通している。一方，「非正規」で「他施設の職員」が少ない傾向がみられたのは，出張を含む外部との接点が少ないことが影響したと考えられる。また，「男」で「他施設の職員」の割合が高い傾向にあるのは，役職や性別の業務分担などが影響して外部との接点が多いことがあり，「女」で「友人・恋人」の割合が高い傾向にあるのは，性別の意識の違いが影響した可能性がある。

他方で，全労働者（厚生労働省 2019）との比較では，調査項目や選択肢が異なるものの，「現在の自分の仕事や職業生活に関する不安，悩み，ストレスについて相談できる人がいる」（92.8％）のうち，「上司・同僚」（77.5％）の割合（複数回答）が高いことが共通していた。

ここまでみてきたように，ソーシャルサポートとしての同僚・上司との関係は職員が働き続ける上で特に重要になる。この点について阿部（2007）は，メンタルに不調を抱えた職員が多い背景に組織の歪みがあるとし，それを改善するには仕事体験の発話と受容，普段の何気ない雑談などが重要だと指摘している。筆者も阿部が指摘するように，職員にメンタル不調の問題が起きた場合も，職員個人の問題としてではなく，労働条件・労働環境や組織のあり方が反映されたものとして捉え，それを改善していく必要があると考える。このため，労働安全衛生法の改正によって2015年12月から行われているストレスチェック制度や，先行研究（山地・宮本 2012；亀田・藤枝・中村 2014；田島・谷島 2014；新村・葛西 2018）のように，心理学に基づくメンタルヘルス対策だけでは根本的な問題の解決は困難だといえる。

4　健康状態・ストレスと人間関係

　本章では，アンケート調査とインタビュー調査から，職員の健康状態とストレスをトータルに明らかにした。まず，アンケート調査では，自覚症状と精神的ストレスを軸に，職員の健康状態を分析することによって，施設の労働環境の厳しさが鮮明になった。具体的にみると，〈自覚症状〉は「どこも悪いところがなく，健康である」が1割に満たず，「首や肩が凝る」「夜寝るのが深夜12時を過ぎることが多い」「仕事の疲れがとれない」「腰や背中が痛い」「目が疲れる」などの割合が高かった。また，〈精神的ストレス〉は9割近くの職員が抱えていた。労組の有無別と性別では，いずれも多くの〈自覚症状〉と〈精神的ストレス〉を抱えていたが，雇用形態別にみると「正規」は労働時間の長さや責任の重さなどが影響して多くの「自覚症状」を抱えている一方，「非正規」は「正規」と比較して雇用形態が影響して抱えている「自覚症状」が少なく，「精神的ストレス」も低い傾向がみられた。

　他方で，関連職種の調査とは項目や選択肢が異なるが，施設職員は労働環境や仕事の特性が影響して，看護職（日本医労連 2017）や保育職（箕輪 2018c）と比較して「自覚症状」と「精神的ストレス」が深刻であった。しかし，仕事の疲労度については，調査項目や選択肢が影響した可能性があるものの，看護職（日本医労連 2017）や保育職（箕輪 2018c；2019）と比較してやや低い傾向がみられた。また，田島・谷島（2014）では，職員の多くが非病的な状態にあると指摘されてい

るが，本調査では職員が多くの自覚症状や精神的ストレスを抱えていることから，健康状態が良いとはいえない。これは予備力をすり減らした状態（重田 2010：106）といえるため，職員が病気や家庭の事情などで仕事を休んだとしても，ゆとりをもって働き続けることができるしくみが必要である。

このように，本調査では，施設の労働環境の厳しさが反映されて，職員の健康状態とストレスが深刻であることに加えて，職員が健康で安心して働くことができる労働環境を整備することの重要性が改めて浮き彫りとなった。ここで取り上げた職員の健康状態を改善するには，重田（2010：107-110）が指摘するように，仕事量の限界を見極めた上で，休憩・有休などの実質的な確保に向けて，日常業務・行事・会議のやり方を，人がいないからできないではなく，必ずするという視点で議論し，現状を変えていくことが求められる。

次に，ストレッサーとしての仕事上の不安・悩み・苦労や，社会的健康及びソーシャルサポートとしての仕事上の悩みなどをよく相談する相手について，アンケート調査とインタビュー調査から明らかにした。まず，アンケート調査における〈仕事上の不安，悩んでいること〉では，「給与が安い」「心身ともに疲れる」「休暇が取りにくい」「サービス残業が多い」「労働時間が長い」の割合が高い。一方，〈仕事上の悩みなどをよく相談する相手〉は，「同じ施設の同僚」「同じ施設の上司」「家族」の割合が高かった。

労組の有無別にみると，「有」は「無」と比較して「上司との関係」での悩みが少ない傾向にあることや，相談相手についても「同じ施設の同僚」「同じ施設の上司」「他施設の職員」「研究会の仲間」の割合が若干高い傾向がみられた。これは，労組の活動が影響したと考えられる。雇用形態別では，特に「正規」は労働時間の長さや責任の重さなどが影響して仕事上の不安・悩みが深刻である一方，「非正規」は雇用形態が影響して身分の不安定さに悩みを抱えている割合が高い。また，〈仕事上の悩みなどをよく相談する相手〉において，「非正規」で「他施設の職員」が少ない傾向にあるのは，その立場が影響したといえる。性別にみると，「女」は結婚後に働き続けられるかどうかに悩みを抱えている割合が高い傾向にある一方，「男」は給与の安さに悩みを抱えている割合が高い傾向がみられた。この理由として，施設は女性が結婚・出産した後に働き続けることが難しい変則勤務があることや，男性に生計中心者が多いことが影響したと考えられる。さらに，「男」の相談相手で「他施設の職員」の割合が高い傾向にあるのは，役職や性別の業務分担などが影響して外部との接点が多いことがあり，「女」の相談相

手で「友人・恋人」の割合が高い傾向にあるのは，性別の意識の違いが影響した可能性がある。

インタビュー調査における〈仕事の苦労・悩み〉では，職員が子どもや職員との関係に加えて，労働環境の厳しさに悩みを抱えていることが明らかとなった。カテゴリー別にみると，《勤務体制》が「無」のみの意見だったのは，「無」では「有」と比較して勤務面の配慮が十分ではないことが影響した可能性がある。また，「初任」は働き始めた直後に変則勤務と子どもとの関係に苦労しており，そこで職場の仲間による支えが仕事を続ける意欲につながっていた。このため，周りのサポートに加えて，有休や休息の機会を保障するなどの配慮が求められる。「中堅」も，「初任」を育てていくことにプレッシャーを抱えているため，「管理職」のサポートや研修の機会を保障する必要がある。

一方，本調査と全労働者（厚生労働省 2019），看護職（日本医労連 2017），保育職（横井 2007；蓑輪 2018c；2019）との比較では，調査項目や選択肢は異なるが，職場の人間関係に関して抱えているストレスの割合や，「非正規」は雇用の不安定さがストレスになっていることが共通していたが，保育職（蓑輪 2018b）は労働時間が「長すぎる」「やや長い」と思っている人の割合（計66.9％）が施設職員より高い傾向がみられた。さらに，施設における先行研究との比較では，労働条件・労働環境に関するストレスは伊藤（2007：84）や亀田・藤枝・中村（2014）と概ね共通しており，「結婚しても働き続けられるか不安」で「女」の割合が高いことは，伊藤（2007：112-114），安部ら（2014），蓑輪（2018c）と共通していた。しかし，子どもや職員との関係におけるストレスは，先行研究（伊藤 2007：81-83；亀田・藤枝・中村 2014；新村・葛西 2018）と比較して，本研究では高いとまではいえなかった。

ここまでみてきたように，労組の有無別・雇用形態別・性別及び職階別によって，職員が置かれている状況や意識が異なるため，施設ではそれを踏まえた職員への支援策を検討する必要がある。施設では，小規模化が進む中でそれが困難になってきているが，職員同士の勤務が重なる時間を増やしたり，複数のユニットで会議や宿直を共有して相互の連携を強化したりするなどして，職員の孤立やユニットの密室化を防ぐことが求められる（黒田 2013）。

加えて，家庭を持つ女性職員が働き続けられるようにするためには，産休・育休などを取得できるだけでなく，復帰できる環境づくりが不可欠である。この点については，前述したように，施設でさまざまな配慮（安部ら 2013）がされてき

たが，個々の施設の自助努力だけでは限界がある。そのため，措置費や職員配置基準に加えて，職員の労働条件・労働環境の改善を含む根本的な問題に焦点化した対策が必要である。

注
(1) ただし，「どこも悪いところがなく，健康である」は，自覚症状が「ある」「ない」という設問ではなく，選択肢の中の一つとして選ぶ形になっているため，前者のような設問だった場合，若干異なる結果が出た可能性がある。そのことも影響して，「どこも悪いところがなく，健康である」で回答しているにもかかわらず，他の自覚症状の選択肢にも回答している者が11人いた。
(2) このほか，本項目の自由記述欄ではないが，「目が疲れる」に回答があった下に「視力低下がすすんでいる」と記述されていた調査票と，「腰や背中が痛い」に回答があった下に「(睡眠時足がつる)」と記述されていた調査票が1つずつあった。
(3) 比較対象としている看護職（日本医労連 2017）は，主に労組がある大規模な病院（「国立・公的病院」計60.4％）が対象（回収数は約3万3,000票）であるため，労組がない小規模な病院とは状況が異なる。また，保育職（横井 2007）も東京都社協保育士会員が所属する民間保育所を対象（有効回答数は約800票）としており，東京都独自の補助金制度などがあるため，地方の保育所とは状況がやや異なる。
(4) 愛知県保育労働実態調査（蓑輪 2018a；b；c；2019）は，公立保育所・民間保育所の双方が対象に含まれる1万人規模の調査（回収数は正規5,335票，非正規5,311票）である。
(5) このほか，〈精神的ストレス〉が「ある」のうち，「周期的にある」で回答しているにもかかわらず，「その他」の自由記述欄に，「橋本病」「貧血」という記述がある調査票が1つずつ，「たまにある」で回答しているにもかかわらず，「その他」の自由記述欄に「ストレスがあるかどうかは不明」という記述がある調査票が1つあった。
(6) このほか，本項目の自由記述欄ではないが，「施設の親との関係」の選択肢の下に「既婚であるため，家庭と仕事の両立への不安」という記述がある調査票が1つあった。
(7) 小笠原（2012）は，子どもにゲーム機を買い与えている父親を例にあげ，父子は一緒にゲームをすることだけが楽しみになっているが，それは父親自身が親にかかわってもらった記憶がないからで，住んでいるアパートも家具がほとんどなかったと述べている。さらに，別の父子家庭もダブルワークでゆとりがなく，家庭での会話が「おいメシくうぞ」「はよくえ」だけだったという。小笠原（2012）は，この背景に「文化の貧困」があり，それが世代的に引き継がれる現実があると指摘している。
(8) 「ソーシャルペダゴジー」とは，ヨーロッパ大陸諸国で普及している子どもの福祉

と教育を横断する概念で,「社会教育学」「社会における子育て」などと訳されている(細井 2016)。日本語訳の書籍には,Smith, Fulcher & Doran (2013 = 2018) と Storo (2013 = 2022) がある。ただし,「ソーシャルペダゴジー」は,理論体系として確立されているものではなく,不断の実践の振り返りと対話を通じて構築されていくもので,正解があるわけではない(細井 2022)。

第7章 退職を考えた時に支えになった要因

　施設では，前述したように宿直を含む変則勤務があり，近年は小規模化が進む中で労働環境が悪化し，働き続けることが困難になってきている。このため，子ども・職員双方の人権が保障（井上 2010）される施設づくりが急務といえる。しかし，関連する主な先行研究（日本児童問題調査会 1992；黒田 2009；藤田 2011）では，労働条件・労働環境を改善するための労組に関する分析がされていない。そこで，本章ではアンケート調査とインタビュー調査における退職を考えた時に支えになった要因に関する項目を取り上げ，厳しい労働環境の中で，辞めたいと思った理由とそこで何が支えになり，仕事を長く続けられているかを明らかにしたい。

　翻って，本章のうち，アンケート調査の自由記述では，労組の有無別にみて両者で記述内容にそれほど差異がみられなかったため，両者の記述数以外の違いについては取り上げていない。なお，本章のうち，第1節（1）（2）は，堀場（2024b）を基に若干の加筆修正をしたものである。

1　仕事を辞めたいと思った理由と支えになったもの

（1）アンケート調査からみた辞めたいと思ったこととその理由

　まず，アンケート調査のうち，〈これまでに仕事をやめたいと思ったこと〉（表7-1）は，「ある」が60.9％であった（「ない」34.9％）。労組の有無別と性別では，「ある」がそれぞれ全体の割合とほぼ同率の約6割で，差異はほとんどみられなかった。雇用形態別にみると，「非正規」は「ある」が全体の割合（60.9％）を大きく下回る39.7％（正規64.8％）で，「ない」が全体の割合（34.9％）を上回る46.0％である（正規34.0％）。

　また，「ある」場合の理由（表7-2）の自由記述数は304で，労組の有無別の内訳は「有」が106，「無」が198である。自由記述をコード化・カテゴリー化したところ，13のカテゴリーとそれを構成する119のコードに分類された。ここでは，自由記述を基に分類したカテゴリーを《　》，コードを【　】で表記した（以下，同

表 7-1　仕事を辞めたいと思ったこと

(%〔度数〕)

項　目	ある	ない	無回答	合　計
	60.9 (344)	34.9 (197)	4.2 (24)	100.0 (565)
労組有	59.7 (123)	36.4 (75)	3.9 (8)	100.0 (206)
労組無	61.6 (221)	34.0 (122)	4.5 (16)	100.0 (359)
正　規	64.8 (318)	34.0 (167)	1.2 (6)	100.0 (491)
非正規	39.7 (25)	46.0 (29)	14.3 (9)	100.0 (63)
無回答	9.1 (1)	9.1 (1)	81.8 (9)	100.0 (11)
男	60.1 (110)	38.3 (70)	1.6 (3)	100.0 (183)
女	62.5 (232)	34.0 (126)	3.5 (13)	100.0 (371)
無回答	18.2 (2)	9.1 (1)	72.7 (8)	100.0 (11)

出所：筆者作成。

じ)。

　カテゴリー別にみると,《職場の人間関係》は記述数が58(有17,無41)と最も多く,14のコードで構成された。労組の有無別では,「無」の記述数が多い傾向にある。具体的には,【職場の人間関係】【上司との関係】【同僚との不仲】【調理員との人間関係】などの職員との関係に加えて,【他の人と考え方が合わなかったとき】【上司から理解してもらえなかったとき】【管理職との考え方や気持ちの温度差】のように,価値観や考え方の違いが辞めたいと思うことにつながっていた。

　《子どもとの関係》は記述数が56(有23,無33)と2番目に多く,11のコードに集約された。ここでは,【子どもとの関係がうまくいかなかったとき】【子どもからの暴言・暴力】【子どもの対応に疲れたとき】など子どもとの関係や対応に加えて,【新人のときに子どもの問題行動への対応がわからなかった】【問題行動がたくさんあったとき】などのように,特定の時期の子どもの問題行動で辞めたいと思っていた。

　《労働条件・労働環境》は記述数が55(有16,無39)で,15のコードが抽出された。労組の有無別では,「無」の記述数が多い傾向がみられた。内容をみると,【労働時間が長い】【勤務の大変さ】【給与が安い】【勤務時間がさまざまなため疲れる】などの労働環境の厳しさや,その結果として【宿直で睡眠が取れない】【自分の時間が持てない】のように,健康面やプライベートにも支障を来していた。さらに,【仕事量の負担に差がありすぎる】【業務内容に納得できないとき】のよ

第7章　退職を考えた時に支えになった要因

表7-2　辞めたいと思ったことがある理由（アンケート調査）

カテゴリー	コード
職場の人間関係	・職場の人間関係 ・上司との関係 ・現場の職員とうまく連携できない ・人間関係が面倒 ・他の人と考え方が合わなかったとき ・同僚との不仲 ・調理員との人間関係 ・チームで養育していくことの難しさを感じたとき ・職員間の雰囲気 ・同僚を信頼できなくなった ・信頼されていないと気づいたとき ・上司が変わってから ・上司から理解してもらえなかったとき ・管理職との考え方や気持ちの温度差
子どもとの関係	・子どもとの関係がうまくいかなかったとき ・子どもからの暴言・暴力 ・ケースの難しさ ・子どもとの関係づくりがしんどく感じた ・子どもの対応に疲れたとき ・子どもが落ち着かず、対応の仕方を変えてもうまくいかなかった ・非行児童が増えて精神的に辛くなったとき ・新人のときに子どもの問題行動への対応がわからなかった ・子どもたちからの攻撃が一人勤務のときに止まらなかった ・情報がないままの支援 ・問題行動がたくさんあったとき
労働条件・労働環境	・労働時間が長い ・勤務の大変さ ・休みが取りにくい ・給与が安い ・時間外勤務が多すぎる ・仕事量の負担に差がありすぎる ・勤務時間がさまざまなため疲れる ・身分が不安定 ・収入が安定しないため ・正職との待遇の差 ・多忙のため ・宿直で睡眠が取れない ・自分の時間が持てない ・業務内容に納得できないとき ・勤務の希望が叶わず、相談しても解決できないとき
施設運営・人事・組織	・体制の変更があったとき ・施設の管理者が何もせず、現場に責任を転嫁する ・納得のいかない人事異動 ・自分と施設の目指す方向性が合わないとき ・以前の施設長の使途不明金の問題 ・施設の体制への不満 ・方針がなく、行き当たりばったりで職員のまとまりがない ・グループが大変なときに配慮のない言葉を上の人から言われた ・虐待をしている人に対して処分がなかった ・古い考えに凝り固まっており、若い職員の権利が損なわれている ・人材育成が不十分 ・昭和時代の経営がおかしい ・一般企業とかけ離れた体制で戸惑った ・困ったときに相談できる相手がいない ・職場の組織化が明確ではない ・組織のモラルが低く、展望が見出せない ・引き継ぎがない状態で1人で仕事をすることなった ・ホームで子どもたちのパワーが職員を上回ったとき ・専門職への理解がない ・みんなでより良い方向に高め合えそうにない

	・民主的な討議がされない ・仕事の迷惑を多々かけられ，改善もみられない ・職場の理解がないと感じたとき
心身の疲労・体調	・疲れが溜まっているとき ・心労 ・体調が悪化したとき ・ストレスを溜めてしまう ・精神的・体力的に限界を感じた ・病気を患った ・様々なことに疲れたため ・精神的疲労と将来性のなさ ・児童や親への対応で精神的に追い詰められたとき
力不足と やりがいの喪失	・未熟さを感じたとき ・力不足を感じるとき ・自信がなくなった ・自分の職務能力に限界を感じた ・続けたいという意欲・目的がなくなった ・自分の存在価値を疑う ・仕事のモチベーションが下がった ・やりがいを感じなくなった ・担当児童が自立し，やり切って次の気持ちがなくなった ・続けていく意義や将来像が不明確になった ・達成感を感じることが難しい ・自分が役に立っているかどうか不安
結婚・出産・ 育児・介護	・結婚が決まり，不規則勤務で続ける自信がなかった ・家族の看護のため ・介護との両立の難しさ ・家族との時間が取れない ・自分の子どもとの時間が少なくなったため ・仕事を続けていると結婚できないと思ったから ・出産後に不安を感じたため
仕事が うまくいかない	・思うようにできなかったから ・仕事に行き詰まったとき ・自信が持てない ・自分の対応の悪さを痛感したとき ・自分の失敗で迷惑がかかったとき
パワハラ	・同僚からの必要以上の叱責 ・上司からの威圧的な言動 ・同僚の意地悪・陰口・批判 ・上司からの攻撃に耐えるのが嫌 ・パワハラと感じられることがあったとき
仕事の適性	・施設の仕事を理解していなかった ・仕事が向いていないと思ったため ・対応や判断を失敗したとき ・自分の適性について肯定的に捉えられなくなった
転職の検討	・同じ職場でいいのかと思うとき ・他の仕事も経験してみたかった ・家族との生活を考えて公務員への転職を検討した ・資格を活かせる仕事につくべきと思った ・他の資格を取って転職もありかと思った
子ども・退所者 の不幸	・子どもの不幸に立ち会ったとき ・子どもが盗みをして大事故を起こしたとき ・担当児童が退園後に非行をしている
その他	・いろいろ ・虐待通告をされた ・なんとなく ・書けません ・自分がいない場で自分の行為について話されていたこと ・仕事が辛い

出所：筆者作成。

うに，職員間の負担の差や業務内容への不満に加えて，「非正規」からは【収入が安定しないため】【正職との待遇の差】という待遇面の不満に関する意見もあった。

《施設運営・人事・組織》は記述数が31（有15，無16）で，23のコードに分類された。具体的には，【施設の管理者が何もせず，現場に責任転嫁する】【納得のいかない人事異動】【古い考えに凝り固まっており，若い職員の権利が損なわれている】【人材育成が不十分】【組織のモラルが低く，展望が見出せない】【専門職への理解がない】【民主的な討議がされない】など，施設運営のあり方が旧態依然としており，非民主的であることへの不満が多くみられた。

《心身の疲労・体調》は記述数が25（有15，無10）で，9つのコードで構成された。ここでは，【心労】【ストレスを溜めてしまう】【病気を患った】【精神的疲労と将来性のなさ】など，労働環境の厳しさが反映して，心身のストレスが大きいことが浮かび上がった。

《力不足とやりがいの喪失》は記述数が22（有6，無16）で，12のコードが抽出された。内容をみると，仕事の困難さも影響して【力不足を感じるとき】【自分の職務能力に限界を感じた】【自分の存在価値を疑う】などのように，自らの力不足を感じていることに加えて，【やりがいを感じなくなった】【達成感を感じることが難しい】などの意見もみられた。

《結婚・出産・育児・介護》は記述数が16（有2，無14）で，7つのコードに集約された。労組の有無別にみると，「有」の記述数が少ない傾向にある。ここでは，施設の厳しい労働環境が影響して，【結婚が決まり，不規則勤務で続ける自信がなかった】【家族の看護のため】【自分の子どもとの時間が少なくなったため】【出産後に不安を感じたため】などのように，仕事と家庭の両立が難しいことが改めて浮き彫りとなった。

《仕事がうまくいかない》は記述数が11（有2，無9）で，5つのコードに分類された。具体的には，【思うようにできなかったから】【自信が持てない】【自分の失敗で迷惑がかかったとき】など，仕事で思うようにいかなかったり，失敗をしたりして悩んでいる様子が窺えた。

《パワハラ》は記述数が7（有2，無5）で，5つのコードに集約された。ここでは，【同僚からの必要以上の叱責】【上司からの威圧的な言動】【パワハラと感じられることがあったとき】など，上司・同僚の言動が辞めたいと思う理由としてあがっていた。これらは人権侵害に該当するため，特に改善が求められる事項

である。

《仕事の適性》は記述数が6（有1，無5）で，4つのコードで構成された。内容をみると，【施設の仕事を理解していなかった】【仕事が向いていないと思ったため】【対応や判断を失敗したとき】【自分の適性について肯定的に捉えられなくなった】のように，仕事の困難さも影響して適性について否定的に捉えていた。

《転職の検討》は記述数が5（有2，無3）で，同じく5つのコードが抽出された。具体的には，【同じ職場でいいのかと思うとき】【他の仕事も経験してみたかった】という施設で仕事を続けることへの疑問に加えて，【家族との生活を考えて公務員への転職を検討した】のように，私生活との兼ね合いで転職を考えているという意見もあった。さらに，【資格を活かせる仕事につくべきと思った】【他の資格を取って転職もありかと思った】のように，資格を活かせる職場で働きたいという意向もみられた。

《子ども・退所者の不幸》は記述数が3（有0，無3）で，同じく3つのコードに分類された。内容をみると【子どもの不幸に立ち会ったとき】【子どもが盗みをして大事故を起こしたとき】【担当児童が退園後に非行をしている】のように，職員が担当している子どもの不幸や事故，退所後に問題を起こしたときに辞めたいと思っていた。

《その他》は記述数が9（有5，無4）で，6つのコードで構成された。ここは他のカテゴリーに分類できないこともあり，【虐待通告をされた】【なんとなく】【書けません】【仕事が辛い】など，多様な意見がみられた。このうち，【虐待通告をされた】という意見は，「被措置児童等虐待」のことを指すが，仮にそれに該当しなかった場合は疑心暗鬼となり，同じ職場で働き続けることが難しくなるといえる。

ここまでみてきたように，仕事を辞めたいと思ったことが「ある」と回答した職員は約6割で，その理由は主に職場の人間関係や労働条件・労働環境，施設の子どもとの関係であることが明らかとなった。さらに，民主的な施設運営や，職員が自らの存在意義を感じることができ，失敗したときにフォローしてもらえる環境があることの重要性も浮き彫りとなった。

他方で，《結婚・出産・育児・介護》での仕事と家庭の両立の困難さは，特に女性職員の割合（本調査では約66％）が高い施設では大きな課題である。このため，女性に負担が偏っている家事・育児への社会的な支援策の整備・拡充や家族の協力が不可欠である（細川 2010b）。ただし，この問題を解決するためには，職員配

置基準を含む制度の改善とそれを実現するための社会運動が必要であることや，近年は男性の育児参加も求められているため，男女問わず仕事と家庭を両立できるような職場の配慮が欠かせない。なお，ここでいう社会運動とは，単年度の予算獲得のみを目指してそれに一喜一憂（鷲谷 1968：124-125）するのではなく，他の分野の労働者と連帯したり，社会に広く発信したりしつつ，制度の抜本的な改善を目指す組織的かつ継続的な運動のことである。

　一方，カテゴリー別にみると，《職場の人間関係》《労働条件・労働環境》は「無」の記述数が多い傾向にあり，《結婚・出産・育児・介護》は「有」の記述数が少ない傾向がみられた。これは，「無」では労組がないことが影響して，「有」と比較して職場の人間関係や労働条件・労働環境に関する配慮が十分ではないため，辞めたいと思った理由に多くあがった可能性がある。その反面，「有」は組織率が高く，労組が機能している場合，それにより労働条件・労働環境や職員同士の人間関係が良好である結果，「無」で多く出た意見を特筆すべき事項と捉えていないため，記述数が少ないと考えられる。加えて，《結婚・出産・育児・介護》で「有」の記述数が少ない傾向にあるのは，労組の活動を通して産休・育休などを取得しやすい状況にあるからといえる。コードの内容をみると，労組の有無でそれほど差異がみられなかった。雇用形態別では，「正規」の記述がほとんどだったため比較が難しいが，「非正規」は《労働条件・労働環境》で出た意見のように，収入が不安定であることや「正規」との待遇面の格差が，辞めたいと思うことにつながっていた。

　関連職種との比較では，調査項目や選択肢が異なるが，施設は仕事を辞めたいと思ったことがある職員の割合（約6割）が看護職（仕事を辞めたいと「いつも思う」「ときどき思う」の合計74.9％）（日本医労連 2017）より低く，保育職（「今の職場で今の仕事を続けたい」49.9％，「迷っている」24.9％，「仕事はやめたい」5.7％）（箕輪 2018c）より高い傾向にある。これは，看護職が患者の生命に直結する現場で働いていることや，施設と同様に夜勤を含む変則勤務があることが影響したと考えられる。一方，保育職は施設と同様に子どもをケアする仕事だが，通所施設で日勤が基本であることが影響した可能性がある。

　施設における先行研究との比較では，日本児童問題調査会（1992）において「これまで職場を辞めたいと思ったこと」がある職員が8割近くいたことや，藤田（2011）において「辞めたいと思ったこと」があったと回答した「勤続職員」が約7割であったことと比較すると，本調査では辞めたいと思ったことがある職員

の割合がやや低い傾向がみられた。これは，前者の調査が約30年前のもので当時の労働環境が影響しており，後者の調査は愛知県と岐阜県の労組がない施設が調査対象であることが影響したと考えられる。

（2）辞めたいと思った時に支えになったもの
1）アンケート調査からみた辞めたいと思った時に支えになったもの

〈これまでに仕事をやめたいと思ったこと〉が「ある」と回答した者のうち，〈辞めたいと思った時に支え（ふみとどまるきっかけ）になったもの〉（表7-3）の自由記述数は284で，労組の有無別の記述数の内訳は「有」が99，「無」が185であった。自由記述をコード化・カテゴリー化したところ，13のカテゴリーとそれを構成する114のコードに分類された。

カテゴリー別にみると，《周りの支え》の記述数が97（有39，無58）と最も多く，18のコードが抽出された。労組の有無別にみると，「無」の記述数が多い傾向にある。ここでは，【同僚や上司の理解と協力】【理事長との面談で踏み留まった】【チームでの話し合い】【働き方を職場と相談できた】【施設長が仲裁に入ってくれた】など，職場の同僚・上司の理解・協力に関するものが多い。加えて，【親に相談した】【家族の支えと担当児童のため】【卒園児の言葉】などのように，家族や施設の子ども・退所者の存在も支えになっていた。

《子どもとの関係》は記述数が50（有17，無33）と2番目に多く，12のコードに集約された。労組の有無別では，「無」の記述数がやや多い傾向にある。内容をみると，【子どもの成長を見守りたいから】【子どもとのかかわりの中で得られる充実感】【子どもとの関係で良い結果を感じたとき】などのように，施設の子どもとの関係が支えになっていることが浮かび上がった。その一方で，【辞めたら自分は楽だが子どもの助けにはならない】【子どもは施設から離れることができないから】のように，子どものことを考えて踏み留まっていることや，【虐待している人をそのままにして辞めるのは嫌だから】のように，子どもに人権侵害をしている職員を放置しては子どもを守ることができないため，そのことが歯止めになっている場合もあった。

《経済的理由》は記述数が32（有6，無26）で，7つのコードに分類された。労組の有無別にみると，「無」の記述数が多い傾向にある。具体的には，【生活のため】【自分が生計を立てていくため】【奨学金を返済するため】などの経済的理由の一方で，【ボーナスがあるから】のように安定した労働条件があることも支え

第7章 退職を考えた時に支えになった要因

表7-3 辞めたいと思った時に支えになったもの（アンケート調査）

カテゴリー	コード
周りの支え	・同僚や上司の理解と協力 ・親に相談した ・家族の支えと担当児童のため ・卒園児の言葉 ・占いや友人の助言 ・職場の人間関係 ・理事長との面談で踏み留まった ・他の職員に評価された ・施設長のアドバイス ・上司が結婚・出産しても働ける体制にすると言ってくれた ・周りの説得 ・チームでの話し合い ・働き方を職場と相談できた ・思いを理解して支えてくれる仲間がいたから ・施設長が仲裁に入ってくれた ・上司より先に辞めるのは失礼だと感じた ・別の施設に理解してくれる人がいた ・職員や児童から必要とされている実感が支えになった
子どもとの関係	・子どもが必要と感じてくれていると思うから ・子どもの成長を見守りたいから ・子どもの笑顔 ・子どもとのかかわりの中で得られる充実感 ・支援している子どもを置いて辞めることはできない ・辞めたら自分は楽だが子どもの助けにはならない ・虐待している人をそのままにして辞めるのは嫌だから ・子どもに心の器を大きくしてもらえると考えた ・子どもとの関係で良い結果を感じたとき ・子どもの今後を考えて ・子どもは施設から離れることができないから ・やさしい言葉をかけてくれた子どもがいたから
経済的理由	・生活のため ・家のローンや家族がいるため ・経済的理由 ・自分が生計を立てていくため ・ボーナスがあるから ・奨学金を返済するため ・経済的に不安定になりたくない
転職が困難	・次の仕事がない ・年齢的なもの ・公務員試験に落ち，諦めざるをえなかった ・転職するエネルギーが出ないほど疲れきっていた ・他の環境に入る根性がないから ・人間関係の問題は他に移っても同じことが起こるから ・思いはあっても行動していなかった ・つぶしがきかない職種だから ・辞める方が大変だから ・働きながら資格を取ることができないから
使命感	・どうにかしたいと思った ・自分がいた意味を残したいと思った ・施設の軌道修正が任務と考えたため ・自分がやるしかない状況だったから ・自分を拾ってくれた恩と子どもたちへの責任 ・施設の対応に納得がいかず，なぜそうなったか見極めたかった ・人任せでよいのかと考えたから ・元々，施設に興味があったため ・自分が達成し，尽力したいことがあったから ・自分のプライド

仕事のやりがい	・根性 ・理想に少しでも近づけたいと思ったから ・夢のためには辞めるわけにはいかなかった ・自分にしかできないことがあると気づいたから ・子どもへの支援を諦めたくなかったが、それだけではもたない ・仕事にやりがいを感じているから ・他の仕事よりも適していると思うから ・天職と思っているから ・好きな仕事のため ・この仕事を選んでしているため
環境の変化と職場の配慮	・環境が変わり、ストレスが減ったため ・寮長の勤務形態の変更 ・看護の必要がなくなったため ・日勤中心のポストへの異動 ・レスパイトを設けてリセットした ・職場の配慮があった ・労働時間などの融通が利くため ・施設長や体制が変わったため ・非常勤から常勤になれたため
途中で投げ出したくない	・まだやらなくてはいけない仕事がある ・ここで辞めたら後悔すると思ったため ・中途半端で投げ出したくなかったから ・ここで辞めたら何も仕事が続かないと思った ・今ある問題から逃げ出すように思った
他の職員の頑張り	・自分だけが大変ではないから ・周囲が頑張っているから ・苦労している同僚を放っておけない
辞めても解決しない	・辞めても人間関係はどこに行っても変わらないため ・辞めたら何も残らないから ・辞めても解決すると思えなかった
自己研鑽	・研修で他の方の話を聴いたり、本を読んだりした ・情報収集や自己研鑽 ・研修や人との出会い、知識・手段の獲得
一度辞めた	・介護との両立が困難で一度離職した ・一度辞めて他の施設で働いた ・若かったので勝手な理由で退職し、数年後に再就職できた
その他	・勢いで辞めるほど冷静さを失っていない ・特にない ・なんとなく ・考えるのを辞めた ・次の日には忘れてしまう ・考慮中 ・先祖の存在 ・もらえるだけいいと思う ・警察から子どもについて褒められたとき ・プライベートより仕事優先だから ・この仕事をやりたいと思って就職したことを思い出す ・自分で切り替えることができた ・一度は我慢しようと思った ・辞めたいというよりも保育園などへの転勤 ・辞めたい気持ちは変わっていない ・理事長から先人たちが築いてきた話を聞いたから ・今後への希望 ・勤務先が変わることが決まっていたから ・普通に会話できる瞬間があるから ・辞めるよりも続けたいと思う気持ち ・子どもが小さかったから

出所：筆者作成。

になっていた。

　《転職が困難》は記述数が24（有9，無15）で，10のコードが抽出された。ここでは，【次の仕事がない】【公務員試験に落ち，諦めざるをえなかった】【つぶしがきかない職種だから】などの諦めに近い意見に加えて，【他の環境に入る根性がないから】【辞める方が大変だから】など，転職するのにもエネルギーがいるため，それも難しいという記述もあった。

　《使命感》は記述数が15（有7，無8）で，同じく15のコードで構成された。内容をみると，【自分がいた意味を残したいと思った】【施設の軌道修正が任務と考えたため】【自分を拾ってくれた恩と子どもたちへの責任】【人任せでよいのかと考えたから】【自分のプライド】などの使命感や信念に加えて，【自分が達成し，尽力したいことがあったから】【夢のためには辞めるわけにはいかなかった】などのように，達成したいことや夢があることも支えになっていた。

　《仕事のやりがい》は記述数が13（有5，無8）で，5つのコードに集約された。ここでは，【仕事にやりがいを感じているから】【天職と思っているから】【好きな仕事のため】など，施設の仕事が好きでやりがいを感じている様子が窺えた。

　《環境の変化と職場の配慮》は記述数が9（有2，無7）で，同じく9つのコードに分類された。具体的には，【環境が変わり，ストレスが減ったため】【日勤中心のポストへの異動】【職場の配慮があった】【施設長や体制が変わったため】などの職場環境の変化や勤務面の配慮に加えて，【非常勤から常勤になれたため】のように雇用形態の改善も支えになっていた。

　《途中で投げ出したくない》は記述数が7（有0，無7）で，5つのコードで構成された。ここは「無」のみの記述で，【まだやらなくてはいけない仕事がある】【中途半端で投げ出したくなかったから】【今ある問題から逃げ出すように思った】など，前述した《使命感》に近い内容がみられた。

　《他の職員の頑張り》は記述数が4（有0，無4）で，3つのコードが抽出された。ここも「無」のみの記述で，【自分だけが大変ではないから】【周囲が頑張っているから】【苦労している同僚を放っておけない】のように，同僚・上司の頑張りが支えとなっていた。

　《辞めても解決しない》は記述数が4（有1，無3）で，3つのコードが抽出された。内容をみると，【辞めても人間関係はどこに行っても変わらないため】【辞めたら何も残らないから】【辞めても解決すると思えなかった】のように，辞めたとしても何も変わらないことや，同じ問題に直面することを考えて踏み留ま

ていた。

《自己研鑽》は記述数が3（有2，無1）で，同じく3つのコードに分類された。具体的には，【研修で他の方の話を聴いたり，本を読んだりした】【情報収集や自己研鑽】【研修や人との出会い，知識・手段の獲得】のように，研修に参加して知識を得たり，人と出会ったり，読書をしたりすることも，仕事を続けていく上での支えになっていた。

《一度辞めた》は記述数が3（有0，無3）で，同じく3つのコードで構成された。ここは「無」のみの記述で，【介護との両立が困難で一度離職した】に加えて，【一度辞めて他の施設で働いた】【若かったので勝手な理由で退職し，数年後に再就職できた】のように，一度辞めて勤務先を客観的にみたうえで相対化し，再就職した経験が活かされている様子も窺えた。

《その他》は記述数が23（有11，無12）で，21のコードが抽出された。ここは他のカテゴリーに分類できないこともあり，【特にない】【考えるのを辞めた】【考慮中】【この仕事をやりたいと思って就職したことを思い出す】【一度は我慢しようと思った】【辞めたい気持ちは変わっていない】【理事長から先人たちが築いてきた話を聞いたから】【辞めるよりも続けたいと思う気持ち】など，幅広い内容がみられた。このうち，【理事長から先人たちが築いてきた話を聞いたから】という意見は，伝え方に工夫は必要だが，他の施設においてもすぐに実践できることである。

ここまでみてきたように，職員が辞めたいと思った時に支えになったものは，主に職場の同僚・上司の理解・協力や，施設の子どもとの関係であることが明らかとなった。さらに，経済的理由や使命感，職場における勤務面の配慮なども重要であることも改めて浮かび上がった。そのほか，転職が困難であるため，踏み留まっている職員も一定数みられた。これらのうち，同僚・上司の理解・協力は，前述したソーシャルサポートといわれるもので，それがあることによって職員が気兼ねなく意見を述べることができ，自分らしくいられる「心理的安全性」(Edmondson 2019＝2021)につながるといえる。

この点については，安部ら（2013）においても，職員が働き続ける上で職員同士の人間関係が良好であることの重要性が明らかになっており，それがケアの質の向上や子どもの育ちにも良い影響を与えることになる。また，職員との関係に加えて，施設の子どもの成長が支えになっていることについても，藤田（2011）や座安（2020）とも共通していた。したがって，職員が安心して働き続けるため

には，特に職員同士の関係づくりが重要で，そのためにも民主的な施設運営が必要といえる。

他方で，カテゴリー別にみると，《周りの支え》《子どもとの関係》《経済的理由》は「無」の記述数が多い傾向にある一方，《途中で投げ出したくない》《他の職員の頑張り》《一度辞めた》は「有」の記述がなかった。このうち，《周りの支え》《子どもとの関係》で「無」の記述数が多い傾向にある背景は一概にはいえないが，前述した仕事を辞めたいと思った理由と同様に，「有」の職員は労組の活動が影響して，それを特筆すべき事項と捉えていない可能性がある。コードの内容をみると，労組の有無別ではそれほど差異がみられず，雇用形態別では「正規」がほとんどだが，「正規」と「非正規」に差異はあまりみられなかった。

２）インタビュー調査からみた辞めたいと思った出来事と支えになったこと

次に，インタビュー調査の〈辞めたいと思った出来事とそのときに支えになったこと〉（表７-４）には，40（有23，無17）の意見があり，４つのカテゴリーとそれを構成する32のコードに分類された。カテゴリー別にみると，《職員関係と組織》（計22：有14，無８）は，17のコードで構成された。労組の有無別では，「有」の意見がやや多い傾向にある。職階別にみると，「初任」（計４：有４，無０）は，「有」から出た【ホーム内外の職員が気にかけてくれる】【職員同士の支えがある】【勤務も手厚くしてくれたり，話を聞いてくれたりした】【以前いた施設で職員同士がうまくいっておらず，悩んだときに他のホームの職員や施設長・主任に話を聞いてもらえた】のように，職員同士のサポート体制が支えになっていた。

「中堅」（計12：有７，無５）は，「有」から「初任」と同じく話を聞いてくれたり，職員の同士の支えがあったりすることに加えて，【うまくいかないこともあったが，家庭引き取りのケースで自分にもできることがあると思うようになった】のように，保護者とのかかわりを通して前向きになったことや，【子どものことで辞める職員はほとんどいない】【価値観やケースワークの進め方の違いで，自分がやってきたことを否定されたら辞めたい気持ちになる】のように，職員同士の関係性や価値観の違いが退職理由として大きいことも浮かび上がった。

「無」からは，【施設全体としてみたときにチームが思っているようなものが得られないとき】【運営側とのやりとりで他の人が疲弊しているのをみて憤りを感じて動いたが続かず，とりあえず１年という形で働いている】のように，施設運営のあり方への疑問や憤りもみられた。一方，【自分の考えを否定されず，やりたいことをやっていいと言われたおかげで，自分で考えながらやってこられた】

表7-4 辞めたいと思った出来事とそのときに支えになったこと（インタビュー調査）

カテゴリー	コード
職員関係と組織	・ホーム内外の職員が気にかけてくれる ・職員同士の支えがある ・勤務も手厚くしてくれたり，話を聞いてくれたりした ・以前いた施設で職員同士がうまくいっておらず，悩んだときに他のホームの職員や施設長・主任に話を聞いてもらえた ・うまくいかないこともあったが，家庭引き取りのケースで自分にもできることがあると思うようになった ・子どものことで辞める職員はほとんどいない ・価値観やケースワークの進め方の違いで，自分がやってきたことを否定されたら辞めたい気持ちになる ・施設全体としてみたときにチームが思っているようなものが得られないとき ・運営側とのやりとりで他の人が疲弊しているのをみて憤りを感じて動いたが続かず，とりあえず1年という形で働いている ・仲間の存在が支えだが，辞めてしまって葛藤している ・自分の考えを否定されず，やりたいことをやっていいと言われたおかげで，自分で考えながらやってこられた ・家族が病気で入院したときに，他の職員がサポートしてくれて多く休みを取れた ・発達障害で問題のあった子どもを施設長が勝手に措置変更してしまったこと ・子どもに起きることを子どものせいにするのはどうなのか ・一つ目に勤務した施設は同族経営で子どもへの人権侵害があり，施設長にならないと子どもを守れないと腹を括った ・担当の子どもが問題ばかりで当時の施設長から向いていないと言われたが，主任に相談して励まされた ・事務の仕事は施設を客観的にみることができるものだった
辞めたいと思ったことがない	・辞めたいと思うような決定的な出来事はない ・しんどいと思うが，辞めたいと思ったことはない ・泊まりのときになかなか寝られないため，行きたくないことはあった ・辞めたいと思ったことはないが，逃げ道として辞めたい気持ちはどこかにある ・辞めたいと思ったことがないのは，周りの支えがあったから ・ここ10年はないが，公立施設のときに集団的な指導を目の当たりにして変えたいと思った ・施設長になってから辞めたくなったことはない
子どもとの関係	・新しい人に対する子どもの反応はさまざまで，今でもトラブルがあるときつい ・担当してきた子どもとのつながりを断ちたくない ・当時は荒れていた子どもが多く，辞めようと思ったが，先輩や他施設の職員の言葉で踏み留まった
その他	・自分のできなさを実感して地元に帰りたくなることはある ・友達・家族・同僚が支えで，同期はお互いに高め合える ・みんな支えがないから辞めてしまう ・自分の身体が壊れたとき ・一度辞めて戻ったことが自分の強み

出所：筆者作成。

や,【家族が病気で入院したときに,他の職員がサポートしてくれて多く休みを取れた】のように,肯定してもらえる職場の風土や家族が大変なときに他の職員が支えてくれたりする職員同士のサポートがあることに対する感謝もみられた。さらに,【仲間の存在が支えだが,辞めてしまって葛藤している】のように,信頼できる職員が辞めて葛藤を抱えていた。

「管理職」(計6:有3,無3)は,「有」から【発達障害で問題のあった子どもを施設長が勝手に措置変更してしまったこと】【子どもに起きることを子どものせいにするのはどうなのか】【一つ目に勤務した施設は同族経営で子どもへの人権侵害があり,施設長にならないと子どもを守れないと腹を括った】のように,以前勤務していた施設の問題を踏まえて,施設長になる決意をしたという意見があった。「無」からは,「初任」「中堅」と同じく職場の仲間が支えだという意見や,【担当の子どもが問題ばかりで当時の施設長から向いていないと言われたが,主任に相談して励まされた】という語りの一方で,【事務の仕事は施設を客観的にみることができるものだった】のように,法人内で事務職に異動したことが視野を広げる契機になったという意見もみられた。

《辞めたいと思ったことがない》(計10:有5,無5)は,7つのコードが抽出された。まず,「初任」(計4:有1,無3)は,「有」から出た【辞めたいと思うような決定的な出来事はない】や,「無」から出た【しんどいと思うが,辞めたいと思ったことはない】という意見の一方で,同じく「無」から出た【泊まりのときになかなか寝られないため,行きたくないことはあった】【辞めたいと思ったことはないが,逃げ道として辞めたい気持ちはどこかにある】のように,不規則勤務の影響で行きたくないと思ったことがあったり,子どもとぶつかったりしたときなどに辞めたいと思ったことがあるという複雑な心境も語られた。

「中堅」(計2:有1,無1)は,「有」から「初任」と同じく辞めたいと思ったことはないという意見があり,「無」からは【辞めたいと思ったことがないのは,周りの支えがあったから】という職員同士のサポートに関する指摘があった。「管理職」(計4:有3,無1)は,「有」から「中堅」と同じく辞めたいと思ったことがないという意見に加えて,【ここ10年はないが,公立施設のときに集団的な指導を目の当たりにして変えたいと思った】のように,民営化される前の状況を踏まえて改善したいと思うに至ったという語りの一方で,「無」からは【施設長になってから辞めたくなったことはない】という意見も出た。

《子どもとの関係》(計3:有2,無1)は,3つのコードに分類された。まず,

「初任」（計1：有1，無0）は，「有」から【新しい人に対する子どもの反応はさまざまで，今でもトラブルがあるときつい】という新人ならではの苦労が語られた。「中堅」（計1：有1，無0）は，「有」から出た【担当してきた子どもとのつながりを断ちたくない】のように，子どもとの関係が支えになっていた。「管理職」（計1：有0，無1）は，「無」から出た【当時は荒れていた子どもが多く，辞めようと思ったが，先輩や他施設の職員の言葉で踏み留まった】のように，子どもが荒れていた状況の中で，施設内外の人間関係のおかげで続けようと思ったという意見もみられた。

《その他》（計5：有2，無3）は，5つのコードで構成された。まず，「初任」（計2：有1，無1）は，「有」から出た【自分のできなさを実感して地元に帰りたくなることはある】のように，自分の力不足を感じたことに加えて，「無」からは【友達・家族・同僚が支えで，同期はお互いに高め合える】という意見もあった。「中堅」（計1：有1，無0）は，「有」から【みんな支えがないから辞めてしまう】という意見があり，「管理職」（計2：有0，無2）は，「無」から【自分の身体が壊れたとき】に加えて，【一度辞めて戻ったことが自分の強み】のように，一度退職して戻ったことで勤務先の良さが実感できたという意見もあった。

ここでは，《職員関係と組織》の意見数が最も多く，職員が上司・同僚に支えられていることが明らかとなった。その一方で，職員との関係が働き続ける意欲につながる場合もあれば，逆に作用する場合もあることも浮かび上がった。これは，職場に労組があったり，民主的な職場の風土があったりするかどうかによっても異なるが，子どもをケアする仕事は答えがないことや，生活の場であるため職員同士の価値観がぶつかりやすいことも影響していると考えられる。ただし，大変なことがありながらも，《辞めたいと思ったことがない》という意見も一定数みられた。これは，前述したアンケート調査の自由記述で出た《使命感》の強さも影響しているといえる。

カテゴリー別にみると，《職員関係と組織》は「有」と「中堅」の意見数がやや多い傾向にある。このうち，前者については労組の活動が影響して，日常的に職場の仲間と支え合える関係性があることが影響した可能性があり，後者についてはその立場が影響したと考えられる。

第7章　退職を考えた時に支えになった要因

2　長く続けられている理由

(1) アンケート調査からみた長く続けられている理由

　アンケート調査の〈勤続年数〉で「9〜12年」以上と回答した者のうち，〈施設の仕事を長く続けられている理由〉（表7-5）の自由記述数は158で，労組の有無別の内訳は「有」が57，「無」が101である。これらの自由記述をコード化・カテゴリー化したところ，10のカテゴリーとそれを構成する79のコードに分類された。

　カテゴリー別にみると，《子どもとの関係》は記述数が37（有16，無21）と最も多く，11のコードが抽出された。ここでは，【子どもの成長や言葉に励まされる】【子どもの日々の笑顔】【子どもたちが好きだから】など子どもたちとのかかわりに加えて，【卒園した子どもの頑張っている姿】【卒園生からの感謝の気持ち】のように，退所した子どもの存在も仕事を長く続けられている理由であることが明らかとなった。

　《職場の人間関係》は記述数が33（有11，無22）と2番目に多く，8つのコードで構成された。具体的には，【チームワークが良い】【上司から理解してもらえている】【同僚に悩みを聞いてもらえる】【管理職が子育てしながら働くことを理解してくれている】など，同僚・上司との関係が良好であることや，上司が理解してくれることに関する意見がみられた。

　《労働条件・労働環境》は記述数が24（有3，無21）で，14のコードに集約された。労組の有無別では「有」の記述数が少なく，「無」の記述数が多い傾向がみられた。内容をみると，【気軽に相談できる雰囲気と体制がある】【自由に仕事をやらせてもらっている】【職場環境と給与が良い】【個人が責められない職場の雰囲気】【意見が言え，フォローしてもらえる】【有休が取得でき，役割が与えられている】など，長く続けられている理由として民主的な施設運営や職場環境が良好であることが指摘された。加えて，【1年間休みをもらえて復帰できるよう配慮してもらえたから】【パートだから続けられた】のように，「非正規」だからこそ休みがもらえたり，短時間勤務であったりするなどの配慮がされていることが仕事を長く続けられることにつながっていた。

　《心構え》は記述数が20（有7，無13）で，16のコードが抽出された。ここでは，【自己研鑽と向上心】【一人で抱え込まない】【覚悟】【目標を持ってやること】【広

表7-5 長く続けられている理由（アンケート調査）

カテゴリー	コード
子どもとの関係	・子どもの成長や言葉に励まされる ・子どもの日々の笑顔 ・子どもへの思い ・子どもと一緒に何かをすることが楽しい ・子どもたちが自分のことをよくわかってくれる ・子どもたちとの人間関係 ・子どもたちが好きだから ・卒園した子どもの頑張っている姿 ・卒園生からの感謝の気持ち ・子どもに関わる仕事がしたいという思い ・担当した子どもを少しでも長くみていきたいから
職場の人間関係	・チームワークが良い ・職場内や他施設の職員との良好な人間関係 ・上司から理解してもらえている ・同僚に悩みを聞いてもらえる ・相談しやすい人間関係と雰囲気 ・上司や仲間から認められているという実感がある ・管理職が子育てしながら働くことを理解してくれている ・仲間との励まし合い
労働条件・労働環境	・気軽に相談できる雰囲気と体制がある ・施設長や現場の職員に任せてくれる ・職場の雰囲気が良好 ・自由に仕事をやらせてもらっている ・子どもも職員も大切にされる実感が持てる施設の雰囲気 ・居場所と感じられているから ・仕事量のバランス配分と職員の年齢層の幅の広さ ・職場環境と給与が良い ・ボーナスがもらえて希望休が取れるから ・個人が責められない職場の雰囲気 ・1年間休みをもらえて復帰できるよう配慮してもらえたから ・パートだから続けられた ・意見が言え，フォローしてもらえる ・有休が取得でき，役割が与えられている
心構え	・自己研鑽と向上心 ・辞めることを前提に何かを考えたことがない ・一人で抱え込まない ・覚悟 ・よく話をする ・目標を持ってやること ・程々に働くこと ・やりがいを糧にする ・休日にリフレッシュする ・力の出し入れの感覚を掴み，仕事とプライベートをしっかり分ける ・仕事とプライベートを区別しないこと

	・ストレス解消を心掛ける ・同じポジションに長くいない ・趣味を持つ ・広く学び合いや活動の場にかかわっているから ・できない自分を責めず，人と比べない
仕事のやりがい	・やりがいを感じられるから ・毎日が勉強でやりがいがある ・自分の持っている技能を活かせる ・自分がやるべきこと，やりたいことを見出している ・これ以上やりがいのある仕事はない ・楽しいから ・この仕事が好きだから ・児童や職員から必要とされている実感が支えになる
性　格	・嫌なことを引きずらない ・楽観的 ・前向きにいこうと心掛けているから ・他人と比べてストレスの度合いが低い ・溜め込まない ・忍耐力がある ・自分の性格に合っている ・切り替え上手
家族の協力	・家族の協力と理解 ・余暇の充実や家族の支え
生活のため	・経済的に働かなければならなかった ・生活のためと意地で続けている
施設への思い	・施設への愛着 ・利用者と職員にとって良い生活環境・職場にしたいという思い ・子どもたちや日本の児童養護を良くしたいという気持ち
その他	・退職するきっかけがなかった ・長年にわたっての習慣 ・目的を果たしていないため ・子どもの問題行動に追われ，気づいたら40年が経っていた ・惰性で続けている ・自分の成長のため ・料理の技術向上や子どもたちにおいしい食事を提供するため

出所：筆者作成。

く学び合いや活動の場にかかわっているから】などのように，自ら学び高めたり，抱え込まないようにしたり，覚悟を持ったりしながら仕事を長く続けられるように工夫していた。さらに，【休日にリフレッシュする】【趣味を持つ】のように，プライベートを充実させることや，部下を育成するために【同じポジションに長くいない】ようにしているという意見もあった。

《仕事のやりがい》は記述数が15（有9，無6）で，8つのコードに分類された。内容をみると，【やりがいを感じられるから】【これ以上やりがいのある仕事はない】【楽しいから】など，仕事が好きでやりがいを感じていることに加えて，【自分の持っている技能を活かせる】【児童や職員から必要とされている実感が支えになる】のように，自分の得意なことを活かせたり，子どもや職員から必要とされたりすることも，仕事を長く続けられる要因となっていた。

《性格》は記述数が8（有1，無7）で，同じく8つのコードで構成された。労組の有無別にみると，「有」は記述が1つのみであった。具体的には，【楽観的】【溜め込まない】【忍耐力がある】【切り替え上手】など，楽観的で溜め込まない性格が重要であることが指摘された。

《家族の協力》は記述数が6（有1，無5）で，【家族の協力と理解】【余暇の充実や家族の支え】という2つのコードが抽出された。このように，施設で働き続ける上で特に家族の理解と協力が欠かせない。

《生活のため》は記述数が4（有2，無2）で，【経済的に働かなければならなかった】【生活のためと意地で続けている】という2つのコードに集約された。ここで出た意見のように，職員は労働者であるため，施設の子どものためだけではなく，自らの生活のために仕事を続けざるを得ない事情もあるといえる。

《施設への思い》は記述数が4（有4，無0）で，【施設への愛着】【利用者と職員にとって良い生活環境・職場にしたい】【子どもたちや日本の児童養護を良くしたいという気持ち】の3つのコードに分類された。ここは「有」からの記述のみで，勤務先の施設への愛着に加えて，子どもたちのために施設業界全体を良くしたいという意見もみられた。

《その他》は記述数が7（有3，無4）で，同じく7つのコードで構成された。ここでは，【退職するきっかけがなかった】【子どもの問題行動に追われ，気づいたら40年が経っていた】【惰性で続けている】などのネガティブな意見の一方で，【自分の成長のため】【料理の技術向上や子どもたちにおいしい食事を提供するため】のように，ポジティブに仕事に向き合うことも長く続けられる理由としてあ

がっていた。
　ここでは，仕事を長く続けられている理由として，子どもや職員との関係に加えて，労働条件・労働環境が大きいことが明らかとなった。このうち，《労働条件・労働環境》の【個人が責められない職場の雰囲気】は，職員が安心して働き続ける上で特に重要なことである。施設では何か問題が起きたときに，担当職員の責任が問われることが少なくない。この場合，職員（特に若手）のモチベーションの低下や離職につながりかねないが，これがあれば職員が安心して働き続けることができる。
　カテゴリー別にみると，《労働条件・労働環境》は「有」の記述数が少なく，「無」の記述数が多い傾向がみられた。この理由として，「有」では労組の活動が影響して，「無」と比較して労働条件・労働環境が良いこともあり，それを特筆すべきこととして捉えていない可能性がある。また，《施設への思い》は「有」のみの記述であることに加えて，《性格》と《家族の協力》は「有」の記述が1つのみであった。このうち，後者の背景には，組合活動を通して個人の問題としてではなく，組織のあり方を考える風土があることが影響した可能性がある。一方，コードの内容は「有」「無」でそれほど差異はみられず，雇用形態別にみると「正規」の記述がほとんどであるため，「正規」と「非正規」の違いについては分析することができなかった。
　先行研究との比較では，藤田（2011）の「仕事を長く続けていくうえで最も大切なこと」で4割以上が職員自身の気持ちや意志が非常に大切だと回答していることや，職場環境で職場の人間関係とスーパーバイズ，チームワークや連携という記述が多くみられたことは，本項目の《職場の人間関係》《労働条件・労働環境》や《心構え》《施設への思い》の内容とも共通していた。ただし，藤田（2011）で明らかとなった職員自身の気持ちや意志，本項目で出てきた《心構え》《施設への思い》だけでは限界があるため，職員が長く働き続けるためには措置費・職員配置基準と労働条件・労働環境の改善が必要である。

（2）インタビュー調査からみた長く働き続けられる理由

　インタビュー調査の〈長く働き続けられる理由〉（表7-6）には，35（有17，無18）の意見があり，4つのカテゴリーとそれを構成する29のコードに分類された。なお，本項目は勤続年数の関係で，「中堅」と「管理職」のみを対象にした。
　カテゴリー別にみると，《職員との関係》（計12：有5，無7）は，7つのコード

表7-6 長く働き続けられる理由（インタビュー調査）

カテゴリー	コード
職員との関係	・周りの環境やチームワークの良さ ・仕事内外で職員と話ができる ・施設長の人柄が良く、こうなりたいと思う ・同じ思いでやっている仲間の存在 ・自分や仲間の特性を理解し、みんなでフォローする ・ベテランが若手を支えている ・大変なことをみんなで共有して話し合っている
仕事の魅力	・節目節目で新しい取り組みを入れている ・施設の立ち上げからやってきたから辞められない ・長く勤めていると子どもから返ってくるものがある ・自分たちで創り上げてきた施設に愛着があり、ほかでは適応できない ・退所した子どもとのつながり ・この仕事が好きだから ・子どもの人生に丸ごとかかわれる ・他の分野の仕事をしたが、自分には子どもが一番いいと思った ・他に合う仕事がなく、天職だと思っている
性　格	・抱え込むのではなく、適当になることも大切 ・思考がポジティブで、研修でもKPT法をやっている ・ネガティブだが長く続いている人もいる ・メンタルが強い
その他	・若い人たちが結婚・出産後も仕事を続けられるようにサポートする ・結果として働いている期間が長くなっている ・次に行くことが正解か、続ける中でやることを探した方がいいか揺れている ・関係が深まる分、辞めにくくなっている ・職場だけではなく、家族の理解がある ・その場を何とか凌ぎつつ今に至る ・外に出れば他業種の人と話す機会がある ・家庭を持っているため、簡単に辞めるわけにはいかない ・自分が辞めたら卒園した子どもたちの頼れる人がいなくなる

出所：筆者作成。

が抽出された。職階別にみると、「中堅」（計5：有2，無3）は、「有」から【周りの環境やチームワークの良さ】【仕事内外で職員と話ができる】という職員同士の関係の良さが、長く働き続けられる理由としてあがった。「無」からも「有」と同じく職員同士で話ができるという意見に加えて、【施設長の人柄が良く、こうなりたいと思う】【同じ思いでやっている仲間の存在】のように、上司の人柄や同僚の存在があげられた。「管理職」（計7：有3，無4）は、「有」から出た【自分や仲間の特性を理解し、みんなでフォローする】のように、職員同士がお互いの長所・短所を理解してフォローし合うことや、「無」から出た【ベテラン

が若手を支えている】【大変なことをみんなで共有して話し合っている】のように，職員同士で支え合ったり共有したりすることが，長く働き続ける上で重要といえる。

《仕事の魅力》(計10：有6，無4)は，9つのコードで構成された。まず，「中堅」(計6：有3，無3)は「有」から出た【節目節目で新しい取り組みを入れている】のようにマンネリ化しない工夫に加えて，【施設の立ち上げからやってきたから辞められない】という創設当初から勤務する施設への愛着や，【長く勤めていると子どもから返ってくるものがある】のように，長く働き続ける上で子どもとの関係も大きいことが改めて浮かび上がった。「無」からも，【自分たちで創り上げてきた施設に愛着があり，ほかでは適応できない】という施設への愛着や，【退所した子どもとのつながり】【この仕事が好きだから】という語りもあった。

「管理職」(計4：有3，無1)は，「有」から「中堅」と同じく子どもが好きだからという意見に加えて，【子どもの人生に丸ごとかかわれる】という施設の仕事ならではのやりがいや，【他の分野の仕事をしたが，自分には子どもが一番いいと思った】のように，複数の分野での職務経験を踏まえて，施設の仕事が向いていることを実感したという語りもみられた。一方，「無」からも【他に合う仕事がなく，天職だと思っている】という意見があった。

《性格》(計4：有2，無2)は，4つのコードに集約された。まず，「中堅」(計1：有0，無1)は，「無」から出た【抱え込むのではなく，適当になることも大切】のように，困難を抱えた子どもと向き合う仕事では，適度に受け流していかないと続かないといえる。「管理職」(計3：有2，無1)は，「有」から出た【思考がポジティブで，研修でもKPT法をやっている】のうち，KPT法とはKができたこと(Keep)，Pが課題(Program)，Tが何をするのか(Try)で，職員は毎日この方法で振り返りをしており，若手職員からはモチベーションが上がるという話が出ていることである。加えて，同じく「有」から出た【ネガティブだが長く続いている人もいる】のように，必ずしも前向きな性格だから続くというわけではないことや，「無」からは【メンタルが強い】という意見がみられた。

《その他》(計9：有4，無5)は，9つのコードに分類された。まず，「中堅」(計5：有4，無1)は，「有」から【若い人たちが結婚・出産後も仕事を続けられるようにサポートする】ため，日勤・早番を増やしたり，有休の取得を促したりするマネジメントが必要だという意見があった。同じく「有」から出た【結果として働いている期間が長くなっている】【次に行くことが正解か，続ける中でやる

ことを探した方がいいか揺れている】のように，結果的に長くなっているが日々揺れているという語りの一方で，【関係が深まる分，辞めにくくなっている】のように，子どもや職員同士の人間関係が長く働き続けられる要因になっていた。一方，「無」から出た【職場だけではなく，家族の理解がある】は，前述したアンケート調査の自由記述にもあったように，施設で仕事を長く続けていく上で家族の理解があることも大きいといえる。

「管理職」（計4：有0，無4）は，「無」から【その場を何とか凌ぎつつ今に至る】のように，日々の仕事を踏ん張りつつ現在に至っていることに加えて，【外に出れば他業種の人と話す機会がある】のように，外に出ることでリフレッシュしたり，人脈を築いて視野を広げたりすることも，長く働き続けられることにつながっていた。さらに，【家庭を持っているため，簡単に辞めるわけにはいかない】という自分と家族の生活を踏まえた現実的な意見や，【自分が辞めたら卒園した子どもたちの頼れる人がいなくなる】のように，退所した子どもとの関係が長く働き続けられる理由としてあがっていた。

ここでは，長く働き続けられる理由として，アンケート調査の同項目や〈辞めたいと思った出来事とそのときに支えになったこと〉，先行研究（藤田 2011；座安 2020）と同様に，職員同士の関係や施設の子どもとの関係が大きく影響していることが明らかとなった。一方，カテゴリー別にみると，労組の有無別及び職階別ともに意見数はほぼ同数で，コードの内容もそれほど差異はみられなかった。

3　辞めたいと思った時に何が支えとなったか

本章では，アンケート調査及びインタビュー調査から，職員が仕事を辞めたいと思った理由とその時に支えになったもの，長く続けられる理由について明らかにした。まず，アンケート調査の〈これまでに仕事をやめたいと思ったこと〉では，「ある」が約6割であった。ここでは，労組の有無別及び性別ではほとんど差異はみられなかったが，雇用形態別にみると「非正規」は「ある」が全体の割合を大幅に下回っていた。

また，辞めたいと思った理由の自由記述では，職場の人間関係や労働条件・労働環境，施設の子どもとの関係が大きいことが明らかとなった。さらに，民主的な施設運営の重要性や，仕事と家庭の両立に向けた手立てが必要であることも改めて浮かび上がった。カテゴリー別にみると，《職場の人間関係》《労働条件・労

働環境》は「無」の記述数が多い傾向にあり，《結婚・出産・育児・介護》は「有」の記述数が少ない傾向がみられた。これは，「無」では労組がないことが影響して，「有」と比較して職場の人間関係や労働条件・労働環境に関する配慮が十分ではないため，辞めたいと思った理由に多くあがった可能性がある。雇用形態別では，記述数は少ないが「非正規」は収入の不安定さや「正規」との待遇面の格差を実感していることが浮かび上がった。

　一方，アンケート調査の〈辞めたいと思ったときに支え（ふみとどまるきっかけ）になったもの〉の自由記述では，主に職場の同僚・上司の理解・協力や，施設の子どもとの関係が支えになっていることが明らかとなった。加えて，経済的理由や使命感，職場における勤務面の配慮なども重要であることが浮き彫りとなった。カテゴリー別にみると，《周りの支え》《子どもとの関係》《経済的理由》は「無」の記述数が多い傾向がみられた。この背景は一概にはいえないが，《経済的理由》以外は「有」では労組の活動により，「無」で多く出たような意見を特筆すべき事項と捉えていないことが影響したと考えられる。雇用形態別では，「正規」がほとんどであることや，コードの内容もそれほど差異はみられなかった。

　インタビュー調査の〈辞めたいと思った出来事とそのときに支えになったこと〉では，《職員関係と組織》の意見数が最も多く，アンケート調査と同じく職員が上司・同僚に支えられていることが明らかとなった。その反面，職員との関係が働き続ける意欲につながる場合もあれば，逆に作用する場合もあることも浮かび上がった。これは，労組や民主的な職場の風土があるかどうかによっても異なるが，施設の仕事の特性が影響していると考えられる。加えて，大変なことがありながらも《辞めたいと思ったことがない》という意見が一定数みられた背景には，アンケート調査の〈辞めたいと思った時に支え（ふみとどまるきっかけ）になったもの〉の自由記述で出た職員の《使命感》の強さも影響しているといえる。カテゴリー別にみると，《職員関係と組織》で「有」の意見数が多い傾向にあるのは，労組の活動が影響したといえる。

　他方で，アンケート調査の〈施設の仕事を長く続けられている理由〉の自由記述では，長く続けられている理由として，子どもや職員との関係に加えて，労働条件・労働環境が大きいことが明らかとなった。カテゴリー別にみると，《労働条件・労働環境》は「有」の記述数が少なく，「無」の記述数が多い傾向がみられた背景には，「有」では労組の活動が影響して「無」と比較して労働条件・労

働環境が良いため，それを特筆すべきこととして捉えていない可能性がある。また，インタビュー調査の〈長く働き続けられる理由〉では，アンケート調査の同項目や〈辞めたいと思った出来事とそのときに支えになったこと〉，先行研究（藤田 2011；座安 2020）と同様に，職員同士の関係や施設の子どもとの関係が大きく影響していることが明らかとなった。

　ここでみてきたように，職員が仕事を辞めたいと思った理由には，労働条件・労働環境の厳しさや，職員及び施設の子どもとの関係がある一方，そうした中で支えになったり，仕事を長く続けられたりしているのも，職員との関係や施設の子どもの存在であることが明らかとなった。このため，施設における労働条件・労働環境の改善や，職員集団づくりが特に重要であることも改めて浮かび上がった。

注
(1) ここでは，〈これまでに仕事をやめたいと思ったこと〉が「ない」と回答した1人が記入した本項目の自由記述についても，内容を踏まえて反映した（表7-3の《使命感》のカテゴリーに分類）。
(2) Edmondson（2019＝2021）は「心理的安全性」について「みんなが気兼ねなく意見を述べることができ，自分らしくいられる文化」と述べた上で，それがあればミスが迅速に報告されてすぐに修正が行われたり，グループや部署を超えた団結が可能になったり，斬新なアイデアが共有されたりするため，複雑かつ絶えず変化する環境で活動する組織において，心理的安全性は価値創造の源として絶対に欠かせないものだと指摘している。
(3) このうち，「3年未満」と回答した者の自由記述をみると，現在はパートだが，以前は2施設で20年勤務しているとのことだったため，そのまま反映した。

| 第8章 | 施設職員として働くことになった経緯と仕事のやりがい |

施設における職員の確保・育成については，前述した労働条件・労働環境の改善や辞めたいと思った時に何が支えになったかが重要だが，筆者はそれに加えて，職員が施設で働くことになった経緯や仕事で何にやりがいを感じているかを明らかにした上で，対策を検討する必要があると考える。しかし，関連する主な先行研究（伊藤 2007；85-87；藤田 2016；安部ら 2013；2014；赤間・稲富 2023）では，労働条件・労働環境や職員の意識に大きな影響を与える労組に関する分析がされていない。そこで，本章では，アンケート調査における施設職員として働くことになった経緯と仕事のやりがいに加えて，インタビュー調査における仕事のやりがいについて取り上げる。なお，本章のうち，第1節と第2節の（1）及び第3節は，堀場（2023a）を基に大幅に加筆修正したものである。

1　施設職員として働くことになった経緯

〈施設職員として働くことになった経緯〉（複数回答，表8-1）は，「子どもが好きだったから」（51.7%）の割合が最も高く，次いで「児童養護問題，施設に関心があったから」（38.2%），「福祉の仕事に興味があったから」（35.4%）の順となっている。「その他」（7.6%）の自由記述には，「調理することが好きだから」「子育ての為に就労する必要があったから」「仕事をさがしている時に友人の知人から，ぜひということで勧められた」「自分の得意なことが活かせるため」「人の役に立ちたかった」「栄養士の職に就きたかった為」などの記述があった。

労組の有無別・雇用形態別・性別では，すべて「子どもが好きだったから」の割合が最も高いが，「非正規」はその割合が低い。項目ごとにみると，「有」は「施設実習や施設のボランティアを経験して働きたいと思ったから」が全体の割合（30.4%）を上回る36.9%（無26.7%）で，「就職活動をしていてたまたま求人があったから」が全体の割合（16.1%）をやや下回る11.2%となっている（無18.9%）。

「非正規」は「子どもが好きだったから」「施設実習や施設のボランティアを経験して働きたいと思ったから」「生い立ちにきっかけがあったから」「福祉の仕事

表8-1 施設職員として働くことになった経緯（複数回答）

(%〔度数〕)

項　目	子どもが好きだったから	施設実習や施設のボランティアを経験して働きたいと思ったから	生い立ちにきっかけがあったから	福祉の仕事に興味があったから	就職活動をしていてたまたま求人があったから	家族・教員・友人などに勧められたから
	51.7 (292)	30.4 (172)	10.6 (60)	35.4 (200)	16.1 (91)	11.3 (64)
労組有	48.1 (99)	36.9 (76)	11.2 (23)	34.5 (71)	11.2 (23)	7.3 (15)
労組無	53.8 (193)	26.7 (96)	10.3 (37)	35.9 (129)	18.9 (68)	13.6 (49)
正規	54.0 (265)	33.0 (162)	11.4 (56)	36.7 (180)	15.7 (77)	10.2 (50)
非正規	38.1 (24)	14.3 (9)	4.8 (3)	30.2 (19)	22.2 (14)	22.2 (14)
無回答	27.3 (3)	9.1 (1)	9.1 (1)	9.1 (1)	0.0 (0)	0.0 (0)
男	55.7 (102)	26.8 (49)	12.0 (22)	36.1 (66)	14.2 (26)	12.0 (22)
女	50.7 (188)	33.2 (123)	10.2 (38)	35.8 (133)	17.5 (65)	11.1 (41)
無回答	18.2 (2)	0.0 (0)	0.0 (0)	9.1 (1)	0.0 (0)	9.1 (1)

項　目	児童養護問題，施設に関心があったから	自らの信仰心にもとづいて	その他	無回答	合　計
	38.2 (216)	1.1 (6)	7.6 (43)	1.8 (10)	100.0 (565)
労組有	40.8 (84)	1.9 (4)	8.7 (18)	1.0 (2)	100.0 (206)
労組無	36.8 (132)	0.6 (2)	7.0 (25)	2.2 (8)	100.0 (359)
正規	40.9 (201)	1.0 (5)	7.5 (37)	0.2 (1)	100.0 (491)
非正規	20.6 (13)	1.6 (1)	9.5 (6)	3.2 (2)	100.0 (63)
無回答	18.2 (2)			63.6 (7)	100.0 (11)
男	32.2 (59)	1.6 (3)	8.2 (15)	0.0 (0)	100.0 (183)
女	42.0 (156)	0.5 (2)	7.5 (28)	0.8 (3)	100.0 (371)
無回答	9.1 (1)	9.1 (1)	0.0 (0)	63.6 (7)	100.0 (11)

出所：筆者作成。

に興味があったから」「児童養護問題，施設に関心があったから」が全体の割合を下回っている。同じく「非正規」は，「就職活動をしていてたまたま求人があったから」（正規15.7％，非正規22.2％）と「家族・教員・友人などに勧められたから」（正規10.2％，非正規22.2％）が全体の割合（前者16.1％，後者11.3％）を上回っていた。一方，「男」は「児童養護問題，施設に関心があったから」が全体の割合（38.2％）を下回る32.2％となっている（女42.0％）。

　ここでは当然だが，「子どもが好きだったから」と回答した者の割合が最も高い。労組の有無別にみると，「有」で「施設実習や施設のボランティアを経験し

て働きたいと思ったから」の割合が高い傾向がみられたのは，実習やボランティアをした学生が働きたいと思える職場環境があることや，職員採用においても現場の意向を反映するしくみがあることが影響したと考えられる。性別では「児童養護問題，施設に関心があったから」以外はそれほど差異はみられなかったが，雇用形態別にみて「非正規」で多くの項目の割合が低い傾向にあるのは，現場職員以外の職種が約半数（31人）を占めていることや，雇用形態が影響して「正規」と仕事に対する意識が異なるからといえる。

　一方，先行研究との比較では，調査方法や項目が異なるものの，藤田（2016）と本調査の「施設実習や施設のボランティアを経験して働きたいと思ったから」の項目との共通点がみられた。また，赤間・稲富（2023）においても，施設に就職する際に最も重視したこととして，仕事のやりがい，子ども，職場の雰囲気，仕事の内容の4つが多く，就職した動機の自由記述で子どもに関わる仕事であること，大学での学び・興味，実習での楽しかった経験，職場の雰囲気などが多かったことと一部共通していた。このことからも，施設実習は学生が職業選択をする上で，いかに重要であるかがわかる。しかし，現状では特に保育士資格取得のための施設実習では，体系的なプログラムを組んでいる施設は多くないと推測されるため，その点が課題といえる。

　さらに，介護職（介護労働安定センター 2021）との比較では，項目や選択肢が異なるため単純には比較できないが，現在の仕事を選んだ理由（複数回答）の5番目に多い「お年寄りが好きだから」（23.6％）という項目は，本研究の「子どもが好きだったから」と比較して順位が低い。これは，対象とする利用者の違いが大きく影響したと考えられる。

2　仕事のやりがい

(1) アンケート調査からみた仕事のやりがい

　アンケート調査における〈仕事のやりがい〉（表8-2）は，「やりがいを感じる」（94.7％）と回答した者の割合が顕著に高い。労組の有無別・雇用形態別・性別では，それぞれ「やりがいを感じる」が90％台で差異はほとんどみられなかったが，「非正規」は「やりがいを感じる」が全体の割合（94.7％）をやや下回る90.5％であった（正規96.7％）。

　「やりがいを感じる」場合の内容（複数回答，表8-3）は，「子どもの成長が感

第Ⅲ部　施設職員の健康状態と人間関係

表8-2　仕事のやりがい

(%〔度数〕)

項　目	やりがいを感じる 94.7 (535)	やりがいを感じない 2.7 (15)	無回答 2.7 (15)	合　計 100.0 (565)
労組有	95.1 (196)	3.4 (7)	1.5 (3)	100.0 (206)
労組無	94.4 (339)	2.2 (8)	3.3 (12)	100.0 (359)
正　規	96.7 (475)	2.6 (13)	0.6 (3)	100.0 (491)
非正規	90.5 (57)	3.2 (2)	6.3 (4)	100.0 (63)
無回答	27.3 (3)	0.0 (0)	72.7 (8)	100.0 (11)
男	96.2 (176)	2.7 (5)	1.1 (2)	100.0 (183)
女	95.7 (355)	2.7 (10)	1.6 (6)	100.0 (371)
無回答	36.4 (4)	0.0 (0)	63.6 (7)	100.0 (11)

出所：筆者作成。

じられたとき」(80.9%)の割合が最も高く,次いで「子どもと心がかよい合い,信頼関係が築けたとき」(71.4%),「職場の仲間とわかりあえたとき」(46.7%)の順となっている。「その他」(10.1%)の自由記述には,「子どもが無事に家庭復帰できた時」「職員が育ってくれたと感じた時」「子供達の喜ぶ顔を見た時」「仕事が完遂できたとき」「同僚と同じ方針で,子どもの支援にあたり,子どもに変化があらわれた時。チーム支援がうまくいった時」「子どもや職員に必要とされたとき」「作ったものをおいしいと言ってもらえた時」「他施設職員と連携できるとき」などの記述があった。

　労組の有無別・雇用形態別・性別では,すべて「子どもの成長が感じられたとき」の割合が最も高い。項目ごとにみると,「有」は「その他」が全体の割合(10.1%)を上回る16.8%(無6.2%)であることに加えて,「子どもの成長が感じられたとき」が全体の割合(80.9%)をやや下回る76.0%(無83.8%)であったこと以外は,差異はほとんどみられなかった。「非正規」は,「子どもの緊急事態に対処できたとき」「職場の仲間とわかりあえたとき」「その他」が全体の割合と比較して若干低いことに加えて,それ以外のすべての項目が全体の割合を大きく下回っている。「男」は「地域の専門職,関係機関との連携がうまくいったとき」「卒園生が近況を報告してくれたとき」「子どもの進学,就職が決まったとき」が全体の割合を上回る一方,「子どもの成長が感じられたとき」は全体の割合(80.9%)を下回る75.6%となっている(女83.9%)。

第8章 施設職員として働くことになった経緯と仕事のやりがい

表8-3 仕事のやりがいを感じる内容（複数回答）

(%〔度数〕)

項　目	子どもと心がかよい合い，信頼関係が築けたとき	子どもの緊急事態に対処できたとき	地域の専門職，関係機関との連携がうまくいったとき	親の信頼を得られたとき	卒園生が近況を報告してくれたとき	子どもの進学，就職が決まったとき
	71.4 (382)	20.7 (111)	20.2 (108)	17.6 (94)	42.6 (228)	32.5 (174)
労組有	74.0 (145)	19.9 (39)	21.4 (42)	15.8 (31)	43.4 (85)	35.7 (70)
労組無	69.9 (237)	21.2 (72)	19.5 (66)	18.6 (63)	42.2 (143)	30.7 (104)
正　規	72.6 (345)	21.1 (100)	21.1 (100)	18.7 (89)	44.8 (213)	34.5 (164)
非正規	61.4 (35)	17.5 (10)	12.3 (7)	7.0 (4)	22.8 (13)	15.8 (9)
無回答	66.7 (2)	33.3 (1)	33.3 (1)	33.3 (1)	66.7 (2)	33.3 (1)
男	67.0 (118)	24.4 (43)	26.7 (47)	19.3 (34)	48.3 (85)	40.9 (72)
女	73.5 (261)	18.9 (67)	16.9 (60)	16.9 (60)	39.7 (141)	28.7 (102)
無回答	75.0 (3)	25.0 (1)	25.0 (1)	0.0 (0)	50.0 (2)	0.0 (0)

項　目	職場の仲間とわかりあえたとき	子どもの成長が感じられたとき	その他	無回答	合　計
	46.7 (250)	80.9 (433)	10.1 (54)	0.2 (1)	100.0 (535)
労組有	45.9 (90)	76.0 (149)	16.8 (33)	0.5 (1)	100.0 (196)
労組無	47.2 (160)	83.8 (284)	6.2 (21)	0.0 (0)	100.0 (339)
正　規	46.9 (223)	81.9 (389)	10.1 (48)	0.2 (1)	100.0 (475)
非正規	42.1 (24)	73.7 (42)	8.8 (5)	0.0 (0)	100.0 (57)
無回答	100.0 (3)	66.7 (2)	33.3 (1)	0.0 (0)	100.0 (3)
男	45.5 (80)	75.6 (133)	9.7 (17)	0.6 (1)	100.0 (176)
女	47.3 (168)	83.9 (298)	10.1 (36)	0.0 (0)	100.0 (355)
無回答	50.0 (2)	50.0 (2)	25.0 (1)	0.0 (0)	100.0 (4)

出所：筆者作成。

　一方，「やりがいを感じない」（2.7％）と回答した者の「理由」の自由記述には，「結果が目に見える形で出ない」「全体的にモチベーションが上がらない」「最近は，（子ども以外の）人への疲労と失望感でやる気が上がりません」「まだ働きはじめなのですぐにはやりがいを感じない。まだ，やりがいを感じたことがない」などの記述がみられた。

　ここでみてきたように，施設では職員の多くが，子どもとの関係や成長，退所者との関係に加えて，職員との関係にもやりがいを感じていた。また，「やりが

いを感じない」と回答した者の自由記述からは，仕事の困難さに加えて，働き始めて間もない職員はやりがいを感じるゆとりがないことも浮かび上がった。このうち，先行研究（伊藤 2007：85-87；安部ら 2013；2014；藤田 2016）との比較では，子どもたちとの関係や成長が職員のやりがいにつながっていることや，介護職が利用者や家族・同僚とのかかわりにやりがいを感じていることとも共通していた（小野内・壬生 2014；八巻 2016）。

一方，労組の有無別ではそれほど差異がみられなかったが，「非正規」で多くの項目の割合が低い傾向にあるのは，前述したように現場職員以外の職種が約半数を占めていることや，「正規」との業務及び勤続年数の違いなどが影響したと考えられる。性別の傾向の違いについては，施設における性別の業務分担や意識の違いに加えて，「男」が就いている役職の関係で外部とのかかわりが多いことなどが影響した可能性がある。

他方で，調査項目や選択肢は異なるが，施設職員は保育職（保育の仕事に働きがいを「感じる」「少し感じる」が計86.8％〔横井 2007〕，「子どもと過ごす楽しさ」を「感じる」「まあ感じる」が計95.4％及び「関わった子どもの成長」を「感じる」「まあ感じる」が計95.3％〔箕輪 2018c〕），看護職（看護の仕事にやりがいを「少し感じる」「強く感じる」が計67.9％）（日本医労連 2017），介護職（現在の仕事の満足度の「仕事の内容・やりがい」で「満足」「やや満足」が計53.7％）（介護労働安定センター 2021）と比較して，保育職（箕輪 2018c）を除くと仕事にやりがいを感じている割合が高い。

このように，施設職員は，関連職種と比較して仕事にやりがいを感じている割合が高いが，これには負の側面もある。それは，対人援助職の若者が自分の生きる意味を「人の役に立つこと」に求める意識が高く，「やりがいの搾取」を背景とした「働きすぎ」に転化しやすいことである（本田 2008：89-91，100）。この点については，介護職（介護労働安定センター 2021）においても，現在の仕事を選んだ理由（複数回答）で，「働きがいのある仕事だと思ったから」（50.4％）の割合が最も高く，「人や社会の役に立ちたいから」（31.4％）の割合が3番目に高かったことからも，特に留意する必要がある。

この「やりがいの搾取」を防ぐには，労組の役割が重要になるが，施設では組織率が顕著に低く，影響力が強いとはいえない。そのため，労組への組織化に加えて，社会運動や学校教育などを通して「やりがいの搾取」に対抗する意識づけを行い，職場単位でそれに歯止めをかけていく必要がある（本田 2008：100-101）。

（2）インタビュー調査からみた仕事のやりがい

　インタビュー調査の〈仕事のやりがい〉(表8-4) には，46（有22，無24）の意見があり，4つのカテゴリーとそれを構成する38のコードに分類された。カテゴリー別にみると，《子どもとの関係や成長》(計18：有6，無12）は，14のコードが抽出された。労組の有無別では，「無」の意見が多い傾向にある。職階別にみると，「初任」(計7：有3，無4) は，「有」から出た【子どもとかかわる中でのちょっとした変化】【子どもの成長を感じられる】のように，子どもの変化や成長に関する語りがあり，「無」からは「有」と同じく【担当する子どもができなかったことができるようになったとき】という子どもの変化に関することや，【家庭や児童相談所とのかかわりで，自分が子どもの役に立っていると実感している】のように，保護者や関係機関とのかかわりでやりがいを感じていた。

　「中堅」(計7：有2，無5) は，「有」から，子どもの成長に加えて【子どもが大きくなったときに見つめ直すことができる】のように，長く勤めているからこそ感じられるやりがいが語られた。一方，「無」からは【思いが通い合えた瞬間は嬉しい】【子どもからの優しい言葉がけや笑顔をみたとき】のように，子どもとのかかわりを通したやりがいに加えて，【運動会や発表会で子どもが一生懸命な顔をしていること】【他の事業所の仕事で子どもと一緒に汗を流すこと】【マラソン大会など一つのことをみんなでやるとき】のように，子どもが行事でみせる姿や職員と一緒に何かに取り組むことがやりがいにつながっていた。

　「管理職」(計4：有1，無3) は，「有」から【単純に子どもとかかわるのが楽しい】という語りがあった。また，「無」からは【アイデアを出し合って子どもたちとともにやっていけること】のように，子どもと一緒に何かをすることや，【子どもが回復して社会のなかで育っていくのをみると嬉しい】【虐待を受けた子どもたちと一緒にいられる誇らしい仕事は他にはない】のように，虐待を受けた子どもの回復した姿をみることや，子どもたちと一緒に過ごすことができる仕事にやりがいを感じている様子が窺えた。

　《職員の育成・組織》(計8：有5，無3) は，8つのコードで構成された。まず，「初任」(計1：有1，無0) は，「有」から出た【会議で自分たちの考えや意見が反映されたとき】や，「中堅」(計1：有1，無0) の「有」から出た【他の職員から認めてもらったり，仕事をもらったりすることでマンネリ化を防いでいる】のように，自分の意見が他の職員から認めてもらえることによって，やりがいを感じられていた。「管理職」(計6：有3，無3) は，「有」から【職員のマネジメン

表8-4 仕事のやりがい（インタビュー調査）

カテゴリー	コード
子どもとの関係や成長	・子どもとかかわる中でのちょっとした変化 ・子どもの成長を感じられる ・担当する子どもができなかったことができるようになったとき ・家庭や児童相談所とのかかわりで，自分が子どもの役に立っていると実感している ・子どもが大きくなったときに見つめ直すことができる ・思いが通い合えた瞬間は嬉しい ・子どもからの優しい言葉がけや笑顔をみたとき ・運動会や発表会で子どもが一生懸命な顔をしていること ・他の事業所の仕事で子どもと一緒に汗を流すこと ・マラソン大会など一つのことをみんなでやるとき ・単純に子どもとかかわるのが楽しい ・アイデアを出し合って子どもたちとともにやっていけること ・子どもが回復して社会のなかで育っていくのをみると嬉しい ・虐待を受けた子どもたちと一緒にいられる誇らしい仕事は他にはない
職員の育成・組織	・会議で自分たちの考えや意見が反映されたとき ・他の職員から認めてもらったり，仕事をもらったりすることでマンネリ化を防いでいる ・職員のマネジメントをすること ・組織がうまくいっていると感じたとき ・職員の成長を感じるとき ・みんなでやっていく中で組織としての形ができつつあるのを実感している ・主任や若い人が頑張ってくれている ・経験を伝え，引き継いでいくこと
退所した子どもとの関係	・退所した人が訪ねて来てくれたとき ・卒園した子どもとのつながり ・退所した子どもの生き様がみられる
その他	・結果がすぐに現れないため，日々の積み重ね ・他の事業所での地域の人とのかかわり ・単純に子どもとかかわる仕事がしたかった ・人とのつながり（子ども，職員，保護者）が深まっていくのを実感するとき ・施設の高校生と一緒にカナダで同じ境遇の子どもと交流したとき，自分の英語力が役に立った ・楽しいことだけではなく，大変なことの方が多い ・自分の施設を褒められたとき ・虐待・貧困問題を個人の問題にしないなどの問題意識がある ・理不尽なことがあるからこそ，やるべきことがある ・現場を通して理解者を増やしていく ・審議会もおかしな話ばかりで任せていられない ・こんなに泥臭くて面白い仕事はない ・辛さを乗り越えると面白い

出所：筆者作成。

トをすること】【組織がうまくいっていると感じたとき】【職員の成長を感じるとき】のように，立場も影響して組織づくりや職員の成長にやりがいを感じていた。また，「無」からも【みんなでやっていく中で組織としての形ができつつあるのを実感している】や【主任や若い人が頑張ってくれている】のように，組織づくりや職員の努力に関することに加えて，【経験を伝え，引き継いでいくこと】のように，これから下の職員の引き継いでいくことについての語りもあった。

《退所した子どもとの関係》(計6：有2，無4) は，3つのコードに集約された。ここでは，「初任」の意見はなかった。まず，「中堅」(計4：有1，無3) は，「有」から出た【退所した人が訪ねてきてくれたとき】に加えて，「無」からも同様の意見や【卒園した子どもとのつながり】のように，退所者とのかかわりがやりがいにつながっていた。「管理職」(計2：有1，無1) は，「有」から，「中堅」と同じく退所者に関する語りに加えて，「無」からは【退所した子どもの生き様がみられる】のように，長く勤めている職員ほど退所者とのつながりがやりがいになっていた。

《その他》(計14：有9，無5) は，13のコードに分類された。まず，「初任」(計2：有1，無1) は，「有」から【結果がすぐに現れないため，日々の積み重ね】のように，困難を抱えた子どもをケアする仕事の特性に関する意見に加えて，「無」からは【他の事業所での地域の人とのかかわり】のように，施設で行っている他の事業での地域住民とのかかわりにやりがいを感じているという意見もあった。

「中堅」(計4：有2，無2) は，「有」から【単純に子どもとかかわる仕事がしたかった】という仕事の魅力に加えて，【人とのつながり（子ども，職員，保護者）が深まっていくのを実感するとき】のように，施設でかかわる人々との関係がやりがいになっていることが窺えた。「無」からは，【施設の高校生と一緒にカナダで同じ境遇の子どもと交流したとき，自分の英語力が役に立った】のように，自分の語学力が活かされたことや，【楽しいことだけではなく，大変なことの方が多い】という意見もあった。

「管理職」(計8：有6，無2) は，「有」から【自分の施設を褒められたとき】のように，他の施設から評価されたときにやりがいを感じるという語りがあった。また，【虐待・貧困問題を個人の問題にしないなどの問題意識がある】や【理不尽なことがあるからこそ，やるべきことがある】【現場を通して理解者を増やしていく】のように，社会の矛盾が集約された施設の現場からみた問題意識に加え

て,【審議会もおかしな話ばかりで任せていられない】のように,国の審議会の議論が現場の実態と乖離していることに対する批判もみられた。一方,「無」からは【こんなに泥臭くて面白い仕事はない】や【辛さを乗り越えると面白い】のように,仕事そのものの魅力や長く勤めていることも影響して,辛いことを乗り越えた先に仕事の面白さに気づくことができるという語りもみられた。

　ここまでみてきたように,インタビュー調査においてもアンケート調査と同じ傾向がみられた。カテゴリー別にみると,《子どもとの関係や成長》は「無」の意見が多い傾向にあり,《その他》は「有」の意見数が若干多い傾向がみられた。また,コードの内容をみると,「有」「無」でほとんど差異はみられなかったが,特に《その他》における「有」の「管理職」の語りからは問題意識の高さや視野の広さが窺えた。これは,その立場や経験に加えて,労組役員を長年務めた施設長が含まれていることも影響したといえる。

　他方で,《子どもとの関係や成長》は「初任」と「中堅」の意見が多く,《その他》は「管理職」の意見が多い傾向にある。これは,それぞれの立場の違いが大きく影響している。意見の内容をみると,「初任」は主に子どもとのかかわりに,「中堅」はそれに加えて経験年数の長さも影響して,退所した子どもとのかかわりにもやりがいを感じていた。「管理職」は,組織づくりや職員の育成など,施設運営をする立場ならではのやりがいを感じているなど,それぞれの立場や経験年数などによって,やりがいを感じる内容が異なることが明らかとなった。

3　労働環境の保障と積極的な情報発信

　本章では,アンケート調査を通して〈施設職員として働くことになった経緯〉と〈仕事のやりがい〉について,職員全体の状況に加えて,労組の有無別・雇用形態別・性別の傾向を明らかにした。加えて,インタビュー調査を通して〈仕事のやりがい〉について,労組の有無別及び職階別に職員の意識を具体的に浮き彫りにした。

　まず,アンケート調査の〈施設職員として働くことになった経緯〉では,「子どもが好きだったから」と回答した者の割合が最も高い。労組の有無別にみると,「有」で「施設実習や施設のボランティアを経験して働きたいと思ったから」の割合が高い背景には,学生が働きたいと思える職場環境があることや,職員採用においても現場の意向を反映するしくみがあることが影響したと考えられる。雇

第8章　施設職員として働くことになった経緯と仕事のやりがい

用形態別にみて「非正規」で多くの項目の割合が低い傾向にあるのは，現場職員以外の職種が約半数を占めていることや，雇用形態が影響して「正規」とは仕事に対する意識が異なることがあるといえる。

　次に，アンケート調査における〈仕事のやりがい〉では，職員の多くが子どもとの関係や成長，退所者との関係に加えて，職員との関係にもやりがいを感じていた。このうち，子どもとの関係や成長が職員のやりがいになっていることは，先行研究（伊藤 2007：85-87；安部ら 2013；2014；藤田 2016）とも共通していた。また，労組の有無別にみるとそれほど差異はみられなかったが，「非正規」で多くの項目の割合が低い傾向にあるのは，前述した職種に加えて，「正規」との業務や勤続年数の違いなどが影響したと考えられる。性別の傾向の違いについては，施設における性別の業務分担や役職，意識の違いなどが影響した可能性がある。

　一方，インタビュー調査における〈仕事のやりがい〉では，アンケート調査と同様の傾向がみられたが，それに加えて，立場や経験年数によってやりがいを感じる内容が異なることが明らかとなった。また，コードの内容をみると，「有」「無」でほとんど差異はみられなかったが，特に《その他》における「有」の「管理職」の語りからは問題意識の高さや視野の広さが窺えた。

　他方で，施設では関連職種と比較して，仕事にやりがいを感じている職員の割合が高いが，これは前述したように「やりがいの搾取」に転化する危険性もあるため，労組への組織化に加えて，社会運動や学校教育などを通して，それに対抗する意識づけをしていく必要がある（本田 2008：100-101）。この点については，本研究で取り上げた労組の役割が重要になる。実際に，先行研究（Goodman 2000＝2006）においても，労組の拠点がある施設は労働条件が良く，職員の勤続年数も長いことが指摘されている。ただし，施設は組織率が顕著に低いため，労組が果たしている役割をどのように喚起していくかが課題である。

　翻って，先行研究（藤田 2016）と本研究では，明確な目的意識を持って施設に就職した職員が多くいるため，それを持続できる環境をいかに整えられるかが施設の課題といえる。この点については，近年，施設では職員の確保・育成が困難になっているため，実習生や学生ボランティア・アルバイト（以下，学生）を積極的に受け入れる中で，就職を希望する学生に仕事のやりがいや魅力を伝えていくこと（藤田 2016）や，学生が有意義な学びを得られる体系的な実習プログラムを用意することが求められる。加えて，施設では，職員が家庭を持った後も安心して働き続けられる労働条件・労働環境を保障するとともに，そうした環境があ

るかどうかについても，学生に対して積極的に情報を発信していく必要がある。

注

(1) このほか，「やりがいを感じる」に回答があるにもかかわらず，「やりがいを感じない」の自由記述にも記入があった7人（うち1人は「やりがいを感じる」「やりがいを感じない」の両方に回答あり）からは，「休みの数，給料が安い」「昇給も賞与もないこと。歩合制にしてほしい」「上司の考えだけで現場の状況判断をしにくい。現場への信頼がない（上司）」などの記述があった。

第9章 子どもと家族からの行政機関や施設に対する苦情や要望

　施設で暮らす子どもと家族からの行政機関や施設に対する苦情や要望への対応は，職員の人権意識や施設の組織的な対応力にも深くかかわる事項である。この実態を労組の有無別に分析することで，労組の意義が明確になるといえる。一方，関連する主な先行研究（高橋ら 2001；髙井・阪本 2002）をみると，約20年前のもので現在とは状況が異なることに加えて，職員の人権意識や組織のあり方に大きな影響を与える労組に関する分析がされていない。そこで，本章では，アンケート調査における〈子どもと家族からの行政機関や施設に対する苦情や要望〉の項目を基に，苦情や要望の実態とそれへの対応についてみていく。

1　子どもと家族からの苦情や要望

　アンケート調査の〈子どもと家族からの行政機関や施設に対する苦情や要望〉（表9-1）は，「聞いている」が41.8％，「聞いていない」が49.6％と後者の割合がやや高い。労組の有無別にみると，「有」は「聞いている」が全体の割合（41.8％）を上回る51.5％（無36.2％）である一方，「無」は「聞いていない」が全体の割合（49.6％）を上回る55.7％となっている（有38.8％）。
　雇用形態別では，「正規」は「聞いている」「聞いていない」がともに40％台後半だったが，「非正規」は「聞いている」が全体の割合（41.8％）を大きく下回る19.0％（正規45.6％）で，「聞いていない」が全体の割合（49.6％）を大きく上回る69.8％である（正規47.5％）。性別にみると，「男」は「聞いている」が全体の割合（41.8％）を上回る51.4％（女38.0％）である一方，「聞いていない」は全体の割合（49.6％）を下回る42.1％であった（女53.9％）。
　このうち，「有」で苦情や要望を「聞いている」割合が高い背景には，組合活動を通した人権意識の高さが影響して，子どもと家族の苦情に敏感に気づき，対応していることがあると考えられる。この点について，髙木（2007：63）は，労組がある事業所のホームヘルパーは，働く者の労働・生活問題を克服するための取り組みが日常的に身近で行われたり，その取り組みに加わったりしている場合

第Ⅲ部　施設職員の健康状態と人間関係

表9-1　子どもと家族からの行政機関や施設に対する苦情や要望

（％〔度数〕）

項　目	聞いている	聞いていない	無回答	合　計
	41.8 (236)	49.6 (280)	8.7 (49)	100.0 (565)
労組有	51.5 (106)	38.8 (80)	9.7 (20)	100.0 (206)
労組無	36.2 (130)	55.7 (200)	8.1 (29)	100.0 (359)
正　規	45.6 (224)	47.5 (233)	6.9 (34)	100.0 (491)
非正規	19.0 (12)	69.8 (44)	11.1 (7)	100.0 (63)
無回答	0.0 (0)	27.3 (3)	72.7 (8)	100.0 (11)
男	51.4 (94)	42.1 (77)	6.6 (12)	100.0 (183)
女	38.0 (141)	53.9 (200)	8.1 (30)	100.0 (371)
無回答	9.1 (1)	27.3 (3)	63.6 (7)	100.0 (11)

出所：筆者作成。

には，利用者のくらしの悩みや苦情を受け止める傾向があると指摘している。実際に，髙木（2007：63）では，利用者からの苦情・相談について，職場に労組が「ある」場合は「聞いている」が約83％で，労組が「ない」場合は約76％であったことに加えて，労組があると回答したグループは，利用者からの苦情・相談の内容のすべての項目で平均値を上回っていた。

　また，雇用形態別にみると，「非正規」で「聞いていない」割合が高いのは，「非正規」が短時間の勤務であることや，児童指導員・保育士以外の職員（調理員など）が含まれていることに加えて，子どもの担当をしていないことが多いため，苦情や要望を直接聞く機会が限られていることがあると考えられる。これについても，髙木（2007：62）と共通している。一方，「男」で「聞いている」割合が高いのは，就いている役職などが影響した可能性がある。

　関連職種との比較では，前述したホームヘルパーを対象にした調査（髙木2007：62）をみると，「利用者・家族からの苦情・要望」を「聞いている」割合が約78％と本調査（約42％）と比較して高い。これは，施設が養護問題を背景とした子どもを対象としているのに対して，ホームヘルパーは高齢者とその家族が対象であることや，利用者の自宅に出向いてケアする仕事であることが影響しているといえる。

2 苦情や要望の内容

〈施設で子どもと家族からの行政機関や施設に対する苦情や要望〉を「聞いている」場合（表9-2）の自由記述数は計170で，労組の有無別の内訳は「有」が80,「無」が90であった。これらの自由記述をコード化・カテゴリー化したところ，8つのカテゴリーとそれを構成する87のコードに分類された。ここでは，特に《施設や職員の対応》と《保護者の苦情と対応》の一部のコードについて，双方に該当する記述もみられたが，内容に即して分類した。なお，ここでは労組の有無別で記述内容にそれほど差異がみられなかったため，両者の記述数以外の違いについては取り上げていない。

カテゴリー別にみると，《施設や職員の対応》の記述数が36（有15, 無21）と最も多く，17のコードが抽出された。ここでは，【職員の子どもへの対応】【職員の対応が遅い】【職員によって対応が違う】【連絡が取りづらい】などの職員の対応に関するものや，【不適切なかかわり】【特定の職員のことを「怖い」「厳しい」と言っている】のように，子どもの人権にかかわる事項もあった。加えて，【入所期間が長く，家に帰れない】や【職員の勤務状況に関する苦情】のように，ある程度はやむを得ないものも含まれていた。

《児童相談所の対応》は，記述数が32（有17, 無15）と2番目に多く，11のコードに集約された。内容をみると，【児童相談所の担当者がすぐ交代してしまう】【児童相談所のCWが会いに来ない】[(1)]【児童相談所の対応が遅い】【児童相談所と連絡が取れない】【児童相談所が希望に沿ってくれない】など，児相に対する多くの不満があることが浮かび上がった。この中には，公務員の人事異動に関するものも含まれており，やむを得ない部分もあるが，児相の人員配置が少なく，虐待対応で多忙とはいえ，すぐにでも改善するべき事項も多い。このうち，児相との連携に関する課題については伊藤（2007：114）とも共通していたが，施設側からの児相への働きかけで改善できる事項もある。このため，児相への批判だけに終わらせるのではなく，施設と児相の連携のあり方も問われているといえる。

《ルールの改善や欲しい物》は記述数が25（有12, 無13）で，16のコードに分類された。具体的には，【門限や約束事が多い】【ゲームをもっとしたい】【自由が少ない】【スマホがほしい，エアコンを入れてほしい等】【インターネットをつないでほしい】【パソコンを使えるようにしてほしい】など，主に施設のルールや

スマホ・パソコン及びネット環境に関する苦情や要望があった。さらに,【なぜ洋式トイレがなかったり,起床後に洗濯物を干したり,礼拝に行ったりしなければいけないのか】のように,信教の自由に抵触する内容もみられた。

このほか,【家族の元に帰りたい】の一方で,【20歳を過ぎてもいたい】という要望もあり,施設や子どもによって相反する意見も出された。これは子どもによって施設生活の受け止め方が異なるため,一概には言えない面もあるが,前者は施設で居心地が良くないと感じていたり,生活面の制限が影響したりしている可能性があり,後者は子ども自身が施設にいたいと思える環境があることや,施設退所後の経済的な不安,親との関係などがあると考えられる。

《面談や日常的に確認する》は記述数が21(有11,無10)で,11のコードで構成された。ここでは,【週に一度,子どもとしっかり話す時間がある】【日常的に聞き,記録システムがある】【ホーム運営会議等で意見を聞いている】【年に数回,子どもからアンケートを取っている】など,定期的に面談したり,日常的に聞いたり,アンケートを取ったりしていた。さらに,【子どもたちには日々及び定期的に,親にはその都度聞いている】という保護者も含めた対応や,【食事の嗜好調査を実施して反映する】のように,食に関する調査も行われていた。

《保護者の苦情と対応》は記述数が同じく21(有10,無11)で,20のコードに分類された。内容をみると,【子どもを虫歯にさせたこと】【外出・外泊の要求】【子どもの進路】【早く子どもを引き取りたい】など,子どもへの対応や外出・外泊,引き取りに関する内容や,【学校行事の連絡をこまめに行ってほしい】【面会のことや行事に親を呼んでくれないなど】のように行事の連絡に関する苦情や要望があり,それに対しては【苦情の多い保護者はよく話を聞いている】【面会の際に聞いている】などの対応をしていた。加えて,【子ども間及び職員からの権利侵害はないか】【暴力被害を受けた子どもの親が苦情のような訴えをする】のように,施設内の権利侵害を心配したり,実際に子どもが被害を受けたりした保護者からの正当な訴えもみられた。

《意見箱》は記述数が16(有2,無14)で,【子ども会議と意見箱の設置】【直接的な意見や文書】【苦情ポストで聞いている】という3つのコードに集約された。労組の有無別にみると,「有」の記述数が少ない傾向にある。施設の意見箱は,施設長や一部の担当職員しか開けることができない設定になっているが,前述した《面談や日常的に確認する》のように,本来ならそこに投書しなくても済むように,日頃から子どもが意見を言いやすい環境づくりが必要である。また,意見

第9章　子どもと家族からの行政機関や施設に対する苦情や要望

表9-2　子どもと家族からの苦情や要望の内容

カテゴリー	コード
施設や職員の対応	・職員の子どもへの対応 ・職員や行事等への不満 ・職員からのいじめ ・処遇内容に関するもの ・職員の対応が遅い ・施設と児童相談所に同じことを何度も指導されるのが嫌 ・子ども間のトラブルによるもの ・職員によって対応が違う ・連絡が取りづらい ・職員とのコミュニケーション不足 ・不適切なかかわり ・職員がゆっくり話を聞いてくれない ・入所期間が長く，家に帰れない ・担当者がいつも不在でつかまらない ・特定の職員のことを「怖い」「厳しい」と言っている ・職員の勤務状況に関する苦情 ・子どもや保護者への対応等
児童相談所の対応	・児童相談所の担当者がすぐ交代してしまう ・児童相談所が動いてくれない ・児童相談所のCWが会いに来ない ・児童相談所のCWが嫌い ・児童相談所の対応が遅い ・児童相談所のCWが家庭復帰を進めてくれない ・児童相談所と連絡が取れない ・児童福祉司への不満 ・児童相談所の電話が混雑していてつながりにくい ・入所に至る経緯に関する行政機関への不満 ・児童相談所が希望に沿ってくれない
ルールの改善や欲しい物	・門限や約束事が多い ・なぜ洋式トイレがなかったり，起床後に洗濯物を干したり，礼拝に行ったりしなければいけないのか ・ゲームをもっとしたい ・生卵が食べたい ・自由が少ない ・施設のルールについての不満や，児相に対する措置及び家族との交流に関する不満など ・面会時間の調整 ・生活習慣に関する要望 ・スマホがほしい，エアコンを入れてほしい等 ・プライバシーの確保などの環境の改善 ・インターネットをつないでほしい ・パソコンを使えるようにしてほしい ・テレビの録画機を使えるようにしてほしい ・家族の元へ帰りたい ・20歳を過ぎてもいたい ・こんな面倒な場所からは早く出ていきたい

面談や日常的に確認する	・週に一度，子どもとしっかり話す時間がある ・年2回の面談がある ・日常的に聞き，記録システムがある ・コミュニケーションを大切にしている ・子どもの要望を聞き入れ，生活に活かしている ・ホーム運営会議等で意見を聞いている ・年3回の聞き取りと第三者評価の聞き取り ・年に数回，子どもからアンケートを取っている ・子どもたちには日々及び定期的に，親にはその都度聞いている ・何かあった際はユニット会議で話し合い改善策を考える ・食事の嗜好調査を実施して反映する
保護者の苦情と対応	・子どもを虫歯にさせたこと ・外出・外泊の要求 ・子どもの玩具購入 ・子ども間及び職員からの権利侵害はないか ・子どもの養育についてはっきりしない ・子どもの勉強やネット環境 ・子どもの進路 ・苦情の多い保護者はよく話を聞いている ・精神疾患の方は必ずといっていいほどクレームがある ・うまく連絡が取れない，家族側の思いをわかってもらえない ・学校行事の連絡をこまめに行ってほしい ・子どもの身体にある傷について ・子どもをきちんとみているのかという苦情 ・早く子どもを引き取りたい ・忘れ物が多い ・精神疾患の保護者からの児童相談所へのクレーム ・暴力被害を受けた子どもの親が苦情のような訴えをする ・面会の際に聞いている ・面会のことや行事に親を呼んでくれないなど ・親子で交流した前後や電話で聞いている
意見箱	・子ども会議と意見箱の設置 ・直接的な意見や文書 ・苦情ポストで聞いている
苦情解決制度・第三者委員会	・苦情解決制度 ・第三者委員会 ・第三者評価 ・第三者委員が学期ごとに全児童から聞き取りを実施している
その他	・聞いたことはあったが，内容をよく覚えていない ・いろいろある ・グループホーム ・入所理由・経緯 ・聞いているが形骸化している

出所：筆者作成。

箱は第三者委員宛と施設宛にするなどして，子どもの安心感や納得感が得られている取り組みをしている施設も一部あるが，多くの施設では意見箱への投書がなかったり，十分に活用されていなかったりすることが課題である。

《苦情解決制度・第三者委員会》は記述数が13（有8，無5）で，【苦情解決制度】【第三者委員会】【第三者評価】【第三者委員が学期ごとに全児童から聞き取りを実施している】の4つのコードが抽出された。ここで出た苦情解決制度や第三者委員会は，前述した《意見箱》で出たものに対応する場合もあるが，苦情解決制度は施設内の担当職員が対応してフィードバックしている場合も多い。しかし，第三者委員会は第三者委員が子どもと定期的に面談をしている施設は少ないため，十分に機能しているとは言い難い。このため，それができたり，うまく機能したりすれば，第三者委員会を設置する意義は大きいといえる。このうち，苦情解決制度は，調布学園（2003）の職員が指摘しているように，苦情を訴える側が主として成人であることを前提に作られているため，小学生以下の子どもにはそぐわない面もある。

《その他》は記述数が6（有5，無1）で，【聞いたことはあったが，内容をよく覚えていない】【いろいろある】【聞いているが形骸化している】など，5つのコードで構成された。ここは他のカテゴリーに分類できないこともあり，幅広い内容の記述がみられた。

ここでは，施設や児相に対して，子どもと家族から幅広い内容の苦情や要望があることが明らかとなった。特に多い内容は，《施設や職員の対応》《児童相談所の対応》《ルールの改善や欲しい物》で，それに対しては《面談や日常的に確認する》《意見箱》《苦情解決制度・第三者委員会》などで対応していた。ただし，このうち《意見箱》《苦情解決制度・第三者委員会》は，各地の施設の状況をみても十分に活かされているとは言い難い状況があるため，改善の余地がある。

一方，カテゴリー別にみると，《意見箱》は「有」の記述数が少ない傾向にある。これは，「有」の職員は「無」と比較して，苦情や要望を「聞いている」割合が高かったように，労組の活動が影響して人権意識が高いため，意見箱のような一般的な事項に関する意見が少なかったと考えられる。コードの内容をみると，「有」「無」で差異はあまりみられなかったが，両者ともに児相に関する苦情が全体の2割近くを占めていた。これは，児相の職員配置が十分ではなく，虐待対応で多忙であることや，公務員のため人事異動が頻繁にあることなども影響している。他方で，雇用形態別では「正規」の記述がほとんどであるため，「非正規」

との違いを比較することができなかった。

3　苦情や要望の捉え方と対応

　本章では,〈子どもと家族からの行政機関や施設に対する苦情や要望〉の内容と対応について,アンケート調査を基に,職員全体の状況に加えて,労組の有無別・雇用形態別・性別の傾向を明らかにした。まず,〈子どもと家族からの行政機関や施設に対する苦情や要望〉を「聞いている」は約4割で,労組の有無別及び性別にみると,「有」と「男」は「聞いている」割合が高く,雇用形態別では「非正規」は「聞いている」割合が低い。「有」で「聞いている」割合が高いのは労組の活動が影響しており,「非正規」で「聞いていない」割合が高いのは雇用形態や職種などが影響したといえる。一方,「男」で「聞いている」割合が高いのは,就いている役職などが影響したと考えられる。

　また,苦情や要望を「聞いている」場合の自由記述には,子どもと家族から幅広い内容の苦情や要望がみられた。特に多い内容は,《施設や職員の対応》《児童相談所の対応》《ルールの改善や欲しい物》で,それに対しては《面談や日常的に確認する》《意見箱》《苦情解決制度・第三者委員会》などで対応していた。このように,施設には子どもと親からさまざまな苦情や要望があるが,それをていねいに捉えられるかどうかは,「有」の施設で顕著だったように,職員の人権意識にかかっている。

　これは,ホームヘルパーを対象にした調査（髙木 2007：63）においても,「有」の職員の方が利用者の苦情をていねいに捉えている傾向がみられたこととも共通していたように,ここからも施設で労組が果たしている役割とその意義が改めて示されたといえる。ただし,職員の人権感覚は労組の活動によって長い年月をかけて職場の風土として醸成されるものでもあるため,組織率が低い施設や労組がない施設で労組の役割をどのように喚起していくかが課題である。

注
(1)　CW とは児相のケースワーカー（児童福祉司）の略語である。

第Ⅳ部　施設職員の労働問題を規定する要因

　第Ⅳ部では，施設職員の労働問題を規定する要因について取り上げる。まず，第10章では近年進められている施設における小規模化の影響に関する項目を取り上げた上で，第11章では研修体制，第12章では働き続けられる環境づくりについてみていく。そして，それらを踏まえて，第13章では労働条件・労働環境や制度を改善するための労組の役割を，第14章では施設における制度や予算の権限を持つ国・自治体の役割について考察する。

第10章　小規模化の影響

　施設では小規模化が進む中で，前述したように一人勤務や宿直などが増えて職員が孤立・疲弊し，職員の確保・育成も困難になってきている（黒田 2013；堀場 2022a）。そうした中で，関連する近年の主な先行研究（吉村・吉村 2016，みずほ情報総研 2017；吉村 2019；川上 2020）では，調査を通して小規模化の影響や課題などを明らかにしているが，いずれも労働環境を改善するための労組に関する分析がされていない。そこで，本章では，アンケート調査とインタビュー調査から，小規模化の影響と課題を明らかにしたい。なお，本章のうち，第2節の（1）（2）は，堀場（2022a）を基に大幅に加筆修正したものである。

1　アンケート調査からみた小規模化の影響

（1）施設の小規模化

　まず，アンケート調査における〈施設の小規模化〉（表10-1）では，「小規模化している」が78.6％であった。労組の有無別にみると，「有」は「小規模化している」が全体の割合（78.6％）を上回る89.3％（無72.4％）で，「小規模化していない」は全体の割合（15.4％）を下回る6.8％であった（無20.3％）。雇用形態別では，「非正規」は「小規模化している」が全体の割合（78.6％）を大きく下回る63.5％（正規82.1％）で，「無回答」が全体の割合（6.0％）を大きく上回る20.6％となっている（正規2.4％）。性別にみると，双方とも「小規模化している」が約8割で差異はほとんどみられなかった。

　「小規模化している」と回答した者のうち，〈小規模化した時期〉（表10-2）は「4～6年前」（29.3％），「7～9年前」（20.3％），「1～3年前」（17.3％）の順に多い。労組の有無別では，双方とも「4～6年前」（有28.3％，無30.0％）の割合が最も高い。項目ごとにみると，「有」は「10～14年前」が全体の割合（11.3％）を下回る4.9％となっている（無15.8％）。雇用形態別では，双方とも「4～6年前」（正規29.0％，非正規32.5％）が最も多い。項目ごとにみると，「非正規」が40人と数が少ないため「正規」と比較することが難しいが，「非正規」は「1～3年前」（正

第10章　小規模化の影響

表10-1　施設の小規模化

(%〔度数〕)

項　目	小規模化している	小規模化していない	無回答	合　計
	78.6 (444)	15.4 (87)	6.0 (34)	100.0 (565)
労組有	89.3 (184)	6.8 (14)	3.9 (8)	100.0 (206)
労組無	72.4 (260)	20.3 (73)	7.2 (26)	100.0 (359)
正　規	82.1 (403)	15.5 (76)	2.4 (12)	100.0 (491)
非正規	63.5 (40)	15.9 (10)	20.6 (13)	100.0 (63)
無回答	9.1 (1)	9.1 (1)	81.8 (9)	100.0 (11)
男	82.0 (150)	16.4 (30)	1.6 (3)	100.0 (183)
女	78.7 (292)	15.1 (56)	6.2 (23)	100.0 (371)
無回答	18.2 (2)	9.1 (1)	72.7 (8)	100.0 (11)

出所：筆者作成。

表10-2　小規模化した時期（小規模化している場合）

(%〔度数〕)

項　目	1～3年前	4～6年前	7～9年前	10～14年前	15～19年前
	17.3 (77)	29.3 (130)	20.3 (90)	11.3 (50)	3.2 (14)
労組有	21.2 (39)	28.3 (52)	22.3 (41)	4.9 (9)	4.3 (8)
労組無	14.6 (38)	30.0 (78)	18.8 (49)	15.8 (41)	2.3 (6)
正　規	16.9 (68)	29.0 (117)	20.8 (84)	12.4 (50)	3.0 (12)
非正規	22.5 (9)	32.5 (13)	15.0 (6)	0.0 (0)	5.0 (2)
無回答	0.0 (0)	0.0 (0)	0.0 (0)	0.0 (0)	0.0 (0)
男	16.0 (24)	20.7 (31)	28.0 (42)	12.7 (19)	3.3 (5)
女	18.2 (53)	33.9 (99)	16.1 (47)	10.6 (31)	3.1 (9)
無回答	0.0 (0)	0.0 (0)	50.0 (1)	0.0 (0)	0.0 (0)

項　目	20年以上前	無回答	合　計
	9.5 (42)	9.2 (41)	100.0 (444)
労組有	13.6 (25)	5.4 (10)	100.0 (184)
労組無	6.5 (17)	11.9 (31)	100.0 (260)
正　規	9.7 (39)	8.2 (33)	100.0 (403)
非正規	7.5 (3)	17.5 (7)	100.0 (40)
無回答	0.0 (0)	100.0 (1)	100.0 (1)
男	12.7 (19)	6.7 (10)	100.0 (150)
女	7.5 (22)	10.6 (31)	100.0 (292)
無回答	50.0 (1)	0.0 (0)	100.0 (2)

出所：筆者作成。

規16.9％，非正規22.5％）と「無回答」（正規8.2％，非正規17.5％）が全体の割合（前者17.3％，後者9.2％）を上回る一方で，「7～9年前」（正規20.8％，非正規15.0％）と「10～14年前」（正規12.4％，非正規0％）が全体の割合（前者20.3％，後者11.3％）を下回っていた。性別では，「男」は「7～9年前」（28.0％），「女」は「4～6年前」（33.9％）の割合が最も高い。項目ごとにみると，「男」は「4～6年前」が全体の割合（29.3％）を下回る20.7％（女33.9％）で，「7～9年前」が全体の割合（20.3％）を上回る28.0％（女16.1％）であった。

　ここでみてきたように，本調査対象施設の多くで小規模化が進んでいた。ただし，調査票には「小規模化」の定義を示していなかったため，職員によって小規模化の認識が若干異なる可能性がある。また，「有」では「無」と比較して小規模化している割合が高い理由は不明だが，労組の活動が影響したというより，調査対象施設が以前から小規模化していた可能性が高い。性別ではそれほど差異はみられなかったが，雇用形態別にみると，特に「非正規」は短時間勤務であることや，勤続年数が短い傾向にあることなどが影響して，小規模化の有無と時期を正確に回答できていない傾向がみられた。

（2）小規模化後の変化
1）子どもの生活環境の変化

　「小規模化している」と回答した者のうち，〈小規模化による子どもの生活環境の変化〉（複数回答，表10-3）では，「家庭に近い生活体験ができる」（60.4％），「職員による子どもへの個別的なかかわりが増えた」（48.2％），「子ども個々の課題がみえやすい」（44.6％）の順に多い。「その他」（12.2％）の自由記述には，「ゆとりがある（何事にも）」「男女や性のトラブルが減った」「わからない」「死角の減少」「入職した時からその環境だった」などの記述があった。

　労組の有無別・雇用形態別・性別では，すべて「家庭に近い生活体験ができる」の割合が最も高い。項目ごとにみると，「有」は「子どもが施設外の友達を連れてくるようになった」が全体の割合（14.6％）を上回る21.7％（無9.6％）で，「子ども同士のトラブルの減少」「家庭に近い生活体験ができる」「柔軟な日課の設定」「食事（調理・手伝い）に関心を持つ子どもが増えた」が全体の割合を下回っていた。「無」は「子ども同士のトラブルの減少」が全体の割合（21.2％）を上回る26.2％（有14.1％）である一方，「子どもが施設外の友達を連れてくるようになった」は全体の割合（14.6％）を下回る9.6％となっている（有21.7％）。

第10章 小規模化の影響

表10-3 小規模化による子どもの生活環境の変化（小規模化している場合，複数回答）

(%〔度数〕)

項　目	子どもと職員の関係の改善	子ども同士のトラブルの減少	家庭に近い生活体験ができる	柔軟な日課の設定	職員による子どもへの個別的なかかわりが増えた
	27.5 (122)	21.2 (94)	60.4 (268)	41.2 (183)	48.2 (214)
労組有	26.6 (49)	14.1 (26)	53.8 (99)	35.9 (66)	50.5 (93)
労組無	28.1 (73)	26.2 (68)	65.0 (169)	45.0 (117)	46.5 (121)
正　規	26.8 (108)	19.6 (79)	59.8 (241)	41.4 (167)	48.6 (196)
非正規	32.5 (13)	35.0 (14)	65.0 (26)	37.5 (15)	42.5 (17)
無回答	100.0 (1)	100.0 (1)	100.0 (1)	100.0 (1)	100.0 (1)
男	28.0 (42)	18.7 (28)	52.7 (79)	37.3 (56)	47.3 (71)
女	27.4 (80)	22.6 (66)	64.4 (188)	43.2 (126)	48.6 (142)
無回答	0.0 (0)	0.0 (0)	50.0 (1)	50.0 (1)	50.0 (1)

項　目	子ども個々の課題がみえやすい	食事(調理・手伝い)に関心を持つ子どもが増えた	子どもの学習への集中力が向上した	子どもが施設外の友達を連れてくるようになった	地域との関係が築きやすい
	44.6 (198)	43.7 (194)	7.2 (32)	14.6 (65)	12.4 (55)
労組有	47.3 (87)	38.0 (70)	7.6 (14)	21.7 (40)	13.0 (24)
労組無	42.7 (111)	47.7 (124)	6.9 (18)	9.6 (25)	11.9 (31)
正　規	45.4 (183)	42.9 (173)	7.2 (29)	14.6 (59)	13.2 (53)
非正規	35.0 (14)	50.0 (20)	5.0 (2)	12.5 (5)	5.0 (2)
無回答	100.0 (1)	100.0 (1)	100.0 (1)	100.0 (1)	0.0 (0)
男	48.0 (72)	34.7 (52)	9.3 (14)	13.3 (20)	12.7 (19)
女	42.8 (125)	48.3 (141)	6.2 (18)	15.4 (45)	12.0 (35)
無回答	50.0 (1)	50.0 (1)	0.0 (0)	0.0 (0)	50.0 (1)

項　目	その他	無回答	合　計
	12.2 (54)	8.3 (37)	100.0 (444)
労組有	14.7 (27)	7.1 (13)	100.0 (184)
労組無	10.4 (27)	9.2 (24)	100.0 (260)
正　規	11.4 (46)	7.9 (32)	100.0 (403)
非正規	20.0 (8)	12.5 (5)	100.0 (40)
無回答	0.0 (0)	0.0 (0)	100.0 (1)
男	16.7 (25)	4.0 (6)	100.0 (150)
女	9.9 (29)	10.6 (31)	100.0 (292)
無回答	0.0 (0)	0.0 (0)	100.0 (2)

出所：筆者作成。

「非正規」は40人と少ないため,「正規」と比較することが難しいが,「子どもと職員の関係の改善」「子ども同士のトラブルの減少」「食事(調理・手伝い)に関心を持つ子どもが増えた」「その他」が全体の割合を上回る一方,「職員による子どもへの個別的なかかわりが増えた」「子ども個々の課題がみえやすい」「地域との関係が築きやすい」が全体の割合を下回っている。また,「男」は「家庭に近い体験ができる」(男52.7%,女64.4%)と「食事(調理・手伝い)に関心を持つ子どもが増えた」(男34.7%,女48.3%)が全体の割合(前者60.4%,後者43.7%)を下回っている。

ここで出た小規模化に伴う子どもにとってのメリットは,先行研究(吉村・吉村 2016;みずほ情報総研 2017)とも共通しており,改めて小規模化の意義が示されたといえる。ただし,本項目の選択肢は「その他」を除けばメリットに関する内容であることも結果に大きく影響しているため,その点は差し引いてみる必要がある。他方で,労組の有無別にみると,「有」で「子どもが施設外の友達を連れてくるようになった」の割合が高い理由は一概にはいえないが,労組の活動が影響して,職員が地域との関係をより強く意識している可能性がある。「正規」と「非正規」の傾向の違いについては,「非正規」の数が少ないため比較することが難しいが,性別の傾向の違いは,「男」が就いている役職や,性別の業務分担などが影響したと考えられる。

2)職員の働き方の変化

「小規模化している」と回答した者のうち,〈小規模化による職員の働き方の変化〉(複数回答,表10-4)は,「一人勤務の増加」(49.1%),「職員が問題を抱え込み,孤立しやすい」(42.6%),「ベテランの姿から学ぶ機会が少なく,新人の育成が困難」(38.1%),「超過勤務の増加」(31.5%),「子どもと職員の関係が悪化すると修復が困難」(31.3%)の順に多い。「その他」(8.1%)の自由記述には,「本体にいた時に現れなかった子どもの変化に苦労しているよう」「特に問題なし」「不明」「まだ1年のためわからない」「組織体制の希薄化」「日々子どもの対応に疲弊しており,新人職員や気になる職員への態度,言動が厳しいと感じる。小集団なので,さらに孤立感を与えている」「大舎時代を知らないので比較できない」「休みや泊まりあけなども使って子どもと関わることが増えた。休みが休みでなくなる」などの記述があった。

労組の有無別・雇用形態別・性別では,すべて「一人勤務の増加」の割合が最も高いが,「非正規」は「超過勤務の増加」も同率であった。項目ごとにみると,

「有」は「ユニット間の関係の希薄化」「一人勤務の増加」「宿直の増加」「食事作りに時間が取られる」が全体の割合を下回る一方、「暴力・性問題の増加と対応の困難さ」は全体の割合（16.9％）を上回る22.3％であった（無13.1％）。他方で、「無」は「一人勤務の増加」「宿直の増加」「食事作りに時間が取られる」が全体の割合を上回っていた。「非正規」は40人と少ないため、「正規」と比較することが難しいが、多くの項目が全体の割合を下回る一方、「職員集団の合意形成の困難さ」「その他」と「無回答」は全体の割合を上回っていた。他方で、「男」は「子どもと職員の関係が悪化すると修復が困難」「ユニット間の関係の希薄化」「ベテランの姿から学ぶ機会が少なく、新人の育成が困難」「ユニットを超えた介入の困難さ」「暴力・性問題の増加と対応の困難さ」「施設運営上の問題が、職員個人や人間関係の問題にされやすい」が全体の割合を上回っている。

　ここでは、先行研究（みずほ情報総研 2017）と同様に、施設の小規模化は職員の労働環境面からみるとデメリットがあることが浮き彫りとなった。ただし、本項目の選択肢は「その他」を除けばデメリットに関する内容であるため、その点は差し引いてみる必要がある。また、ここで多くあがった一人勤務や職員が孤立する問題については、NTTデータ経営研究所（2023）においても小規模化の課題としてあがっていたが、そこでは本体施設の状況把握があるほど職員の負担感が小さくなることが明らかとなっている。このため、措置費や職員配置基準の改善など制度面の課題に加えて、本体施設によるユニット・ホームへの支援体制をどのように構築していくかが大きな課題といえる。

　加えて、施設の形態や担当制にこだわるだけでなく、場合によっては本体施設のユニットケアを活用しながら、職員全体で子どもをみる形での小規模化も検討する必要がある。本体施設の小規模化について黒田（2013）は、建物の構造（複数ユニットを通路でつなぐ）や勤務の組み方の工夫（宿直を複数ユニットで組む）、会議を複数のユニットで行い、情報を共有して連携を強化する必要があると述べている。実際に、北陸にある施設では、キッチンと職員室がつながっており、キッチンが2ホームで一つになっている（堀江 2016）。このため、ホーム間を職員が自由に行き来でき、他のホームの職員に助けを求めやすく、ホーム間のチェック機能もある（堀江 2016）。このうち、建物の構造は予算の問題もあるが、それ以外は他の施設においても活かせる取り組みである（堀場 2018）。

　一方、労組の有無別の傾向の違いの理由は、「無」では「有」と比較して労働環境や職員を支えるしくみが十分に整備されていない結果として、勤務面の負担

第Ⅳ部　施設職員の労働問題を規定する要因

表 10-4　小規模化による職員の働き方の変化（小規模化している場合，複数回答）

(％〔度数〕)

項　目	子どもと職員の関係が悪化すると修復が困難	ユニット間の関係の希薄化	一人勤務の増加	職員が問題を抱え込み，孤立しやすい	ベテランの姿から学ぶ機会が少なく，新人の育成が困難
	31.3 (139)	29.1 (129)	49.1 (218)	42.6 (189)	38.1 (169)
労組有	33.2 (61)	23.9 (44)	41.8 (77)	45.1 (83)	39.1 (72)
労組無	30.0 (78)	32.7 (85)	54.2 (141)	40.8 (106)	37.3 (97)
正　規	32.0 (129)	29.3 (118)	50.6 (204)	43.9 (177)	39.5 (159)
非正規	25.0 (10)	27.5 (11)	32.5 (13)	30.0 (12)	22.5 (9)
無回答	0.0 (0)	0.0 (0)	100.0 (1)	0.0 (0)	100.0 (1)
男	38.7 (58)	36.0 (54)	48.7 (73)	46.0 (69)	43.3 (65)
女	27.4 (80)	25.7 (75)	49.3 (144)	41.1 (120)	35.3 (103)
無回答	50.0 (1)	0.0 (0)	50.0 (1)	0.0 (0)	50.0 (1)

項　目	職員集団の合意形成の困難さ	ユニットを超えた介入の困難さ	宿直の増加	超過勤務の増加	断続勤務の増加
	23.2 (103)	27.3 (121)	27.7 (123)	31.5 (140)	13.3 (59)
労組有	26.6 (49)	29.3 (54)	19.0 (35)	29.3 (54)	8.7 (16)
労組無	20.8 (54)	25.8 (67)	33.8 (88)	33.1 (86)	16.5 (43)
正　規	22.3 (90)	28.5 (115)	28.3 (114)	31.3 (126)	13.2 (53)
非正規	30.0 (12)	15.0 (6)	20.0 (8)	32.5 (13)	12.5 (5)
無回答	100.0 (1)	0.0 (0)	100.0 (1)	100.0 (1)	100.0 (1)
男	26.7 (40)	35.3 (53)	28.0 (42)	32.0 (48)	13.3 (20)
女	21.2 (62)	23.3 (68)	27.7 (81)	31.2 (91)	13.4 (39)
無回答	50.0 (1)	0.0 (0)	0.0 (0)	50.0 (1)	0.0 (0)

項　目	離職率の増加	子ども集団づくりの困難さ	暴力・性問題の増加と対応の困難さ	施設運営上の問題が，職員個人や人間関係の問題にされやすい	食事作りに時間が取られる
	8.1 (36)	10.1 (45)	16.9 (75)	12.6 (56)	26.1 (116)
労組有	7.1 (13)	13.0 (24)	22.3 (41)	12.5 (23)	18.5 (34)
労組無	8.8 (23)	8.1 (21)	13.1 (34)	12.7 (33)	31.5 (82)
正　規	8.7 (35)	10.7 (43)	16.9 (68)	13.4 (54)	25.8 (104)
非正規	2.5 (1)	5.0 (2)	17.5 (7)	5.0 (2)	30.0 (12)
無回答	0.0 (0)	0.0 (0)	0.0 (0)	0.0 (0)	0.0 (0)
男	10.0 (15)	13.3 (20)	22.7 (34)	18.0 (27)	26.7 (40)
女	7.2 (21)	8.6 (25)	13.7 (40)	9.9 (29)	25.7 (75)
無回答	0.0 (0)	0.0 (0)	50.0 (1)	0.0 (0)	50.0 (1)

項　目	価値観の相違による職員同士の関係の悪化	その他	無回答	合　計
	18.2 (81)	8.1 (36)	10.1 (45)	100.0 (444)
労組有	18.5 (34)	9.8 (18)	8.7 (16)	100.0 (184)
労組無	18.1 (47)	6.9 (18)	11.2 (29)	100.0 (260)
正　規	18.4 (74)	7.4 (30)	8.2 (33)	100.0 (403)
非正規	17.5 (7)	15.0 (6)	27.5 (11)	100.0 (40)
無回答	0.0 (0)	0.0 (0)	100.0 (1)	100.0 (1)
男	18.7 (28)	10.0 (15)	6.7 (10)	100.0 (150)
女	18.2 (53)	7.2 (21)	12.0 (35)	100.0 (292)
無回答	0.0 (0)	0.0 (0)	0.0 (0)	100.0 (2)

出所：筆者作成。

が前面に出やすいことが影響した可能性がある。雇用形態別の傾向の違いについては，「非正規」は前述したように現場職員以外の職種が約半数を占めていることや，短時間勤務の者が多いことに加えて，子どもの担当など責任のある業務を担当していない場合もあるため，多くの項目で割合が低くなったと推測される。性別にみると，「男」で組織づくりや施設運営，職員の育成，暴力・性問題の対応に関する項目の割合が高いのは，就いている役職や性別の業務分担などが影響した可能性がある。

（3）ユニット間や職員間の連携，職員の働き方を改善するための工夫

〈ユニット間や職員間の連携，職員の働き方を改善するための工夫〉（表10－5）の自由記述数は228で，労組の有無別の内訳は「有」が98，「無」が130であった。これらの自由記述をコード化・カテゴリー化したところ，9つのカテゴリーとそれを構成する104のコードに分類された。なお，ここでは，前半は「無」を中心に双方に共通したコードを取り上げた上で，後半は「有」で特徴的なコードがある場合にそれを示した。

カテゴリー別にみると，《会議・連絡会・引き継ぎの工夫》は記述数が74（有21，無53）と最も多く，21のコードが抽出された。労組の有無別にみると，「無」の記述数が多い傾向にある。ここでは，【会議の充実】【引き継ぎの強化】に関する記述が多く，【部署の会議に専門職も加わり，スーパーバイズを行う】【職員会議で憩いの場をつくる】【子どものエピソードを基に職員の価値観のすり合わせ

表10-5 ユニット間や職員間の連携，職員の働き方を改善するための工夫（アンケート調査）

カテゴリー	コード
会議・連絡会・引き継ぎの工夫	・会議の充実 ・引き継ぎの強化 ・職員のルーティン業務の徹底 ・毎朝の連絡会議で情報交換をしている ・ユニット責任者会を設け，問題解決をしていく ・部署の会議に管理職も加わり，スーパーバイズを行う ・職員会議で憩いの場をつくる ・朝のミーティングを長くとり，職員が問題を抱えこまないようにしている ・子どものエピソードを基に職員の価値観のすり合わせをしている ・昼食は各ユニットが集まり，みんなで食べて交流を図る ・月に2回全員参加の会議がある ・グループ長が話し合う場を設けている ・OJT面接や人材育成のための話し合いで共有する ・会議や日々の雑談で各ユニットや児童の様子を全体で共有する ・連絡帳で引き継ぎをする ・個人の意見を潰さない会議の進行 ・会議の場でグループワークの時間が設けられている ・他のホームとのミーティングが設けられている ・委員会や係の会議を設け，職員の交流の場を増やしている ・週1回ユニット会議を行い，情報共有や支援方法を検討する機会を設けている ・フラット体制による合議制をとっている
風通しを良くするしくみ	・他のユニットへ毎日顔を出すようにしている ・風通しを良くするため，職員はいろいろなユニットに勤務する ・担当制にせず，入る寮を固定しない ・体制の問題を議論する委員会がある ・各ユニット及び全体をみる主任をおいて組織化を図る ・マニュアル化 ・地域小規模児童養護施設での勤務の実施 ・年に数回，他のホームでの勤務がある ・ダブり勤務をつくる ・会議で意見を出しやすい雰囲気，風通しの良さとシステムを定着させる ・専門職が会議やフロアに入る ・部署間交流をしている ・2グループをセットにしていることによる連携 ・自己判断せず，疑問があればその日のリーダーに聞く ・その日の終わりにユニット間で子どもの様子を報告し合っている ・ホームごとの縦組織に職務委員の横組織を加えた ・各ホームが独善的にならないよう各ホームリーダーがマネジメントをしている ・プロジェクトチームをつくり，職員の横のつながりを大切にしている ・職員採用時に職員全員が並んで一票を投票する ・お互いが説明責任を果たす ・行動の意味や流れなどを会議やサイボーズを使って細かく説明している
施設内の支援体制	・フリーの職員が各ユニットに入り，課題等を把握している ・本園から宿直職員を派遣し，負担の軽減と風通しを良くしている ・他のユニットも気にかけて応援に行っている ・立場上言いにくいときには専門職に相談し，介入してもらっている ・何かあれば集まって話し合いができる雰囲気がある ・スーパーバイザーの解説 ・ユニットを支える職員集団の存在 ・施設長としてできるだけ職員の声に耳を傾ける ・繁忙時や緊急時のフォロー ・現場の職員が手を取られないように，調理員が食事づくりを行っている

第10章　小規模化の影響

	・人数配置を基準以上にしている ・上司と1日のふりかえりをする場を設ける ・残業時間のチェックと改善を考える ・業務軽減法を話し合って実行している ・専門職にフォローや助言をしてもらえるようにする ・ディーセントワークプロジェクトチームが職場の不満の解決に当たっている ・みんなで話し合って決議するチームアプローチをしている ・「認め合い・支え合い・笑い合い」というスローガンを立てている ・なるべく相手の意見を尊重する ・お互いの良い所をみて感謝を言葉にして伝える
職員間のコミュニケーション	・些細なことでも話をする ・世間話をしたり，意識的にコミュニケーションを図ったりする ・担当間で細かいことまで話し合いを持つ ・話し合い，助け合い，よく相談にのる ・女子会 ・職員クラブ ・職員旅行 ・他職種の職員との交流を意識する ・職員同士が気軽に集って話ができる場所の確保 ・職員間でユニットを越えて話し合う ・直接顔を合わせたり，話したりする時間を大事にしている
情報共有・報告・連絡・相談	・報告・連絡・相談の徹底 ・情報を共有したり，日常的な会話を大事にしたりする ・できる限り細かく子どもの様子や出来事を報告・相談する ・連絡帳の細かな記入と閲覧 ・子どもの対応時の役割分担 ・業務の標準化と支援方法の共有
労働環境の改善	・職員数を増やして労働内容の軽減を目指している ・できるだけ勤務を調整している ・事務仕事をする時間をつくる ・体制改善の話し合い ・宿直数に差が出ないように調整している ・希望休の取りやすさ ・日によって休憩時間を規定より長めに取らせる ・夜間は2人体制にしている ・勤務体制を厚くし，コミュニケーションの時間を増やしている ・組合を通して働き方について提言する ・結婚・出産したときに職場復帰しやすい環境づくりを行っている ・職員がバーンアウトしないように人事考課等で定期的に話を聞く場を設ける ・定時で帰ることができるような工夫 ・有休取得のための補助スタッフの配置 ・年1回1週間のリフレッシュ休暇を取る ・育休明け職員の宿直を合意のもとで軽減している
特になし	・特になし ・今後，工夫が必要だと思う
研　修	・施設内研修の実施 ・研修の充実
その他	・形だけは行っている ・パートは参加するわけではない ・調理場勤務なので詳しくわからない ・メンタルヘルスやハラスメントの理解が不十分 ・意識向上・意識改革

出所：筆者作成。

をしている】などの意見がみられた。さらに,「有」では【個人の意見を潰さない会議の進行】【他のホームとのミーティングが設けられている】【週1回ユニット会議を行い,情報共有や支援方法を検討する機会を設けている】などにみられるように,会議・連絡会・引き継ぎを工夫することによって,ユニット間や職員間の連携を深める取り組みがされていた。

《風通しを良くするしくみ》は記述数が33（有26,無7）と2番目に多く,21のコードに分類された。労組の有無別では,「有」の記述数が多い傾向にある。内容をみると,【他のユニットへ毎日顔を出すようにしている】【担当制にせず,入る寮を固定しない】【各ユニット及び全体をみる主任をおいて組織化を図る】のように,職員が孤立したり,視野が狭くなったりすることを予防する取り組みがされていた。一方,「有」では【ダブり勤務をつくる】【専門職が会議やフロアに入る】【2グループをセットにしていることによる連携】【ホームごとの縦組織に職務委員の横組織を加えた】などのように,風通しを良くするためにきめ細かなしくみづくりをしていた。加えて,【職員採用時に職員全員が並んで一票を投票する】のように,職員全員が職員採用に深く関与するしくみをつくることによって,施設運営に主体性に参画することや,職員を育成する意識を醸成している施設もあった。

《施設内の支援体制》は記述数が31（有20,無11）で,20のコードに集約された。具体的には,【フリーの職員が各ユニットに入り,課題等を把握している】【他のユニットも気にかけて応援に行っている】【立場上言いにくいときには専門職に相談し,介入してもらっている】【施設長としてできるだけ職員の声に耳を傾ける】のように,担当のユニット以外の職員や施設長による支援体制が構築されていた。さらに,「有」では現場職員の負担軽減のために【現場の職員が手を取られないように,調理員が食事づくりを行っている】【人数配置を基準以上にしている】【業務軽減法を話し合って実行している】【ディーセントワークプロジェクトチームが職場の不満の解決に当たっている】【お互いの良い所をみて感謝を言葉にして伝える】など,労組の活動が影響して,具体的なしくみづくりやきめ細かな配慮がされていた。

《職員間のコミュニケーション》は記述数が30（有8,無22）で,11のコードで構成された。労組の有無別にみると,「無」の記述数がやや多い傾向にあるが,記述内容は両者に差異はあまりみられなかった。ここでは,【些細なことでも話をする】【世間話をしたり,意識的にコミュニケーションを図ったりする】【話し

合い，助け合い，よく相談にのる】など，職員間でよく話をすることに関する記述が多くみられた。加えて，【女子会】【職員クラブ】【職員旅行】のように，仕事以外での活動による交流や，【職員間でユニットを越えて話し合う】【直接顔を合わせたり，話したりする時間を大事にしている】など，職員間のコミュニケーションを円滑にするための取り組みがされていた。

《情報共有・報告・連絡・相談》は記述数が30（有10，無20）で，6つのコードが抽出された。労組の有無別にみると，記述内容は両者にそれほど差異はみられなかった。具体的には，【報告・連絡・相談の徹底】や【情報を共有したり，日常的な会話を大事にしたりする】【できる限り細かく子どもの様子や出来事を報告・相談する】に加えて，【連絡帳の細かな記入と閲覧】【子どもの対応時の役割分担】【業務の標準化と支援方法の共有】という意見があった。この中には，《会議・連絡会・引き継ぎの充実》と共通する内容もみられたが，小規模化した施設ではユニット・ホームや職員が孤立しやすく，ユニット・ホームごとに独自の風土が醸成されやすいため，相互の情報共有と連携が不可欠である。

《労働環境の改善》は，記述数が16（有7，無9）で，同じく16のコードに分類された。ここでは，【職員数を増やして労働内容の軽減を目指している】【宿直数に差が出ないように調整している】【日によって休憩時間を規定より長めに取らせる】【夜間は2人体制にしている】など，《施設内の支援体制》とも共通した職員の負担を軽減するための取り組みに関する記述がみられた。一方，「有」では【組合を通して働き方について提言する】ことや，【結婚・出産したときに職場復帰しやすい環境づくりを行っている】【定時で帰ることができるような工夫】【有休取得のための補助スタッフの配置】【年1回1週間のリフレッシュ休暇を取る】など，労組の活動が影響して労働環境を具体的に改善するしくみづくりがされていた。

《特になし》は記述数が6（有1，無5）で，【特になし】【今後，工夫が必要だと思う】という2つのコードに集約された。また，《研修》は記述数が3（有2，無1）で，【施設内研修の実施】【研修の充実】の2つのコードが抽出された。

《その他》は記述数が5（有3，無2）で，同じく5つのコードが抽出された。内容をみると，【形だけは行っている】という意見に加えて，【パートは参加するわけではない】【調理場勤務なので詳しくわからない】のように，非正規の職員や調理員は小規模化後の職員の働き方の工夫について把握していないことも浮かび上がった。さらに，【メンタルヘルスやハラスメントの理解が不十分】【意識向

上・意識改革】のように，職場の民主化や意識改革の必要性に関する指摘もあった。

　ここまでみてきたように，〈ユニット間や職員間の連携，職員の働き方を改善するための工夫〉の自由記述をコード化・カテゴリー化したところ，《会議・連絡会・引き継ぎの工夫》《風通しを良くするしくみ》《施設内の支援体制》《職員間のコミュニケーション》の記述数が多く，小規模化を進めていく上でこれらの事項が重要であることが明らかとなった。このように，調査対象施設ではさまざまな工夫やしくみづくりを通して，ユニット間及び職員間の連携を促進したり，職員の負担を軽減したりしていた。これは，みずほ情報総研（2020）における小規模化の課題に対する手立てとして出た情報共有や，顔のみえる話し合いを通した信頼関係の構築などの取り組みとも共通していた。

　また，カテゴリー別にみると，《風通しを良くするしくみ》は「有」の記述数が多い傾向にあり，《会議・連絡会・引き継ぎの工夫》《職員間のコミュニケーション》は「無」の記述数が多い傾向がみられた。コードの内容をみると，《会議・連絡会・引き継ぎの工夫》《職員間のコミュニケーション》は「無」で一般的な事項に関する記述が多い傾向にある一方，《風通しを良くするしくみ》《施設内の支援体制》は「有」で具体的かつきめ細かな配慮を含む記述が多い傾向があった。これは，「有」では労組の活動が影響して，「無」から出た一般的な事項が既に改善されているからだと考えられる。加えて，《労働環境の改善》をみると，「有」では労組の活動が影響して，労働環境を具体的に改善するしくみが整備されていた。雇用形態別にみると，ほとんどが「正規」の記述であるため，「正規」と「非正規」の違いを比較することができなかった。

　一方，《風通しを良くするしくみ》のコードのうち，【2グループをセットにしていることによる連携】は，黒田（2013）が指摘するように，複数のユニットで宿直を共有することによって職員の負担が軽減されたり，会議を共有することで何かあったときにサポートに入りやすくなったりするため，ユニットや職員の孤立を防ぐ意味でもメリットが大きい。さらに，【職員採用時に職員全員が並んで一票を投票する】取り組みのように，職員が採用に主体的に関与できるしくみがあると，自分たちで職員を育てる責任感が自然と芽生えるため，現場の中で職員の育成が有効に機能するといえる。これは労組の組織率が高い施設だからこそできるともいえるが，同族経営の施設においても導入できるかが課題である。

2 インタビュー調査からみた小規模化後の変化と課題

　前述したアンケート調査では，小規模化した時期や小規模化した後の子ども・職員の変化について明らかになったものの，より具体的な実態を明らかにするため，ここでは小規模化を先駆的に進めてきた6施設の職員18人のインタビュー調査から，労組の有無別及び職階別に小規模化による子ども・職員の変化と小規模化を進めていく上での課題についてみていく。なお，インタビュー調査は経験年数を踏まえて，〈小規模化する前と後の変化（「子どもの変化」「職員の労働環境・働き方・疲労度の変化など（以下，職員の変化）」〉の項目については，「中堅」「管理職」のみを対象としている。

（1）小規模化する前と後の子ども・職員の変化

　〈小規模化する前と後の変化（子どもの変化，職員の変化）〉（表10−6）の意見数は，81（有：計43，無：計38）である。このうち，〈子どもの変化〉は，40（有21，無19）の意見があり，3つのカテゴリーとそれを構成する36のコードに分類された。〈職員の変化〉は，41（有22，無19）の意見があり，3つのカテゴリーとそれを構成する38のコードに分類された（計6つのカテゴリーと74のコード）。

1）子どもの変化

　〈子どもの変化〉（表10−6）は，前述したように40（有21，無19）の意見があり，3つのカテゴリーとそれを構成する36のコードに分類された。まず，《メリット》（計19：有10，無9）は，18のコードが抽出された。職階別にみると，「中堅」（計7：有4，無3）は，「有」から【職員との距離が縮まった】【子どもと話し合い，行事を一緒に考えられるようにした】【同じメンバーでいるため，安心感がある】【子どもの生活のしやすさにつながる】のように，小規模化による子どもとの関係や生活のしやすさ，安心感などのメリットが指摘された。また，「無」からも同じく【男女混合のときに比べると威圧や性的な心配も減った】【一人一人の子どもに目を向けられるようになり，子どもが意見を言えるようになった】【本園は1人部屋や2人部屋にすると落ち着いた】のように，安心して生活できる環境になっていることが語られた。

　「管理職」（計12：有6，無6）は，「有」から「中堅」と同じく安心して生活することができるという意見に加えて，【問題があまりない子にも目を向ける時間

第Ⅳ部　施設職員の労働問題を規定する要因

表10-6　小規模化する前と後の変化（インタビュー調査）

カテゴリー		コード
子どもの変化	メリット	・職員との距離が縮まった ・子どもと話し合い，行事を一緒に考えられるようにした ・同じメンバーでいるため，安心感がある ・子どもの生活のしやすさにつながる ・男女混合のときに比べると威圧や性的な心配も減った ・一人一人の子どもに目を向けられるようになり，子どもが意見を言えるようになった ・本園は1人部屋や2人部屋にすると落ち着いた ・問題があまりない子にも目を向ける時間ができた ・一人になる時間があるため，将来を悩む時間が生まれた ・小学生の女子が髪を伸ばし始めた ・身だしなみを整えられるようになった ・自分専用の部屋や好きな物を用意するなど環境は大切 ・いじめや暴力がなくなった ・自分が要求を言ったら変わることを子どもが実感している ・子どもの生活が落ち着いた ・子どもが大人の顔色を窺わずに済む ・不登校やひきこもりなど一人一人の細かいニーズに応えようとしている ・施設に来たときは混乱を乗り越えてきた後でメリットしかみえていない
	デメリット	・小規模化してすぐは前の方が良かったという反応だった ・1～2年後には自分の空間の保障もあり，慣れが出てきたが，合わない職員もいた ・2～3年目から自分が出始めて大変だった ・自由と甘えのはき違えが生じた ・距離が近いこと ・一人の動きが目立つ ・同学年と生活していた年長児がユニット化で縦割りになり，小さい子に威圧的になった ・無断外出や深夜徘徊が続いたため，ルールを整備した ・甘えが過度になり，受け止めるのが大変 ・昔から大舎にいる子どもから小舎で育つ子どもへの八つ当たりがあった ・施設の場所が変わると学校も変わり，子どもは馴染みにくい ・子どもが抱えている問題が表出しやすくなり，摩擦が増える
	その他	・大舎ではルールが多く，それがないと生活できない子どももいた ・ある程度ルールがあった方が落ち着きやすい ・12人の家の雰囲気は家庭的 ・大舎では職員も大声で怒ることも多く，みていたつもりだったが理解できていなかった ・ユニットになれば家庭的になると思っていたのは幻想だった ・この施設は元々小規模だった

第10章 小規模化の影響

職員の変化	デメリット	・夜の必要人数が増え，職員の確保が必要になる ・負担が増えた ・先輩のやり方をみることができなくなった ・1階と2階でお互いの顔がみえない ・職員配置は手厚くなったが，実際は一人で勤務する時間が多い ・すぐ近くに別の職員がいないため，子どもが荒れているときは気づきにくい ・3人で組んでいるので休めない ・大人も子どもも逃げ場がない ・グループホームは一旦関係が悪化すると修復が難しい ・やりすぎることもないが，うまくいかないと問題も多い ・グループで完結するからこそ，発信や相談がないと，とんでもないことになりがち ・子どもとの距離が近くなりすぎてしんどい ・大舎を経験した人は小舎に慣れることが難しかった ・定着できない ・職員が疲弊し，子どもが荒れるなど弊害・リスクが出た ・職員が孤立する ・職員間の仕事に対する熱量の差が多く出た ・2対1になり支援が広がった面もあるが，中堅が楽な方に流れた ・大人の問題が起きやすくなっているため，みんなで共有して対応する ・勤務が大変でマルチな力が求められる ・責任感も増え，過酷になっていく ・辞めてしまう人が増えた ・子どもを一人で受け止めなければならない ・セルフジャッジで子どもと向き合わなければならないが，自立して判断してほしい
	メリット	・デスクワークが勤務時間内にできるようになった ・宿直は4人いるので，すぐに相談できるのが良い ・12人の家では他の職員の動きがみえて，トラブルにもすぐに介入や協力ができる ・ユニットにして怒ることが減った ・やる気のある人はいろんなことに取り組むようになった
	その他	・最近は時間になったらあがろうとする人が多い ・事務所と現場で休みが不揃いになっているのを揃える取り組みをしている ・寮舎ごとに休みや環境が違うため，結局は働き方にかかわってくる ・ここは他の施設のようなユニット型ではない ・各家の責任者はいるが，担当はなく職員は全体をみる ・若手職員や調理員の意見を大切にしている ・労組でかかわっていた施設がどうしようもない ・地域小規模児童養護施設の方が働く年数が長くなるが，大舎から小規模にするのは大変 ・職員にとってのメリットがデメリットにもなる

出所：筆者作成。

ができた】のように，子どもに目が届きやすいという意見もあった。また，【一人になる時間があるため，将来を悩む時間が生まれた】ことや，【小学生の女子が髪を伸ばし始めた】【身だしなみを整えられるようになった】という子どもの変化は，退所後の社会的自立(3)にも大きく影響する事項である。加えて，【自分専用の部屋や好きな物を用意するなど環境は大切】のように，入所前に子どもと面会した上で，子どもの好みに応じて居場所と感じられるような環境づくりをしている施設もあった。

一方，「無」からも「有」と同じく【いじめや暴力がなくなった】【自分が要求を言ったら変わることを子どもが実感している】【子どもの生活が落ち着いた】【子どもが大人の顔色を窺わずに済む】のように，安心できる生活環境になったことによる子どもの変化や，【不登校やひきこもりなど一人一人の細かいニーズに応えようとしている】のように，職員側の意識も変化したことが指摘された。他方で，小規模化した後に施設に異動した経緯から，【施設に来たときは混乱を乗り越えてきた後でメリットしかみえていない】という語りもあった。

《デメリット》(計14：有8，無6)は，12のコードで構成された。まず，「中堅」(計10：有5，無5)は，「有」から【小規模化してすぐは前の方が良かったという反応だった】【1〜2年後には自分の空間の保障もあり慣れが出てきたが，合わない職員もいた】【2〜3年目から自分が出始めて大変だった】【自由と甘えのはき違えが生じた】のように，小規模化の移行期に多くの問題が生じることが指摘された。また，「無」からも「有」と同じく自由と我儘の勘違いが生じたという意見に加えて，【距離が近いこと】【一人の動きが目立つ】【同学年と生活していた年長児がユニット化で縦割りになり，小さい子に威圧的になった】という小規模化の移行期における問題があり，それに対して【無断外出や深夜徘徊が続いたため，ルールを整備した】という語りがあった。

「管理職」(計4：有3，無1)は，「有」から「中堅」と表現は異なるが【甘えが過度になり，受け止めるのが大変】という共通した子どもの変化に加えて，【昔から大舎にいる子どもから小舎で育つ子どもへの八つ当たりがあった】という問題も一時的に起きたことが語られた。加えて，【施設の場所が変わると学校も変わり，子どもは馴染みにくい】のように，本園から離れた地域小規模児童養護施設に異動した場合の学校や地域との関係づくりに関する難しさに関する指摘もあった。一方，「無」からも「有」と表現は異なるが【子どもが抱えている問題が表出しやすくなり，摩擦が増える】という共通した子どもの変化に関する語り

があった。

《その他》(計7：有3，無4) は，6つのコードに集約された。まず，「中堅」(計6：有2，無4) は，「有」から【大舎ではルールが多く，それがないと生活できない子どももいた】という意見の一方で，最初から小規模化していた施設についても以前はルールが整備されていなかったため，【ある程度ルールがあった方が落ち着きやすい】という指摘もあった。一方，「無」からは【12人の家の雰囲気は家庭的】のように，小規模の家よりも規模が大きいユニットの雰囲気が良いという意見に加えて，【大舎では職員も大声で怒ることも多く，みていたつもりだったが理解できていなかった】という大舎の頃の反省点や，【ユニットになれば家庭的になると思っていたのは幻想だった】のように，建物を小規模化するだけで良くなるわけではないことに関する意見もあった。また，「管理職」(計1：有1，無0) は，「有」から【この施設は元々小規模だった】という語りがあった。

ここまでみてきたように，〈子どもの変化〉は先行研究（吉村・吉村 2016；みずほ情報総研 2017）や前述したアンケート調査と同様に，小規模化による良い意味での子どもの変化が多くみられた。特に身だしなみのことや将来を悩む時間が生まれたことは，退所後の社会的自立に大きく影響する重要な変化といえる。ただし，《デメリット》で「中堅」「管理職」から出た意見や，先行研究（みずほ情報総研 2017）で明らかになっているように，小規模化の移行期にトラブルが発生しやすいため，職員集団としての組織的な対応が必要である。

一方，「無」の「中堅」から出た12人の家は，小規模グループケアの定員より規模が大きいものの，小規模の家と比較しても子どもにとってメリットがあるとのことであった。この点は詳しい分析が必要だが，〈職員の変化〉で後述するように，この施設では担当制にしていないことによって，職員全体で子どもをみる民主的な風土があることが良い影響を及ぼしている可能性がある。また，ここでは，吉村（2019）が指摘するように，小規模化した施設で子ども集団づくりをどのようにしていくかが重要であることも示された。

2）職員の変化

〈職員の変化〉（表10-6）は，41（有22，無19）の意見があり，3つのカテゴリーとそれを構成する38のコードに分類された。まず，《デメリット》(計27：有15，無12) は，24のコードが抽出された。職階別にみると，「中堅」(計15：有10，無5) は「有」の意見がやや多い傾向にあり，【夜の必要人数が増え，職員の確保が必要になる】【負担が増えた】【先輩のやり方をみることができなくなった】

【1階と2階でお互いの顔がみえない】【職員配置は手厚くなったが，実際は一人で勤務する時間が多い】【すぐ近くに別の職員がいないため，子どもが荒れているときは気づきにくい】【3人で組んでいるので休めない】のように，小規模化によって職員の負担が増えたことや，職員同士の関係性の変化，職員の育成・支援の困難さに関する問題が指摘された。さらに，【大人も子どもも逃げ場がない】【グループホームは一旦関係が悪化すると修復が難しい】という逃げ場のなさや関係が悪化した場合の困難さに加えて，【やりすぎることもないが，うまくいかないと問題も多い】という指摘もあった。

一方，「無」からは，「有」と同じく逃げ場がないことや他の職員の働き方がみえないという意見に加えて，【グループで完結するからこそ，発信や相談がないと，とんでもないことになりがち】【子どもとの距離が近くなりすぎてしんどい】というユニット・ホームごとの閉鎖性や，子どもとの距離の近さに関する意見があった。加えて，【大舎を経験した人は小舎に慣れることが難しかった】のように，小規模化の移行期に職員も環境の変化に慣れるのに苦労していた。

「管理職」(計12：有5，無7)は，「有」から【定着できない】【職員が疲弊し，子どもが荒れるなど弊害・リスクが出た】【職員孤立する】のように，職員の負担増に伴う疲弊や早期離職，孤立の問題に加えて，【職員間の仕事に対する熱量の差が多く出た】【2対1になり支援が広がった面もあるが，中堅が楽な方に流れた】のように，職員間の仕事に向き合う意識の差に関する意見があった。「無」からは，【大人の問題が起きやすくなっているため，みんなで共有して対応する】のように，職員側の問題に対するしくみづくりに加えて，「有」と同じく【勤務が大変でマルチな力が求められる】【責任感も増え，過酷になっていく】【辞めてしまう人が増えた】のように，過重労働になっていることや，離職者の増加に関する指摘がみられた。また，【子どもを一人で受け止めなければならない】という意見の一方で，【セルフジャッジで子どもと向き合わなければならないが，自立して判断してほしい】のように，職員に独り立ちしてほしいという指摘もあった。

《メリット》(計5：有2，無3)は，5つのコードで構成された。まず，「中堅」(計4：有1，無3)は「有」から【デスクワークが勤務時間内にできるようになった】という事務仕事に関するメリットが語られた。「無」からは，【宿直は4人いるので，すぐに相談できるのが良い】のように，施設内の複数ユニットの職員同士の支援体制や，【12人の家では他の職員の動きがみえて，トラブルにも

すぐに介入や協力ができる】のように，規模が大きいホームにおける職員体制のメリットに加えて，【ユニットにして怒ることが減った】という意見が出た。「管理職」(計1：有1，無0) は，「有」から【やる気のある人はいろんなことに取り組むようになった】のように，意欲ある職員にとっては良い影響があるという指摘があった。

《その他》(計9：有5，無4) は，9つのコードで構成された。まず，「中堅」(計5：有3，無2) は，「有」から【最近は時間になったらあがろうとする人が多い】【事務所と現場で休みが不揃いになっているのを揃える取り組みをしている】【寮舎ごとに休みや環境が違うため，結局は働き方にかかわってくる】のように，働く意識の変化や働き方に関する語りがあった。一方，「無」からは，【ここは他の施設のようなユニット型ではない】という意見に加えて，【各家の責任者はいるが，担当はなく職員は全体をみる】のように，担当制ではなく職員全体で子どもをみる体制にしているという意見があった。

「管理職」(計4：有2，無2) は，「有」から【若手職員や調理員の意見を大切にしている】という，意見が反映されにくい立場の職員の視点を活かしている施設がある一方で，【労組でかかわっていた施設がどうしようもない】のように，非民主的な施設運営によって労組ができた施設が抱えている問題の根深さに関する意見も出た。また，「無」からは，【地域小規模児童養護施設の方が働く年数が長くなるが，大舎から小規模にするのは大変】という語りに加えて，【職員にとってのメリットがデメリットにもなる】のように両面あるという指摘もあった。

ここまでみてきたように，〈職員の変化〉では，さまざまな負担が増えたことに加えて，職員同士の関係性の変化や職員の育成・支援・定着の困難さなど，デメリットに関する意見が多くみられた。これは職員配置基準の低さに加えて，職員間及びユニット・ホーム間の相互連携を含む職員集団づくりや，職員を育成するシステムが十分ではないことなどが背景にある。このうち，制度面の課題については，すぐに改善することは困難であるため，「無」の「中堅」から出た12人の家のように，形態や担当制にこだわるのではなく，職員全体で子どもをみる形での小規模化も検討する必要がある。この点について川上(2020)は，小規模化の課題として職員の異動・離職による分離体験の影響をあげているが，それを克服するためにも，この施設の取り組みは注目に値するといえる。

一方，先行研究(みずほ情報総研 2017；川上 2020；NTTデータ経営研究所 2023) との比較では，一人勤務や職員の疲弊，職員の確保・育成の困難さなどが共通し

ていたが，本調査では12人の家のように担当制ではないからこその良い面に加えて，若手職員や調理スタッフの意見を活かすことの重要性が明らかとなった。さらに，小規模化を持続可能な形で進めていくためには，職員の負担をどのように軽減していくかが課題であることも改めて浮かび上がった。この点は，橋本・明柴（2014：162）が指摘する「小規模でなおかつ個別的で特定の保育者から継続的な関わり」をしていくためにも重要なことである。

（2）小規模化を進めていく上での課題

〈小規模化を進めていく上での課題〉（表10－7）は，50（有24，無26）の意見があり，5つのカテゴリーとそれを構成する47のコードに分類された。まず，《職員の確保・育成》（計19：有14，無5）は，17のコードが抽出された。労組の有無別にみると，「有」の意見が多い傾向にある。職階別にみると，「初任」（計1：有1，無0）は，「有」から小規模化を進めていくうえで【職員の資質向上や優れた人材の確保が必要】という語りがあった。

「中堅」（計9：有6，無3）は，「有」から出た【方針と情報の共有が必要】【新人を中心にホーム間で職員を年1回チェンジする】のように，自分が担当するホームのことしかみえなくなることを防ぎ，さまざまな経験を積むための取り組みがされていた。また，【若い人をどう育てていくか】【数だけではなく，年齢・経験などのバランスが大切】【人材が足りないが，人がいればよいわけではなく，質を上げるための研修が必要】という意見の背景には，職員を募集しても集まらなかったり，一人勤務が増えて職員の育成が困難になったり，小規模化に伴って離職者が増えたりしている現状がある。このほか，勤続年数が長いだけではなく，【長い経験を活かせる人が必要】という課題も指摘された。「無」からも，【配置基準を満たすために，どんな人でも採用しなくてはならない】【職員の入れ替わりが激しくなり，専門性がより必要になる】という職員の確保・育成に関する意見に加えて，【職員同士の価値観が違うのは良いことだが，最低ラインは押さえる必要がある】のように，統一的な対応の難しさに関する語りもあった。

「管理職」（計9：有7，無2）は，「有」から出た【結婚・出産しても勤められるといい】という意見は，ライフステージの関係で20代後半から30代半ばの職員がいないため，出産や子育てをしても働き続けられる職場づくりが必要という危機感の表れである。他方で，【他とのかかわりがなくなると勝手に進化してしまうため，人材育成のシステムが必要】【人材の確保・育成・定着が必要】という

第10章 小規模化の影響

表10-7 小規模化を進めていく上での課題（インタビュー調査）

カテゴリー	コード
職員の確保・育成	・職員の資質向上や優れた人材の確保が必要 ・方針と情報の共有が必要 ・新人を中心にホーム間で職員を年1回チェンジする ・若い人をどう育てていくか ・数だけではなく、年齢・経験などのバランスが大切 ・人材が足りないが、人がいればよいわけではなく、質を上げるための研修が必要 ・長い経験を活かせる人が必要 ・配置基準を満たすために、どんな人でも採用しなくてはならない ・職員の入れ替わりが激しくなり、専門性がより必要になる ・職員同士の価値観が違うのは良いことだが、最低ラインは押さえる必要がある ・結婚・出産しても勤められるといい ・他とのかかわりがなくなると勝手に進化してしまうため、人材育成のシステムが必要 ・人材の確保・育成・定着が必要 ・施設長の育成が求められている ・4月から人材対策特別委員会が立ち上がり、委員長になる ・外にグループホームを出すなら運営する力を持った職員が必要 ・中舎は他の職員の背中がみえるが、いきなり小舎だと大変
労働環境	・働きやすい環境をどうやって作るかが大事 ・長い目でみて職員がどうやって長く働き続けられるか ・一軒家は理想だが、職員が家事に追われるため、労働条件や環境づくりが難しい ・断続勤務がきつい ・小規模化すると職員が孤立して養護観も偏り、サポートを受けるのも難しい ・小舎は閉鎖的な空間で1人の負担が増える ・小規模化した施設は勤務時間が長くなり、グループホームは孤立感がある ・大学生のときは小規模化した方が良いと思っていたが、すごく大変 ・自分の人生と仕事をどうすり合わせるか ・一人勤務があるがゆえの負担感はある ・日勤が必要 ・子どもと大人の権利を一体的に考える
制度・行政の課題	・国は小規模化しようとしているが、どうやって同じ方向を向いて進めていくかが難しい ・誰でも里親になれてしまうことや、施設が治療的に考えられているのはどうかと思う ・6〜8人の単位は子どもの人数が多すぎて家庭的ではない ・地域小規模児童養護施設は本園のヘルプがないとまわらない ・地域小規模児童養護施設は2つをセットにすればすぐ応援に行ける ・職員配置の改善が必要
子どもとの関係・環境	・個人のスペースが狭い ・小人数になるほど隠れる場所が減る ・子ども同士の関係や距離の取り方が難しくなる ・子どもたちをよくみることができて家庭的にもなるため、小規模化を進めてほしい ・小舎と中舎を並行していくことが必要 ・小規模化は推進しているが、大舎で大人数の方がいい子どももいる
その他	・他施設も若い人が頑張っていると思う ・グループで完結できる良さと問題を隠せるリスクがある ・客観的にわかりやすく伝える発信力が必要 ・多くの施設は小規模化するとひっくり返る ・グループホームを増やす中で本園も連動して変えていく必要がある ・施設の機能をどこにどう使っていくかを地域と連動して考えていく

出所：筆者作成。

小規模化の課題を踏まえた職員の確保・育成に加えて,【施設長の育成が求められている】のように,元々は現場の職員で組織のマネジメントを学ばないまま施設長になっている場合が多いため,施設長を育成するしくみづくりの必要性も提起された。一方,「無」からは,【外にグループホームを出すなら運営する力を持った職員が必要】【中舎は他の職員の背中がみえるが,いきなり小舎だと大変】のように,職員の育成や小規模化を進める困難さに関する語りがあった。

《労働環境》(計13：有6,無7)は,12のコードで構成された。まず,「初任」(計9：有5,無4)は,「有」から出た【働きやすい環境をどうやって作るかが大事】【長い目でみて職員がどうやって長く働き続けられるか】【一軒家は理想だが,職員が家事に追われるため,労働条件や環境づくりが難しい】【断続勤務がきつい】【小規模化すると職員が孤立して養護観も偏り,サポートを受けるのも難しい】のように,小規模化によって働きやすい労働環境づくりが大きな課題になっていることが改めて浮かび上がった。「無」からも,【小舎は閉鎖的な空間で1人の負担が増える】【小規模化した施設は勤務時間が長くなり,グループホームは孤立感がある】という労働負担の重さや孤立感に加えて,【大学生のときは小規模化した方が良いと思っていたが,すごく大変】のように,実際に働いてみてその大変さを実感しているという語りもあった。

「中堅」(計2：有1,無1)は,「有」から【自分の人生と仕事をどうすり合わせるか】というワーク・ライフ・バランスに関する語りがあり,「無」からは小規模化による【一人勤務があるがゆえの負担感はある】という意見があった。「管理職」(計2：有0,無2)は,「無」から出た【日勤が必要】【子どもと大人の権利を一体的に考える】のように,働き続けるために必要な勤務形態や,子どもだけでなく職員の権利も一緒に考えることの重要性に関する語りがみられた。

《制度・行政の課題》(計6：有1,無5)は,6つのコードに分類された。労組の有無別では,「無」の意見数がやや多い傾向にある。まず,「初任」(計1：有1,無0)は,「有」から出た【国は小規模化しようとしているが,どうやって同じ方向を向いて進めていくかが難しい】のように,職員の中でも意見が異なるため,同じ方向を向いて働くことの困難さも浮かび上がった。

「中堅」(計2：有0,無2)は,「無」から【誰でも里親になれてしまうことや,施設が治療的に考えられているのはどうかと思う】【6～8人の単位は子どもの人数が多すぎて家庭的ではない】のように,国が進めている政策への疑問が出された。「管理職」(計3：有0,無3)は,「無」から【地域小規模児童養護施設は

本園のヘルプがないとまわらない】【地域小規模児童養護施設は2つをセットにすればすぐ応援に行ける】のように，地域小規模児童養護施設に関する疑問と改善策に加えて，根本的な問題である【職員配置の改善が必要】という意見もみられた。

《子どもとの関係・環境》（計6：有1，無5）は，6つのコードが抽出された。労組の有無別では，「無」の意見がやや多い傾向にあり，職階別にみると「中堅」の意見はなかった。まず，「初任」（計4：有1，無3）は，「有」から出た【個人のスペースが狭い】や，「無」から出た【小人数になるほど隠れる場所が減る】【子ども同士の関係や距離の取り方が難しくなる】のように，施設の環境や子ども同士の関係性に関する課題が浮かび上がった。その一方で，【子どもたちをよくみることができて家庭的にもなるため，小規模化を進めてほしい】という小規模化を推進する意見もみられた。「管理職」（計2：有0，無2）は，「無」から，子どもが小規模化を望んでいるのかという疑問を呈した上で，【小舎と中舎を並行していくことが必要】【小規模化は推進しているが，大舎で大人数の方がいい子どももいる】のように，一律に施設を小規模化することの問題点が指摘された。

《その他》（計6：有2，無4）は，6つのコードに集約された。職階別にみると，「初任」の意見はなかった。まず，「中堅」（計3：有1，無2）は，「有」から【他施設も若い人が頑張っていると思う】という若手職員を評価する意見があり，「無」からは【グループで完結できる良さと問題を隠せるリスクがある】【客観的にわかりやすく伝えられる発信力が必要】という小規模化のリスクとそれを克服するための発信力に関する指摘があった。「管理職」（計3：有1，無2）は，「有」から出た【多くの施設は小規模化するとひっくり返る】という意見の一方で，「無」からは【グループホームを増やす中で本園も連動して変えていく必要がある】【施設の機能をどこにどう使っていくかを地域と連動して考えていく】のように，政策動向を踏まえて本体施設の機能も変革していく必要性が語られた。

ここまでみてきたように，《職員の確保・育成》で「有」の「中堅」と「管理職」の意見が多い傾向にあるのは，労組の活動が影響して，それに対する意識が高いことやその立場が影響したと考えられる。また，施設では「有」の「管理職」の意見にあったように，職員構成が若手とベテランに二極化していることが多いため，産休・育休の取得に加えて復帰しやすい環境づくりが不可欠である。さらに，「有」の「管理職」から出た施設長の育成については，労組の活動その

第Ⅳ部　施設職員の労働問題を規定する要因

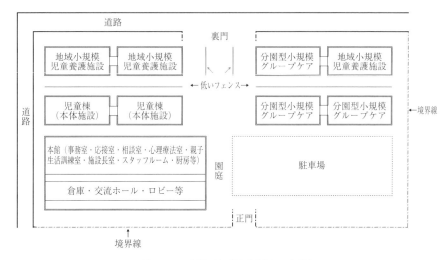

図10-1　大阪西本願寺常照園の平面図
出所：大阪西本願寺常照園の平面図と施設長等への聞き取りを基に筆者作成。

ものが組織マネジメントともいえるため，その意味でも施設に労組がある意義は大きい。一方，《労働環境》で「無」の「中堅」から出た一人勤務の課題を克服するには，前述したように職員同士の勤務が重なる時間を増やしたり，複数のユニット・ホームで会議を共有したりする中で相互の連携を強化する必要がある（黒田 2013）。

他方で，《制度・行政の課題》で「無」の「管理職」から出た地域小規模児童養護施設に関する意見の背景には，労働基準法を遵守した勤務を組むことができない制度設計の下で進められてきたことがある。それ自体が問題だが，そうした中で「無」の「管理職」から出た意見のように，地域小規模児童養護施設を長屋のように2つつなげて設置し，会議や宿直を共有することにより，小規模化のデメリットを防ぐにもつながる。このため，大阪府や千葉県などでそれが認可されているように，他の自治体においても柔軟に運用していく必要がある。

例えば，大阪西本願寺常照園（以下，常照園。48人定員）では，図10-1のように本体施設の敷地内に本館と4棟の建物に8つの家（児童棟〈本体施設〉が2つ，分園型小規模グループケアが2つ，地域小規模児童養護施設と分園型小規模グループケア，地域小規模児童養護施設が2つ）を建てており，本体施設と地域小規模児童養護施設・分園型小規模グループケア（以下，分園）の職員配置をならして1棟（2つの

家）に9人の職員が配置されているほか，本館に専門職やバックアップ職員，事務員，調理員などが配置されている。常照園では，1棟の中に2つの2階建ての家（各家は子ども6人定員。1棟につき12人）があり，各棟を低いフェンスなどで仕切ることにより，児童棟（本体施設）以外はそれぞれ分園として認可されている。そして，2つの家で会議や宿直を共有して相互の連携・協力体制を築くとともに，各家が孤立しないよう主任が頻繁に入ってサポートするようにしている。さらに，本館にある厨房で全体の食事を調理しているが，朝食は各家の職員が毎日作っており，夕食は月に何回か各家で食べたいものを調理したり，厨房で半調理にして各家で仕上げたりすることもある。このように，常照園では各家の職員の負担軽減を図りつつ，子どもたちが家庭の良さを感じられるようにしている。

　常照園のように，本園の敷地内に分園を配置する目的とメリットは，職員と各家の孤立・疲弊を防ぐことや，職員配置の手厚さである。本体施設の場合，予算措置上の職員配置は基本的に子ども4人につき職員1人だが，分園の場合，制度を活用すれば子ども1人につき職員1人という手厚い配置が可能であることに加えて，2つの家がつながっているため，その構造をさらに活かすことができる。このように，常照園の建築方法や職員を支えるしくみは，現行制度の下では小規模化した施設の機能を最もうまく活かすことができることに加えて，子ども・職員双方の人権を一体的に保障（井上 2010）することができるといえる。

　これは，本調査で出た意見にもあるように，本体施設から離れた分園では職員が孤立・疲弊し，離職につながりやすいため，本体施設の敷地内に分園を設置し，相互の連携・協力体制を築く上で一つのモデルになる建築方法といえる。他の自治体では，本体施設の敷地内に分園を建築したり，2つのホームをつなげて建築したりすることを認めていない場合もあるが，こうした前例があることを根拠に，同様の方法で小規模化を進めていく必要がある。

　関連して，《制度・行政の課題》で「無」の「中堅」から出た子どもの人数が多いことについては，現在は本体施設内の小規模グループケアの子どもの人数が6人（分園は4～6人）になったため，調査時点とは状況が異なる部分もある。しかし，それでも一般家庭と比較すると子どもの人数が多いため，将来的には子どもの数を3人程度にしていくことが求められる。さらに，厚生労働省は，前述したように2020年度の予算措置で分園の職員配置を子ども6人につき職員6人に拡充した。そのこと自体は評価できるが，有休・産休・育休及び連休の取得や宿直の夜勤化を進めていくためには十分とはいえない。

また，先行研究との比較では，みずほ情報総研（2017）とは職員の負担軽減や職員の確保・育成などが課題であることが共通しており，NTTデータ経営研究所（2023）とは一人勤務における課題が共通していたが，本調査ではみずほ情報総研（2020）で指摘された施設整備・確保（土地・建物など）の困難さに関する課題はみられなかった。一方，本調査では「有」は「無」と比較して職員の確保・育成についての意識が高いことに加えて，施設長を育成する必要性や，国の方針と現場の実態に乖離があることなどが明らかとなった。

3　小規模化の影響と課題

　本章では，アンケート調査とインタビュー調査から，小規模化の影響と課題を明らかにした。まず，アンケート調査では，「小規模化している」が8割近くで，〈小規模化した時期〉は近年の政策が影響して「4～6年前」「7～9年前」「1～3年前」の順に多い。また，〈小規模化による子どもの生活環境の変化〉では，「家庭に近い生活体験ができる」「職員による子どもへの個別的なかかわりが増えた」「子ども個々の課題がみえやすい」の割合が高い。労組の有無別にみると，「有」で「子どもが施設外の友達を連れてくるようになった」が全体の割合を上回っていたのは，労組の活動が影響して職員が地域との関係をより強く意識している可能性がある。雇用形態別では，「非正規」の数が少ないため「正規」と比較することが難しいが，性別では「男」で「家庭に近い体験ができる」と「食事（調理・手伝い）に関心を持つ子どもが増えた」が全体の割合を下回っていた。これは，「男」が就いている役職や性別の業務分担などが影響したと考えられる。

　一方，〈小規模化による職員の働き方の変化〉では，「一人勤務の増加」「職員が問題を抱え込み，孤立しやすい」「ベテランの姿から学ぶ機会が少なく，新人の育成が困難」の割合が高い。労組の有無別にみると，「有」は労働環境に関する項目が全体の割合を下回る一方で，「無」はその逆の傾向にあるのは，「有」では労組によって労働環境や職員を支えるしくみが整備されていることが影響した可能性がある。雇用形態別では，「非正規」の数が少ないため「正規」と比較することが難しいが，性別では「男」で組織づくりや施設運営，職員の育成，暴力・性問題への対応に関する項目の割合が高い傾向がみられた。これは，「男」が就いている役職や性別の業務分担などが影響したといえる。

　〈ユニット間や職員間の連携，職員の働き方を改善するための工夫〉の自由記

述では，《会議・連絡会・引き継ぎの工夫》《風通しを良くするしくみ》《施設内の支援体制》《職員間のコミュニケーション》の記述数が多く，小規模化を進めていく上でこれらの事項が重要であることが明らかとなった。カテゴリー別にみると，《風通しを良くするしくみ》は「有」の記述数が多い傾向にあり，《会議・連絡会・引き継ぎの工夫》《職員間のコミュニケーション》は「無」の記述数が多い傾向がみられた。さらに，コードの内容をみると，《会議・連絡会・引き継ぎの工夫》《職員間のコミュニケーション》は「無」で一般的な事項に関する記述が多くみられた一方，《風通しを良くするしくみ》《施設内の支援体制》は「有」で具体的かつきめ細かな配慮を含む記述が多い傾向があった。これは，「有」では労組の活動が影響して，「無」から出た一般的な事項が既に改善されているからだと考えられる。

　次に，インタビュー調査では，労組の有無別及び職階別に，小規模化による子ども・職員の変化と小規模化を進めていく上での課題を具体的に明らかにした。まず，〈小規模化する前と後の変化〉の〈子どもの変化〉では，【職員との距離が縮まった】【身だしなみを整えられるようになった】【いじめや暴力がなくなった】【子どもの生活が落ち着いた】などのメリットがあるものの，【自由と甘えのはき違えが生じた】【距離が近いこと】【一人の動きが目立つ】【甘えが過度になり，受け止めるのが大変】などのデメリットもみられた。一方，〈職員の変化〉では，【負担が増えた】【先輩のやり方をみることができなくなった】【職員が孤立する】【辞めてしまう人が増えた】などのデメリットが多い。このように，〈子どもの変化〉で出たデメリットに対しては，職員集団としての組織的な対応が必要であることや，〈職員の変化〉では労働環境の改善が急務であることが浮かび上がった。

　カテゴリー別にみると，〈子どもの変化〉及び〈職員の変化〉の意見数と内容は「有」「無」でほぼ共通していたが，〈職員の変化〉では「有」の「中堅」からデメリットに関する意見がやや多い傾向がみられた。これは，「有」では労組の活動により，労働環境についての職員の意識が高いことが影響した可能性がある。また，〈子どもの変化〉の《メリット》では「管理職」の意見が多い傾向にあり，《デメリット》では「中堅」の意見がやや多い傾向にある。これは，「中堅」の方が現場との接点が多く，デメリットを実感しやすいことが影響しているといえる。一方，〈職員の変化〉では，それほど差異はみられなかった。

　ここまでみてきたように，小規模化のメリットとデメリットについては，先行

研究（吉村・吉村 2016；みずほ情報総研 2017；川上 2020）と共通点が多くみられた。加えて，本調査では担当制をなくして職員全体で子どもたちをみたり，若手職員や調理員の意見を大切にしたりする中で状況を改善している施設があることも明らかとなった。

〈小規模化を進めていく上での課題〉では，先行研究（みずほ情報総研 2017）と同様に，職員の確保・育成や労働環境の整備が課題になっていることに加えて，国の方針と現場の実態に乖離があることも明らかとなった。カテゴリー別にみると，労組の有無別では意見がほぼ同数で，共通した意見も多いが，「有」は「無」と比較して職員の確保・育成や小規模化を活かすしくみづくりに関する意見が多い傾向にある。これは，労組の活動が影響したと考えられる。一方，《職員の確保・育成》では，「中堅」「管理職」の意見（特に「有」）が多く，《労働環境》では「初任」の意見が多い傾向がみられた。このように，職員はそれぞれの立場によって意識が異なるため，施設ではそれを踏まえて小規模化を進めていく必要がある。さらに，小規模化のデメリットを克服するためには，常照園のように本体施設の敷地内に複数の分園をつなげて建築し，会議や宿直を共有する中で相互の連携を強化する取り組みも求められる。

注
(1)　「無回答」でカウントしたもののうち，欄外に「不明」という記述がある調査票が1つ，「初めから小規模化として作られた」という記述がある調査票が1つ，「わからない」という記述がある調査票が2つあった。
(2)　自由記述の中には，「無」の「正規」から「小規模化していない」に回答しているにもかかわらず，「常日頃感じたことを話すようにしている」という記述が1つあったが，ここではそれを含めて分析した（表10－1の《職員間のコミュニケーション》のカテゴリーに分類）。
(3)　ここでいう社会的自立とは，第1章で述べた通り，自己責任論としての自立ではなく，社会的に自立を妨げられている子ども・若者に対する社会的施策を前提とした権利保障の考え方を前提とする自立の保障である（竹中2009：62-63）。ただし，これは職員自身の社会に対する見方や姿勢にも深くかかわる事項のため，自立の概念について職員集団で共通認識を持つための議論が必要である（堀場 2022d）。
(4)　施設名を出すことについては，2024年6月に同施設の園長に電話及びメールで確認済みである。また，同施設の施設長と自立支援担当職員（非常勤）に，メールや電話を通して同施設の運営方法や職員配置などに関する聞き取りを行い，ここで書かれた

内容を確認してもらっている。同施設における専門職の内訳は，主任を除くと里親支援専門相談員1人，自立支援担当職員2人，家庭支援専門相談員3人（うち1人は専属，他の2人は副主任として各家に配置），心理職3人（うち1人はケアワーカーとして各家に配置），看護師1人である。

第11章 研修体制

　施設の小規模化による職員の労働環境や職員の確保・育成に関するデメリットに対しては，職員配置基準や労働条件・労働環境の改善が最も重要になるが，筆者はそれに加えて，職員の力量を高めるための研修のあり方を検討する必要があると考える。しかし，関連する主な先行研究（岡本 2018；大原・萩生田・相澤 2019；松村ら 2020）は，職場内研修における職員の研修プログラムの開発と効果測定が中心であるため，全国各地の施設で職員がどのような研修に参加し，それをどう捉え，今後どのような研修内容を望んでいるかについては明らかにされていない。そこで本章では，アンケート調査のうち，研修に関する項目を取り上げ，その実態と職員が望んでいる研修内容を明らかにしたい。

1　研修の内容・回数

　〈職場における研修の内容・回数〉の〈昨年1年間に研修に参加する機会〉（表11-1）は，「ある」が81.9％であった（「ない」13.1％）。また，「ない」と回答した者の理由の自由記述には，「今年から働き始めたため」「パートタイム職員なので」「タイミングを失った」「時間的余裕が無い」「人手不足」「宿直専門員であるため」「研修参加者に入れられていないから」「勤務時間との兼ね合い」「参加予定の研修に他の行事が重なった為」「まだやっていない。今後研修はある」などの記述がみられた。労組の有無別では，「有」は「ある」が全体の割合（81.9％）を大きく上回る92.7％であった（無75.8％）。雇用形態別にみると，「非正規」は「ある」が全体の割合（81.9％）を大きく下回る47.6％（正規87.6％）で，「無回答」の割合が全体の割合（5.0％）を上回る14.3％となっている（正規2.2％）。性別では，「男」は「ある」が全体の割合（81.9％）を上回る87.4％である（女80.9％）。

　次に，「ある」と回答した者のうち，研修の種別（複数回答，表11-2）は，「職場内研修」（83.4％）が最も多く，次いで「都道府県（市）児童養護施設協議会・施設長会主催」（27.6％），「都道府県社協主催」（25.5％）などの公的研修の割合が高い。「その他」（19.9％）の自由記述には，「保健所主催」「市町村」「セカンドス

表11-1　昨年1年間に研修に参加する機会

(%〔度数〕)

項　目	ない 13.1 (74)	ある 81.9 (463)	無回答 5.0 (28)	合　計 100.0 (565)
労組有	5.3 (11)	92.7 (191)	1.9 (4)	100.0 (206)
労組無	17.5 (63)	75.8 (272)	6.7 (24)	100.0 (359)
正　規	10.2 (50)	87.6 (430)	2.2 (11)	100.0 (491)
非正規	38.1 (24)	47.6 (30)	14.3 (9)	100.0 (63)
無回答	0.0 (0)	27.3 (3)	72.7 (8)	100.0 (11)
男	11.5 (21)	87.4 (160)	1.1 (2)	100.0 (183)
女	14.3 (53)	80.9 (300)	4.9 (18)	100.0 (371)
無回答	0.0 (0)	27.3 (3)	72.7 (8)	100.0 (11)

出所：筆者作成。

テップ」「組合主催，知人主催」「法人内研修」「新人研修」「児童部会」「心理士会」「児相主催」「他施設主催の研修」「給食研究会」などの記述があった。

　労組の有無別・雇用形態別・性別では，すべて「職場内研修」の割合が最も高い。項目ごとにみると，「有」は「職場内研修」が全体の割合（83.4%）を上回る90.1%（無78.7%）で，「都道府県（市）児童養護施設協議会・施設長会主催」が全体の割合（27.6%）を下回る19.4%である（無33.5%）。一方，「無」は「都道府県（市）児童養護施設協議会・施設長会主催」が全体の割合（27.6%）を上回る33.5%となっている（有19.4%）。「非正規」は30人と少ないため，「正規」と比較することはできないが，「男」は「職場内研修」（男90.6%，女79.7%），「都道府県社協主催」（男30.6%，女23.0%），「全養協主催」（男21.3%，女10.0%）が全体の割合を上回る一方，「その他」は全体の割合（19.9%）を下回る13.8%となっている（女23.0%）。

　研修の〈回数〉（表11-3）は，「ある」と回答した者のうち，「3回以上」（57.7%）が最も多い。労組の有無別及び性別では，「3回以上」の割合が最も高く，雇用形態別にみると「正規」は「3回以上」，「非正規」は「1回」が最も多い。項目ごとにみると，「有」は「3回以上」が全体の割合（57.7%）を上回る62.8%である（無54.0%）。「非正規」は30人と少ないため，「正規」と比較することはではないが，「男」は「3回以上」が全体の割合（57.7%）を上回る67.5%であった（女53.0%）。

　また，「ある」と回答した者のうち，その研修が「役立った」（表11-4）は67.8%と7割近いが，「無回答」も27.0%と3割近くいた。ここでは，労組の有無別・

第Ⅳ部　施設職員の労働問題を規定する要因

表11-2　研修の内容（研修に参加する機会がある場合）

(％〔度数〕)

項　目	職場内研修	都道府県社協主催	都道府県(市)児童養護施設協議会・施設長会主催	全養協主催(1)	子どもの虹情報研修センター主催	養問研主催(2)
	83.4 (386)	25.5 (118)	27.6 (128)	13.8 (64)	6.7 (31)	13.4 (62)
労組有	90.1 (172)	27.2 (52)	19.4 (37)	14.1 (27)	5.8 (11)	13.6 (26)
労組無	78.7 (214)	24.3 (66)	33.5 (91)	13.6 (37)	7.4 (20)	13.2 (36)
正　規	84.9 (365)	27.0 (116)	28.4 (122)	14.4 (62)	7.0 (30)	14.2 (61)
非正規	60.0 (18)	6.7 (2)	16.7 (5)	6.7 (2)	3.3 (1)	3.3 (1)
無回答	100.0 (3)	0.0 (0)	33.3 (1)	0.0 (0)	0.0 (0)	0.0 (0)
男	90.6 (145)	30.6 (49)	26.9 (43)	21.3 (34)	6.9 (11)	17.5 (28)
女	79.7 (239)	23.0 (69)	28.3 (85)	10.0 (30)	6.7 (20)	11.3 (34)
無回答	66.7 (2)	0.0 (0)	0.0 (0)	0.0 (0)	0.0 (0)	0.0 (0)

項　目	性生協主催(3)	小舎制養育研究会主催	社会福祉士会主催	その他	無回答	合　計
	3.2 (15)	1.7 (8)	3.0 (14)	19.9 (92)	1.3 (6)	100.0 (463)
労組有	2.6 (5)	1.0 (2)	2.1 (4)	20.4 (39)	1.0 (2)	100.0 (191)
労組無	3.7 (10)	2.2 (6)	3.7 (10)	19.5 (53)	1.5 (4)	100.0 (272)
正　規	3.5 (15)	1.9 (8)	3.3 (14)	19.5 (84)	1.2 (5)	100.0 (430)
非正規	0.0 (0)	0.0 (0)	0.0 (0)	26.7 (8)	3.3 (1)	100.0 (30)
無回答	0.0 (0)	0.0 (0)	0.0 (0)	0.0 (0)	0.0 (0)	100.0 (3)
男	2.5 (4)	3.8 (6)	3.8 (6)	13.8 (22)	0.6 (1)	100.0 (160)
女	3.7 (11)	0.7 (2)	2.7 (8)	23.0 (69)	1.7 (5)	100.0 (300)
無回答	0.0 (0)	0.0 (0)	0.0 (0)	33.3 (1)	0.0 (0)	100.0 (3)

注：(1)「全国児童養護施設協議会」の略である。
　　(2)「全国児童養護問題研究会」の略である。
　　(3)「"人間と性"教育研究協議会」の略である。なお，この会の略語は本来なら「性教協」だが，調査票では筆者の誤記で「性生協」となっている。
出所：筆者作成。

雇用形態別・性別にみると，すべて「役立った」の割合が最も高いが，「非正規」は「役立った」と「無回答」が双方とも46.7％と同率だった。項目ごとにみると，労組の有無別と性別ではほとんど差異はみられず，雇用形態別では「非正規」が30人と少ないため，「正規」と比較することができない。なお，「役立った」と回答した者の自由記述については次項で詳しく取り上げる。

　ここまでみてきたように，調査対象の施設では職員が施設内外の幅広い研修に

第11章 研修体制

表11-3 研修の回数（研修に参加する機会がある場合）

（％〔度数〕）

項　目	3回以上 57.7 (267)	2回 19.4 (90)	1回 9.9 (46)	無回答 13.0 (60)	合　計 100.0 (463)
労組有	62.8 (120)	15.7 (30)	7.3 (14)	14.1 (27)	100.0 (191)
労組無	54.0 (147)	22.1 (60)	11.8 (32)	9.9 (33)	100.0 (272)
正　規	60.0 (258)	19.5 (84)	7.4 (32)	13.0 (56)	100.0 (430)
非正規	30.0 (9)	16.7 (5)	46.7 (14)	6.7 (2)	100.0 (30)
無回答	0.0 (0)	33.3 (1)	0.0 (0)	66.7 (2)	100.0 (3)
男	67.5 (108)	16.3 (26)	8.1 (13)	8.1 (13)	100.0 (160)
女	53.0 (159)	21.3 (64)	10.7 (32)	15.0 (45)	100.0 (300)
無回答	0.0 (0)	0.0 (0)	33.3 (1)	66.7 (2)	100.0 (3)

出所：筆者作成。

表11-4 研修が役に立ったかどうか
（研修に参加する機会がある場合）

（％〔度数〕）

項　目	役立った 67.8 (314)	役立たなかった 5.2 (24)	無回答 27.0 (125)	合　計 100.0 (463)
労組有	64.4 (123)	4.7 (9)	30.9 (59)	100.0 (191)
労組無	70.2 (191)	5.5 (15)	24.3 (66)	100.0 (272)
正　規	69.5 (299)	5.1 (22)	25.3 (109)	100.0 (430)
非正規	46.7 (14)	6.7 (2)	46.7 (14)	100.0 (30)
無回答	33.3 (1)	0.0 (0)	66.7 (2)	100.0 (3)
男	70.0 (112)	6.9 (11)	23.1 (37)	100.0 (160)
女	67.3 (202)	4.3 (13)	28.3 (85)	100.0 (300)
無回答	0.0 (0)	0.0 (0)	100.0 (3)	100.0 (3)

出所：筆者作成。

参加しており，宮地（2013）の指摘とも共通していた。また，「有」で「研修」に参加する機会が「ある」及び参加する機会が「3回以上」，「施設内研修」への参加率が高い傾向にある背景には，労組の活動が影響して，学び高め合える職場の風土があることや，職場内で研修に参加しやすい環境があるからと考えられる。一方，「非正規」で研修に参加する機会が少ないのは雇用形態が影響しており，性別で「男」が研修に参加している割合が高いのは，就いている役職や性別の役割分担などが影響したといえる。

2　役立った研修の内容

　ここでは,「役立った」と回答した者の自由記述（表11-5）についてみていく。本項目の自由記述数は201で，労組の有無別の内訳は「有」が86,「無」が115であった。これらの自由記述をコード化・カテゴリー化したところ，15のカテゴリーとそれを構成する97のコードに分類された。なお，ここでは労組の有無別で記述内容にそれほど差異がみられなかったため，両者の記述数以外の違いについては取り上げていない。

　カテゴリー別にみると,《新たな視点・知識，視野の広がり》は記述数が47（有29，無18）と最も多く，17のコードが抽出された。労組の有無別では,「有」の記述数がやや多い傾向にある。ここでは,【新しい知識・情報を得た】【専門的なことを学ぶことができる】【基幹的職員としての心得を学んだ】【視野が広くなった】【最新の情報やわからないことがよくわかった】【研修システムの強化を学んだ】【課題や問題点が明確になった】など，研修によって視野が広がったり，新たな視点や幅広い知識の習得につながったりしていた。

　《子どもとのかかわり方やスキルアップ》は記述数が28（有9，無19）と2番目に多く，6つのコードに集約された。労組の有無別では,「無」の記述数がやや多い傾向がみられた。具体的には,【障害のある子どもへの対応】【子どもへの理解が深まった】【スキルアップにつながった】など，子どもへの対応に関する知識や技術の向上につながっていた。

　《気分転換・振り返り・意識の向上》は記述数が28（有10，無18）で，13のコードで構成された。内容をみると，施設の外に出ることによって【気分転換】や【気持ちのリフレッシュ】になっていることや,【日頃やっていることを再確認できる】【自分のためになる】【意識を高められた】【現場を客観的に捉えられる良い機会になっている】などのように，自分の実践を再確認したり，意識が高まったり，客観的に振り返ったりする機会になっていた。

　《他施設との交流・意見交換》は記述数が25（有10，無15）で，10のコードに分類された。ここでは,【横のつながりができた】【同じ仲間と交流することで力を得る】【情報交換ができる】【いろいろな人の意見を聞くことができる】など，施設外の仲間との交流や意見交換が刺激になったり，力になったりしていた。

　《実践に活かせる》は記述数が18（有4，無14）で，6つのコードが抽出された。

労組の有無別にみると,「無」の記述数がやや多い傾向にある。具体的には,【実践に活かせる】【日々の業務のヒントになった】【子どもの処遇に効果的に活用することができた】など,研修の内容が実際に活かされている様子が窺えた。

《職場内研修》は記述数が7(有5,無2)で,【運営委員として毎月参加することができた】【月1回のケース会議は実践的で全体で共有できる】【職場内研修はニーズに合ったもの】【職員間で共通認識ができる】という4つのコードで構成された。この点について,施設は勤務形態が不規則で,職員が全員揃って研修を受けられるのは職場内研修に限定される。また,職場内研修は主に事例検討に基づくものが多いため,職員間の情報共有や意思統一という意味でも重要である。

《性教育》は記述数が6(有1,無5)で,【性問題への対処の仕方】【他施設の性教育事情を知ることができた】【子どもへの生と性の教育】という3つのコードに集約された。ここでは記述数が多くないものの,施設では子どもの性問題への対応が課題となっていることや,後述する今後望む研修内容で上位にあがっているように,性教育は職員の関心が高いテーマといえる。

《食と衛生管理》は記述数が4(有2,無2)で,【食中毒や衛生管理について学び,他の職員にも伝えることができた】【食に関する他施設との交流と意見交換】【給食の話を聞くことができた】という3つのコードが抽出された。これは主に栄養士や調理員向けの研修内容だが,近年は施設の小規模化が進み,児童指導員・保育士が調理を担うことが増えているため,こうした内容の研修の重要性が増している。

《新人研修》は記述数が4(有1,無3)で,【理解し合える人と出会えた】【マナーを学ぶことができた】【いろいろなことを知ることができた】【園のことを知ることができた】という4つのコードで構成された。このように新人研修は,新たに就職した職員同士の交流に加えて,社会人としてのマナーや施設に関する情報を得る機会になっている。

《会計・予算》は記述数が3(有0,無3)で,【会計】【新会計の研修は実務で役に立った】【予算について勉強することができた】という3つのコードに分類された。(3)これは主に事務職員が学ぶ内容だが,施設の会計・予算は,児童指導員・保育士も把握していないと施設の全体像がみえないことや,新しい制度に基づく予算が活用できなくなる恐れもあるため,無関係ではない。

《活かすことが難しい》は記述数が3(有1,無2)で,【知識は身に付くが,現場ではあまり役に立てられていない】【自分の知りたいことに応えていない】【ど

表 11-5　役立った研修の内容

カテゴリー	コード
新たな視点・知識, 視野の広がり	・新たな視点にふれることができた ・新しい知識・情報を得た ・専門的なことを学ぶことができる ・日頃見落としていることに気づいた ・里親支援専門相談員について勉強することができた ・専門外の分野にふれられた ・少年犯罪からみた子どもの満たされ感を学んだ ・基幹的職員としての心得を学んだ ・視野が広くなった ・施設マネジメントを中心に学んだ ・最新の情報やわからないことがよくわかった ・知らなかったことを知ることができた ・働き方や他施設職員の情報が得られた ・支援する視点の幅が広がり，ツールが増えた ・支援方法や制度的なことへの理解が深まった ・研修システムの強化を学んだ ・課題や問題点が明確になった
子どもとのかかわり方やスキルアップ	・障害のある子どもへの対応 ・子どもへの支援の見方が変わった ・話や注意の仕方 ・子どもへの理解が深まった ・子どもとの向き合い方を再確認できた ・スキルアップにつながった
気分転換・振り返り・意識の向上	・気分転換 ・仕事の振り返りができる ・気持ちのリフレッシュ ・日頃やっていることを再確認できる ・モチベーションが上がる ・自分の対応を見つめ直す ・自分の業務について考えるきっかけになった ・もっと子どものためになることをしたいと思った ・自分のためになる ・意識を高められた ・初心に戻ることができた ・現場を客観的に捉えられる良い機会になっている ・日頃の考えや業務内容の整理になる
他施設との交流・意見交換	・横のつながりができた ・里親や他施設の取り組みを知ることができた ・同じ仲間と交流することで力を得る ・知り合いが増えた ・悩みごとを相談できる ・情報交換ができる ・他施設・多職種の方々と意見を交わし，刺激を受けた ・いろいろな人の意見を聞くことができる ・全国の心理士と知り合う機会が得られた ・リービングケア委員会で連携が進んだ
実践に活かせる	・実践に活かせる ・日々の業務のヒントになった ・業務の問題にマッチしていた

	・仕事に適したスタイルについて考えることができた ・子どもの処遇に効果的に活用することができた ・日々の支援に沿った内容で実践しやすい
職場内研修	・運営委員として毎月参加することができた ・月1回のケース会議は実践的で全体で共有できる ・職場内研修はニーズに合ったもの ・職員間で共通認識ができる
性教育	・性問題への対処の仕方 ・他施設の性教育事情を知ることができた ・子どもへの生と性の教育
食と衛生管理	・食中毒や衛生管理について学び，他の職員にも伝えることができた ・食に関する他施設との交流と意見交換 ・給食の話を聞くことができた
新人研修	・理解し合える人と出会えた ・マナーを学ぶことができた ・いろいろなことを知ることができた ・園のことを知ることができた
会計・予算	・会計 ・新会計の研修は実務で役に立った ・予算について勉強することができた
活かすことが難しい	・知識は身に付くが，現場ではあまり役立てられていない ・自分の知りたいことに応えていない ・どのように活用できるか調整が必要
コモンセンス ペアレンティング	・コモンセンスペアレンティング
アンガーマネジメント	・アンガーマネジメント
チームワーク	・チーム支援 ・チームワークのあり方
その他	・日々の臨床活動を考える上での方針になっている ・職員に施設の近況を説明することができた ・学力の向上につながっている ・施設がどのような形になっていくかを実際に見ることができた ・施設のさらなる発展のため ・人権研修とAED ・気持ちを言語化してもらえると納得できる ・職場でセカンドステップに取り組んでいる ・小舎制 ・発達障害 ・自立支援計画の立て方 ・安全委員会方式 ・人材育成 ・SSTを子どもに教えることができる ・ノウハウ ・被虐待児の脳のMRIについて知ることができた ・虐待を受けた子どもとの愛着関係の構築の重要性 ・講師と連絡を取り，次の研修につなげることができた ・アレルギー児の再確認を行う機会を得られた ・育成記録の書き方 ・情報共有

出所：筆者作成。

のように活用できるか調整が必要】という3つのコードが抽出された。ここでは，前述した《実践に活かせる》とは対照的に，研修内容と現場で学びたいことのギャップや，研修で得た知識を現場でどのように活かすかが課題としてあがっていた。

《コモンセンスペアレンティング》は記述数が3（有2，無1）で，【コモンセンスペアレンティング】という1つのコードに，《アンガーマネジメント》は記述数が2（有0，無2）で【アンガーマネジメント】という1つのコードに，《チームワーク》は記述数が2（有2，無0）で【チーム支援】【チームワークのあり方】という2つのコードに集約された。これらのカテゴリーは数が少ないため一括して示したが，このうち《チームワーク》は小規模化が進む施設では職員がユニット・ホームごとに分散して働いており，お互いの働き方がみえにくいため，特に重要といえる。

《その他》は記述数が21（有10，無11）で，同じく21のコードで構成された。ここでは，【施設のさらなる発展のため】【職場でセカンドステップに取り組んでいる】【発達障害】【安全委員会方式】【SSTを子どもに教えることができる】【育成記録の書き方】など，主に研修の種別に関する幅広い内容がみられた。

ここまでみてきたように，施設における研修では，新たな知識・視野の広がりや，子どもとのかかわり方に加えて，他施設との交流や意見交換，さまざまな技法を職員が学ぶ中で，それを現場で活かしていることが明らかとなった。これは先行研究（宮地 2013；岡本 2018；大原・萩生田・相澤 2019；松村ら 2020）で指摘された研修の効果や意義とも共通している。

これらのうち，コモンセンスペアレンティングやセカンドステップ，SSTなどの心理学に基づく特定の技法は有効な面もある。しかし，楢原（2018）が指摘するように，施設では，特定の技法やマニュアルを過度に重視することにより，子どもたちの思いや職員とのかかわりが軽視される事態も起きている。そのため，バランスの問題もあるが，前述した「ソーシャルペダゴジー」の視点を踏まえて，日常の生活場面におけるアプローチや体験の共有，集団を活かすことなど，施設ならではの全人的ケアに基づく実践も併せて重視していく必要がある。

また，研修には職員が知識や新たな気づきを得る効果があることも，先行研究（宮地 2013；岡村・井澤 2019）と共通していた。このため，職員のモチベーションや専門性を高めるためにも，できる限り希望する研修に勤務として参加できるようにしていく必要がある。

一方，カテゴリー別にみると，《新たな視点・知識，視野の広がり》は「有」の記述がやや多い傾向にあり，《子どもとのかかわり方やスキルアップ》《実践に活かせる》は「無」の記述数がやや多い傾向にある。また，コードの内容をみると，「有」「無」でそれほど差異はみられなかったが，「有」の方が研修内容の幅が若干広いことに加えて，職場内研修を重視していることが窺えた。これは，「有」では労組の活動が影響して外部の情報が入りやすく，職員が希望する研修に参加しやすいことに加えて，方針や情報を共有することの重要性を理解しているからと考えられる。他方で，雇用形態別では，本項目の回答のほとんどが「正規」であるため，「非正規」との違いについては分析することができなかった。

3　今後望む研修内容

〈今後望む研修内容〉(表11-6)は，「子どもとのかかわり方」(41.4％)，「知的障害・発達障害」(39.8％)，「性教育・性問題の対応方法」(38.4％)，「子ども・職員集団づくり」(34.0％)，「社会福祉や児童福祉の法制度」(30.3％)の順に多い。「その他」(8.1％)の自由記述には，「法人の運営，人材育成，組織的な職場作り」「労務関係」「他施設への調理の研修」「人権問題」「災害や地震の時，どうすればよいか不安です」「他の施設との交流」「GHや家庭的養護のあり方や今後の展望，又退職後に至るまでの効果測定分析等知りたい」[5]「子どもの生い立ちのふり返り方」「食育」などの記述があった。その一方で，「なるべく研修は受けたくない」という記述もみられた。

労組の有無別と雇用形態別では，「子どもとのかかわり方」の割合が最も高い。性別にみると，「女」は同じく「子どもとのかかわり方」が最も多かったが，「男」は「子ども・職員集団づくり」の割合が最も高く，次いで「子どもとのかかわり方」の順となっている。項目ごとにみると，「有」は「貧困問題」(有18.4％，無8.6％)，「施設内虐待の予防と対策，暴力問題」(有36.4％，無20.6％)，「子ども・職員集団づくり」(有39.8％，無30.6％)が全体の割合を上回っている。一方，「無」は「施設内虐待の予防と対策，暴力問題」が全体の割合(26.4％)を下回る20.6％であった(有36.4％)。「非正規」は，多くの項目が全体の割合を下回っていたことに加えて，「無回答」が全体の割合(6.7％)を大きく上回る22.2％である(正規3.3％)。また，「男」は「社会福祉や児童福祉の法制度」「貧困問題」「労働問題」「少年非行問題」「子ども・職員集団づくり」が全体の割合を上回っていた。

表11-6 今後望む研修修内容（複数回答）

（%〔度数〕）

項目	社会福祉や児童福祉の法制度	子どもとのかかわり方	親とのかかわり方	貧困問題	労働問題	心理学の知識,実技・ロールプレイ	面接・相談の技術・方法	専門的立場の助言者がいる事例検討会	知的障害・発達障害	少年非行問題	いじめ問題	施設内虐待の予防と対策,暴力問題	性教育・性問題の対応方法	子ども・職員集団づくり	政治・経済・社会問題	その他	無回答	合計
	30.3 (171)	41.4 (234)	16.1 (91)	12.2 (69)	12.7 (72)	26.9 (152)	16.8 (95)	24.1 (136)	39.8 (225)	15.2 (86)	9.4 (53)	26.4 (149)	38.4 (217)	34.0 (192)	5.3 (30)	8.1 (46)	6.7 (38)	100.0 (565)
労組有	28.2 (58)	40.3 (83)	12.1 (25)	18.4 (38)	12.1 (25)	28.6 (59)	18.9 (39)	25.7 (53)	38.3 (79)	19.9 (41)	10.7 (22)	36.4 (75)	37.9 (78)	39.8 (82)	5.3 (11)	10.2 (21)	3.9 (8)	100.0 (206)
労組無	31.5 (113)	42.1 (151)	18.4 (66)	8.6 (31)	13.1 (47)	25.9 (93)	15.6 (56)	23.1 (83)	40.7 (146)	12.5 (45)	8.6 (31)	20.6 (74)	38.7 (139)	30.6 (110)	5.3 (19)	7.0 (25)	8.4 (30)	100.0 (359)
正規	33.2 (163)	42.6 (209)	17.5 (86)	13.8 (68)	13.8 (68)	27.3 (134)	18.1 (89)	26.1 (128)	42.4 (208)	15.1 (74)	9.2 (45)	27.9 (137)	41.3 (203)	36.3 (178)	5.3 (26)	8.1 (40)	3.3 (16)	100.0 (491)
非正規	11.1 (7)	38.1 (24)	4.8 (3)	0.0 (0)	4.8 (3)	25.4 (16)	6.3 (4)	12.7 (8)	22.2 (14)	15.9 (10)	9.5 (6)	14.3 (9)	19.0 (12)	19.0 (12)	4.8 (3)	9.5 (6)	22.2 (14)	100.0 (63)
無回答	9.1 (1)	9.1 (1)	18.2 (2)	9.1 (1)	9.1 (1)	18.2 (2)	18.2 (2)	0.0 (0)	27.3 (3)	18.2 (2)	18.2 (2)	27.3 (3)	18.2 (2)	18.2 (2)	9.1 (1)	0.0 (0)	72.7 (8)	100.0 (11)
男	35.5 (65)	38.3 (70)	15.3 (28)	18.6 (34)	23.5 (43)	25.7 (47)	19.7 (36)	26.2 (48)	36.1 (66)	21.3 (39)	13.7 (25)	31.1 (57)	37.7 (69)	39.9 (73)	7.7 (14)	5.5 (10)	2.2 (4)	100.0 (183)
女	28.3 (105)	43.9 (163)	17.0 (63)	9.2 (34)	7.8 (29)	27.8 (103)	15.9 (59)	23.7 (88)	42.6 (158)	12.1 (45)	7.3 (27)	24.3 (90)	39.4 (146)	31.5 (117)	4.3 (16)	9.7 (36)	7.0 (26)	100.0 (371)
無回答	9.1 (1)	9.1 (1)	0.0 (0)	9.1 (1)	0.0 (0)	18.2 (2)	0.0 (0)	0.0 (0)	9.1 (1)	18.2 (2)	9.1 (1)	18.2 (2)	18.2 (2)	18.2 (2)	0.0 (0)	0.0 (0)	72.7 (8)	100.0 (11)

出所：筆者作成。

ここでは，〈今後望む研修内容〉として，宮地（2013）が施設の研修で不足していると指摘した発達障害に関する内容を含む「知的障害・発達障害」が2番目に多くあがっていた。また，「有」で「貧困問題」「施設内虐待の予防と対策，暴力問題」「子ども・職員集団づくり」に関心が高い傾向がみられたのは，労組の活動を通して養護問題の本質を理解していることや，子どもの人権に関する職員の意識が高いことが影響した可能性がある。「無」でそれとはやや異なる傾向がみられたのは，三塚（1997：184-185）が指摘するように，労組が未組織の社会福祉の現場では個別分断的な処遇内容や方法に関心が向かいがちになることが影響したと考えられる。

　関連して，宮地（2013）は施設で不足している研修としてソーシャルワークに関する内容をあげているが，本調査では，労組の有無別にみると広い意味でソーシャルワークに関する項目への関心が高い傾向がみられたのは「有」の方であった。この背景には，「有」の職員は労組の活動によって多くの情報が入るため視野が広いことや，社会運動に対する意識が高いことなどが影響したといえる。

　一方，「非正規」が多くの選択肢で全体の割合を下回っていたのは，前述したように雇用形態が影響して，研修に参加する機会が少ないことや，短時間勤務の者が多いことがある。さらに，性別の傾向の違いは，就いている役職や性別の役割分担，第3章で述べた学歴の違いなどが影響した可能性がある。[(6)]

4　研修の実態と課題

　本章では，施設における研修体制について，アンケート調査を基に明らかにした。まず，〈昨年1年間に研修に参加する機会〉は，「ある」が約8割であった。また，研修の「回数」は，「ある」と回答した者のうち1年間に「3回以上」が約6割と最も多く，研修が「役立った」と回答した者が約7割と満足度は高かった。「役立った」の自由記述では，新たな知識・視野の広がりや，子どもとのかかわり方，他施設との交流や意見交換，さまざまな技法を職員が学ぶ中で，それを現場で活かしていることが明らかとなった。さらに，〈今後望む研修内容〉では，「子どもとのかかわり方」「知的障害・発達障害」「性教育・性問題の対応方法」が多い。このうち，研修の効果や意義については，先行研究（宮地 2013；岡本 2018；大原・萩生田・相澤 2019；松村ら 2020）とも共通していた。

　一方，労組の有無別にみると，「有」では「研修」に参加する機会が「ある」

及び回数が「3回以上」,「施設内研修」の参加率,〈今後望む研修内容〉で養護問題の本質や子どもの人権に関する内容を選択する割合が高い傾向にあった。加えて,「役立った」の自由記述では,コードの内容をみると,「有」「無」でそれほど差異はみられなかったが,「有」の方が研修内容の幅が若干広く,職場内研修を重視していることが窺えた。これは,労組の活動が影響したと考えられる。雇用形態別では,「非正規」の数が少ないため厳密にはいえないが,雇用形態が影響して研修に参加する機会が少なく,参加した研修の種別や今後望む研修内容においても,多くの項目が全体の割合を下回っていた。性別にみると,「男」は研修に参加する機会が「ある」及び回数が「3回以上」の割合が高く,〈今後望む研修内容〉で制度に関する内容や貧困問題,労働問題などの割合が高い傾向にある。これは,役職や性別の役割分担,学歴の違いなどが影響した可能性がある。

注

(1) 「ある」に回答があるにもかかわらず,「ない」(回答なし)の自由記述欄にも「人が少なく休みが取れない」の記述がある調査票が1つあった。
(2) このほか,「ない」の回答を取り消した後,本項目に「新任など他職員が優先的になる。休み,自費で研修を探して参加していた。有志で自主学習会も行った」という記述がある調査票も1つあった。
(3) 自由記述では「CSP,会計」という2つの事項を併記した記述があったが,ここでは《コモンセンスペアレンティング》ではなく,《会計・予算》のカテゴリーに分類した。
(4) ソーシャルスキルトレーニングの略である。
(5) グループホームの略である。
(6) 第3章で述べた通り,「男」は「大学卒」の割合が59.6%と高く(女42.6%),「女」は「短期大学卒」の割合(32.1%)が高い(男13.7%)。これは学歴の違いに加えて,学ぶ内容の違い(「大学卒」は社会福祉系学部,「短期大学卒」は保育系学科)も影響したと考えられる。

第12章　働き続けられる環境づくり

　近年，施設で進められている小規模化は，前述したように職員の労働環境面の課題が多い。このため，小規模化を持続可能な形で進めていくためには，職員が安心して働き続けられるしくみが必要である。この点に関する主な先行研究には，安部ら（2013）と座安（2020）があるが，両者の研究では職員が安心して働き続けられる環境を構築する上で必要な労組に関する分析がされていない。

　一方，同じく小規模化した施設で課題になっている職員集団づくりに関する主な先行研究には，栗山（2013：69-116）と加藤（2012；2016；2021）がある。しかし，栗山の研究は既存のグループワーク理論に関する解説が中心である。また，加藤の研究は小規模化した施設におけるダンスを通した子ども集団づくりと職員の変化について調査を通して明らかにしているが，両者とも職員集団づくりのあり方に大きく影響する労組に関する分析がされていない。

　そこで，本章では，アンケート調査の〈今後，施設で職員が安心して働き続けるために必要なこと〉に加えて，インタビュー調査の〈施設で安心して働き続けるための配慮〉と〈職員集団づくりの方法〉の項目を取り上げ，小規模化した施設ではそれらにどのように取り組んでいるかについて具体的にみていく。なお，本章のうち，第2節は堀場（2021b）を，第3節は堀場（2021c）を基に大幅に加筆修正したものである。

1　職員が安心して働き続けるために必要なこと──アンケート調査から

　まず，アンケート調査における〈今後，施設で職員が安心して働き続けるために必要なこと〉（複数回答，表12-1）は，「賃金の改善」（65.1％），「有給休暇を取得しやすい職場づくり」（55.8％），「産休・育休・介護休暇などを取得しやすい職場づくり」（52.0％），「信頼できる相談相手が職場にいること」（48.1％），「職員配置基準の抜本的改善」（46.9％）の順に多い。「その他」（5.3％）の自由記述には，「新しい職員の考えも反映させるべき。古い職員の圧が大きく言えない状況」「賃金の改善の中に，将来職員が受けるであろう退職金，年金を意識した給与体制に重

第Ⅳ部　施設職員の労働問題を規定する要因

表12-1　今後，施設で職員が安心して働き続けるために必要なこと（複数回答）

（％〔度数〕）

項　目	賃金の改善	職員配置基準の抜本的改善	施設整備予算の拡充	労働時間の短縮・残業時間の規制	研修制度の整備・拡充	信頼できる相談相手が職場にいること
	65.1 (368)	46.9 (265)	25.0 (141)	43.4 (245)	23.9 (135)	48.1 (272)
労組有	66.5 (137)	52.4 (108)	28.6 (59)	47.1 (97)	26.2 (54)	46.6 (96)
労組無	64.3 (231)	43.7 (157)	22.8 (82)	41.2 (148)	22.6 (81)	49.0 (176)
正　規	67.8 (333)	49.7 (244)	26.1 (128)	45.6 (224)	25.7 (126)	50.7 (249)
非正規	52.4 (33)	30.2 (19)	19.0 (12)	30.2 (19)	12.7 (8)	34.9 (22)
無回答	18.2 (2)	18.2 (2)	9.1 (1)	18.2 (2)	9.1 (1)	9.1 (1)
男	74.3 (136)	56.3 (103)	30.1 (55)	42.6 (78)	25.7 (47)	48.1 (88)
女	62.3 (231)	43.1 (160)	22.9 (85)	44.5 (165)	23.2 (86)	49.6 (184)
無回答	9.1 (1)	18.2 (2)	9.1 (1)	18.2 (2)	18.2 (2)	0.0 (0)

項　目	民主的で風通しのよい職場づくり	産休・育休・介護休暇などを取得しやすい職場づくり	有給休暇を取得しやすい職場づくり	関係機関・施設のスタッフとの交流・学習の機会を増やす	国・自治体行政が児童福祉にかかわる専門職員を拡充させ、家庭支援などを継続的に行える体制を整備する	その他
	41.8 (236)	52.0 (294)	55.8 (315)	26.7 (151)	24.6 (139)	5.3 (30)
労組有	47.6 (98)	53.4 (110)	56.3 (116)	28.6 (59)	24.8 (51)	6.3 (13)
労組無	38.4 (138)	51.3 (184)	55.4 (199)	25.6 (92)	24.5 (88)	4.7 (17)
正　規	43.2 (212)	55.0 (270)	58.5 (287)	28.3 (139)	26.5 (130)	5.5 (27)
非正規	34.9 (22)	34.9 (22)	39.7 (25)	15.9 (10)	12.7 (8)	4.8 (3)
無回答	18.2 (2)	18.2 (2)	27.3 (3)	18.2 (2)	9.1 (1)	0.0 (0)
男	42.6 (78)	54.1 (99)	60.1 (110)	31.7 (58)	27.9 (51)	7.1 (13)
女	42.3 (157)	52.3 (194)	54.7 (203)	24.8 (92)	23.5 (87)	4.6 (17)
無回答	9.1 (1)	9.1 (1)	18.2 (2)	9.1 (1)	9.1 (1)	0.0 (0)

項　目	無回答	合　計
	6.2 (35)	100.0 (565)
労組有	5.8 (12)	100.0 (206)
労組無	6.4 (23)	100.0 (359)
正　規	3.1 (15)	100.0 (491)
非正規	19.0 (12)	100.0 (63)
無回答	72.7 (8)	100.0 (11)
男	4.4 (8)	100.0 (183)
女	5.1 (19)	100.0 (371)
無回答	72.7 (8)	100.0 (11)

出所：筆者作成。

点を置いている」「地域との関係づくり」「大・中舎制の必要性」「断続勤務を極力少なくし，職員のリフレッシュ時間を確保する」「児相等関係機関と連携がしっかり図れる」「職員の固定，定着」「施設長のレベルアップ！」「人材育成をしてくれる上司が必要。気分で働く人がいなくなること」などの記述があった。

　労組の有無別・雇用形態別・性別では，すべて「賃金の改善」の割合が最も高い。項目ごとにみると，「有」は「職員配置基準の抜本的改善」(有52.4%，無43.7%)と「民主的で風通しのよい職場づくり」(有47.6%，無38.4%)が全体の割合(前者46.9%，後者41.8%)を上回っている。「非正規」は「その他」を除くすべての項目が全体の割合を下回っていることに加えて，「無回答」は全体の割合(6.2%)を大きく上回る19.0%である (正規3.1%)。「男」は「賃金の改善」(男74.3%，女62.3%)，「職員配置基準の抜本的改善」(男56.3%，女43.1%)，「施設整備予算の拡充」(男30.1%，女22.9%)，「関係機関・施設のスタッフとの交流・学習の機会を増やす」(男31.7%，女24.8%)が全体の割合を上回っている。

　ここまでみてきたように，施設で職員が安心して働き続けるためには，労働条件・労働環境の整備や職員配置基準の改善に加えて，職場に信頼できる相談相手がいることが必要であることが明らかとなった。この点については，愛知県内の保育職を対象にした調査（中村 2019）においても，残業がなく，休憩が取れ，残業代が適切に支払われるといった労働条件の改善が就業継続意欲を高めることが明らかとなっている。そのため，職員が働き続ける上で，本項目で明らかになった点は特に重要だといえる。

　また，「有」で「職員配置基準の抜本的改善」と「民主的で風通しのよい職場づくり」の割合が高いのは，労組の活動を通して制度の改善や民主的な職場づくりの重要性を理解しているからだといえる。一方，「非正規」で各項目の割合が低い傾向にあるのは雇用形態が影響しており，「男」で「賃金の改善」「職員配置基準の抜本的改善」「施設整備予算の拡充」「関係機関・施設のスタッフとの交流・学習の機会を増やす」が全体の割合を上回っているのは，生計中心者が多いことや，就いている役職，性別の役割分担により外部との接点が多いことなどが影響したと考えられる。

2　施設で安心して働き続けるための配慮——インタビュー調査から

　本節では，6施設の職員18人のインタビュー調査から，職員が安心して働き続

けられるために，施設でどのような配慮がなされているかを明らかにしたい。〈職員が安心して働き続けるための配慮〉（表12-2）には，52（有32，無20）の意見があり，4つのカテゴリーとそれを構成する45のコードに分類された。

（1）職員間の連携・組織づくり

《職員間の連携・組織づくり》（計28：有17，無11）は，25のコードが抽出された（表12-2）。ここでは，労組の有無別及び職階別にコードの内容をみていく。まず，労組の有無別では，「有」の意見数が多い傾向にある。職階別にみると，「初任」（計9：有4，無5）は，「有」から出た【先輩が後輩の意見に対して聞く耳を持っている】【思いや意見を言える環境がある】【愚痴が多くなると，ダブり勤務を増やすなどの配慮をしてくれる】のように，自由に意見を言い合える風通しの良い職場づくりや勤務面の配慮がされていた。また，「無」から出た【相談や要望に対する1週間以内の改善】【半年に1回ほどアンケートがあり，疑問や要望を聞いてくれる】のように，話を聞くだけでなく状況が具体的に改善されていた。さらに，【みんなが気にかけてくれる】【勤務が大変そうだったら助けてくれる】というサポート体制の充実や，【担当制ではなく，ローテーションなので孤立しない】のように，担当制にしないことにより職員全体で支える体制づくりをしている施設もあった。

「中堅」（計11：有8，無3）は，「有」からの意見が多い傾向にあり，【採用試験で職員が選ぶことにより，責任を持って育てる意識が持てる】のように，現場の職員が採用に深く関与することによるメリットや，【人事考課で困ったことやしたいことを出し，研修に組み込んでいる】【スーパーバイザーを配置し，話を聞いてホームに返す】という人事考課やスーパーバイザーの配置を通した職員を支えるしくみづくりに加えて，【中で言えないことを外で聞く機会をつくる】のように，飲み会などを通したコミュニケーションも行われていた。さらに，【先輩が後輩の面倒をみるという意識が大切】【誰かが助けてくれる安心感をみんなが持っている】のような周りのサポート体制や，【やりがいや責任感を与えるしくみ】【いろいろなことを経験できたり，任せてもらえたりする】といった職員のモチベーションを高めるしかけをつくっている施設もあった。一方，「無」から出た【OJTをみんなでする】【施設長・専門職・主任と現場の状況の共有】のように，OJTを大切にしたり，管理職と現場が子どもやホームの状況を共有したりするしくみづくりをしていた。

第12章　働き続けられる環境づくり

表12-2　職員が安心して働き続けるための配慮

カテゴリー	コード
職員間の連携・組織づくり	・先輩が後輩の意見に対して聞く耳を持っている ・思いや意見を言える環境がある ・愚痴が多くなると，ダブり勤務を増やすなどの配慮をしてくれる ・相談や要望に対する1週間以内の改善 ・半年に1回ほどアンケートがあり，疑問や要望を聞いてくれる ・みんなが気にかけてくれる ・勤務が大変そうだったら助けてくれる ・担当制ではなく，ローテーションなので孤立しない ・採用試験で職員が選ぶことにより，責任を持って育てる意識が持てる ・人事考課で困ったことやしたいことを出し，研修に組み込んでいる ・スーパーバイザーを配置し，話を聞いてホームに返す ・中で言えないことを外で聞く機会をつくる ・先輩が後輩の面倒をみるという意識が大切 ・誰かが助けてくれる安心感をみんなが持っている ・やりがいや責任感を与えるしくみ ・いろいろなことを経験できたり，任せてもらえたりする ・OJTをみんなでする ・施設長・専門職・主任と現場の状況の共有 ・失敗しても責められないこと ・個人の問題にせず，しくみで対応する ・個人批判は厳禁 ・マイナスのかかわりは個別に，褒めるときは全体で行う ・職員を孤立させないように言葉で伝える ・働き続けるためのしくみなど運営会での話し合いを現場に伝える ・施設長が変なパワーを発揮せず，みんながやりたいことをしてもらう
労働条件・労働環境	・働きやすさ ・在宅勤務が設けられ，家にいられる時間が増えた ・定時で帰ることができる働き方が大切 ・結婚・出産後も働き続けられる体制を模索している ・育休中の職員にイベントの連絡を通して関係を切らないようにしている ・給料が良い ・イベントがあると休みは取れず，他の職員と休みの希望が重なると遠慮し合う ・自分たちで勤務表や働き方を決める ・担当制ではないから連休を取ることができる ・夜勤なしの短時間勤務や職員の加配など産休・育休の取得と復帰しやすい環境づくり
研修	・研修でリフレッシュする ・研修にはすごく出している ・学識者を招いたケーススタディを毎月している
その他	・小規模化すると職員が孤立しやすい ・ほとんど若手中心の組織になってきている ・施設長がいろいろな取り組みをしている ・みんな子どもとかかわりたくて来ている ・子どもと職員のバランスが大事 ・間違いはあるが，毎年進化していければいい ・今の若い人はすごい

出所：筆者作成。

「管理職」(計8：有5，無3) は，「有」から出た【失敗しても責められないこと】【個人の問題にせず，しくみで対応する】【個人批判は厳禁】【マイナスのかかわりは個別に，褒めるときは全体で行う】のように，職員の失敗を責めるのではなく，しくみを通してそれを活かす取り組みがされていた。また，「無」で出た【職員を孤立させないように言葉で伝える】という意識的に言葉をかける取り組みに加えて，【働き続けるためのしくみなど運営会での話し合いを現場に伝える】【施設長が変なパワーを発揮せず，みんながやりたいことをしてもらう】のように，職員集団が力を発揮しやすいしくみづくりをしている様子も窺えた。

ここで，「有」の「初任」から出た「ダブり勤務」については，黒田 (2013) が指摘するように，それを増やすことによって職員にお互いの働き方がみえるようにしたり，複数のユニット・ホームで会議や宿直を共有したりする中で相互の連携を強化し，職員の孤立やユニット・ホームの密室化を防ぐ必要がある。さらに，ここで特に注目したいのは，「有」の「中堅」から出た採用試験で現場の職員が選ぶ取り組みである。このように，職員が採用に深く関与できるしくみがあると，自分たちで後輩を育てる責任感が芽生えるだけでなく，人事を含む施設運営にも主体的にかかわっている実感が得られ，職員のやりがいや意欲も高まるため，メリットは大きい。

これは労組の組織率が極めて高い施設だからこそできるともいえるが，こうしたシステムを他施設でも導入できるかが課題である。この点について中村 (1979：104) は，「全職員で採用を決めることは，自分たちが責任をもって採用したのだから責任をもって育てていきますという決意の現れである」と指摘している。しかし，約50年前に指摘されたことが，依然として多くの施設で実現できていない状況がある。特に地方の施設や同族経営の施設では，ともすれば人事が閉鎖的になりがちである。このため，採用の過程に現場の職員が関与することができるしくみづくりや，採用のプロセスをできる限りオープンにしていくことが求められる。

他方で，「有」の「管理職」から出た【個人の問題にせず，しくみで対応する】とは，問題が起きた時に防ぐことができなかったら，最終的には施設長の責任であることを前提に，しくみで対応することを意味している。具体例としては，施設で Wi-Fi のパスワードを子どもに教えた職員がいた場合，教えた職員個人の問題になるところを，そうではなくルールがなかったことを問題にして，しくみで対応したことである。施設ではこうした問題が起きた時に，職員個人の責任

が問われることが少なくないが，これは失敗を組織の知として活かす重要な取り組み（沢渡 2021：147-153）である。

　このようなしくみがあると，職員は安心して働くことができる。特に若手職員は，「有」の「管理職」の意見や先行研究（黒田 2013）でも指摘されているように，失敗を恐れていることが多い。この点については，大変な子どもであっても，チームとして対応できている場合，職員の傷つきを最小限に食い止めることができる（藤岡 2008）ため，「初任」の意見にあるような職員同士のサポート体制の構築が必要である。こうしたサポート体制や，「初任」と「中堅」から出た意見の多くは，ソーシャルサポートの典型例といえる。この点について Pfeffer（2018＝2019）は，序章で述べたように，労働者の意欲や健康にとって重要なのは労働環境であるとした上で，ソーシャルサポートと仕事の裁量性の確保が必要と指摘している。ここでいう裁量性とは，何をどの順序でどうやるかを自分で決められることで，それが仕事の満足度や意欲を大きく左右する（Pfeffer 2018＝2019）。

　しかし，施設は子どもをケアする裁量性が極めて高いチームワーク労働であるため，裁量をユニット・ホームや職員に付与するだけでは問題は解決しない。このため，職員の裁量性の確保は，施設全体で方針や情報を共有しながら，職員集団として組織的に対応することが前提となる。また，裁量性を理由にユニット・ホームや職員個人が責任を問われることがないようにする必要がある。一方，「有」の「中堅から出た【中で言えないことを外で聞く機会をつくる】は大切なことだが，仕事とプライベートを分ける傾向にある若手職員に対しては，一定の配慮が必要といえる。

（2）労働条件・労働環境

　《労働条件・労働環境》（計13：有6，無7）は，10のコードで構成された（表12-2）。まず，「初任」（計3：有3，無0）は，「有」から出た【働きやすさ】【在宅勤務が設けられ，家にいられる時間が増えた】【定時で帰ることができる働き方が大切】という労働条件に関する意見のうち，特に在宅勤務は他施設で例のない画期的な取り組みである。

　「中堅」（計4：有1，無3）は，「有」から出た【結婚・出産後も働き続けられる体制を模索している】に加えて，「無」からも【育休中の職員にイベントの連絡を通して関係を切らないようにしている】のように，結婚・出産後も働き続けやすい環境づくりがされていた。さらに，「無」からは【給料が良い】という労

働条件の良さの一方で,【イベントがあると休みは取れず,他の職員と休みの希望が重なると遠慮し合う】のように,休みが思うように取れない実態も浮かび上がった。

「管理職」（計6：有2,無4）は,「有」から,「初任」と同じく定時で帰ることに関する意見に加えて,【自分たちで勤務表や働き方を決める】のように現場の職員が主体的に働きやすいしくみづくりがされていた。一方,「無」からは「中堅」と同じく産休・育休の職員がいるという点に加えて,【担当制ではないから連休を取ることができる】のように,担当制をなくして全体で子どもをみることによる労働環境の改善や,【夜勤なしの短時間勤務や職員の加配など産休・育休の取得と復帰しやすい環境づくり】のように,育休から復帰した後の具体的な勤務の改善とそれを担保するための職員の加配もされていた。

ここでは,「有」の「初任」からの意見にあるように,「有」では労組の活動が影響して労働環境面の配慮が手厚くされていた。また,「有」の「中堅」と「無」の「中堅」「管理職」から出た産休・育休の取得と復帰後の支援に関する意見について,重田（2010：122）は職場の仲間が抱える「個人的な問題」の中に,どこまで自分との共通項を見出せるかという「お互い様の関係」が共感と支え合いの基盤になると指摘している。このため,施設ではこうした視点に基づく職場内の配慮が求められる。

他方で,「無」の「管理職」の意見（担当制ではないから連休を取ることができる）は,担当制を軸にした個別ケアが重視される施設の中でも柔軟な対応が必要であることがわかる。これは,学校や保育所における複数担任制とも共通することで,それによって多面的かつ個別的なケアができることや,安全面の確保などの効果（堀内ら 2009；中平・馬場・髙橋 2015）もある。さらに,初任者では対応が難しいことも経験のある教員が対応できたり,教員の急な欠勤にも対応したりしやすい（寺町 2023）ことに加えて,教員の負担軽減や子どもにとっての当たり外れをなくすことにもつながる（中日新聞 2023）。そのため,他の施設においても参考になる取り組みである。

一方,近年,労働者の精神的健康を考える上で,仕事と家庭の役割間の葛藤に由来するストレスの重要性（丸山・瀬戸 2011）が指摘されていることや,産休・育休の取得と復帰後の家庭との両立については,ここで出た意見に加えて,先行研究（伊藤 2007：112-114；安部ら 2013；2014）においてもその困難さが指摘されている。また,前述したように実子がいる職員が罪悪感を抱えながら働いている

ことや，育休・介護休暇などの制度があっても十分に活用できていない状況がある（安部ら 2013；2014）。

　この点については，組織率が高い労組がある施設においても，複数の職員が同時期に産休・育休を取得する場合，勤務を組むことが難しい状況が生じるため，個々の施設の自助努力だけでは限界がある。こうした中で厚生労働省は，前述のように2020年度の予算措置で分園の職員配置を子ども6人につき職員6人に拡充したが，小規模化が進む中で施設では職員の確保・育成が課題となっているため，それも含めた対策を検討する必要がある。

（3）研　　修
　《研修》（計3：有3，無0）は，すべて「有」の意見で3つのコードに集約された（表12-2）。職階別にみると，「初任」の意見はなかった。ここでは，「中堅」（計1：有1，無0）から出た【研修でリフレッシュする】や，「管理職」（計2：有2，無0）から出た【研修にはすごく出している】【学識者を招いたケーススタディを毎月している】のように，研修を通したリフレッシュや専門性の向上に努めていた。

　このように，「有」から研修の重要性に関する意見が出たのは，労組の活動を通して職員がその重要性を認識しているからだと考えられる。研修は，ここで出た意見にあるように，外に出てリフレッシュしたり，施設内でのケーススタディを通した支援方針の共有をしたりすることに加えて，他施設の職員とのつながりができたりすることも多い。また，参加する研修にもよるが，研修はここで出た意見に加えて，職員が知識や新たな気づきを得るなどの効果がある（宮地 2013；岡村・井澤 2019）。このため，職員のモチベーション及び専門性の向上や，働き続けるためにも，できる限り職員が希望する研修に勤務で参加できるようにしていく必要がある。

（4）そ の 他
　《その他》（計8：有6，無2）は，7つのコードに分類された（表12-2）。ここは他の項目に分類できない意見だが，労組の有無別にみると「有」の意見数が多い傾向にある。まず，「初任」（計1：有1，無0）は，「有」から【小規模化すると職員が孤立しやすい】という意見があった。

　「中堅」（計5：有3，無2）は，「有」から【ほとんど若手中心の組織になって

きている】という職員の年齢構成の変化や,【施設長がいろいろな取り組みをしている】【みんな子どもとかかわりたくて来ている】といった語りがみられた。また,「無」からは【子どもと職員のバランスが大事】のように,いずれか一方に視点が偏らないようにしているという意見があった。「管理職」(計2：有2,無0）は,「有」から【間違いはあるが,毎年進化していければいい】というポジティブな意見に加えて,【今の若い人はすごい】のように昔の環境との違いを踏まえて,大変な中で頑張っている若手職員を評価する意見もみられた。

ここで出た意見のうち,「有」の「中堅」から出た【ほとんど若手中心の組織になってきている】という点については,職員の年齢構成のアンバランスさが生じたり,上の世代との意識の違いが顕著になったりして,組織づくりが難しくなっている。加えて,小規模化の影響も踏まえると,職員集団づくりがより重要になってきているといえる。また,同じく「有」の「中堅」から出た【施設長がいろいろな取り組みをしている】という意見については,先駆的な取り組みをしているという良い面の一方で,現場の職員がそれについていけているかどうかも留意しながら進めていく必要がある。

他方で,「無」の「中堅」から出た【子どもと職員のバランスが大事】という意見については,施設では子どもの人権のみが前面に出て,職員の人権が後回しになることが多い。しかし,職員の自己犠牲では持続可能性がないため,子ども・職員双方の人権が一体的に保障（井上 2010）されるしくみが必要である。

3　職員集団づくりの方法——インタビュー調査から

施設では,小規模化が進む中で労働環境が悪化しているため,労働環境の改善とともに職員集団づくりの重要性が増しているが,関連する先行研究は近年ほとんどない。なお,ここでいう職員集団とは,前述したように,施設運営や子どもの支援方針などについて,話し合いをベースにした職員間の合意形成をていねいに行う中で,職員同士が育ち合い,支え合える自治的な職員集団のことである(積 1981：153-154；竹中 1985：187-193, 202-206)。

そこで,ここでは前節と同じインタビュー調査から,小規模化した施設における〈職員集団づくりの方法（ホーム・ユニット間の連携方法,職員が孤立しないための工夫など）〉を明らかにしたい。〈職員集団づくりの方法〉（表12-3）には,57（有31,無26）の意見があり,5つのカテゴリーとそれを構成する51のコードに分類

された。

(1) 働きやすい環境づくり
　《働きやすい環境づくり》(計24：有14，無10)は，22のコードが抽出された(表12-3)。職階別にみると，「初任」(計5：有2，無3)は，「有」から出た【孤立しないための環境づくり】【共有し，見守り，フォローする】に加えて，「無」から出た【どこかで職員間で話し合える時間がある】【職員同士が変化に気づいて話を聞く】【上の人にも相談しやすい環境がある】のように，職員同士が見守ったり，話を聞いたり，相談しやすい環境づくりをしたりする中で，職員が孤立しないようにしていた。
　「中堅」(計9：有5，無4)は，「有」から，「初任」と同じく話を聞くことに加えて，【ディーセント・ワーク(三審制，有休を年10日は取るなど)を行っている】のような労働環境の整備や，【下の職員が意見を言いやすい環境がある】【気にかけ，声をかけて孤立させない】のように，職員同士の関係づくりの面での配慮に関する意見が出た。さらに，【仕事ではないが，お酒が好きな人はそれがきっかけで打ち解ける人もいる】という仕事外の交流に関する意見もあった。「無」からも，【共通の話題で連携が取れる】【子どもがいないときに職員の雑談をしている】【フリーの立場だからこそ相談も愚痴もできるように意識して声をかけている】【一人が抱え込まないように周りが支援する】のように，「有」と同じく職員同士のコミュニケーションや支援に関する語りがあった。
　「管理職」(計10：有7，無3)は，「有」から出た【職員の不満を表に出す】【納得性を高めるために三審制(ホーム長→心理士→施設長)をとっている】【話し合いの文化をつくり，そのための時間も確保する】のように，職員が不満を溜め込まないようなしくみや話し合いの文化を根づかせることに加えて，【産休明けの人を中心に職員が勤務表をつくり，在宅勤務もある】【有休取得日数が平均で15日ある】のように，労働条件面で特筆すべき取り組みをしていた。さらに，【若い職員からの提案は極力実行する】ことで若手職員がやりがいを持てるようにすることや，【労働基準法を守れるように職員を増やす】のように，小規模化の中で宿直の回数や長時間勤務が増えることを踏まえて，予算を確保して人を増やす取り組みもされていた。一方，「無」からはユニットごとの閉鎖性を克服するために【職員には他のユニットにも顔を出すように伝えている】ことに加えて，【仕事以外で若い職員と遊びに行く】ことをしているという語りもあった。

表12-3 職員集団づくりの方法

カテゴリー	コード
働きやすい環境づくり	・孤立しないための環境づくり ・共有し，見守り，フォローする ・どこかで職員間で話し合える時間がある ・職員同士が変化に気づいて話を聞く ・上の人にも相談しやすい環境がある ・ディーセント・ワーク（三審制，有休を年10日は取るなど）を行っている ・下の職員が意見を言いやすい環境がある ・気にかけ，声をかけて孤立させない ・仕事ではないが，お酒が好きな人はそれがきっかけで打ち解ける人もいる ・共通の話題で連携が取れる ・子どもがいないときに職員の雑談をしている ・フリーの立場だからこそ相談も愚痴もできるように意識して声をかけている ・一人が抱え込まないように周りが支援する ・職員の不満を表に出す ・納得性を高めるために三審制（ホーム長→心理士→施設長）をとっている ・話し合いの文化をつくり，そのための時間も確保する ・産休明けの人を中心に職員が勤務表をつくり，在宅勤務もある ・有休取得日数が平均で15日ある ・若い職員からの提案は極力実行する ・労働基準法を守れるように職員を増やす ・職員には他のユニットにも顔を出すように伝えている ・仕事以外で若い職員と遊びに行く
会議の工夫	・ホーム間での顔合わせで他のホームの職員とも共有する ・ケース検討会は全員で話すことで方針がみえてくる ・職員会議は全員参加で顔を合わせる ・引き継ぎの際，他愛のない話をする ・ノートを使って引き継ぎをしている ・終礼で子どもの情報共有を行っている ・昼礼の顔合わせで疲れていないか確認する ・グループホームは孤立しやすいため，顔を合わせて毎日共有する ・職員会議と連絡会議の充実 ・OJTやミーティングを手厚くする ・すりあわせ会で実際の場面を基にどう対応するかを話し合い，逃げた対応に向き合う ・引き継ぎの際，ねぎらいの言葉を大事にし，しんどい面の話を聞く
組織づくり	・調理員が各ホームに入り，全体をみる ・みんながそれぞれの棟を回ることで多面的な話し合いができる ・施設長は口を出さず，各棟のチーフに任せている ・マトリックス型の組織にして委員会を4つ作り，各ホームから人を出して毎月1回話し合う ・各ユニットの責任者をローテーションしている ・こういうことが起きるということを意識化してみんなで取り組む
情報開示・共有	・施設長が情報開示や説明をしてくれて，叱られることでもフォローしてくれる ・パソコンも活用するが，意図的に顔をみて子どもの情報を共有する ・IT化による情報共有 ・指導ではなく，職員・子ども双方に説明し，できる範囲で情報開示も行う
その他	・価値観や育ちの違いなど，人となりに関することは口を出すことが難しい ・みんなで楽しくやれるベースはある ・大人だけなら解決できるが，子どもがいることが問題を大きくさせる ・他の職員の動きがみえないため，ルールづくりが必要 ・どの子だとしてもここの子だよと声掛けをしている ・当施設は新しいから変化を恐れない ・うまくいかないから続けていくことが大切

出所：筆者作成。

ここで，「有」の「中堅」と「管理職」から出た「三審制」とは，何か問題が起きて職員が対応に納得できない場合に，最初はホーム長，次に心理職，最後は施設長という形で段階的に対応するしくみのことである。これは重要な取り組みだが，この施設は労組の組織率が顕著に高く，民主的な風土の下でそれが実践されている。そのため，他の施設で取り入れる場合，職場の風土に合う方法で実践することが望ましい。また，同じく「有」の「管理職」から出た【若い職員からの提案は極力実行する】という意見については，人は自らやりたいと感じた時に力を発揮できるため（中村 2015：34），若手職員のモチベーションの向上につながる重要な取り組みである。ただし，これは若手職員が失敗したら管理職（施設長）が責任を取ることが前提になる。

　翻って，小規模化した施設では，職員がユニット・ホームごとに分かれて勤務しているため，行事や会議がなければ，他のユニット・ホームの職員と顔を合わせることがほとんどない。このため，「無」の「管理職」の意見にあるように，他のユニットにも顔を出し，話をして共有することは，職員やユニットの孤立を防ぐ上で重要なことである。これはソーシャルサポートの一つで，職員のストレスを緩和する効果があるため（Pfeffer 2018＝2019），「管理職」はそのことを常に意識し，「初任」や「中堅」を支援していく必要がある。このほか，「有」の「中堅」と「無」の「管理職」から出た仕事以外での交流は良い面もあるが，仕事とプライベートを厳密に分ける傾向がある最近の若者には負担になる場合もあるため，留意する必要がある。

（2）会議の工夫

　《会議の工夫》（計14：有6，無8）は，12のコードで構成された（表12-3）。まず，「初任」（計6：有3，無3）は，「有」から出た【ホーム間での顔合わせで他のホームの職員とも共有する】【ケース検討会は全員で話すことで方針がみえてくる】に加えて，「無」から出た【職員会議は全員参加で顔を合わせる】【引き継ぎの際，他愛のない話をする】のように，会議や引き継ぎで顔を合わせて話す中で共有することの重要性が指摘された。また，交替制勤務でなかなか会う機会がないため，【ノートを使って引き継ぎをしている】施設もあった。

　「中堅」（計6：有3，無3）は，「有」から出た【終礼で子どもの情報共有を行っている】という職員間の情報共有の重要性や，【昼礼の顔合わせで疲れていないか確認する】のように，立場も影響して職員の疲労度を確認して支援につな

げる姿勢がみられた。さらに,【グループホームは孤立しやすいため,顔を合わせて毎日共有する】のように,本園から離れているからこそ顔を合わせることの重要性に関する語りもあった。「無」からも,【職員会議と連絡会議の充実】【OJTやミーティングを手厚くする】という会議やOJTに関する内容に加えて,【すりあわせ会で実際の場面を基にどう対応するかを話し合い,逃げた対応に向き合う】のように,職員同士の価値観をすり合わせる取り組みを行っている施設もあった。「管理職」(計2：有0,無2)は,「無」から「中堅」と同じく「すりあわせ会」に関する意見に加えて,【引き継ぎの際,ねぎらいの言葉を大事にし,しんどい面の話を聞く】のように,意識的に職員の苦労をねぎらう機会を設けていた。

　ここで,「有」の「初任」から出た,他のホームの職員とも共有するという意見については,《働きやすい環境づくり》で「無」の「管理職」から出た意見とも共通している。この点については,先行研究(みずほ情報総研 2017)においても,職員が他のホームの勤務に入ってカバーしたり,ユニットを固定せず相互に行き来して勤務したりしている施設があった。これは職員やユニット・ホームが孤立したり,独善化したりすることを防ぐとともに,ユニット・ホーム間の連携を促進するための重要な取り組みである。施設では,家庭的な環境にするという形態論が先行しがちだが,風通しの良い施設運営や子ども・職員双方の人権を保障(井上 2010)するためにも,こうした柔軟な取り組みが必要だといえる。

　また,「無」の「中堅」と「管理職」から出た「すりあわせ会」のように,施設では子どもへの対応を職員全体で検証していくことが求められる。これは,職員にとって自らの価値観が問われるだけではなく,相互批判を伴う厳しいものだが,自治的な職員集団づくりの過程で必要な取り組みといえる。

(3) 組織づくり

　《組織づくり》(計6：有3,無3)は,6つのコードが抽出された(表12-3)。職階別にみると,「初任」の意見はなかった。まず,「中堅」(計2：有1,無1)は,「有」から出た【調理員が各ホームに入り,全体をみる】のように,調理員が児童指導員・保育士の子どもへのかかわりや疲労度をチェックする役割を果たす取り組みをしていた。一方,「無」からは,【みんながそれぞれの棟を回ることで多面的な話し合いができる】のように,担当するユニット・ホームを固定して子どもの担当制をとる施設が多い中で,全員が各棟の勤務を経験することによる

メリットが語られた。

「管理職」(計4：有2，無2）は，「有」から出た【施設長は口を出さず，各棟のチーフに任せている】や【マトリックス型の組織にして委員会を4つ作り，各ホームから人を出して毎月1回話し合う】のように，ボトムアップ型の組織づくりに取り組んでいた。また，「無」からは，「中堅」と同じく【各ユニットの責任者をローテーションしている】のように，ユニットの閉鎖性を克服するしくみづくりや，【こういうことが起きるということを意識化してみんなで取り組む】のように，他施設で起きたことを自分事として捉え，意識して取り組んでいるという意見もみられた。

ここで，「有」の「中堅」から出た【調理員が各ホームに入り，全体をみる】という意見について，施設では，一般的に調理員が子どものケアに口を出しにくい状況がある。この点について中村（1979：103）は，職員集団づくりの障害として，職種の壁を乗り越えた共働があると指摘している。しかし，この施設のように職員全員で子どもをケアするという方針があると，職種間の連携が促進されるとともに，職員の働く意欲も向上する。加えて，「有」の「管理職」の意見にあった「マトリックス型の組織」のようなしくみがあると，職員やユニット・ホームの孤立を防ぐことができるだけでなく，職員の主体性や意欲も向上する自律型の組織（沢渡 2021：72，188-199）づくりにもつながるため，メリットは大きい。

さらに，「無」の「中堅」と「管理職」から出た意見にあるように，小規模化した施設で課題になっているユニット・ホームの閉鎖性を克服するため，全員が各棟の勤務を経験したり，ユニットの責任者をローテーションしたりしていたが，それに加えて複数のユニット・ホームで会議や宿直を共有するなどして，相互の連携強化と労働負担の軽減をセットで進めていく必要がある（黒田 2013）。

（4）情報開示・共有

《情報開示・共有》（計5：有4，無1）は，4つのコードに集約された（表12-3）。まず，「初任」（計1：有1，無0）は，「有」から出た【施設長が情報開示や説明をしてくれて，叱られることでもフォローしてくれる】のように，施設長がオープンな姿勢でフォローも手厚いため，信頼されている様子が窺えた。「中堅」（計1：有0，無1）は，「無」から【パソコンも活用するが，意図的に顔をみて子どもの情報を共有する】という意見があった。一方，「管理職」（計3：有3，

無0）は,「有」から出た【IT化による情報共有】のように，ITをうまく活かして職員間の情報共有につなげるとともに,【指導ではなく，職員・子ども双方に説明し，できる範囲で情報開示も行う】のように，ていねいな説明や情報開示を行っていた。

ここで,「有」の「初任」から出た意見のように，説明や情報開示とともに肯定してもらえる環境があると，職員は安心して働くことができる。そのことによって，仮に不満が解消されなかったり，要求が実現しなかったりしたとしても，納得することができるため，職員のモチベーションも向上するといえる。これは第7章で述べた「心理的安全性」（Edmondson 2019＝2021）のことである。

このほか,「有」の「管理職」から出たIT化を進めるには財源の問題もあるが，業務の効率化や情報共有がしやすくなるため，可能な部分から進めていく必要がある。一方,「有」で情報開示や説明がていねいにされていた背景には，民主的な考え方の施設長がいるだけでなく，労組の活動によって施設運営や労働条件について話をする機会が多いことも影響したと考えられる。

（5）その他

《その他》（計8：有4，無4）は，7つのコードに分類された（表12-3）。職階別にみると,「初任」の意見はなかった。まず,「中堅」（計6：有3，無3）は,「有」から出た【価値観や育ちの違いなど，人となりに関することは口を出すことが難しい】という職員同士の価値観の違いによる難しさがある一方で,【みんなで楽しくやれるベースはある】のように，職員同士の関係がうまくいっている施設もあった。さらに,【大人だけなら解決できることも，子どもがいることが問題を大きくさせる】のように，施設では職員だけでなく，子どもとの関係もあるため，問題が起きた時に解決することが難しいことに関する語りもあった。「無」からは，ユニット化した後に【他の職員の動きがみえないため，ルールづくりが必要】という課題に加えて，ユニットが異なっていたとしても【どの子だとしてもここの子だよと声掛けをしている】のように，施設全体で子どもたちをみる姿勢に関する意見もあった。「管理職」（計2：有1，無1）は,「有」から【当施設は新しいから変化を恐れない】というポジティブな意見に加えて,「無」からも【うまくいかないから続けていくことが大切】という継続することの重要性に関する語りがあった。

ここで,「有」の「中堅」から出た意見のように，職員の価値観に違いがある

からこそ，会議では子どもたちのために何ができるか（永井 2013）という視点を踏まえた話し合いが必要で，《会議の工夫》で出た「すりあわせ会」のような取り組みも参考になる。また，「無」の「中堅」から出たルールづくりが必要だという意見は，子どもを管理するという意味ではなく，ユニット化した後の職員による統一的な対応という意味合いが強い。これは集団で生活する以上，やむを得ない部分ともいえるが，今後，ユニット・ホームごとの子どもの人数が減少し，職員の数が増える中で，ルールをどのように職員間で共有したり，柔軟にしたりしていくかが課題になるといえる。

4　職員が安心して働き続けられるために

　本章では，施設で職員が働き続けられる環境づくりについて，アンケート調査とインタビュー調査を通して明らかにした。まず，アンケート調査の〈今後，施設で職員が安心して働き続けるために必要なこと〉（複数回答）では，「賃金の改善」「有給休暇を取得しやすい職場づくり」「産休・育休・介護休暇などを取得しやすい職場づくり」「信頼できる相談相手が職場にいること」「職員配置基準の抜本的改善」の割合が高かったように，施設では職員の労働条件とともに制度の抜本的改善が求められていることが改めて明らかとなった。

　また，「有」で「職員配置基準の抜本的改善」と「民主的で風通しのよい職場づくり」が全体の割合を上回っていたのは，労組の活動が影響した可能性がある。一方，「非正規」が「その他」以外のすべての項目で全体の割合を下回っていたのは，雇用形態が影響したといえる。さらに，「男」で「賃金の改善」「職員配置基準の抜本的改善」「施設整備予算の拡充」「関係機関・施設のスタッフとの交流・学習の機会を増やす」が全体の割合を上回っていたのは，「男」に生計中心者が多いことに加えて，就いている役職や性別の役割分担により外部との接点が多いことなどが影響したと考えられる。

　次に，インタビュー調査における〈職員が安心して働き続けるための配慮〉では，配慮というよりも組織・しくみづくりや労働環境などがシステムとして構築されていた。具体的には，【先輩が後輩の意見に対して聞く耳を持っている】【思いや意見を言える環境がある】【OJTをみんなする】【個人の問題にせず，しくみで対応する】【夜勤なしの短時間勤務や職員の加配など産休・育休の取得と復帰しやすい環境づくり】など，今ある条件の中で工夫をしながら職員が安心し

て働き続けるための環境づくりに取り組んでいた。こうした取り組みが職員の安心感につながっていることや，職員が働き続ける上で職員間の連携・組織づくりと労働条件・労働環境の整備が特に重要であることも浮き彫りとなった。

カテゴリー別にみると，《労働条件・労働環境》の意見数は「有」「無」でほぼ同数だったが，全体として「有」の意見数が多い傾向にある（特に《職員間の連携・組織づくり》）ことに加えて，《研修》の意見は「有」のみであった。コードの内容をみると，「有」「無」ともに働きやすい環境づくりをしていたが，特に「有」では労組の活動が影響して，労働環境や職員を支えるさまざまなしくみが整備されていた。

また，「中堅」と「管理職」の意見数はほぼ同数で，立場も影響して「初任」の意見数が少ない傾向がみられた。コードの内容をみると，「初任」は上司・同僚によるサポートに関する意見が多く，「中堅」は組織づくりを含む現場の全体を見据えた意見が多い一方，「管理職」は組織づくりや労働環境についての意見が多かった。このように，職員はそれぞれの立場で意識が異なるため，施設ではそれを踏まえて働きやすい環境づくりをしていく必要がある。この点については，ともすると「初任」に目が行きがちだが，藤岡（2008）が指摘するように，管理的な立場になればなるほど，仕事仲間との関係における満足をどのように得ていくかが難しくなるため，「中堅」や「管理職」への支援も不可欠である。

また，先行研究（伊藤 2007：112-114；安部ら 2013：2014）や本調査においても，職員が結婚・出産した後に働き続けられるかが課題となっている。それに対しては，前述したように先行研究（安部ら 2013）においても，現場でさまざまな配慮がされていることが明らかになっているが，個々の施設の自助努力だけでは限界がある。このため，本章で明らかになったことに加えて，措置費や職員配置基準の抜本的な改善が必要である。

一方，〈職員集団づくりの方法〉では，【職員同士が変化に気づいて話を聞く】【一人が抱え込まないように周りが支援する】【ホーム間での顔合わせで他のホームの職員とも共有する】【OJTやミーティングを手厚くする】ことなどを通して，職員やユニット・ホームが孤立しないようにしていた。加えて，調査対象施設では，職員同士が支え合うだけでなく，批判的に高め合う取り組みや，職員が施設運営に主体的に参画するしくみなどを通して，自治的な職員集団づくりをしていた。

カテゴリー別にみると，「有」の意見数がやや多いものの，それほど差異はみ

られず,「有」「無」ともに民主的な職員集団づくりをしていた。ただし,コードの内容をみると,「有」では労組の活動が影響して,働きやすい環境がきめ細かく整備されていた。このため,〈職員が安心して働き続けるための配慮〉で明らかになったことや,先行研究（Goodman 2000＝2006）も踏まえると,施設における労組の意義が示されたといえる。

また,「中堅」「管理職」は立場も影響して,「初任」と比較して意見数が多い傾向がみられた（特に《働きやすい環境づくり》）。コードの内容をみると,「初任」は職員との関係についての意見が多く,「中堅」は職員のサポート体制を含む現場の全体を見据えた意見が多い一方,「管理職」は組織づくりや運営面に関する意見が多かった。このように,職員はそれぞれの立場によって意識が異なるため,施設ではそれを踏まえた職員集団づくりをしていく必要がある。

関連して,本調査対象の「管理職」は労組の役員や事務職員を経験しているが,他の施設では,長年子どもと向き合ってきた現場職員が施設長になっていることが多く,組織づくりや施設運営に関するノウハウを持っているとはいえない。このため,「中堅」とともに「管理職」に対しても研修を含む支援体制の拡充が求められる。

ここまでみてきたように,本章ではアンケート調査とインタビュー調査を通して,施設で職員が働き続けられる環境づくりについて具体的に明らかにすることができた。施設は全国的にみても施設間格差が大きいことや,民主的な風土がない施設においてここで明らかになったことを実践することは容易ではないが,調査対象施設では,方針や職員の意識に違いはあるものの,共通点も多くみられた。このため,筆者は同じような課題に直面している施設や,これから小規模化を進めていく施設においても,これらの結果を活かすことができると考える。

注
(1)「ダブり勤務」とは,ユニット・ホームなどの生活単位ごとに職員が複数体制で勤務することである。

第13章 労働組合の役割

 前章までに職員の労働条件・労働環境とそれが反映される健康状態を軸に，小規模化の影響を踏まえて施設でどのように労働環境を改善し，職員集団づくりをしているかなどについてみてきた。しかし，現行制度の枠組みの中でどのように工夫をしたとしても，措置費や職員配置基準など制度の脆弱さがあるため，施設における労働問題を根本的に解決することは困難である。したがって，労働条件・労働環境や制度を改善するための労組の役割と，それに対する職員の意識についても分析する必要がある。

 しかし，関連する先行研究（鷲谷 1968；皿海 1972；小川 1973；杉本 1973）は約50年前に取り組まれたもので，現在の施設の状況と比較することが困難なことに加え，調査を通して労組の役割や職員の意識を実証的に明らかにしているわけではない。そこで，本章では，施設で労組が果たしている役割と労組に対する職員の意識について，アンケート調査とインタビュー調査から明らかにしたい。なお，本章のうち，第1節と第3節（1）（2）は堀場（2023b）を，第2節と第3節（3）は堀場（2020b）を基に大幅に加筆修正したものである。

1　労働組合の有無と必要性——アンケート調査から

 アンケート調査対象の20施設のうち，「有」は7施設，「無」は13施設で，「有」は労組の分会が存在する施設である。「有」の組織率は，回収できた7施設の206人と事業所に労組がある場合の「入っている」と回答した104人を基に算出していることや，無回答の調査票もあるため，実際とは若干の違いがあると考えられるが，50.5％である（A園100％，B園93.3％，C園75.0％，D園53.8％，E園34.4％，F園33.3％，G園12.7％）。これらの労組が加盟する上部団体は，福祉保育労が5施設，自治労が1施設，地域労組が1施設となっている。このように，本調査では組織率が50％台〜100％の施設と10〜30％台の施設があるなど，組織化が進んでいる施設とそうでない施設があった。

 まず，所属している事業所（職場）に労組が「ある」は，39.1％であった（「な

第13章　労働組合の役割

表13-1　労働組合の有無

(％〔度数〕)

項　目	ある 39.1 (221)	ない 47.8 (270)	無回答 13.1 (74)	合　計 100.0 (565)
労組有	89.3 (184)	5.8 (12)	4.9 (10)	100.0 (206)
労組無	10.3 (37)	71.9 (258)	17.8 (64)	100.0 (359)
正　規	41.5 (204)	47.7 (234)	10.8 (53)	100.0 (491)
非正規	23.8 (15)	57.1 (36)	19.0 (12)	100.0 (63)
無回答	18.2 (2)	0.0 (0)	81.8 (9)	100.0 (11)
男	45.9 (84)	47.0 (86)	7.1 (13)	100.0 (183)
女	35.8 (133)	49.6 (184)	14.6 (54)	100.0 (371)
無回答	36.4 (4)	0.0 (0)	63.6 (7)	100.0 (11)

出所：筆者作成。

い」47.8％。表13-1）[1]。労組の有無は調査票の回収時点でわかっているにもかかわらず，このような設問を設けた理由は，労組がある施設とない施設それぞれにおいて，職員が労組の存在について正確な認識があるかどうかを確認するためである。加えて，労組がない施設においても，個人加入ができる職場外の労組に入っている可能性もあり，個別に尋ねる設問を設けた。

　労組の有無別にこの設問の回答をみると，当然だが「有」の場合は「ある」が89.3％と高い。ただし，「有」にもかかわらず，「ある」が9割に留まったということは，労組がある施設で働いていても労組の存在を認識していない者が一部いることを示している。一方，「無」で「ある」と回答したのは10.3％だった。これは，職場の互助会や共済会と労組を混同して回答したことが窺える。雇用形態別では，「非正規」は「ある」が全体の割合（39.1％）を大きく下回る23.8％（正規41.5％）で，「ない」が全体の割合（47.8％）を上回る57.1％である（正規47.7％）。性別にみると，「男」は「ある」が全体の割合（39.1％）を上回る45.9％であった（女35.8％）。

　事業所に労組が「ある」場合（表13-2），「入っている」が59.7％，「入っていない」が37.1％で，「個人加入ができる職場外の労組に入っている」は1.8％となっている[2]。労組の有無別では，「無」が37人と少ないため，「有」と比較することができず，雇用形態別にみても「非正規」が15人と僅かなため，「正規」と比較することができない。性別にみると，「女」は「入っている」が全体の割合（59.7％）を上回る64.7％である（男52.4％）。一方，「男」は「入っていない」が全

第Ⅳ部　施設職員の労働問題を規定する要因

表13-2　労働組合がある場合

(%〔度数〕)

項　目	入っている	入っていない	個人加入ができる職場外の労働組合に入っている	無回答	合　計
	59.7 (132)	37.1 (82)	1.8 (4)	1.4 (3)	100.0 (221)
労組有	56.5 (104)	40.8 (75)	2.2 (4)	0.5 (1)	100.0 (184)
労組無	75.7 (28)	18.9 (7)	0.0 (0)	5.4 (2)	100.0 (37)
正　規	61.3 (125)	36.3 (74)	1.5 (3)	1.0 (2)	100.0 (204)
非正規	40.0 (6)	46.7 (7)	6.7 (1)	6.7 (1)	100.0 (15)
無回答	50.0 (1)	50.0 (1)	0.0 (0)	0.0 (0)	100.0 (2)
男	52.4 (44)	42.9 (36)	3.6 (3)	1.2 (1)	100.0 (84)
女	64.7 (86)	33.1 (44)	0.8 (1)	1.5 (2)	100.0 (133)
無回答	50.0 (2)	50.0 (2)	0.0 (0)	0.0 (0)	100.0 (4)

出所：筆者作成。

体の割合（37.1％）を上回る42.9％であった（女33.1％）。

　事業所に労組が「ない」場合（表13-3）、「どこにも入っていない」が64.1％、「個人加入ができる職場外の労組に入っている」は1.5％だったが、「無回答」も34.4％いた。労組の有無別では、「有」が12人と僅かなため「無」と比較することができず、雇用形態別にみても「非正規」が36人と少ないため、「正規」と比較することができない。性別にみると、「男」は「どこにも入っていない」が全体の割合（64.1％）を上回る73.3％であった（女59.8％）。

　〈労働組合の必要性〉（表13-4）は、「感じる」（37.3％）と「感じない」（40.5％）がほぼ同率だったが、「無回答」も約2割いた。労組の有無別では、「有」は「感じる」が全体の割合（37.3％）を大きく上回る63.6％であった（無22.3％）。一方、「無」は「感じない」が全体の割合（40.5％）を大きく上回る52.4％と対照的である（有19.9％）。これは、労組がないと労組の必要性を実感しにくいからといえる。

　雇用形態別では、「正規」は「感じる」と「感じない」がそれぞれ4割で、全体の割合とほぼ同率だったが、「非正規」は「感じる」が全体の割合（37.3％）を大きく下回る19.0％（正規40.3％）で、「感じない」が全体の割合（40.5％）を上回る50.8％であった（正規40.1％）。このうち、「非正規」で労組の必要性を「感じない」割合が高いのは、雇用形態が影響して労組に入っていない場合が多いことや、労組の必要性を実感しにくい立場にあるからといえる。性別にみると、「男」は「感じる」が全体の割合（37.3％）を上回る48.1％であった（女32.3％）。これは、

第13章 労働組合の役割

表13-3 労働組合がない場合

(%〔度数〕)

項　目	どこにも入っていない	個人加入ができる職場外の労働組合に入っている	無回答	合　計
	64.1 (173)	1.5 (4)	34.4 (93)	100.0 (270)
労組有	75.0 (9)	8.3 (1)	16.7 (2)	100.0 (12)
労組無	63.6 (164)	1.2 (3)	35.3 (91)	100.0 (258)
正　規	65.4 (153)	1.7 (4)	32.9 (77)	100.0 (234)
非正規	55.6 (20)	0.0 (0)	44.4 (16)	100.0 (36)
無回答	0.0 (0)	0.0 (0)	0.0 (0)	100.0 (0)
男	73.3 (63)	1.2 (1)	25.6 (22)	100.0 (86)
女	59.8 (110)	1.6 (3)	38.6 (71)	100.0 (184)
無回答	0.0 (0)	0.0 (0)	0.0 (0)	100.0 (0)

出所：筆者作成。

表13-4 労働組合の必要性

(%〔度数〕)

項　目	感じる	感じない	無回答	合　計
	37.3 (211)	40.5 (229)	22.1 (125)	100.0 (565)
労組有	63.6 (131)	19.9 (41)	16.5 (34)	100.0 (206)
労組無	22.3 (80)	52.4 (188)	25.3 (91)	100.0 (359)
正　規	40.3 (198)	40.1 (197)	19.6 (96)	100.0 (491)
非正規	19.0 (12)	50.8 (32)	30.2 (19)	100.0 (63)
無回答	9.1 (1)	0.0 (0)	90.9 (10)	100.0 (11)
男	48.1 (88)	36.1 (66)	15.8 (29)	100.0 (183)
女	32.3 (120)	43.7 (162)	24.0 (89)	100.0 (371)
無回答	27.3 (3)	9.1 (1)	63.6 (7)	100.0 (11)

出所：筆者作成。

「男」が生計中心者である割合が高く，労働条件についての意識が高いことや，「有」で「男」の割合がやや高いことが影響した可能性がある。

2　労働組合の必要性を「感じる」「感じない」理由

　ここでは，労組の必要性を「感じる」「感じない」と回答した者の理由の自由記述をコード化・カテゴリー化して分析した（表13-5・6）。なお，組合員と非組合員の意識の違いについては，序章で述べたように「無」で労組に「入っている」と回答した者のうち一定数は，職場の互助会や共済会などと混同して回答した可能性があるため，部分的に取り上げるに留める。なお，ここでは前半は「無」を中心に，双方に共通したコードを取り上げた上で，後半は「有」の特徴的なコードを示した。

　翻って，調査票の本項目には，「感じる」「感じない」に回答がなく，自由記述の欄外に「わからない」という記述があった4つの調査票は，無回答でカウントし，自由記述には含めていない。また，同じく自由記述の欄外に「立場上答えられません」「ハ）どちらとも言えない」という記述があった調査票が1つずつあったが，これらも自由記述には含めていない。これは，本項目に「その他」と「わからない」の選択肢がなかったことや，管理職または経営に関与している職員の場合，立場上書けなかったり，労組の活動が労働者の基本的な権利であることを十分に理解できていなかったりすることも影響していると考えられる。加えて，日本における労組の歴史や日本の政治及び政策の下で培われた労組に対する捉え方，労組への抵抗感，労組の組織化や活動の停滞などが背景にある可能性もある。

（1）労働組合の必要性を感じる理由

　労組の必要性を感じる理由（表13-5）の自由記述数は157で，労組の有無別の内訳は「有」が96，「無」が61である。これらの自由記述をコード化・カテゴリー化したところ，9つのカテゴリーとそれを構成する72のコードに分類された。

　カテゴリー別にみると，《労働条件・労働環境》は記述数が68（有33，無35）と最も多く，13のコードが抽出された。ここでは，労働環境や労働時間，賃金に関する記述が多い。まず，「無」からは，【労働環境を改善するため】【労働時間が長いため】【給与改善のため】【男性職員は家庭との両立が難しいため】【有休・残業・人事について泣き寝入りが多すぎる】などの記述があった。一方，「有」からは，「無」と同じく賃金・労働条件や労働時間に加えて，【労組を通して労働

表13-5 労働組合の必要性を感じる理由

カテゴリー	コード
労働条件・労働環境	・労働環境を改善するため ・労働時間が長いため ・給与改善のため ・男性職員は家庭との両立が難しいため ・職種において条件が違うから ・有休・残業・人事について泣き寝入りが多すぎる ・第三者的立場から見る所が必要 ・労組を通して労働条件を変えていくことができている ・労働条件について話ができる ・働き方の改善や要望ができる ・労働条件の改善につながっているから ・賃金・勤務時間の相談など何かと助けになると感じている ・組合の存在が不当な扱いを防ぐ抑止力になっている
意見・交渉・相談・要望・発信	・不満があっても交渉しにくい ・パワハラがあった場合，相談する所を探している ・職場だけでなく，主に県向けに必要性を感じる ・理事会に対して現場の意見を伝える機会がない ・一般職員の声を管理職に届けにくい環境だから ・どこに訴えていいのかわからない ・相談できる人がいない ・賃金・労働条件の維持・改善のためには団体で交渉する方が効果的だから ・意見を聞いてくれる ・意見が反映されているから ・問題点があるときは声をかけることができる ・経営者や自治体と交渉できるから ・個人ではなく大きな組織として声をあげ，変えていく力がある ・話し合いの機会や制度について学びが深まる ・要望できるため ・集まる場として，社会に発信する場としては必要 ・意見を協議できる場がない ・労働条件の交渉などが曖昧で活動も不明確
状況を改善するため	・自分たちの処遇を確保し，意欲を持って臨むためには必要 ・改善する部分もあるため ・独断経営があるため ・施設をより良くするため ・職場の健全さを保つため ・労働の質の向上のため ・実際に助けられたことがあり，安心して働くことができる ・働き方について自主的に考えることが可能になる ・団結が生まれ，通常ではできない経験ができる ・世間に対し，児童養護施設を理解してもらうため ・他施設の労組から情報を得る機会がある ・違った角度で物事をみるため ・政策的視点が重要

第Ⅳ部　施設職員の労働問題を規定する要因

	・常に考え続ける必要があるため ・施設長だけでなく，職員も一緒に施設運営を考えていくため ・個人では解決できそうにないことが多い
労組の役割と意義	・労働者のいる組織には必須だと思うから ・助け合いが大切 ・まとまりがないから ・集団の力が大事だから ・あってしかるべきと思う ・組合のない職場でしか働いたことがないため，より重要性を感じる ・実践されているから ・労働法や雇用問題に精通している職員が少ないから ・就労形態が一般企業と比べて特殊だから ・何事も相対化することが大切
もしものときのため	・もしものときのために ・入れば安心につながる ・いつ何が起こるかわからないため
職員の意識や考え方	・施設内のみの考え方に凝り固まっている ・働く意識に差がありすぎるため ・古い慣習に囚われており，理不尽なことも多い ・労組があればみんなの意識がより高まると思うから ・外部団体から話した方がメッセージ性が強くなるから ・施設長等の考え方で労働環境が左右されやすいから
職員の権利	・自分の生活の保障も必要 ・職員の価値観と現実のバランスをとるため ・職員の権利も大切だから
わからない	・わからない
その他	・ブレブレだから ・今ある組合が必要かどうかは疑問に思う

出所：筆者作成。

条件を変えていくことができている】【労働条件について話ができる】【働き方の改善や要望ができる】【労働条件の改善につながっているから】【組合の存在が不当な扱いを防ぐ抑止力になっている】などのように，労組があることによって労働条件について話や要望ができたり，労働条件を改善したり，不当な扱いを防ぐ抑止力になったりしていた。

　ここでは，「有」「無」ともに労働条件・労働環境の改善に関する記述が多くみられた。中でも，「有」では組合員だけではなく，非組合員からも労組は労働条件・労働環境を改善するために必要という意見があった。加えて，「有」では労働条件が改善されたり，抑止力になったりするなど，労組があることの意義も示された。一方，「無」は，「有」のように労働条件の改善につながったという記述

はないものの，労働条件・労働環境の厳しさやそれを改善する必要性に関する記述が多くみられた。

《意見・交渉・相談・要望・発信》は記述数が33（有21，無12）と2番目に多く，18のコードに分類された。内容をみると，「無」からは【不満があっても交渉しにくい】【理事会に対して現場の意見を伝える機会がない】【どこに訴えていいのかわからない】【相談できる人がいない】など，経営側に対して意見を伝えたり，交渉したりする場がないことが指摘された。一方，「有」からは【意見を聞いてくれる】【経営者や自治体と交渉できるから】【個人ではなく大きな組織として声をあげ，変えていく力がある】【要望できるため】のように，「無」とは逆に経営側に対して意見を出したり，交渉したりすることができていた。さらに，【話し合いの機会や制度について学びが深まる】や【集まる場として，社会に発信する場としては必要】のように，話し合ったり，社会に発信したりする役割に関する意見もみられた。ただし，「有」からも【意見を協議できる場がない】【労働条件の交渉などが曖昧で活動も不明確】という記述もあった。

ここでは，主に「有」の組合員から，労組があることによって，経営者や自治体に対して声をあげたり，社会に発信したりするなどの意見があり，労組があることによる意義が示された。その一方で，「無」では労組がないことが影響して，職員の意見を経営者に伝える手段がないことも浮かび上がった。ただし，「有」からも一部だが「無」に近い意見が出た背景には，組織率が低い施設では労組が十分に機能していないことがあると考えられる。

《状況を改善するため》は記述数が23（有20，無3）で，16のコードで構成された。労組の有無別にみると，「有」の記述数が多い傾向にある。まず，「無」からは【自分たちの処遇を確保し，意欲を持って臨むためには必要】【改善する部分もあるため】【独断経営があるため】という意見があった。一方，「有」からは【施設をより良くするため】【職場の健全さを保つため】【労働の質の向上のため】など職場の労働環境を良くするためや，【実際に助けられたことがあり，安心して働くことができる】のように，実際の経験を踏まえた労組の意義に関する記述がみられた。さらに，労組があることによって【団結が生まれ，通常ではできない経験ができる】【世間に対し，児童養護施設を理解してもらうため】【他施設の労組から情報を得る機会がある】など，労組があることによるさまざまなメリットも指摘された。

ここでは，「有」の記述が多いことに加えて，「有」では施設を良くしたり，職

場の健全さを保ったり，実際に助けられたことがあったりするなど，労組が職場環境を改善していることに加えて，さまざまな経験ができたり，情報が入ったりすることで職員の意識も高まり，民主的で開かれた施設づくりにもつながっていることが浮き彫りとなった。一方，「無」から出た独断経営の問題については，労組がないと職員が経営者と対等に交渉することができないため，そうした状況に至りやすい。それを防ぐためにも，労組が必要だといえる。

《労組の役割と意義》は記述数が10（有9，無1）で，同じく10のコードで構成された。具体的には，「無」の組合員から【労働者のいる組織には必須だと思うから】という意見があった。他方で，「有」の組合員からは【助け合いが大切】【集団の力が大事だから】などの労組の役割に関する内容に加えて，【組合のない職場でしか働いたことがないため，より重要性を感じる】という記述があった。さらに，非組合員からは【労働法や雇用問題に精通している職員が少ないから】【就労形態が一般企業と比べて特殊だから】こそ労組が重要という指摘もあった。

ここでは，「有」だけでなく「無」の組合員（1人）からも，【労働者のいる組織には必須だと思うから】という記述があった。一方，「有」の組合員からは，労組の役割や意義に関する意見に加えて，非組合員からも労働法に精通している職員が少なかったり，就労形態が特殊だったりするといった施設ならではの事情を踏まえた労組の重要性に関する意見がみられた。

《もしものときのため》は記述数が7（有6，無1）で，【もしものときのため】【入れば安心につながる】【いつ何が起こるかわからないため】という3つのコードが抽出された。ここでは，「無」の記述は1人のみだったものの，「有」「無」ともに何かあったときのために労組が必要という記述が共通してみられたように，保険に近い捉え方がされていた。

《職員の意識や考え方》は記述数が6（有0，無6）で，同じく6つのコードに集約された。ここはすべて「無」の記述で，【施設内のみの考え方に凝り固まっている】【働く意識に差がありすぎるため】【古い慣習に囚われており，理不尽なことも多い】という施設の旧態依然とした体質に加えて，【施設長等の考え方で労働環境が左右されやすいから】のように，トップの考え方次第で状況が変化しやすいという意見があった。また，【労組があればみんなの意識がより高まると思うから】【外部団体から話した方がメッセージ性が強くなるから】のように，労組があれば状況の改善につながりやすいという意見もみられた。このカテゴリーが「無」のみの記述だったのは，労組がなかったとしても民主的な運営をし

ている施設もあるため一概には言えないが,「無」では労組がないことが影響して,労働条件・労働環境を含めた日常的な話し合いや,外部との交流が少ないため,ここで出た意見のような状況になりやすいことがあると考えられる。

　《職員の権利》は記述数が4（有2,無2）で,【自分の生活の保障も必要】【職員の価値観と現実のバランスをとるため】【職員の権利も大切だから】という3つのコードが抽出された。ここでは,数は少ないものの,「有」「無」ともに2つずつ近似した記述がみられた。施設では,ともすれば子どもの人権が最優先になり,職員の自己犠牲で成り立ってきた側面もあるが,そこで働く職員の人権が守られなければ持続可能性もない。したがって,いずれか一方だけではなく,子ども・職員双方の人権を保障（井上 2010）する視点が不可欠で,その意識を醸成するためにも労組の役割が重要になる。

　《わからない》は記述数が4（有3,無1）で,【わからない】という1つのコードに集約された。ここでは,「無」だけでなく「有」からも記述があった。これは,職場に労組があったとしても,働きはじめて間もない職員だったり,組織率が低く活動が停滞したりしていることが影響した可能性がある。

　《その他》は記述数が2（有2,無0）で,2つのコードで構成された。内容をみると,「有」から【ブレブレだから】【今ある組合が必要かどうかは疑問に思う】という意見が出た。前者は施設運営の方針が定まっていないという意味だと考えられるが,後者のように職場にある労組に対する疑問に関する記述の背景には,勤務している施設の組織率が低かったり,活動が停滞したりしていることがあると考えられる。

　ここまでみてきたように,「有」では労組があることが影響して,全体の記述数が多い傾向にあり,労組の必要性を実感している記述が多くみられた。カテゴリー別にみると,特に《状況を改善するため》は「有」の記述数が多い傾向にある一方,《職員の意識や考え方》は「無」のみの記述であった。これは,「有」では労組の活動が影響して,その必要性を実感しているからといえる。さらに,《状況を改善するため》で出た意見にあるように,「有」では労組の活動が影響して職場の問題をそのままにせず,働き方を主体的に考えてより良い方向に改善する姿勢が多くみられた。ただし,「無」からも労組の必要性に関する記述が多くみられたのは,それだけ施設の労働環境が厳しいからだと考えられる。加えて,《職員の意識や考え方》の意見をみると,「無」の一部で施設運営が旧態依然としていることも浮かび上がった。一方,雇用形態別では,ほとんどが「正規」の記述

であることや,内容をみても「正規」と「非正規」で差異はそれほどみられなかった。

(2) 労働組合の必要性を感じない理由

労組の必要性を感じない理由（表13-6）の自由記述数は120で,労組の有無別の内訳は「有」が25,「無」が95である。これらの自由記述をコード化・カテゴリー化したところ,9つのカテゴリーとそれを構成する56のコードに分類された。

カテゴリー別にみると,《わからない》は記述数が37（有8,無29）と最も多く,9つのコードに集約された。労組の有無別にみると,「無」の記述数が多い傾向にある。具体的には,「無」から【労組について詳しく知らないため】【考えたことがない】【わからない】【気にしたことがない】【組合のある職場で働いたことがないため】のように,労組がないことが影響して労組の役割が理解されていなかった。その一方で,「有」からも同様に【まだよくわかっていないから】【特に存在を意識したことがない】などの記述がみられた。

ここで「無」の記述数が多い背景には,労組がないとその役割や活動がわかりにくいからだといえる。その一方で,「有」の組合員・非組合員の双方からわからないという記述があった背景には,組織率が低い施設や非組合員の場合,労組による活動がみえにくいことや,就職して間もない職員の場合,労組の意義を実感するまでに至っていないことなどがあると考えられる。

《問題や不満がない》は,記述数が26（有3,無23）と2番目に多く,11のコードが抽出された。労組の有無別では,「無」の記述数が多い傾向がみられた。内容をみると,「無」から出た【満足している】【施設長・主任が意見を吸い上げ,改善を行ってくれる】【労働条件の平等性が明白で疑問の余地がない】【なくても今のところ問題ない】【特に不満がない】や,【他施設より労働条件が良いから】【とても良くしてもらっている】などの記述のように,問題や不満がないだけでなく,経営者が労働条件・労働環境を改善してくれていることにも感謝している様子が窺えた。一方,「有」からも【労働に対する問題があまりないため】のように,「無」と同じような意見が3つあった。

ここでは「無」の記述が多いが,労組の必要性を「感じる」の《労働条件・労働環境》の中で「無」から出た意見を踏まえると,問題や不満がないというより,労組がないと労働問題があったとしても気づきにくいことが影響しているといえる。さらに,「無」から出た施設長・主任が改善を行ってくれるという意見から

表13-6 労働組合の必要性を感じない理由

カテゴリー	コード
わからない	・労組について詳しく知らないため ・考えたことがない ・わからない ・気にしたことがない ・組合のある職場で働いたことがないため ・まだよくわかっていないから ・活動内容がわからない ・特に存在を意識したことがない ・入っていないから
問題や不満がない	・満足している ・労使間のわだかまりを感じないから ・友好的な職場で融通が利くため ・施設長・主任が意見を吸い上げ，改善を行ってくれる ・労働条件の平等性が明白で疑問の余地がない ・なくても今のところ問題ない ・特に不満がない ・他施設より労働条件が良いから ・勤めやすいよう配慮されているから ・とても良くしてもらっている ・労働に対する問題があまりないため
職場内の話し合いで解決できる	・施設内のあらゆることを職員全員で検討して決定するため ・雇用側と職員が一体となっているため ・民主的な職場である ・小規模な施設だから ・職員間の協議で解決が可能なため ・日常的に施設長と話し合えるから
必要性がない	・特に必要性を感じない ・人事考課を検討しているため，今後必要かもしれない ・以前は組合に参加していたが，今は必要性を感じない ・意味がない ・意見を集約する必要性を感じない
機能していない	・活動していない ・存在が薄い ・組合が機能していないから ・加入者数が少ない ・組合員のグループが本来の目的と逆のことをしているため
解決が困難	・意見が通る状況とは思えないから ・法人が宗教関係で一般的な労組と意味合いが異なるため ・解決が難しいことが多すぎる ・不規則な勤務の中でまとまることが難しい ・給与は交渉しても限界があるため ・同族なので無理だと思う

第Ⅳ部　施設職員の労働問題を規定する要因

負担増と摩擦	・時間外の活動が増える ・組合があると強く自己主張したり，組合員と非組合員の対立が生じたりする恐れがある ・役員等の仕事が増える ・時間と労力が必要なため，組合を組織化する困難さがある ・他の活動を行う余裕がないため
特になし	・特になし
その他	・おそらく入っているなど存在があいまい ・統一性を必要としない世代が増えているため ・管理職の独断的なものを感じるため，就業規則の見直しで知識や知恵がほしい ・大きな問題は県・国へ要望書として提出している ・労働面が強くなりすぎるため ・労組に似た組織があるため ・国・自治体が努力しなければいけない段階 ・義務も果たさず，権利ばかり主張しているイメージ

出所：筆者作成。

は，労組がないと経営側との団体交渉や話し合いを通して，対等かつ主体的に権利を勝ち取った経験がないため，受け身の姿勢や立ち位置が常態化している可能性がある。その一方で，「有」の非組合員からも問題があまりないという記述があった背景には，労組の活動によって労働問題の多くが改善されていたり，民主的な考え方の施設長が労働環境を改善したりしている可能性がある。

《職場内の話し合いで解決できる》は記述数が15（有1，無14）で，6つのコードに分類された。労組の有無別にみると，「有」の記述は1つのみで，「無」の記述数がやや多い傾向にある。ここでは，「無」から【施設内のあらゆることを職員全員で検討して決定するため】【民主的な職場である】【日常的に施設長と話し合えるから】など，職場の話し合いで解決することができるという意見がみられた。加えて，「無」と共通した内容のためコードにはないが，「有」からも話し合いができるからという記述があった。ここで出た意見のように，民主的な考え方の施設長がいたり，民主的な風土があったりする施設では，現状だけをみれば問題がないといえるかもしれない。しかし，今は良かったとしても，施設長や理事長が変われば状況が一変することもありえるため，労組の必要性がないとはいえない。

《必要性がない》は記述数が9（有1，無8）で，5つのコードで構成された。内容をみると，「無」の非組合員から【特に必要性を感じない】【意味がない】という意見の一方で，【人事考課を検討しているため，今後必要かもしれない】【以

前は組合に参加していたが，今は必要性を感じない】などの記述もあった。さらに，「有」の非組合員からも【意見を集約する必要性を感じない】という意見がみられた。

　このうち，「無」の非組合員から出た意見の背景には，《わからない》でも述べたように，「無」では労組が果たしている役割を認識することが困難であることや，日本における労組のイメージも影響しているといえる。ただし，前述したように状況が一変することもありえるため，必要性がないとはいえない。また，ここで出た意見は，《職場内の話し合いで解決できる》で出た意見と同様の背景があるといえる。

　《機能していない》は記述数が9（有9，無0）で，5つのコードに集約された。ここは「有」のみの記述で，【活動していない】【存在が薄い】【組合が機能していないから】【加入者数が少ない】のように，当該施設の組織率が低かったり，活動が停滞したりしていることが影響したと考えられる意見があった。加えて，【組合員のグループが本来の目的と逆のことをしているため】という指摘もみられた。これらの記述は「有」のうち，組織率が低い施設（30％台以下）の職員から出た意見で，1人は組合員である。このうち，【組合員のグループが本来の目的と逆のことをしているため】という意見については，当該施設の労組の活動に関する情報がないため，具体的に何を指しているかは不明である。

　《解決が困難》は記述数が7（有1，無6）で，6つのコードが抽出された。具体的には，「無」から【意見が通る状況とは思えないから】【法人が宗教関係で一般的な労組と意味合いが異なるため】【解決が難しいことが多すぎる】【不規則な勤務の中でまとまることが難しい】【給与は交渉しても限界があるため】【同族なので無理だと思う】のように，施設ならではの問題を解決することの困難さが指摘された。一方，「無」と共通した内容のためコードにはないが，「有」の非組合員からも給与面は補助金の関係で難しいという記述があった。この点については，勤務している法人・施設ではそうかもしれないが，労組の必要性を「感じる」の《労働条件・労働環境》では，実際に改善している施設があることや，《意見・交渉・相談・要望・発信》にもあるように，労組は国・自治体に対する交渉も行っている。加えて，実際に予算や手当などが改善された事例もあるため（堀場 2022 d），給与についても改善できる余地はある。

　このほか，「無」の職員からは諦めに近い記述がみられたが，これは労組がないことが影響して，「有」と比較して解決するための手段が限られていることが

あるといえる。また，法人が宗教関係であったり，同族経営であったりすることによる改善の困難さについては，施設の多くが第二次世界大戦後に篤志家・宗教家が私財を投じて戦争孤児を保護するために施設を設立して現在に至っていることが背景にある。このように，同族経営の問題は，本来，国・自治体の責任で行うべき戦争孤児の保護が，戦後の混乱期に民間の善意に依拠せざるを得なかったことが影響している。そのため，すぐに解決できる問題ではないが，職場に労組があれば状況を改善できる可能性はある。

《負担増と摩擦》も記述数が7（有1，無6）で，5つのコードに分類された。内容をみると，「無」から出た【時間外の活動が増える】【役員等の仕事が増える】【時間と労力が必要なため，組合を組織化する困難さがある】のように，労組の活動をするゆとりすらない実態が浮かび上がった。加えて，「無」の施設長からは，【組合があると強く自己主張したり，組合員と非組合員の対立が生じたりする恐れがある】という指摘もあった。一方，「有」の非組合員からも，【他の活動を行う余裕がないため】という記述がみられた。

ここでは，「有」「無」双方の非組合員から，労組の活動をするゆとりがないという内容の記述がみられた。この背景には，施設は宿直や断続勤務を含む変則勤務があり，長時間労働が常態化しやすいことがある。それが労組を組織化する上での障壁となっているため，労組の上部団体が分会や組合員をどのようにフォローしていくかも大きな課題である。他方で，「無」の施設長から出た記述は，組合活動に煩わされたくないという内容に付随して出てきたものである。これは，日本における労組のイメージや，施設長という立場も影響したと考えられる。

《特になし》は記述数が2（有0，無2）で，【特になし】という1つのコードに集約された。ここでは「有」の記述はなく，「無」の非組合員からは労組がないからか，特になしという記述がみられた。

《その他》は記述数が8（有1，無7）で，同じく8つのコードで構成された。具体的には，「無」の非組合員から出た【統一性を必要としない世代が増えているため】【労働面が強くなりすぎるため】のように，時代の変化や労組の一般的なイメージが影響した意見の一方で，【管理職の独断的なものを感じるため，就業規則の見直しで知識や知恵がほしい】や【大きな問題は県・国へ要望書として提出している】【国・自治体が努力しなければいけない段階】のように，管理職の姿勢への疑問や国・自治体の役割に関する指摘もみられた。さらに，「有」の非組合員からは，【義務も果たさず，権利ばかり主張しているイメージ】という

意見があった。

　ここは，他のカテゴリーに分類できない記述が集まっているため，意味合いが異なるものばかりだが，「無」の非組合員から出た労働面が強くなりすぎるという意見に加えて，「有」の非組合員からも労組が権利ばかり主張しているという記述があった。これは前述したように，労組の組織率が低く活動が停滞している職場や，労組がない職場にありがちな意見で，労組の組織率が高い施設の実態とは異なるが，日本における労組の一般的なイメージが影響しているといえる。

　また，「無」の記述は多様だが，管理職の姿勢への疑問や国・自治体に対する意見がみられるなど，実際には労組の必要性を感じていると思われる記述もあった。ここからも，労組が職場だけでなく制度の改善に向けて，行政に対しても定期的に交渉を行い，権利を勝ち取っていることを，社会に向けて広く発信していく必要があるといえる。

　ここまでみてきたように，労組の必要性を「感じない」の自由記述には，「感じる」とは逆の傾向があり，労組がないことが影響して「無」の記述数が顕著に多い傾向にある。カテゴリー別にみると，《わからない》《問題や不満がない》は「無」の記述数が多い傾向にあり，《機能していない》は「有」のみの記述であった。このうち，《機能していない》が「有」のみの記述だったのは，労組の組織率が低かったり，活動が停滞したりしている施設があることが影響している。また，《わからない》《問題や不満がない》で「無」の記述数が多い傾向にあるのは，職場に労組がないため，労組の役割がわからなかったり，労働問題に気づきにくかったりすることが影響したと考えられる。一方，雇用形態別では，ほとんどが「正規」の記述であることや，内容も「正規」と「非正規」で差異はそれほどみられなかった。

3　労働組合の必要性と意義——インタビュー調査から

　次に，6施設の職員18人のインタビュー調査から，労組の必要性と意義及び職員が労組に対して抱いているイメージについて，労組の有無別及び職階別にみていく。インタビュー調査の〈施設における労働組合の必要性と意義〉（表13－7）には，52（有31，無21）の意見があり，5つのカテゴリーとそれを構成する47のコードに分類された。

表13-7 施設における労働組合の必要性と意義

カテゴリー	コード
必要性と意義	・在宅勤務が設けられた ・施設だけで完結できない賃金や休みなどの話ができる ・パワハラの問題で組合に助けてもらった ・意味合いは薄れているが，話し合いも必要であることや集まれる組織は必要 ・労働条件を変えるため ・当たり前ではなく，他はひどい ・なければ作ろうとしてほしい ・給料の安さはしんどい ・苦しんでいる職員を救い上げている ・人権を無視する施設がある限り組合は必要 ・一番良いのはみんな仲良しだが，そうは言っていられない ・労組が集約した現場の意見は理事会に通しやすい ・自立支援が機能しているのは労組がある施設 ・労働者がいるなら必要だが，今はできない ・労働者の権利を守る ・職員が不当な労働条件のもとで働いている場合は必要
必要性がない	・考えたこともない ・イメージがわかない ・今すぐ必要ではない ・職員だけの権利を取り上げる必要はない ・なくても小規模で民主的な施設だから ・一般企業には必要だと思う ・時間外でも働く職員が良い ・今の状況では施設の労働環境と矛盾している ・労組がある施設は二極化している ・労組がなくてもうまくいっているため，必ずしもこだわらない ・各部署で好転できるならいらない
要求・運動	・みんなが声をあげられる ・要求して勝ち取ったことが力を持つ ・国・行政・政治へのアプローチも多い ・休みの取り方が不公平で，要望を出したら手当がついた ・現場や労組が制度や社会を変える必要がある ・子どもの声を代弁するアドボケーターであること
外部との交流・情報	・組合の便りで情報が保障される ・施設外のことも知ることができて勉強になる ・行きたい研修の参加費が公費で出る ・組合があるから同じ法人内の他施設のことがわかる
その他	・先進的な取り組みをしていきたい ・組合がないとどうなのかがイメージできない ・ここは恵まれているため，みんながあまり疑問を持たない ・組合役員は組織を学ぶことが大切 ・施設と労組はやることは同じ ・施設を社会のなかで孤立させない ・排除される人を出さない ・他の施設の労組に相談したこともあった ・措置費に依存しない社会福祉法人を目指す ・休日や残業の考え方が違い，満たされない部分がある

出所：筆者作成。

（1）必要性と意義

　《必要性と意義》（計18：有15，無3）は，16のコードが抽出された（表13-7）。労組の有無別では，「有」の意見数が多い傾向にある。職階別にみると，「初任」と「中堅」はすべて「有」の意見であった。まず，「初任」（計4：有4，無0）は，「有」から【在宅勤務が設けられた】【施設だけで完結できない賃金や休みなどの話ができる】【パワハラの問題で組合に助けてもらった】のように，労組があることによるメリットに関する意見が出た。一方，【意味合いは薄れているが，話し合いも必要であることや集まれる組織は必要】については，民主的な考え方の施設長がいる施設で労働環境が良いことを踏まえて出た意見である。「中堅」（計2：有2，無0）も，「有」から【労働条件を変えるため】という労組の目的に関する内容に加えて，【当たり前ではなく，他はひどい】という語りがあった。後者は，労組がない他の施設の実態を踏まえて出た意見である。

　「管理職」（計12：有9，無3）は，「有」から【なければ作ろうとしてほしい】という労組の組織化に関する意見に加えて，【給料の安さはしんどい】【苦しんでいる職員を救い上げている】という労働条件・労働環境の改善に関する意見や，【人権を無視する施設がある限り組合は必要】【一番良いのはみんな仲良しだが，そうは言っていられない】のように，施設の実態を踏まえた労組の必要性に関する指摘もあった。加えて，【労組が集約した現場の意見は理事会に通しやすい】や【自立支援が機能しているのは労組がある施設】のように，労組があることによる意義に関する意見も出た。一方，「無」は【労働者がいるなら必要だが，今はできない】【労働者の権利を守る】【職員が不当な労働条件のもとで働いている場合は必要】のように，労組への一定程度の必要性を理解しながらも，現状では労組はできないという認識であった。

　ここでみてきたように，「無」で「管理職」以外の意見がなかったのは，職場に労組がないとその必要性を実感する機会がないからだと考えられる。その一方で，「初任」「中堅」はすべて「有」の意見であった。そうした中で，労組の必要性は認識しながらも，意味合いが薄れているという意見もあった。これは民主的な考え方の施設長がいるため，労働環境が良いことも影響しているが，労組には賃金や雇用保障などの効果もある（野田 2005）。この点について三富（2005：21，310）は，前述したように欧米諸国のケアワーカーの研究を踏まえて，労組が労働条件の形成に寄与しており，労働条件は労組が存在する職場で良く，職員の移動率も低いと述べている。Goodman（2000＝2006）も，労組の拠点がある東京

の施設の実態を踏まえて，三富と同様の指摘をしている。このため，労組の存在は，前述したように職場の民主化の程度を示す指標の一つとして捉えることができるといえる。

（2）必要性がない

《必要性がない》（計14：有0，無14）は，11のコードに集約された（表13-7）。労組の有無別では，すべて「無」の意見であった。まず，「初任」（計5：有0，無5）は，【考えたこともない】【イメージがわかない】【今すぐ必要ではない】のように，経験年数が短いことや労組に関する認識不足も影響して，アンケート調査の自由記述と同様に，労組の役割が理解されていなかった。

一方，「中堅」（計6：有0，無6）は，【職員だけの権利を取り上げる必要はない】【なくても小規模で民主的な施設だから】【一般企業には必要だと思う】のように，労組の役割を若干理解しつつも，世間に流布しているイメージも影響して労組の必要性を感じていなかった。さらに，【時間外でも働く職員が良い】のように，規定の労働時間を超えて働くことを推奨する意見や，【今の状況では施設の労働環境と矛盾している】という語りもあった。これは，子どもの親代わりの役割が求められる施設職員ならではの考え方だが，そもそも労働基準法に違反する状況が勤務の前提になっていることが問題といえる。しかし，問題の本質は，規定の労働時間では子どものケアが成り立たない職員配置基準の低さがあり，労働環境の悪化に拍車をかけているのが近年進められている小規模化である。

「管理職」（計3：有0，無3）から出た【労組がある施設は二極化している】という意見は，労組がある施設は組織率が高く民主的で労働条件も良い施設と，争議が起きてうまくいっていない施設があることを指している。施設では，後者の施設をどのように民主化していくかが課題だが，前者のような施設も存在していることや，後者でも労組の存在が一定の歯止めになっている。このため，二極化しているから労組が必要はないということにはならない。また，【労組がなくてもうまくいっているため，必ずしもこだわらない】【各部署で好転できるならいらない】という意見についても，たとえ今は良かったとしても，前述したように施設長や理事長が変われば状況が悪化することがあるため，労組の必要性がないとはいえない。

ここでは，アンケート調査の自由記述と同じく，「無」の職員は労組の認知度が低いことが明らかとなった。また，労組への否定的な意見も一部みられたが，

前述した点を踏まえると，労組の必要性がないとはいえない。ここで，「無」の職員の多くが労組の役割を理解していないのは，労組がないとその必要性を実感しにくいことに加えて，労組の存在感や必要性などの評価の低さ（間淵 2005），組織率の低さがあると考えられる。さらに，前述したように，職員の多くが社会福祉・保育系の大学・短大などの出身で，そのカリキュラムが対人ケアを軸にした技術主義的な内容であることも影響している（野澤 1980；加藤ら 1992）。関連して，最近の大学生を含む若者は，幼少期からの学力競争や就活なども影響して，自己責任論を内面化していることが多いため（児美川 2019），大学・短大など職員の養成課程で労組や労働法に関する知識を身に付ける取り組みが必要である。

（3）要求・運動

《要求・運動》（計6：有5，無1）は，6つのコードで構成された（表13-7）。労組の有無別では，「有」の意見がやや多い傾向にあり，職階別にみると「初任」の意見はなかった。まず，「中堅」（計4：有3，無1）は，「有」から出た【みんなが声をあげられる】【要求して勝ち取ったことが力を持つ】【国・行政・政治へのアプローチも多い】のように，労組による要求・運動は職場内外で状況を改善するために多くの力を発揮していた。一方，「無」から出た【休みの取り方が不公平で，要望を出したら手当がついた】は，年末年始の休みの取り方が気になり，手当が出れば納得できると考えて要望を出したところ，実際に手当がついたという話である。ただし，この施設は民主的な考えを持つ施設長がいるから要望が通ったともいえるため，そうではない施設では労組がなければ要求の実現は困難だといえる。

「管理職」（計2：有2，無0）では，「有」から【現場や労組が制度や社会を変える必要がある】【子どもの声を代弁するアドボケーターであること】のように，現場の職員や労組が子どもの声を代弁し，社会運動を通して制度や社会を変えることの重要性に関する提起があった。これは「有」の「中堅」から出た意見とも共通しており，ソーシャルワークのグローバル定義にある社会変革の視点である。ソーシャルワークの中ではソーシャルアクションがそれに該当し，藤田（2019）や高良（2017：94-145，179-192）などによって，近年，日本においてもようやく注目されるようになってきた。しかし，社会福祉の分野では，労組や労働者が主体的に関与したデモ・請願・陳情・裁判などを通した組織的な社会運動というより，現行制度の枠組みを前提とした行政との協働的及び協調的な実践や捉え方が

多く見受けられる（高良 2017：94-145，179-192）。それも重要だが，資本主義社会において構造的に引き起こされる労働・生活問題の根本的な解決にはつながらないため，社会の変革を見据えた社会運動が必要だといえる。

　翻って，ここでは「有」の職員は，「無」と比較して労組の役割や社会運動の重要性を強く認識していることが浮き彫りとなった。この点については，近年，前述したように藤田（2019）によってソーシャルアクションの必要性が指摘されているが，それは関係機関との連携や制度の改善にも深くかかわるため，ケアの質にも大きく影響する。加えて，職員の労働条件を改善するには，労組を通した要求・運動と組織の拡大が不可欠であるため（矢野 2019），労組が存在する意義は大きい。

（4）外部との交流・情報

　《外部との交流・情報》（計4：有4，無0）は，4つのコードが抽出された（表13-7）。ここはすべて「有」の意見で，「管理職」の意見はなかった。まず，「初任」（計3：有3，無0）から出た【組合の便りで情報が保障される】【施設外のことも知ることができて勉強になる】【行きたい研修の参加費が公費で出る】のように，労組があることで多くの情報が入ったり，研修に参加しやすくなったりするため，そのことが職員のモチベーションや専門性の向上にもつながりやすい。「中堅」（計1：有1，無0）から出た【組合があるから同じ法人内の他施設のことがわかる】という意見についても，他施設の情報が入るからこそ，勤務先を相対化してみることができ，視野も広がるといえる。

　ここで出た意見について，施設では宿直を含む変則勤務があり，地域的にも偏在していることが多いため，職員は他業種の労働者との日常的な交流が困難な状況にある。しかし，労組の補助を得て研修に参加する中で，外部と交流して視野を広げるとともに，機関誌などで社会情勢を把握することもできる。そうした経験を通して養護問題の本質を理解したり，社会運動への意識が高まったりするため，労組があることによるメリットは大きい。

（5）その他

　《その他》（計10：有7，無3）は，10のコードに分類された（表13-7）。労組の有無別にみると，「有」の意見がやや多い傾向にあり，「初任」の意見はなかった。このカテゴリーは他に分類できないものであるため，共通項を見出しにくいが，

「中堅」(計3：有3，無0)は「有」から出た【先進的な取り組みをしていきたい】のように，労組があることも影響して，助成金を獲得して子ども食堂の活動に取り組むなど，地域の子育て支援の先駆的な実践をしている施設があった。一方，働きはじめた頃から労組が職場にあったため，【組合がないとどうなのかがイメージできない】という語りや，【ここは恵まれているため，みんながあまり疑問を持たない】のように，民主的な考え方の施設長が率先して労働環境の改善に取り組んでいることによる労組の存在意義にかかわる意見もみられた。

「管理職」(計7：有4，無3)は，「有」から出た【組合役員は組織を学ぶことが大切】【施設と労組はやることは同じ】【施設を社会のなかで孤立させない】【排除される人を出さない】のように，労組の活動は施設運営と同じであり，職員も含めて孤立する人を出さないことが重要だといえる。他方で，「無」からは【他の施設の労組に相談したこともあった】のように，施設が良くない状況の時に一時的に労組に相談したという語りや，収益事業をしている施設から【措置費だけに依存しない社会福祉法人を目指す】という意見があった。さらに，【休日や残業の考え方が違い，満たされない部分がある】のように，労働条件に関する不満はやむを得ない部分があるという認識もみられた。

ここでは，《必要性がない》で「無」の「中堅」から出た意見のように，「有」の職員は自らの権利だけを主張しているわけではなく，先進的な取り組みをしたり，仲間を支えようとしたりしていることが浮き彫りとなった。また，「無」の「管理職」から出た意見については，満たされない部分があるからこそ，労組による労働条件・労働環境の改善が必要だといえる。

4　総合考察

(1) 労働組合の必要性を感じる理由

労組の必要性を「感じる」と回答した者の理由では，「有」の職員数が「無」の半数近くであるにもかかわらず，記述数が多い傾向がみられた。この記述数の多さや内容に示されているように，「有」の職員の多くは労組の意義と必要性を実感していた。これは，「有」の施設で労組が労働条件・労働環境を改善してきた実績があるからだといえる。一方，「無」の職員からも，《労働条件・労働環境》と《意見・交渉・相談・要望・発信》で労組の必要性に関する記述が少なくなかったのは，施設の労働環境の厳しさに加えて，旧態依然とした施設でみられ

る閉鎖的で上意下達の風土があるからだと考えられる。

　《意見・交渉・相談・要望・発信》では，「無」の職員の中にも自治体に向けた運動の必要性に関する記述があったが，「有」の職員は労働条件だけでなく，制度の改善や社会に発信することの必要性などもより具体的に実感していた。他方で，「無」も《労働条件・労働環境》で出た，労働時間が長い，泣き寝入りが多すぎるなどの記述や，《職員の意識や考え方》で出た，施設内のみの考え方に凝り固まっている，働く意識に差がありすぎるなどの記述にあるような実態があるからこそ，労組が必要だといえる。

　《もしものときのため》では，コードの内容をみると，職員が労組を保険のように捉えていた。これは少数の意見だが，労組に加入するメリットを伝える一つの方法としては有効といえる（木村 2021）。一方，《労組の役割と意義》で「有」の非組合員から出た，就労形態が特殊で労働法に精通している職員が少ないという意見のような状況があるからこそ，大学・短大など職員の養成課程において，労働法や労組に関する内容を学ぶことができるしくみが必要である。

　《職員の権利》では，施設でなおざりになりがちな職員の権利や，生活の保障に関する記述があった。この点については，職員の自己犠牲では持続可能性がないため，子ども・職員双方の人権を一体的に保障（井上 2010）するしくみが不可欠である。実際に，職員が自らの人権すら守られていない状況におかれていては，子どもの人権を守ることは困難といえる（堀場 2016a）。

　翻って，施設は組織率が顕著に低いため，社会的な影響力が強いとはいえないが，前述したように，労組の拠点がある施設では労働条件が良く，勤続年数も長い（Goodman 2000＝2006）。さらに，労組には前述したように，賃金及び雇用保障の効果（野田 2005）や，経営側へのチェック，職場での細かい世話役，苦情処理（設楽・高井 2010）などの機能もある。加えて，労組に集まる発言の量が多く内容が深いこと（梅崎 2021：326-327）や，企業では労組が労使協議を通して，経営権の範疇とされている経営方針や基本計画などについても同意・協議・意見聴取の付帯事項になっている場合もある（麻生 2020）。このため，労組は労使双方にメリットがある。

（2）労働組合の必要性を感じない理由

　労組の必要性を「感じない」と回答した者の理由の自由記述では，「無」の記述数の多さやその内容から，「無」の職員の労組に対する認知度が低いことが明

らかとなった。まず，《わからない》では「無」の記述に多くみられたように，労組の役割が理解されていなかった。これは，職場に労組がないことが大きく影響しているが，ここからも労組に対する職員の認識が約50年前の状況（鷲谷1968：139-140）とそれほど変わっていないことが浮かび上がった。これは，前述したように労組の存在感や必要性などの評価の低さ（間淵 2005），組織率の低さに加えて，施設に労組がない場合，労組について考える土壌がないことや，職員の多くが大学・短大などの社会福祉・保育系学科の出身で，そのカリキュラムが対人ケアを軸にした技術主義的な内容であることも影響している（野澤 1980；加藤ら 1992）。

　《問題や不満がない》でも「無」の記述が多くあり，労働条件・労働環境に問題や不満を感じていなかった。しかし，それは問題がないわけではなく，労組がないと労働条件・労働環境の問題点に気づきにくいことも影響していると考えられる。これは，村上（2023）に掲載された村上らによる調査において，労働の負担感は労組の未加入者より加入者の方が高い傾向がみられたこととも共通している。

　また，《必要性がない》で「無」の職員から出た記述については，《問題や不満がない》や《職場内の話し合いで解決できる》で出た意見とも共通するが，今は良かったとしても，施設長や理事長が変われば状況が悪化することもあるため，必要がないとはいえない。一方，《機能していない》で「有」の職員から出た意見の背景には，組織率が低かったり，労組の活動が停滞したりしていることがあると考えられる。ただし，経営側の問題が生じることもありえることや，制度の改善に向けた社会運動に取り組むためにも労組は必要である。加えて，伊原（2019：314-315）が指摘するように，組織率が低い労組は，組合員数が少なかったとしても無力なわけではなく，組織が小さいがゆえに労働者の苦情に対して個別に対応することが可能ともいえる。

　《解決が困難》では，諦めに近い記述が複数あったが，だからこそ労組による経営者や国・自治体との交渉・運動が必要である。このうち，「無」から出た【同族なので無理だと思う】という意見については，一般企業においても，創業者タイプでは労組が結成されにくい（梅崎 2021：232）が，前述したように同族経営が問題というより，それに依拠し続けてきた国・自治体の責任が問われる事項である。

　《負担増と摩擦》では，労組の必要性を実感しながらも，労働環境の厳しさか

らそのゆとりすらない実態が浮かび上がった。《その他》で「無」から出た，労組があると労働面が強くなりすぎるという意見については，労組がある施設でそうした問題は起きていないが（堀場 2022d），一般的なイメージとして労組がそのように捉えられていることの表れといえる。

翻って，「無」で顕著だった労組の認知度が低い状況を改善するには，職員の養成課程（大学・短大など）や研修で労組の役割に関する内容を取り上げることに加えて，労組が労働環境を改善してきた実例などの情報をSNSも活用して広く発信し（黒澤 2019），労組に相談すれば労働環境を改善できることが具体的にイメージできるような働きかけ（清水 2020）が必要である。関連して，前述したように，最近の若者は幼少期からの学力競争や就活などの影響により，自己責任論を内面化していることが多く（児美川 2019），現状に対して諦めが先行している（清水 2020）。しかし，労働運動総合研究所（2009）が行った調査では，労組の認知度が高い大学生ほど加入に積極的であることが明らかとなっているため，特に若い世代に対してはSNSを活用した取り組みが重要になる。

（3）労働組合の必要性と意義

インタビュー調査では，労組の必要性と意義及び職員が労組に対して抱いているイメージが明らかとなった。具体的には，労組があることによって，在宅勤務が設けられたり，パワハラが改善されたりするなど，労働者の権利が守られていた。さらには，労組があることで声をあげることができ，制度の改善や社会を変革することにもつながることや，学ぶ機会や情報が保障されることで，先進的な取り組みにも影響していた。

カテゴリー別にみると，特に《必要性と意義》は「有」の意見が多い傾向にあることに加えて，《外部との交流・情報》は「有」のみの意見だった。一方，《必要性がない》は「無」のみの意見であった。さらに，「有」の職員は「無」と比較して，労働条件・労働環境を改善しているだけでなく，得られる情報や外部との交流が多いことも影響して，アンケート調査と同様に労組や社会運動の重要性を強く認識していることが明らかとなった。その反面，「無」の職員は，アンケート調査と同様に，労組の認知度が低いことが改めて浮かび上がった。この点については，村上（2023）に掲載された村上らによる調査で，未加入者は「労働組合についてよく知らないので決められない」と回答した者が多かったように，労組について知る機会がなかったがゆえの結果ともいえる。

また,《必要性と意義》と《その他》では,「管理職」の意見数が多い傾向がみられた。コードの内容をみると,「無」の「初任」「中堅」は労組の必要性について否定的な意見が多い一方,「無」であっても「管理職」は必要性を認識している傾向がみられた。このうち,前者は職場に労組がないことが影響しており,後者はその立場や職務経験などが影響したと考えられる。一方,《必要性がない》で「無」の「中堅」から出た【一般企業には必要だと思う】という意見については,施設だから労組が必要ないのでなく,労働者性が否定されやすい職場だからこそ職員が団結し,労働条件・労働環境だけでなく子どもの生活環境の改善も含めて,労組が経営者と対等の立場で交渉するとともに,制度の改善に向けて国・自治体にも働きかけていく必要があるといえる。

　他方で,「無」の「管理職」から出た【労組がある施設は二極化している】という意見は,組織率が高く民主的で労働条件も良い施設がある一方で,何か問題があり争議が起きて組織化された施設か,個人加盟の施設のいずれかに二極化していることを指している。このうち,争議が起きた施設では,一時的に組織率が高まったものの,争議が収まった後に組織率が大幅に低下した労組もある。これは,個人加盟労働運動でもよくみられることだが（東 2010；文 2019),だからこそ,職員間で労組への組織化が重要であるという共通認識をどのように構築し,組合活動を発展・継続していくことができるかが課題である。[5]

　翻って,社会的養護は前述したように,組織率が顕著に低いため社会的な影響力が強いとはいえないが,労組がないと施設の経営者と対等に交渉し,労働条件・労働環境を改善することは困難である。施設では,経営者が労組を敵視する傾向があるが (Goodman 2000=2006),①措置費の限界から賃金・労働条件の過度な要求は考えにくいこと,②制度の改善は労使双方の課題であること,③組織率が高い労組があれば,職場の要求が一本化され,職員集団もまとまりやすいことから,労組は労使双方にとってメリットがあるといえる (堀場 2016a)。

5　労働組合の役割と課題

　本章では,アンケート調査とインタビュー調査から,施設で労組が果たしている役割と労組に対する職員の意識を明らかにした。まず,アンケート調査では,「有」の職員は「無」の職員と比較して労働条件・労働環境を改善する意識が高く,労組や制度の改善に向けた社会運動の重要性を強く認識していた一方,

「無」の職員は労組に対する認知度が低く，労組の必要性を感じていないことが明らかとなった。また，インタビュー調査においても，労組に対する「有」「無」の職員の意識の違いは，アンケート調査の自由記述と同様の傾向がみられた。

職階別にみると，「無」の「初任」「中堅」は労組の必要性について否定的な意見が多かった一方，「無」であっても「管理職」は労組の必要性を認識している傾向がみられた。

さらに，アンケート調査における「無」の職員の自由記述や，インタビュー調査における「無」の「初任」「中堅」の語りからは，労組に対する職員の意識が約50年前（鷲谷 1968：139-140）とそれほど変わっていないことも浮かび上がった。この点については，「有」の自由記述においても，労組の存在や活動への疑問に関する意見が一部あったため，組織率が低い施設で労組の意義をどのように可視化していくかが課題だといえる。

翻って，施設では小規模化が進む中で職員の労働環境が悪化しているが，嶋﨑（2020）が指摘するように，子どもにやりがいを搾取される姿をみせることは悪い働き方の見本になることや，彼らが社会に出た後に職場の理不尽に抗う力を奪うことにもつながる。このため，職員の働き方や労組のあり方は，子どもの人生にも大きな影響を与える重要な問題だといえる。いずれにしても，施設における労働問題の背景にある措置費や職員配置基準の改善に向けた社会運動を展開する上で労組の役割は大きいため，それをどのように喚起していくかが課題である。

注
(1) 「無回答」でカウントした中で欄外に「しらない」という記述がある調査票が1つ，同じく「無回答」でカウントした中で欄外に「？」という記述がある調査票が1つあった。
(2) 「無回答」でカウントした中で欄外に「わからない」という記述がある調査票が1つあった。
(3) 「無回答」でカウントした中で欄外に「わからない」という記述がある調査票が1つあった。
(4) 「無回答」でカウントした中で「感じる」「感じない」に回答がなく，両項目の自由記述欄の欄外に「わからない」という記述がある調査票が2つ，同じく「無回答」でカウントした中で両項目の自由記述欄の欄外に「？」という記述がある調査票が1つあった。
(5) この点について仲野（2018：50）は，未組織労働者の個別労使紛争は「目の前の不

満」の解決にはなるものの,「働き続けられる職場づくり」にはつながらないため,職場における集団的労使関係の確立が不可欠と指摘している。

第14章　国・自治体の役割

　これまでみてきたように，施設では労働問題が深刻であるため，職員を支えるしくみが必要である。これは，個別の施設の自助努力だけでは限界があるため，国・自治体の責任による条件整備が不可欠である。しかし，関連する先行研究(伊藤 2007：85，114-116；みずほ情報総研 2017；斎藤 2019；中條 2019)では，職員による国・自治体への要望・意見に焦点化して分析しているわけではないことや，制度を改善するために必要な労組に関する分析もされていない。そこで本章では，アンケート調査とインタビュー調査における国・自治体への要望・意見に関する項目を取り上げ，職員が国・自治体に何を求めているか及び国・自治体の役割と課題を明らかにしたい。なお，本章のうち第2節は，堀場（2021d）を基に大幅に加筆修正したものである。

1　アンケート調査からみた本調査および国・自治体に対する要望・意見

(1) 自由記述の結果

　まず，アンケート調査における〈本調査および国・自治体行政に対する要望・意見〉（表14-1）の自由記述数は144で，労組の有無別の内訳は「有」が51，「無」が93であった。これらの自由記述をコード化・カテゴリー化したところ，9つのカテゴリーと91のコードに分類された。なお，ここでは《親支援の必要性》の記述が「無」のみだったが，《行政の役割と責任》《賃金・労働条件等の改善》《その他》以外では，労組の有無別で記述内容にそれほど差異がみられなかった。このため，それ以外のカテゴリーでは，両者の記述数の違いのみを取り上げている。

　カテゴリー別にみると，《行政の役割と責任》は記述数が36（有13，無23）と最も多く，26のコードが抽出された。労組の有無別では，「無」の記述数がやや多い傾向にある。具体的には，【理想を掲げる前に実態を理解してもらいたい】【将来ある子どもたちにもう少し予算を投じるべき】【発達や情緒に課題がある子どもが多く，小規模化が進むことに疑問を感じる】【一時保護枠の拡充や施設間格

差への対応の必要性】【乳児院と児童養護施設は統合すべき】【児童養護施設の機能を活用し，児童家庭支援センターの標準装備化を急いでほしい】など制度の脆弱さや政策と現場の実態との乖離に加えて，主に「有」から【施設内で問題を抱え込むため，児童相談所の早期介入や一時保護枠の拡充が必要】【児童相談所との連携がうまくいかない】など，児相の役割に関する意見も出た。このうち，児相との連携に関する課題については，伊藤（2007：85，114-115）とも共通していた。

さらに，「有」では【本来なら進まないケースでも，家庭引き取りが増えたように感じる】という子どもの命にかかわる深刻な事態や，【無駄な書類を省き，必要書類は行政自身で作成してほしい】のように，行政に提出する書類作成の煩雑さなども指摘された。このほか【児童養護施設の整備とともに，社会の中で悲鳴もあげられない子どもたちに対応してほしい】のように，一般家庭の子どもを含む施策の拡充の必要性に関する記述もあった。

《賃金・労働条件等の改善》は，記述数が31（有14，無17）と2番目に多く，10のコードに分類された。内容をみると，【賃金の改善】【サービス残業の削減】【公休の数を増やし，有休を取りやすくしてほしい】のように，賃金や労働時間，休日に関する要望が多くみられた。その一方で，「有」からは【勤務先では有休が取得しやすく賃金も改善されており，さらに良い環境を目指している】という記述があったように，労組があることによって改善できる部分もある。このほか「有」では，【福祉職の地位向上】に加えて，【産休後に戻れる体制がなく，男性の育休は絶対に無理】のように，産休から復帰できる環境づくりや，男性が育休を取得することの困難さに関する意見もみられた。

《職員配置・措置費等の改善》も同じく記述数が31（有10，無21）と2番目に多く，14のコードで構成された。労組の有無別にみると，「無」の記述数がやや多い傾向にある。ここでは，【職員配置基準の改善】に関するものが多く，【子どもが戸や壁を殴ったりして穴だらけのため，施設整備予算の拡充をお願いしたい】【金銭面で子どもに我慢をさせることがある】など，予算面の拡充に関する要望もあった。加えて，【地域小規模児童養護施設の定員6人は多く，5人が上限で広い物件は見つからない】や，【小規模化はメリットもあるが，課題や施設の持ち出しも多い】など，小規模化や分園に関する課題も浮かび上がった。

《職員の確保・育成・定着》は記述数が10（有4，無6）で，同じく10のコードに集約された。具体的には，【職員を募集しているが，応募が少ない】【長い期間勤める人もいるが，短期間で辞める人もいて極端に差が出ている】など，施設で

第Ⅳ部　施設職員の労働問題を規定する要因

表14-1　本調査および国・自治体行政に対する要望・意見（アンケート調査）

カテゴリー	コード
行政の役割と責任	・調査を通して明らかになった点の改善を公的責任で行ってほしい ・理想を掲げる前に実態を理解してもらいたい ・親の生活保護のケースワーカーとの結びつきの必要性を感じている ・国にはアフターケア費用の予算化を，県には県単独補助の削減の見直しをお願いしたい ・将来ある子どもたちにもう少し予算を投じるべき ・入所児童に対する向き合い方を明確に示してほしい ・発達や情緒に課題がある子どもが多く，小規模化が進むことに疑問を感じる ・貯金を貯めた後に親が子どもを引き取り，遊びに使うため，子ども手当のバラマキは辞めてほしい ・卒園後に金銭管理や掃除等ができない子どもが多いため，体験学習をさせる機会を作ってほしい ・一時保護枠の拡充や施設間格差への対応の必要性 ・女性が結婚・出産した後も働きやすい法整備を国や行政に期待する ・子どもの貧困について国の予算のあり方を検討してほしい ・乳児院と児童養護施設は統合すべき ・不適切なかかわりが問題視され注意喚起がされているが，職員が委縮してしまわないか ・小規模施設における給食管理のマニュアルがないため迷う ・児童相談所には子どもを措置して終わりではなく，一緒に支援していく姿勢を持ってほしい ・児童相談所の一極集中的な権力の分散化と居座っている施設長等への引退勧告 ・児童相談所に専門職員を配置し，会議にCWが自由に出席できるようになってほしい ・施設内で問題を抱え込むため，児童相談所の早期介入や一時保護枠の拡充が必要 ・児童相談所との連携がうまくいかない ・本当に必要な人にお金を使わせてほしい ・児童養護施設の機能を活用し，児童家庭支援センターの標準装備化を急いでほしい ・本来なら進まないケースでも，家庭引き取りが増えたように感じる ・助け合うことを大前提に，具体的な手段・理論・実践力の向上を図ることが求められている ・無駄な書類を省き，必要書類は行政自身で作成してほしい ・児童養護施設の整備とともに，社会の中で悲鳴もあげられない子どもたちに対応してほしい
賃金・労働条件等の改善	・賃金の改善 ・産休・育休・介護休暇を取りやすいように，代替職員の人材バンクを作ってほしい ・サービス残業の削減 ・公休の数を増やし，有休を取りやすくしてほしい ・長期の休暇がもらえない ・責任や専門性だけを求められるため，公務員と同じ給料や休みの保障をしてほしい ・勤務先では有休が取得しやすく賃金も改善されており，さらに良い環境を目指している ・福祉職の地位向上 ・残業代が支払われないなら定時で上がりたい ・産休後に戻れる体制がなく，男性の育休は絶対に無理
	・職員配置基準の改善 ・奨学金を貸与型から給付型にしてほしい ・知的障害・発達障害の子どもが増えているため，専門指導員の配置が望まれる ・子どもが戸や壁を殴ったりして穴だらけのため，施設整備予算の拡充をお願いしたい

268

分類	内容
職員配置・措置費等の改善	・国の配置基準アップで県単独の職員加算がカットされたため、再度予算を取り戻したい ・予算が少なすぎる ・急病や怪我などへの対応が不十分なため、看護師の配置を希望している ・職員がギリギリの人数しかおらず、希望休が通りにくいことがある ・金銭面で子どもに我慢をさせることがある ・1人で多くの子どもを見なければいけない時間が長すぎる ・地域小規模児童養護施設の定員6人は多く、5人が上限で広い物件は見つからない ・グループホームの職員配置の見直し ・グループホームの改修・改築費を出してほしい ・小規模化はメリットもあるが、課題や施設の持ち出しも多い
職員の確保・育成・定着	・職員を募集しているが、応募が少ない ・人材育成が不十分である ・離職率が高く、このままでは取り返しのつかないことになる ・ベテランが定年を迎え、若い職員が短期間に変わるため、待遇の改善が必要 ・人材育成を施設内研修で推進してほしい ・長い期間勤める人もいるが、短期間で辞める人もいて極端に差が出ている ・人材の確保・育成のためには賃金に加えて、学生時代からの専門家の教育が重要 ・今は家事・育児も分担制で、男性職員でも仕事との両立が難しい ・国全体で人材育成に取り組むこと ・人材育成の場として本体施設の役割・機能をもっと評価すべき
調査への期待と意見	・アンケートで世の中が変わるような動きを期待している ・職員一人一人にアンケートを取り、調査することは重要 ・この調査にとても興味を持ち、早く結果が知りたいと思った ・離職率が高いため、調査結果が国を動かす一助になることを願っている ・心理職員が勤務表を作成することの不満が出ており、対処法に役立ててほしい ・質問項目で言葉がさす内容をくみ取りにくいところがいくつかあった ・個人情報や給料についての記入もあり戸惑ったが、今後に役立ててほしい ・調査結果のフィードバックを期待している ・施設職員の働く現場を正しく理解する意味でとても有効だと思う
特になし	・特になし
施設の知名度やイメージ	・知名度が低く、地域の人にも理解されにくい ・子どもも職員にも社会の光が注ぐことを願っている ・ニュースやドラマで取り上げられることが増えたが、社会的認知度が低い ・子どもの権利擁護を施設内だけではなく、地域・社会に発信していきたい ・施設の世間に対するイメージが良くなるように改善してほしい
親への指導・教育	・親の支援・再生プログラムを作ってほしい ・自覚に欠ける大人が多すぎるため、親の教育機関も必要 ・親への生活指導・職業指導 ・子どもと両親が一緒に学ぶ時間があればと思う
その他	・今年度で辞めたいと思う ・施設間格差が度を越えている ・調理場の人間関係は劣悪 ・調理場は食べることを扱う部署なのでもっと大切に扱ってほしい ・施設は恵まれているが、外では大変な生活状態の子どもがいる ・園全体が改善に取り組むという組織の力が必要 ・小規模化で解決できたり、解決できなかったりした事例を教えてほしい ・研修制度が充実し、参加しやすくなってほしい ・書ききれません ・労働問題・労働組合は国への発信には必要だが、現場では色濃くしたくない ・子どもへの対応の仕方にとらわれ、根本的な問題を見る力が乏しくなった ・辛くなった人は辞めて原因は残り続ける

出所:筆者作成。

は求人を出しても応募が少なかったり，離職率が高くなったりしていることに関する意見がみられた。加えて，【人材育成が不十分である】ため，【人材育成を施設内研修で推進してほしい】【国全体で人材育成に取り組むこと】や，【人材育成の場として本体施設の役割・機能をもっと評価すべき】のように，本体施設の機能を活かして職員を育成する必要性に関する指摘もあった。

《調査への期待と意見》は記述数が9（有2，無7）で，同じく9つのコードが抽出された。内容をみると，【職員一人一人にアンケートを取り，調査することは重要】【離職率が高いため，調査結果が国を動かす一助になることを願っている】【個人情報や給料についての記入もあり戸惑ったが，今後に役立ててほしい】【調査結果のフィードバックを期待している】など，主に調査の意義と結果を今後に活かすことへの期待に関する記述がみられた。

《特になし》は記述数が6（有3，無3）で，【特になし】という1つのコードに集約された。《施設の知名度やイメージ》は記述数が5（有1，無4）で，同じく5つのコードで構成された。ここでは，【知名度が低く，地域の人にも理解されにくい】【施設の世間に対するイメージが良くなるように改善してほしい】など，施設の知名度が低いことによる偏見やイメージの悪さに関する指摘の一方で，【子どもの権利擁護を施設内だけではなく，地域・社会に発信していきたい】というポジティブな意見もあった。このうち，施設の認知度の低さやイメージの悪さは伊藤（2007：114-116）とも共通しており，施設の正確な情報が世間一般には知られていないことが改めて浮かび上がった。

《親への指導・教育》は記述数が4（有0，無4）で，同じく4つのコードに分類された。ここはすべて「無」の記述で，【親の支援・再生プログラムを作ってほしい】【自覚に欠ける大人が多すぎるため，親の教育機関も必要】【親への生活指導・職業指導】のように，親が抱えている問題の大きさを踏まえて親への教育・支援の必要性を指摘する記述があった。さらに，【子どもと両親が一緒に学ぶ時間があればと思う】のように，子どもにはCAPやセカンドステップを学ぶ機会があっても親にはないため，親に暴言・暴力の影響を理解してほしいという意味で，一緒に学ぶ機会が必要という意見もみられた。

《その他》は記述数が12（有4，無8）で，同じく12のコードが抽出された。内容をみると，【施設間格差が度を越えている】【調理場は食べることを扱う部署なのでもっと大切に扱ってほしい】【研修制度が充実し，参加しやすくなってほしい】【書ききれません】などのように，さまざまな課題があることが浮かび上

がった。その一方で、「有」の組合員からも【労働問題・労働組合は国への発信には必要だが、現場では色濃くしたくない】という意見や、【子どもへの対応の仕方にとらわれ、根本的な問題を見る力が乏しくなった】という指摘もあった。

(2) 考　察

　ここでみてきたように、本項目では制度や国・自治体の役割について多くの課題があることが明らかとなった。カテゴリー別にみると、《行政の役割と責任》と《職員配置・措置費等の改善》は、「無」の記述数がやや多い傾向にあり、コードの内容をみると、《行政の役割と責任》で主に「有」から児相に関する意見が出た。これは労組の活動が影響して、「有」では児相との連携を強く意識して親子への支援にあたっている可能性がある。また、ここではほとんどが「正規」の記述だが、「非正規」からの特徴的な意見として、《親への指導・教育》の必要性や調理員の仕事の評価の低さに関するものがみられた。

　このうち、《親への指導・教育》に関する記述については、確かに目の前の親の言動だけをみれば、そういえるかもしれない。しかし、親の多くは厳しい社会のしくみの中で深刻な労働・生活問題を抱えているため（堀場 2013a：71-105）、職員は親が子どもを虐待するに至るほど追い込まれた社会的背景を捉える必要がある。また、《行政の役割と責任》で出た児童家庭支援センターに関する意見については、施設で暮らす子どもの親が深刻な貧困問題に直面していることから、特に重要である。そのため、小学校区または中学校区ごとに子育て支援の拠点をつくり、保健師・保育士などによるアウトリーチ型の家事・育児支援をしていく必要がある。こうしたシステムあれば、施設入所に至る前に家庭崩壊や貧困の再生産を予防することにもつながるため、メリットは大きい（堀場 2018；安發 2023）。

　この点については、2022年の児童福祉法改正で「こども家庭センター」が制度化されたが、相談だけでなく家庭に出向いて継続的に支援ができるしくみが必要である。加えて、第6章で述べたように、施設で暮らす子どもの親の多くは「生活文化の貧困」を抱えているため、彼らは公的機関に自ら相談することはほとんどない。したがって、職員が家庭訪問を通して彼らの生活実態を把握するとともに、そこで本音を引き出し、関係を築くことの意義は大きい（堀場 2016c）。

　一方、《その他》で出た調理の仕事への評価の低さについては、第4章で取り上げた措置費における児童指導員・保育士（現場職員）と調理員の本俸基準額に

おける格差が数万円あるように，制度上の問題もある。また，施設では，調理員が子どものケアについて意見を出しにくい状況もみられるが，第12章で出た意見（調理員が各ホームに入り，全体をみる）のように，職種を超えて職員全員で子どもをケアするという方針があれば，職種間の連携が促進されるとともに，職員の働く意欲も向上する。このため，やり方次第で状況を改善できる可能性がある。関連して，近年，小規模化が進む中で現場職員が調理業務を担うことが多くなってきているが，それによって子どもとかかわる時間が少なくなっていることや，調理や栄養学の専門性も踏まえて調理員・栄養士の業務を再評価する必要がある。

　同じく《その他》で出た【子どもへの対応の仕方にとらわれ，根本的な問題を見る力が乏しくなった】という意見については，施設で医学・心理学をベースにした特定の技法が注目を集めていることや，社会福祉士・保育士などの養成課程における技術主義的なカリキュラム（野澤 1980；加藤ら 1992）などが影響して，養護問題の本質を捉える視点が弱くなっていることが背景にあるといえる。それを克服するための視点として，近年，社会的養護の分野では第6章で述べた「ソーシャルペダゴジー」が注目されつつある。Smith, Fulcher & Doran（2013＝2018）によると，里親を早くから推進してきたイギリスでは，「ソーシャルペダゴジー」の概念を踏まえて，施設養育の意義や専門性を見直そうとする動きがあることが記されている。ここでは，施設での生活場面における子どもと職員のかかわりの重要性に加えて，特定の技法を含む心理主義・マニュアル主義，里親養育偏重を含む制度・政策の問題点や，子どもをケアする上で本質的かつ哲学的な視点が必要であることが指摘されている。前述した医学・心理学の知識・技法は重要で，バランスの問題もあるが，日本の施設においても現場で日々子どもたちと向き合っている施設職員ならではの視点をもう少し重視していく必要があるといえよう（堀場 2019）。

　Smith, Fulcher & Doran（2013＝2018）を監訳した楢原（2018）は，子どもたちの成長や回復を支える日々の営みを捉えるには従来の心理学やソーシャルワークだけでは困難で，日本においても特定の技法やマニュアル，自立支援計画書や記録を整えることを過度に重視するあまり，子どもたちの思いや職員とのかかわりが軽視されるような事態が起きていると述べている。こうした状況から，「ソーシャルペダゴジー」の視点の重要性が増しているといえる。

　翻って，ここでみてきたように，施設では職員配置基準や労働条件・労働環境の改善が求められていることが改めて浮き彫りとなった。また，職員の地位向上，

行政の認識，児相の体制，施設の知名度の低さ，親支援に関する課題に加えて，国・自治体が進めている政策と現場の実態に乖離があることも明らかとなった。

2　インタビュー調査からみた国・自治体への要望・意見

　前述したアンケート調査では，国・自治体や制度に関する多くの課題が明らかとなったが，小規模化した施設に限定した調査ではないことや，職員の本音をより具体的に明らかにする必要がある。そこで，ここでは6施設の職員18人のインタビュー調査から，職員が国・自治体に求めていることについてみていく。インタビュー調査の〈国・自治体行政への要望・意見〉（表14-2）には，49（有27，無22）の意見があり，4つのカテゴリーとそれを構成する40のコードに分類された。

（1）制度面の課題
　《制度面の課題》（計26：有13，無13）は，21のコードが抽出された（表14-2）。職階別にみると，「初任」（計4：有2，無2）は，「有」から【措置費をもう少し増やしてほしい】【職員配置基準の見直し】という制度上の不備・不足に関する指摘があった。「無」からは，「有」と同じく職員配置の改善に加えて，【国は里親を推進しているが，児童養護施設をどう考えているのか】という国の政策に対する疑問も出された。

　「中堅」（計11：有6，無5）は，「有」から，「初任」と同じく配置基準の低さに加えて，【1ホームに8人の子どもだが，6人くらいにしたい】という子どもの人数の多さや，【子どもの事故の示談金は親権者ではなく，施設長の権限にできないか】という親権に関する意見があった。また，【行政がやるのは職員配置やお金の問題で，生活の質は現場に任せている】という行政の役割に関する意見や，【建て替えたくてもお金がない】のように施設の建設費用に関する指摘もあった。一方，「無」からは【外に出て行った子どもの支援が難しい】【施設を出てすぐの子どもは施設長が保証人になるが，大学卒業後や社会人になるときはいない】という施設を出た後の課題や，【子どもの部活の部費や送迎の負担があり，お金がないと希望まで格差が出てしまう】のように，一般家庭との格差に関する疑問も出された。さらに，子どもの人数やファミリーホームとの兼ね合いも含めた【今の地域小規模児童養護施設に意味があるのか】という問題提起に加えて，【制度

第Ⅳ部　施設職員の労働問題を規定する要因

表14-2　国・自治体行政への要望・意見（インタビュー調査）

カテゴリー	コード
制度面の課題	・措置費をもう少し増やしてほしい ・職員配置基準の見直し ・国は里親を推進しているが，児童養護施設をどう考えているのか ・1ホームに8人の子どもだが，6人くらいにしたい ・子どもの事故の示談金は親権者ではなく，施設長の権限にできないか ・行政がやるのは職員配置やお金の問題で，生活の質は現場に任せている ・建て替えたくてもお金がない ・外に出て行った子どもの支援が難しい ・施設を出てすぐの子どもは施設長が保証人になるが，大学卒業後や社会人になるときはいない ・子どもの部活の部費や送迎の負担があり，お金がないと希望まで格差が出てしまう ・今の地域小規模児童養護施設に意味があるのか ・制度を変えるために必要だが，アンケートが多くて大変 ・児童相談所の福祉警察のような部分をどうにかした方がいい ・偏った議論をしているため，審議会の人選をもっとクリアにした方がいい ・子どもを施設に預けている間，親をどうするかが課題であるため，包括的な支援がほしい ・施設か里親かという議論があるが，大人の都合ではなく，子どものための議論が必要 ・厚生労働省の予算の組み方が現場と乖離している ・一時保護所の併設など児童相談所で手が回らない部分を児童養護施設に任そうとしている ・地域小規模児童養護施設よりも自立援助ホームを増やした方がいい ・今の子どもの人数で生活させることに限界がある ・大舎制で暴力やいじめがある施設を国・自治体が訴えるしくみをつくるべき
関係機関・地域との連携	・すごくいい自治体 ・児童相談所が施設の実態をわかっていないため，民営化してほしい ・福祉と教育，官と民の連携が弱い ・地域から子どもの人権保障機関として施設をみてもらうことが必要 ・自治体レベルで小学校区に一つの子育て支援の拠点が必要 ・大人の都合ではなく，子どものための社会的養護にするべき ・管轄の自治体は加配や補助金などの制度も良く，対等に話し合える
労働条件・労働環境	・国の施策で保育所の給与が上がっているが，施設との差は何か ・子どもが第一なのはわかるが，職員の安全や権利が守られる制度がほしい ・職員の配置人数を増やすのに併せて給料面の保障も必要 ・補助金や給与などお金がもう少し出ればいい ・女性がもう少し働きやすいと良い
その他	・施設のイメージや実態を一般の人がわかるような取り組みをしてほしい ・子どもとかかわる時間を増やすことが難しい ・施設の良さが潰れないようにしてほしい ・東京と地方の格差がある ・苦しい立場の人に優しくしてほしい ・継父の性的虐待やステップファミリーの喪失感への手立てが難しい ・言い出せばきりがないほどたくさんある

出所：筆者作成。

を変えるために必要だが，アンケートが多くて大変】のように，国・自治体が行うアンケート調査の負担感とそれが活かされているかどうかについての疑問も出た。

「管理職」（計11：有5，無6）は，「有」から【児童相談所の福祉警察のような部分をどうにかした方がいい】という児相の権限強化に伴う問題点や，【偏った議論をしているため，審議会の人選をもっとクリアにした方がいい】のように，審議会に対する不信感も出された。加えて，【子どもを施設に預けている間，親をどうするかが課題であるため，包括的な支援がほしい】のように親子分離した後の親支援の課題や，【施設か里親かという議論があるが，大人の都合ではなく，子どものための議論が必要】という指摘もあった。前者は，子どもが家庭復帰をするためには親自身の生活が安定する必要があるが，それへの支援が極めて手薄であることを示している。後者は，近年推進されている里親について，パーマネンシーと言いながら，実際にはそうなっていないことを指している。

「無」からは，「初任」「中堅」と同じく制度の脆弱さに関する意見に加えて，【厚生労働省の予算の組み方が現場と乖離している】【一時保護所の併設など児童相談所で手が回らない部分を児童養護施設に任そうとしている】【地域小規模児童養護施設よりも自立援助ホームを増やした方がいい】のように，現在進められている政策と現場で求められていることのギャップの大きさが改めて浮かび上がった。さらに，【今の子どもの人数で生活させることに限界がある】や【大舎制で暴力やいじめがある施設を国・自治体が訴えるしくみをつくるべき】のように，施設の規模や問題のある施設を改善するためのしくみづくりに関する指摘もあった。

ここで意見が多く出た職員配置や子どもの人数の問題については，前述したように前者は2020年度から，後者は2021年度から改善されたため，調査時点と異なる状況もある。しかしそれでも，一般家庭と比較すると子どもの人数が多いため，物件を探す困難さも踏まえて，少なくとも分園については将来的には子どもの数を3人程度にしていく必要がある。職員配置についても，分園は予算措置によって1対1が可能になったとはいえ，職員の確保が困難な状況があることや，産休・育休・有休及び連休の取得，宿直の夜勤化を進めていくためにはそれでも不十分といえる。

また，「有」の「管理職」から出た意見について，児相は2019年の児童虐待防止法改正により，支援と介入の担当を分離することとされたが，それを厳密に分

けることが困難であることや，介入から支援につながることもある（井上 2019：90-95, 100-115；川松 2020：243-244）。児相の支援と介入の分離については，川松（2020：245）が指摘するように，子ども虐待の初期対応を児相から切り離した上で，専門機関を立ち上げて通告を一本化し，そこから児相か市区町村のいずれかに振り分けることによって，両者への通告の混在を防ぐことができる。ただし，川松が提起した新たな専門機関の立ち上げは，実現するのにかなりの時間を要するため，家庭裁判所がそれに対応できる体制を構築できるかどうかが課題といえる。

同じく「有」の「管理職」から出た審議会については，関係団体の代表や一部の学識経験者によって委員が構成されることが多く，事務局主導で議論の結論が決まっている場合もあるため，現場の実態を反映した議論がされているとは言い難い（蔵田 2005；早川 2007：39-72）。すべての審議会がそうとはいえないが，こうした状況があるからこそ，労組を軸にした国・自治体に対する組織的な社会運動が必要といえる。

他方で，「無」の「管理職」から出た【地域小規模児童養護施設よりも自立援助ホームを増やした方がいい】という意見は，アフターケアの拡充や施設退所者の厳しい生活状況を踏まえると，実態に即した重要な提起といえる。この点については，2022年の児童福祉法改正で施設の年齢制限が撤廃され，児童自立生活援助事業（Ⅱ型）を活用できるようになったが，施設では地域分散化を前提とした小規模化を進めるだけでなく，現場の課題に即した施策を優先することが求められる。加えて，「有」の「管理職」から出た親への包括的な支援については，前述したように「こども家庭センター」が制度化されたが，設置が努力義務であることや，専門職（保健師・社会福祉士・保育士など）が家庭に出向いて継続的に家事・育児支援を担える体制ではないことが課題である。

このほか，同じく「有」の「管理職」から出た里親を拡充する政策の問題点については，里親の養成や支援体制が整わない中でそれを推進することによって，欧米諸国のように「フォスターケア・ドリフト」が起きる危険性がある。「フォスターケア・ドリフト」とは，施設を廃止して里親に移行した欧米諸国において，子どもが里親家庭を転々とせざるを得ない状況をいうが，2017年8月に取りまとめられた「ビジョン」では，それを検証することなく里親委託の推進を提起した点で問題がある（黒田 2018）。

実際に，欧米諸国においても里親では対応することが困難な子どもが少なくな

いため，施設養護の意義や必要性が改めて認識されていることも踏まえる必要がある。このため，筆者は施設か里親かの二者択一的な捉え方（黒田 2018）や数値目標ありきではなく，藤野（2017）が提起した「日本型社会的養護（仮称）」のように，日本の実情に即して施設と里親が協力・連携しつつ，その上で子どもの意向を踏まえて子ども自身が選択できるシステムを構築する必要があると考える。

（2）関係機関・地域との連携

《関係機関・地域との連携》（計9：有7，無2）は，7つのコードで構成された（表14-2）。ここでは，労組の有無別にみると「有」の意見数が多い傾向にあり，職階別にみると「初任」の意見はなかった。まず，「中堅」（計2：有1，無1）は，「有」から【すごくいい自治体】のように行政の姿勢を評価する意見があった一方，「無」は【児童相談所が施設の実態をわかっていないため，民営化してほしい】という否定的な捉え方であった。

「管理職」（計7：有6，無1）は，「有」から「中堅」と同じく児相を評価する意見のほか，【福祉と教育，官と民の連携が弱い】【地域から子どもの人権保障機関として施設をみてもらうことが必要】という施設と行政・地域との連携の必要性に加えて，【自治体レベルで小学校区に一つの子育て支援の拠点が必要】【大人の都合ではなく，子どものための社会的養護にするべき】のように，施設入所に至る以前の地域における子育て支援機能の拡充や，社会的養護のしくみの変革を提起する意見もあった。一方，「無」からは【管轄の自治体は加配や補助金などの制度も良く，対等に話し合える】という自治体の姿勢を評価する意見もみられたように，行政への評価は施設によってさまざまである。

ここでは，「有」の「中堅」や「無」の「管理職」から施設を管轄する自治体や児相に対して肯定的な意見があった一方，「無」の「中堅」から児相に対する否定的な意見があった。このうち，「無」の「中堅」の意見を児相は真摯に受け止めるべきだが，筆者は児相の対応に問題があったとしても，民営化の議論をするのはリスクが大きいため，福祉職の採用増や公務員の人事制度の見直しなど，しくみを改善する方向で議論していく必要があると考える。

また，「有」の「管理職」から出た小学校区における子育て支援に関する意見も，重要な指摘である。これは，《制度面の課題》で出た「有」の「管理職」の意見（親への包括的支援の必要性）とも共通するが，日本は「すべり台社会」（湯浅 2008：19-58）といわれるほどセーフティネットが脆弱であるがゆえに，施設で暮

らす子どもの多くが養護問題によって追い込まれた状態で保護されている。特に深刻なのは、施設で暮らす子どもと親が「生活文化の貧困」（堀場 2016c）を抱えているため、前述した専門職によるアウトリーチ型の家事・育児支援を担うことができる支援機関が小学校区または中学校区ごとにあれば、施設入所に至るほど問題が深刻化するのを防ぐことができる可能性がある。

同じく「有」の「管理職」から出た【大人の都合ではなく、子どものための社会的養護にするべき】という意見の背景には、施設が主に都道府県・政令指定都市の管轄であるため、施設入所になると子どもがそれまで暮らしていた地域から引き離されるという問題がある。この点について、性的虐待などのケースでは遠方の施設に保護する必要性もあるため、それがすべて良くないとはいえない。しかし、この意見にあるように、それ以外のケースで遠方に措置する理由がない場合は、児相は子どもの意向を踏まえて、できる限り身近な地域にある施設に措置するなどして友人関係などを継続できるような配慮が求められる。

（3）労働条件・労働環境

《労働条件・労働環境》（計6：有2，無4）は、5つのコードに集約された（表14-2）。職階別にみると、「中堅」と「管理職」の意見はなかった。「初任」（計6：有2，無4）は、「有」から【国の施策で保育所の給与が上がっているが、施設との差は何か】という関連職種との賃金格差に関する疑問や、【子どもが第一なのはわかるが、職員の安全や権利が守られる制度がほしい】のように、職員の人権保障の不十分さに関する指摘があった。一方、「無」からは「有」と同じく職員の犠牲に関する意見に加えて、【職員の配置人数を増やすのに併せて給料面の保障も必要】【補助金や給与などお金がもう少し出ればいい】という制度の改善及び賃金の向上や、【女性がもう少し働きやすいと良い】のように、女性が結婚・出産した後に働き続けられる環境づくりの必要性に関する意見もみられた。

ここで出た意見のように、施設では職員の人権が後回しにされてきた歴史がある。現在も小規模化が進む中で、一人勤務や宿直・長時間勤務が増えたことなどによって、職員の確保・育成が困難になってきている（黒田 2013；堀場 2022a）。このような状況では持続可能性がないため、ディーセント・ワーク（人間らしい働きがいのある仕事）の視点を踏まえて、子ども・職員双方の人権を一体的に保障（井上 2010）するしくみが必要である。この点について、施設では人がいないからできないという議論になりがちだが、仕事量の限界を見極めた上で、必ずする

という視点で業務の改善に向けた議論を行い，現状を変えていくことが求められる（重田 2010：109-110）。加えて，職員の確保・育成に向けては，個々の施設の自助努力だけでなく，国・自治体による財政的な支援の下で業界全体で対策に取り組む必要がある。

（4）その他

《その他》（計8：有5，無3）は，7つのコードに分類された（表14-2）。まず，「初任」（計3：有2，無1）の「有」から出た【施設のイメージや実態を一般の人がわかるような取り組みをしてほしい】という意見は，前述したアンケート調査の自由記述でも出たが，施設が世間であまり知られていないがゆえに偏見があることに対する切実な課題である。また，同じく「有」から出た【子どもとかかわる時間を増やすことが難しい】という意見は，小規模化により一人勤務が増えたり，調理業務に追われたりすることが影響していると考えられる。一方，「無」から出た【施設の良さが潰れないようにしてほしい】という意見は，近年の小規模化や里親制度の推進などの制度改革の影響を危惧したものである。

「中堅」（計3：有2，無1）は，「有」から【東京と地方の格差がある】という地域格差（制度や職員の賃金など）に関する問題提起があり，「無」からは【苦しい立場の人に優しくしてほしい】という意見があった。「管理職」（計2：有1，無1）の「有」から出た【継父の性的虐待やステップファミリーの喪失感への手立てが難しい】という意見については，家庭は外部からみえにくいこともあり，具体的な解決策が見出しにくいことが課題である。一方，「無」からは制度の脆弱さを背景として【言い出せばきりがないほどたくさんある】という指摘もあった。

ここで，「有」の「初任」から出た施設のイメージについては，ドラマの影響や世間にあまり知られていないがゆえの偏見もあるため，特に学校教育やマスコミによる報道のあり方が問われているといえる。この点について，施設で暮らす子どものことを一部の特殊な貧困層の問題と捉えがちだが，彼らの親は施設職員を含む相対的安定層と同じ労働者である。加えて，前述したように日本は「すべり台社会」（湯浅 2008：19-58）といわれるほどセーフティネットが脆弱であり，近年は労働法制の規制緩和や成果主義賃金などの影響により，雇用の劣化（伍賀 2014：38-73）が深刻である。このため，生計中心者の失業や疾病などを契機として，相対的安定層であっても不安定層または貧困層に陥る可能性がある（高林

2004：165-168)。したがって，階層や問題の現れ方に差異はあっても，両者が抱えている労働・生活問題には共通性・連続性がある。筆者はそのことを理解することによって，職員が自己責任論に陥ることを防ぐとともに，両者の共同関係を築く根拠になると考える（堀場 2016c)。

他方で，「有」の「中堅」から出た東京と地方の格差については，東京都には独自の補助金があることや，職員を加配していることなどが背景にある。この点については，本調査の対象施設のように，地方の施設であっても労働条件が良い場合もあるため一概にはいえないが，地域間格差に加えて施設間格差も存在するため，施設業界全体の労働条件・労働環境の改善とケアの質の向上が求められている。

3　国・自治体の役割と課題

本章では，アンケート調査とインタビュー調査により，職員が国・自治体に何を求めているか及び国・自治体の役割と課題を明らかにした。まず，アンケート調査における〈本調査および国・自治体行政に対する要望・意見〉の自由記述では，施設で職員配置基準や労働条件・労働環境の改善が求められていることに加えて，職員の地位向上，行政の認識，児相の体制，施設の知名度の低さ，親支援に関する課題や，国・自治体が進めている政策と現場の実態に乖離があることも明らかとなった。カテゴリー別にみると，《行政の役割と責任》と《職員配置・措置費等の改善》は，「無」の記述数がやや多い傾向にあり，コードの内容をみると，《行政の役割と責任》で主に「有」から児相に関する意見が出た。これは労組の活動が影響して，「有」では児相との連携を強く意識して親子への支援にあたっている可能性がある。

次に，インタビュー調査における〈国・自治体行政への要望・意見〉では，《制度面の課題》の意見数が最も多く，措置費や職員配置基準の改善に関する意見に加えて，児相や審議会に対する批判的な意見もあった。また，《関係機関・地域との連携》では，児相や管轄する自治体に対する見解の相違に加えて，関係機関との連携や地域における子育て支援の拡充の必要性に関する意見もみられた。一方，《労働条件・労働環境》では，職員の権利や働きやすい環境の必要性に関する意見があり，《その他》では施設のイメージや東京と地方の格差，社会的養護のシステムに関する意見がみられた。

カテゴリー別にみると,《関係機関・地域と連携》は「有」の意見数が多い傾向にあり,コードの内容をみると,「有」は「無」と比較して本質的な意見が多くみられた。この理由は一概にいえないが,「有」では労組の活動により,職員が養護問題の本質を理解していることや,視野が広いことが影響したと考えられる。この点については,本調査の他の項目(特に第11章と第13章)や先行研究(Goodman 2000＝2006)においても同様の傾向がみられたため,施設における労組の意義は大きいといえる。また,《労働条件・労働環境》が「初任」の意見のみだったのは,経験年数の短さも影響して現場で多くの問題に直面していることがあると考えられる。一方,《制度面の課題》については,「中堅」「管理職」の意見が多い傾向にあり,《関係機関・地域との連携》で「管理職」の意見が多い傾向にあるのは,その立場や経験年数が大きく影響したといえる。

　他方で,先行研究(黒田 2013；みずほ情報総研 2017；川上 2020)で共通して指摘された施設における組織づくりや労働環境,職員の確保・育成などの課題を改善するためにも,労組を軸にした国・自治体に対する社会運動が重要になる。このうち,職員の確保・育成については,一部の都道府県施設協議会やNPOによって行われている学生向けイベントに加えて,職員が結婚・出産した後も安心して働き続けられるしくみづくりに向けて,国・自治体による支援の下で,業界全体で対策に取り組む必要がある。さらに,社会運動については,労組の意義を,組織率が低い施設や労組がない施設でどのように喚起していくかが課題といえる。

　このほか,《制度面の課題》と《関係機関・地域との連携》で出た国が進めている政策と現場の実態に乖離があることについては,前述したアンケート調査や先行研究(斎藤 2019；中條 2019)で出た意見とも共通していた。そのため,国・自治体はここで出た意見を真摯に受け止め,現場の実態に即した政策を進めていく必要がある。

注
(1) CAP（キャップ）とは,Child Assault Prevention の略で,認定NPO法人CAPセンター・JAPAN（https://cap-j.net/program）によると,子どもがいじめ・虐待・性暴力などから自分を守るための予防的教育プログラムである。
(2) この点については,Courtney & Iwaniec（2009＝2010）,Smith, Fulcher & Doran（2013＝2018）などで指摘されている。
(3) 「日本型社会的養護（仮称）」とは,欧米諸国のように施設を廃止して里親へ移行す

るという方向ではなく，日本独特の措置制度の下で4～6人の小規模ケア・個別ケアの拡充・強化を図りつつ，施設と里親が連携し，施設のソーシャルワーク機能などの専門性を活かした社会的養護を目指そうとするものである（藤野 2017）。

終　章	子ども・職員双方の人権が保障される 環境づくり ──施設における労働問題と対策

　本書では，序章で述べた研究の視点と枠組み（図序-1）を基に，関連する先行研究の分析や施設における労働問題の歴史を踏まえて，筆者が行ったアンケート調査とインタビュー調査から，施設における労働問題をトータルかつ実証的に明らかにした。そこで，終章では，本研究の全体を総括した上で，序章で課題として提示した3つの課題（児童養護施設の労働問題と政策課題，児童養護施設における労働組合の役割，小規模化した児童養護施設における労働問題と対策）について明らかになったことを述べる。そして最後に，本研究の意義と課題について総括する。

1　児童養護施設における労働問題

　本書では，序章で研究の視点と枠組みについて述べた上で，社会福祉労働と施設職員に関する主な先行研究を分析した。まず，社会福祉労働に関する先行研究（鷲谷 1968；浦辺 1973a；b；真田 1975；2003）では，社会福祉労働者を資本主義社会における労働者として捉えた上で，その位置づけや特徴を示しているが，社会福祉労働の捉え方に課題がみられることに加えて，いずれも約50年前の研究である。浅井（1987；1991）も1970年代までの社会福祉労働に関する先行研究を歴史的に整理した上で，養護労働の分析を試みているが，養護労働の内容を羅列的に捉えていることや，施設における労働問題について調査を通して実証的に明らかにしているわけではない。

　一方，施設職員に関する先行研究をみると，職員の労働条件・労働環境をトータルに捉えているとはいえず，それが大きく反映される健康状態とストレスについても心理学的な視点に基づく分析が中心である。その他の関連する先行研究をみても，筆者以外に労働問題や制度を改善するために必要な労組の役割とそれに対する職員の意識について調査を通して明らかにしているものは見当たらなかった。

　次に，施設における労働問題の歴史をみると，それぞれの時代の社会経済状況や政策動向によって現れ方に違いはあるものの，いずれの時代においても職員の

労働問題が深刻であることが浮き彫りとなった。さらに，高度経済成長期には，労働災害や公害などを背景として住民・労働運動が高揚し，労組への組織化が進んだ1970年代までは施設に関する制度・施策も整備・拡充されたが，その後の不況や住民・労働運動の衰退，国・自治体の緊縮財政などによって社会福祉施設の国庫負担の削減や民営化が進められ，制度の改善も停滞した。

他方で，施設を取り巻く状況をみると，近年は単年度の予算措置や職員配置は増えているものの，小規模化が進む中で職員が疲弊し，職員の確保・育成も困難になっている。さらに，施設における労働問題の典型事例といえる争議については，各事例を通して，職員が労組に加入して組織的に粘り強く闘えば，裁判で勝利和解するケースもあるが，職場復帰できない場合もあることや，敗訴した場合は厳しい状況におかれることも改めて浮かび上がった。

最後に，本研究の軸になるアンケート調査とインタビュー調査の結果については，アンケート調査では施設は措置制度が維持されているため，正規職員の賃金・労働条件は相対的に安定しているものの，親代わりの役割が求められる仕事の特性に加えて，宿直を含む変則勤務や労働時間の長さ，有休取得日数の少なさなどの労働環境の厳しさによる職員の心身のストレスが深刻であることが浮かび上がった。こうした中でも，仕事にやりがいを持つ職員が顕著に多い一方で，不安や悩んでいることとして，給与の安さや心身の疲労，休暇の取りにくさが多くみられた。

また，辞めたいと思ったことがある職員は約6割で，その理由は職場の人間関係や労働条件・労働環境，施設の子どもとの関係が多く，辞めたいと思った時に支えになったものも，同じく職場の同僚・上司の理解・協力や，施設の子どもとの関係であることが明らかとなった。これは，インタビュー調査においても同様で，職員が子どもの成長や退所者との関係にやりがいを感じていたものの，労働環境の厳しさや職員との関係に悩みを抱えており，そうした中で支えになっているのも職場の仲間の存在であることも浮かび上がった。

小規模化の影響については，アンケート調査では選択肢の影響もあるが，子どもにとっては多くのメリットがあるものの，職員にとっては特に労働環境面でデメリットが多いことが明らかとなった。加えて，制度面の課題としては，児相のあり方や職員配置基準・施設予算などの整備・拡充が必要であることも浮き彫りとなった。インタビュー調査においてもアンケート調査と同様に，小規模化は子どもにとっては多くのメリットがある一方，職員の確保・育成や労働環境，制度

終　章　子ども・職員双方の人権が保障される環境づくり

面の課題があることなどが具体的に明らかとなった。

　小規模化のデメリットを克服するための施設で職員が安心して働き続けられるための配慮については，調査対象施設では配慮というよりも組織・しくみづくりや労働環境などがシステムとして構築されていた。具体的には【先輩が後輩の意見に対して聞く耳を持っている】【思いや意見を言える環境がある】【OJTをみんなでする】【個人の問題にせず，しくみで対応する】【夜勤なしの短時間勤務や職員の加配など産休・育休の取得と復帰しやすい環境づくり】など，今ある条件の中で工夫をしながら，職員が安心して働き続けるための環境づくりに取り組んでいた。

　同じく職員集団づくりの方法については，【職員同士が変化に気づいて話を聞く】【一人が抱え込まないように周りが支援する】【ホーム間での顔合わせで他のホームの職員とも共有する】【OJTやミーティングを手厚くする】ことなどを通して，職員やユニット・ホームが孤立しないようにしていた。さらに，調査対象施設では，職員同士が支え合うだけでなく，批判的に高め合う取り組みや，職員が施設運営に主体的に参画するしくみなどを通して，自治的な職員集団づくりをしていた。

　労組の有無別にみると，アンケート調査では双方とも労働環境の厳しさが影響して心身のストレスが深刻だが，「有」では「無」と比較して賃金や研修参加率などが高い傾向にあることに加えて，上司との関係で不安・悩みが少なく，子どもと家族からの苦情や要望をていねいに捉えている傾向がみられた。さらに，「有」の職員の多くは労組や社会運動の重要性を強く認識している一方で，「無」の職員は労組の認知度が低く，「有」と逆の傾向がみられた。インタビュー調査においても，「有」では「無」と比較して労働環境がきめ細かく整備されていたり，職員を支えるさまざまなしくみが構築されたりしていることに加えて，労組を通して得られる情報や外部との交流が多いことも影響して，労組や社会運動に対する認識もアンケート調査と同様の傾向がみられた。このため，本調査を通して，施設における労組の意義が示されたといえる。

　これらの結果から，職員が安心して働くことができる労働条件・労働環境や，労組をベースにした職員集団づくりの重要性が改めて浮き彫りとなった。そして，それを実現するためにも，本調査で明らかになったように，労組が労働条件・労働環境の改善や職員集団づくりに寄与している実態をどのように喚起していくかが課題である。次に，本研究で明らかになった３つの課題について述べる。

2　子ども・職員双方の人権保障に向けた課題

　ここでは，序章で提示した本研究の3つの課題（児童養護施設の労働問題と政策課題，児童養護施設における労働組合の役割，小規模化した児童養護施設における労働問題と対策）について明らかになったことを述べる。

（1）児童養護施設の労働問題と政策課題

　まず，1点目は，労働条件・労働環境とそれが大きく反映される健康状態を軸に，アンケート調査とインタビュー調査を通して施設における労働問題をトータルかつ実証的に明らかにしたことである。この点については，労働条件・労働環境とそれらが大きく反映される健康状態を軸に分析することによって，施設における労働環境の厳しさが鮮明になったといえる。さらに本研究では，施設職員として働くことになった経緯，仕事のやりがい，研修の内容・回数，労組の有無と必要性，仕事を辞めたいと思った理由と支えになったもの，小規模化の影響なども含めて，施設における先行研究にはない分析視点に基づいた調査を基に，職員の労働実態を明らかにすることができた。

　ここでは，それらを踏まえた政策課題について若干の提起をしたい。まず，本研究で明らかになった施設における労働条件・労働環境の実態を踏まえると，職員配置基準と措置費の改善が最も重要といえる。これは従来から他の先行研究でも度々指摘されていることだが，施設では早番・遅番・宿直を含む変則勤務があり，その中で地域分散化を前提とした小規模化が進み，職員の労働環境が変化・悪化している状況を踏まえると，本研究でも課題としてあがった有休・産休・育休の取得や，育休後の復帰を含む仕事と家庭の両立を可能にするしくみが不可欠である。

　加えて，施設では小規模化が進む中で職員が疲弊し，職員の確保・育成も困難になっているため，職員の数だけでなく，質の保障に向けた労働条件・労働環境の改善も必要である（堀場 2022c）。中でも「宿直」は，前後の勤務時間を含むと拘束時間が約26時間となり，特に子育て中の職員には負担が大きく，家庭との両立が困難である。これに対しては，既に一部の施設で行われているように，乳児院の勤務体制を参考にしながら段階的に「夜勤」に移行することが求められる。ただし，現行制度の枠組みの下では本体施設では実現の可能性があるものの，分

園では難しい。このため，地域分散化ありきの小規模化ではなく，現場の実態に即してユニット型の本体施設を維持・強化しつつ，順次進めていく必要がある。

この点については，第10章で取り上げた常照園のように，本体施設の敷地内に複数の分園をつなげて建築し，宿直や会議を共有することで，労働負担の軽減とともに，職員や分園ごとの孤立を防ぐ取り組みは注目に値する。加えて，現行制度の枠組みに留まらず，制度を実態に即して改善していく必要がある。具体的には，前述した職員配置基準と措置費がそれに該当する。小規模化が進む中で，職員の早期離職が増えたことに伴い，一部の施設で人件費が措置費の枠内に収まっている場合もあるが，勤続年数が長い職員が増えた場合はそれが困難になる。

施設ではさまざまな加算措置はあるものの，法令上の職員配置基準は前述したように，子ども5.5人につき職員1人（予算措置上は子ども4人につき職員1人）でヨーロッパ諸国（概ね子ども1人につき職員1～2人）と比較して低いが，分園における予算措置上の配置は同1人につき同1人をほぼ実現している。しかし，これは単年度の予算措置であることや，本研究でも明らかなように小規模化に伴って職員の確保・育成が困難になっており，特に地方の施設では採用枠を埋めることすら困難な状況にある。したがって，制度そのものの改善に加えて，安心して働き続けることができ，なおかつ魅力ある職場環境を実現しないことには，施設の持続可能性すら危ういといえる。実際に，アンケート調査とインタビュー調査における国・自治体への要望・意見では，職員配置基準や労働条件・労働環境の改善が求められていることや，国・自治体が進めている政策と現場の実態に乖離があることも明らかとなっている。このため，制度改革は現場の実態を踏まえて進めていく必要がある。

翻って，施設は措置制度が維持されているため，労働条件は公務員に準拠しており，措置制度が解体された保育所や障害者施設，介護施設と比較して安定している。しかし，職員が子どもの親代わりの役割を求められることや，前述したように早番・遅番・宿直などの変則勤務があるため，過重労働が深刻である。この点について賃金をみると，本調査では20～30代前半の職員の割合が高いことや勤続年数の短さも影響して年収400万円以下が約6割だったが，筆者が行った5施設の調査では正規職員の平均年収は約511万円（堀場 2013a：225）であった。ただし，同一価値労働同一賃金の原則を踏まえると，少なくとも地方公務員と同等の646万円（総務省 2017）に引き上げることが求められる。実際には，施設でも勤続年数が長くなれば，それと同等またはそれ以上の年収の場合もあるが，そこに

辿り着く前に退職する職員が多く，序章で述べたように年齢構成も若手とベテランに二極化している場合が多い。このため，施設の労働条件・労働環境を改善して魅力ある職場づくりをした上で，民間任せではなく国・自治体をあげて職員の確保・育成にも力を入れる必要がある。

（2）児童養護施設における労働組合の役割

　2点目は，施設における労組の役割を明らかにしたことである。この点については，アンケート調査とインタビュー調査を通して，施設で労組が果たしている役割や職員の意識の違いを労組の有無別に明らかにした。まず，アンケート調査をみると，「有」では「無」と比較して，賃金や研修参加率などが高い傾向にあることに加えて，職員の多くが労組や社会運動の重要性を強く認識している一方で，「無」の職員は労組の認知度が低く，「有」と逆の傾向がみられた。インタビュー調査においても，「有」では「無」と比較して労働環境がきめ細かく整備されていたり，職員を支えるさまざまなしくみが構築されたりしていることに加えて，労組や社会運動に対する認識もアンケート調査と同様の傾向がみられた。

　また，本書の全体を通して明らかになったように，施設における労働問題の背景には制度面の課題が大きく影響しており，それを改善するためには労組への組織化とそれに基づく社会運動が必要である。ここでいう社会運動とは，第7章で述べたように他の分野の労働者と連帯したり，社会に広く発信したりしつつ，制度の抜本的な改善を目指す組織的かつ継続的な運動のことである。現在も，全養協や都道府県ごとの施設長会などの経営者組織によって国・自治体との交渉や要望書の提出は行われているが，これまでの実績や組織力をみても，それだけで制度を抜本的に改善することは困難である。

　この政策と運動との関係について，先行研究（三塚 1997：157-159）を参考に作成した図終-1を基に述べると，施設を管轄する国の行政機関は「こども家庭庁」だが，ここでいう「政策」とは，立法機関である国会及び都道府県議会等や，措置権者及び監督官庁である都道府県等を含んでいる。さらに，司法機関である裁判所も，行政訴訟などの判決を通して行政機関及び立法機関に影響を与えることになる。施設に関する制度及び予算の権限は国（こども家庭庁）にあるが，施設は，直接的には措置権者及び監督官庁である自治体（本庁）の監査を受けたり，その出先機関である児相から子どもの措置を受けたりする立場である。このことも影響して，自治体の職員（主に児相の所長経験者）が定年退職後に民間施設の施

終　章　子ども・職員双方の人権が保障される環境づくり

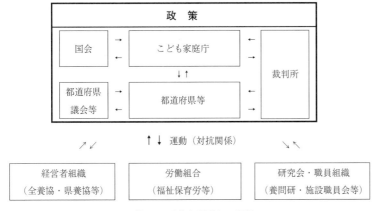

図終-1　政策と運動との関係

出所：三塚（1997：158）の「図表5-2　政策と運動との対抗関係」を参考に筆者作成。

設長に就任する「天下り」も存在しているため，客観的にみると，施設の経営者と自治体は対抗関係とはいえない状況にある。

　これらの権力機構としての政策に対して，施設にかかわる制度の改善や予算要求を主に行っているのは，前述したように経営者組織（特に全養協）で，労組や職員組織（養問研，施設職員会など）はほとんど影響力を持っていない。そうした中で，第2章で述べたように福祉保育労は児童養護種別協議会が年1回，厚生労働省（現在はこども家庭庁）との交渉を行っており，そのことを通して実際に制度の改善を実現してきている。このほか養問研は，全国大会で国に対してアピール文を出し，政策側や広く社会に向けて意見表明を行っている。[5]

　その中で課題なのは，序章で述べたように社会的養護における労組の組織率が2％程度と極めて低いことだが，三塚（1997：186-187）が指摘するように，社会福祉の現場における労働者の実践の基盤は職場を基礎にした労働組合運動の発展にある。実際に，人数でみても施設長は600人程度だが，そこで働く施設職員は約2万1,000人もいるため，現場で働く職員が組織として声をあげることが，国・自治体を動かす上で最も大きな力になる。そのためにも，本研究で明らかになったように，労組が施設で果たしている役割や意義を，政策側や施設業界全体に加えて，広く社会に向けてアピールする取り組みも必要といえる。具体的には，本研究で明らかとなった労組が果たしている役割や労働環境を改善してきた実例などの情報を，SNSも活用して広く社会に発信（黒澤　2019）していくことである。

289

施設では，変則勤務があったり，労組が忌避される傾向があったりするなど，組織化すること自体の困難さに加えて，組織化された後の経営側による分断工作なども想定されるが，職場に組織率が高い労組があれば，同族経営の施設においても理事長や施設長が一定の緊張感を持つため，職員へのパワハラや長時間労働，残業代の不払いなどの問題を防ぐことができ，そのことが子どもにとっても安心して暮らせる施設につながるといえる。

　翻って，前述した労組による社会運動については，第2章で述べた福祉保育労東海地方本部が2017～2019年にかけて行った「ストライキを含む全国いっせい行動」を通したアピールは重要な取り組みといえる。これを全国各地の施設で行えるかが課題で，労組を軸にした社会運動が組織的かつ継続的に展開されることが政策側の譲歩を引き出し，制度が改善されることにつながるといえよう。福祉保育労は，このほかにも国・自治体と定期的に交渉を重ねたり，争議が起きた施設の組合員の支援をしたりするなどして，制度の改善や組合員がいる施設における労働条件・労働環境の改善に寄与している。このことは，本研究における労組の有無別の労働条件・労働環境や職員の意識の違いにも表れている。

　その一方で，労組のもう一つの役割として，施設職員にも多くみられる「やりがいの搾取」（本田 2008：100）を防ぐことがある。施設の経営者の中にはそれをうまく利用している場合があったり，職員自身も無意識のうちに子どものために自己犠牲的な働き方をしたりしている場合もある。このため，職員が物事を客観的かつ批判的にみる力を養うためにも，労組の活動を通して視野を広く持ち，外部から多くの情報を得ることが重要といえる。この点については，施設で働き始めてからでは遅いため，大学・短大などの職員の養成課程において，労働法や労組について学ぶ機会を設ける必要がある。

　これらは，社会福祉士・保育士などの国家資格のカリキュラムでは学ぶことが難しいため，筆者は自ら勤務先に提案して，2018年度から「福祉労働論」という独自科目を立ち上げて担当しているが，このような取り組みを他の養成校においても広げていくことが求められる。ただしこれは，教員に知識や経験がなければ，学生に教えることは困難であるため，教える側の意識改革や労組への組織化も同時に進めていくことが課題である。

（3）小規模化した児童養護施設における労働問題と対策

　3点目は，小規模化した施設における労働問題と対策を明らかにしたことであ

る。まず，アンケート調査における〈子どもの生活環境の変化〉では，「家庭に近い生活体験ができる」「職員による子どもへの個別的なかかわりが増えた」「子どもの個々の課題がみえやすい」の割合が高い一方，〈職員の働き方の変化〉では「一人勤務の増加」「職員が問題を抱え込み，孤立しやすい」「ベテランの姿から学ぶ機会が少なく，新人の育成が困難」の割合が高いことが明らかとなった。

また，インタビュー調査における〈小規模化する前と後の変化〉の〈子どもの変化〉では，【職員との距離が縮まった】【身だしなみを整えられるようになった】【いじめや暴力がなくなった】【子どもの生活が落ち着いた】などのメリットがあるものの，【自由と甘えのはき違えが生じた】【距離が近いこと】【一人の動きが目立つ】【甘えが過度になり，受け止めるのが大変】などのデメリットもみられた。一方，〈職員の変化〉では，【負担が増えた】【先輩のやり方をみることができなくなった】【職員が孤立する】【辞めてしまう人が増えた】などのデメリットが多い。このように，〈子どもの変化〉で出たデメリットに対しては，職員集団としての組織的な対応が必要であることや，〈職員の変化〉では，労働環境の改善が急務であることが浮かび上がった。

そうした中で，アンケート調査の〈ユニット間や職員間の連携，職員の働き方を改善するための工夫〉の自由記述をみると，調査対象施設では，《会議・連絡会の工夫》《風通しを良くするしくみづくり》《施設内の支援体制》《職員間のコミュニケーション》など，さまざまな工夫やしくみづくりを通して，ユニット間や職員間の連携を促進したり，職員の負担の軽減に取り組んだりしていた。

さらに，インタビュー調査の〈職員が安心して働き続けるための配慮〉をみると，調査対象施設では，配慮というよりも組織・しくみづくりや労働環境などがシステムとして構築されており，今ある条件の中で工夫をしながら職員が安心して働き続けるための環境づくりに取り組んでいた。そして，こうした取り組みが職員の安心感につながっていることや，職員が働き続ける上で，職員間の連携・組織づくりと労働条件・労働環境の整備が重要であることも浮き彫りとなった。

同じく〈職員集団づくりの方法〉では，職員やユニット・ホームが孤立しないようにするとともに，職員同士が支え合うだけでなく批判的に高め合う取り組みや，職員が施設運営に主体的に参画するしくみなどを通して，自治的な職員集団づくりをしていた。また，労組の有無別にみると，「有」では「無」と比較して労働環境がきめ細かく整備されていたり，職員を支えるさまざまなしくみが構築されたりしていた。このように，労組は民主的な施設運営に寄与しているため，

施設に労組があることの意義は大きい。加えて，インタビュー調査で明らかになったように，職員はそれぞれの立場で意識が異なるため，施設ではそれを踏まえて働きやすい環境づくりや職員集団づくりをしていく必要がある。

他方で，インタビュー調査の〈小規模化を進めていく上での課題〉では，職員の確保・育成や労働環境，制度面の課題があることに加えて，国の方針と現場の実態に乖離があることが明らかとなった。この点については近年，政策的な誘導により，地域分散化を前提とした小規模化が進んでいるが，本体施設のユニット化や職員の確保・育成が不十分な中で地域分散化を進めることによる混乱が懸念される。このため，第10章で取り上げた常照園のように，本体施設の敷地内に複数の分園をつなげて建築し，会議や宿直を共有する中で相互の連携を強化する取り組みや，国・自治体による財政的な支援の下で職員の確保・育成に向けた対策を進めていくことが求められる。併せて，本調査で明らかになったことを，小規模化して課題に直面している施設や，これから小規模化を進めていく施設で活かしていくことが重要である。

3　労働問題研究の意義と今後の課題

(1) 本研究の意義

本研究の意義の1点目は，1970年代半ば以降ほとんど取り組まれていなかった施設における労働問題について，労組が果たしている役割と職員の意識も含めて，全国各地の施設を対象としたアンケート調査とインタビュー調査を通して，トータルかつ実証的に明らかにしたことである。特にアンケート調査では，労働条件・労働環境と，それらが大きく反映される健康状態を軸に分析することによって，施設における労働環境の厳しさが鮮明になった。加えて，アンケート調査では，職員全体の傾向だけでなくクロス集計を通して，労組の有無別・雇用形態別・性別の傾向を明らかにするとともに，インタビュー調査では，労組の有無別・職階別の職員の意識の違いを具体的に明らかにしたことに大きな意義がある。

2点目は，アンケート調査では，統計データだけでなく各項目の自由記述についてもコード化・カテゴリー化した上で詳細に分析したことである。さらに，アンケート調査対象施設の中から地域バランスを踏まえて小規模化を先駆的に進めてきた6施設を選定し，労組の有無別・職階別にインタビュー調査を行い，小規模化の影響と課題に加えて，職員が安心して働き続けられるための配慮や職員集

団づくりなどについても同じくコード化・カテゴリー化した上で分析し，具体的に明らかにしたことである。

3点目は，先行研究では取り組まれていなかった労組の有無別にみた労働条件・労働環境や職員の意識の違いについて，調査を通して実証的に明らかにしたことである。まず，アンケート調査では，「有」では「無」と比較して賃金や研修参加率などが高い傾向にあることに加えて，上司との関係で不安・悩みが少なく，子どもと家族からの苦情や要望をていねいに捉えている傾向がみられた。さらに，「有」の職員の多くは労組や社会運動の重要性を強く認識している一方で，「無」の職員は労組の認知度が低く，「有」と逆の傾向がみられた。インタビュー調査においても，「有」では「無」と比較して労働環境がきめ細かく整備されていたり，職員を支えるさまざまなしくみが構築されたりしていたことに加えて，労組や社会運動に対する認識もアンケート調査と同様の傾向がみられた。これらのことをアンケート調査とインタビュー調査を通して実証的に明らかにした意義は大きいと考える。

（2）本研究の課題

本研究の課題は，アンケート調査が悉皆調査ではなく機縁法を用いた調査であったため，それが結果に影響した可能性を否定できないことである。ただし，調査対象施設は地域バランスを踏まえていることや，労働問題に関する調査が忌避される業界であることを考慮すると，機縁法だからこそ回収数が多く，より正確な回答が得られたともいえる。また，本調査は調査年度（2016年）における全国の施設職員総数（常勤換算従事者1万7,137人）（厚生労働省 2017d）に対して，3.3%（565人）の結果にすぎないため，施設全体の状況を反映しているとは言い難い。こうした課題があるとはいえ，全国各地の20施設から集約した565票の調査票を分析したため，施設における労働問題や労組に対する職員の意識の傾向は概ね明らかになったと考える。

その一方で，アンケート調査における小規模化の影響に関する調査項目では選択肢に偏りがあったため，子どもの生活環境の変化や職員の働き方の変化についてメリット・デメリットの両面を幅広く明らかにすることができなかった。さらに，アンケート調査における労組の有無別の比較では，両者の施設数及び職員数に差があったため，単純に比較することが難しかったことに加え，雇用形態別にみても短時間勤務のパート・アルバイトに調査票を配布していない施設があった

ため,「非正規」が63人と少なく,「正規」と「非正規」の比較も困難であった。

　他方で,インタビュー調査結果の分析では,小規模化のメリット・デメリットや小規模化を進めていく上での課題,職員集団づくりの方法などを具体的に明らかにしたり,労組の有無別及び職階別に職員の意識の違いを明らかにしたりすることができた。しかし,インタビューで調査対象者が語った内容は話の流れもあり,意見の区切りが明確とは言い難い部分があったため,その点も課題といえる。

　このほか,アンケート調査では職種別及び勤続年数別の分析をするには至らなかったことや,アンケート調査の自由記述及びインタビュー調査の逐語録をコード化・カテゴリー化して分析したものの,近年,質的研究で数多く用いられている木下 (2020) が考案したM-GTA（修正版グラウンデッド・セオリー・アプローチ）に基づく詳細な分析をするには至っていない。ただし,近年は質的研究でM-GTAが数多く用いられているがゆえに,それに基づく分析をすることによって逆に独創性が失われかねないことや,M-GTAは専門的な分析方法であるため,読者によっては内容を理解することが難しくなるなどのデメリットもあると考える。加えて,本書では施設におけるアンケート調査とインタビュー調査結果の分析が軸であるため,特に社会福祉労働に関する理論的な分析が十分とはいえないことも課題として残った。

　翻って,本書で取り上げた施設における労働問題の背景には,何度も述べてきたように措置費や職員配置基準の低さなどの制度的な問題があり,個々の施設の自助努力だけで解決することは困難である。それゆえ,労組への組織化と社会運動が必要なのだが,前述したように施設はこの点が脆弱である。そのため,労組の組織率が低下する中で職員をどのように組織化していくか及び労組が経営者や国・自治体とどのように交渉・運動しているかの実証分析を通して,労組への組織化や社会運動の方法を具体的に明らかにすることを,筆者の今後の課題としたい。

注
(1) イギリスの施設における子どもと職員の比率は,子ども1人につき職員2.5人（金子 2016),デンマークの児童養護施設Aでは,子どもの定員が25人であるのに対して職員数は38人,小規模ホームBでは子どもの定員が6人であるのに対して職員は7人と実習生が年間4人となっている（佐藤 2016)。また,フランスの児童養護施設サンニコラ（緊急一時保護施設：10人定員で6人入所,児童養護施設の保護観察とオリエ

ンテーション部：10人定員で7～8人入所，親子面会施設：3組まで同時に面会可能）は，親子面会施設を除く子どもの定員が約20人（在籍13～14人）であるのに対して職員総数（全職種）は40人（このうち，現場のスタッフと考えられる教育指導員1人，ホーム主任3人，保育士・インストラクターなどの教育指導員22人，心理療法専門員2人で計28人）であった（資生堂社会福祉事業財団 2008）。このように，ヨーロッパ諸国の職員配置は，いずれも子どもの数に対して概ね倍近くの職員が配置されている。ただし，同じフランスであっても，児童養護施設シャトー・ドゥ・ヴォーセルでは，子どもの定員が45人（同数在籍）であるのに対して職員数は27人（その他に配置あり）となっているように，同じ国の中でも施設ごとに職員配置には違いがある（資生堂社会福祉事業財団 2008）。
(2) 政令指定都市及び児相を持つ中核市議会を含む。
(3) 政令指定都市及び児相を持つ中核市を含む。
(4) 実際には日本経済団体連合会や経済同友会などの財界が政策に大きな影響を与えているが（五十嵐 2008；川北 2011），それを含めると議論が拡散するため，ここでは取り上げていない。
(5) 養問研が近年出したアピール文として，2017年9月の「新しい社会的養育ビジョン」に対する意見――子どもたちと支援者の現実から出発した「子どもが主人公」「個と集団の育ちあい」の観点にたつ制度改革を求めます」，2018年6月の第47回全国大会における「大会アピール『子どもの最善の利益』原則に根ざした社会的養護改革を！」，2022年6月の第49回大会における「全国児童養護問題研究会　提言　2022」などがある。

おわりに

　本書でみてきたように，児童養護施設（以下，施設）ではその成り立ちや仕事の特性から，職員が長年にわたって自己犠牲的な働き方をせざるを得なかった状況がある。しかし，施設における労働問題や労組については，取り上げること自体が忌避される状況があり，近年，施設でこの問題に正面から取り組んでいる研究者は筆者のみとなっている。

　これは，筆者自身が大学卒業後に児童指導員として働いていた施設で直面した経営側の不祥事や労働争議が大きく影響している。当時は大変だったが，その時に生じた問題意識から，一貫して労働問題研究に取り組んでいる。筆者は当時勤務していた施設で前述した問題の改善運動に取り組み，最終的には県議会への陳情と記者会見，新聞報道などが契機となって施設を立て直すための再建委員会が立ち上がり，理事に学識者が入るなど，事態の改善が図られることとなった。筆者はその改善の目途が立った段階で当該施設を退職し，他の施設で働きながら大学院修士課程を修了した。この間，元同僚が不当解雇されたため，筆者はその支援活動にも深くかかわり，原告側証人として地裁で証言する機会を得た。幸いにも，元同僚は3年後に裁判で勝利和解し，職場復帰することができたが，これらの活動を通して権利は闘って勝ち取るものであることを体験的に学ぶことができた。

　その後，他大学の専任教員を経て博士後期課程（金沢大学）に入学し，現職場に転職して3年半後の2012年9月に博士（学術）を取得した。それを加筆修正し，その翌年（2013年8月）に最初の単著として刊行したのが『階層性からみた現代日本の児童養護問題』（明石書店）である。それから早いもので約11年が経過し，40代最後の年に2冊目の単著として本書を刊行することができた。

　これまでを振り返ると，学部時代の恩師である長谷川眞人先生には，施設職員時代から研究誌に執筆する機会をいただいたり，研究者になってからは養問研の編集部で書籍や研究誌の編集を担当する機会をいただいたりしたことが現在の研究にも活かされている。また，修士課程時代の恩師である高木和美先生には，本研究の理論と調査方法を基礎から学ばせていただき，現在に至るまで折に触れて

アドバイスをいただいている。博士後期課程時代の恩師である伍賀一道先生には，筆者の博士論文をていねいにご指導いただき，本書の執筆に関する筆者の質問に対しても貴重なアドバイスをいただいた。同じく博士後期課程時代に副査としてお世話になった井上英夫先生，横山壽一先生には常々気にかけていただき，審査委員としてご指導いただいた石田道彦先生には金沢大学での学外研究（2023年度）の受け入れに際してご協力いただいた。諸先生方に深く御礼を申し上げたい。

　翻って，本書の核になるアンケート調査は，非営利・協同総合研究所いのちとくらしの研究助成，インタビュー調査は生協総研賞・第14回助成事業の研究助成を得て実施した。これらの研究助成がなければ本書は生まれなかったため，両研究所にはこの場をお借りして御礼を申し上げる。加えて，本調査にご協力いただいた施設と職員の皆様にも深く感謝を申し上げたい。また，筆者がこれまで施設における労働問題研究に取り組んでこられたのは，養問研の常任・運営委員の皆様，組合関係者の皆様，勤務先である日本福祉大学の同僚のご協力があったからである。特に勤務先の日本福祉大学では2023年度に１年間，金沢大学での学外研究の機会を得たことや，2024年度日本福祉大学出版助成金の交付を受けることで本書を刊行することができた。この場をお借りして感謝したい。

　さらに，日頃から筆者を支えてくれている妻と子どもたち，子育てをサポートしてくれている妻の両親，そして，実の両親にも感謝の意を表したい。最後に，本書の刊行に当たってご尽力いただいた，ミネルヴァ書房編集部の音田潔さんにも御礼を申し上げる。

　2024年12月

堀場純矢

参考文献

相澤知奈実(2021)「新型コロナウイルス感染症流行における子どもたちの変化と課題」『社会的養護研究』1，45-47頁。

赤間健一・稲富憲朗(2023)「児童養護施設職員の就職動機に関する研究」『福岡女学院大学紀要　人間関係学部』24，7-14頁。

秋田成就監修(2002)『2002年版　重要労働判例総覧――平成13年労働判例・命令項目別要旨集』産労総合研究所。

秋田成就監修(2004)『2004年版　重要労働判例総覧――平成15年労働判例・命令項目別要旨集』産労総合研究所。

秋元樹(2019)『労働ソーシャルワーク――送り続けられたメッセージ／アメリカの現場から』旬報社。

秋山智久(2007)『社会福祉専門職の研究』ミネルヴァ書房。

浅井春夫(1987)『児童養護の新たな展開――明日をひらく養護実践をめざして』あいわ出版。

浅井春夫(1991)『児童養護論論争』あいわ出版。

浅倉恵一(1979)「集団づくりのみちすじ」浅倉恵一・東海龍毅・中村國之『施設の子らとともに――育ちあう仲間づくりをめざして』ミネルヴァ書房，72-90頁。

朝日新聞(2003)「心のケア　追われる職員」11月15日付夕刊。

東洋志(2010)「日本における『新しい労働運動』――非正規・個人加盟労働運動を中心に」石井まこと・兵頭淳史・鬼丸朋子編『現代労働問題分析――労働社会の未来を拓くために』法律文化社，208-225頁。

麻生裕子(2020)「コーポレートガバナンス改革と労働組合の存在意義」『労働の科学』75(7)，18-22頁。

安部慎吾・有村大士・永野咲・山内陽子(2013)「児童養護施設における子どもと家族の最善の利益に資する職場環境づくり――職員のワーク・ライフ・バランスの視点から」『子どもと福祉』6，127-133頁。

安部慎吾・有村大士・永野咲・山内陽子(2014)「児童養護施設における子どもと家族の最善の利益に資する職場環境づくり――職員のワーク・ライフ・バランスの視点から　量的調査の結果報告」『子どもと福祉』7，117-123頁。

阿部眞雄(2007)「医療機関におけるストレスマネジメント」日本医療労働組合連合会編『医療・福祉労働者が生き生きと働き続けられるために――医療・福祉労働者の安全衛生活動の手引き』本の泉社，11頁。

天笠崇(2009)「長時間労働とメンタルヘルス」第81回・日本産業衛生学会企画運営委員会編『日本産業衛生学会　学会創立80周年記念「人間らしい労働」と「生活の質」の

調和——働き方の新しい制度設計を考える』労働科学研究所出版部，197-202頁。

安發明子（2023）「フランスの子育て在宅支援を担う人材とその育成」『総合社会福祉研究』53，22-31頁。

五十嵐仁（2008）『労働政策』日本経済評論社。

伊藤嘉余子（2007）『児童養護施設におけるレジデンシャルワーク——施設職員の職場環境とストレス』明石書店。

井上景（2019）『行列のできる児童相談所——子ども虐待を人任せにしない社会と行動のために』北大路書房。

井上英夫（2010）「人権の旗を掲げよう——にない手の人権が侵害されている」『医療労働』526，6頁。

井上英夫（2011）「100回例会記念講演　人権保障と医療・福祉問題研究会——人権のにない手を育て，人権保障の砦を築く」『医療・福祉研究』20，7-21頁。

井口克郎（2011）「介護保険制度下の介護人材確保政策と介護労働者の地位」『医療・福祉研究』20，30-41頁。

伊原亮司（2019）『合併の代償——日産全金プリンス労組の闘いの軌跡』桜井書店。

岩城満（2000）「児童養護施設における苦情解決」『季刊児童養護』30(4)，17-20頁。

梅崎修（2021）『日本のキャリア形成と労使関係——調査の労働経済学』慶應義塾大学出版会。

浦辺史（1973a）「社会福祉労働者の課題」「福祉問題研究」編集委員会編・鷲谷善教監修『社会福祉労働論』鳩の森書房，3-13頁。

浦辺史（1973b）「社会福祉労働の現状」「福祉問題研究」編集委員会編・鷲谷善教監修『社会福祉労働論』鳩の森書房，71-108頁。

NTTデータ経営研究所（2023）「令和4年度子ども・子育て支援推進調査研究事業　児童養護施設や乳児院の小規模化・地域分散化における本体施設のバックアップ体制に関する調査研究報告書（案）」（2024年5月8日アクセス）。

遠藤由美（2018）「『新しい社会的養育ビジョン』と養問研の姿勢」『子どもと福祉』11，87-96頁。

遠藤由美（2019）「教育福祉に関する覚書」『名古屋造形大学紀要』25，59-65頁。

大川えみる（2016）『ブラック化する保育』かもがわ出版。

大野喜実（1987）「総評の結成」『事典・日本労働組合運動史』編集委員会編『事典・日本労働組合運動史』大月書店，14-16頁。

大原天晴・萩生田伸子・相澤仁（2019）「児童養護施設における『生活場面面接』に関する研修効果——職員の養育コンピテンスの比較を通して」『福祉心理学研究』16(1)，22-32頁。

大山博（1999）「措置制度」庄司洋子・木下康仁・武川正吾・藤村正之編『福祉社会辞典』弘文堂，663-664頁。

岡京子（2016）『ユニットケアとケアワーク——ケアの小規模化と「ながら遂行型労働」』生活書院．

小笠原寛明（2012）「連載『子どもの貧困』からみえたこと」『あいち保育研究所　研究紀要』3，3-9頁．

岡村章司・井澤信三（2019）「家庭場面における行動問題を示す幼児児童の行動支援計画に関する教師研修の効果検討——保護者との協働による作成を仮定して」『兵庫教育大学研究紀要』55，57-63頁．

岡本晴美（2018）「施設内集合研修プログラム化の試み——A児童養護施設を事例として」『広島国際大学医療福祉学科紀要』13，87-106頁．

岡本眞幸（2000）「児童養護施設職員の職場定着に関わる労働体制上の問題点——施設最低基準等の政策レベルの問題と個々の施設レベルの問題に着目して」『横浜女子短期大学紀要』15，1-12頁．

小川政亮（1973）「福祉労働者の権利と子どもの権利を守るたたかい——佐々木訴訟の意義」「福祉問題研究」編集委員会編・鷲谷善教監修『社会福祉労働論』鳩の森書房，291-305頁．

小川政亮（1998）「措置制度解体第一号『改正』児童福祉法が発足」『月刊生活と健康』799，13-24頁．

小野内智子・壬生尚美（2014）「特別養護老人ホームにおける介護職員の仕事のやりがいに関する研究」『人間関係学研究——大妻女子大学人間関係学部紀要』16，129-136頁．

介護労働安定センター（2021）「令和2年度　介護労働実態調査——介護労働者の就業実態と就業意識調査結果報告書」（2021年8月24日アクセス）．

垣内国光（2015）「政策課題としての保育労働研究の意義」垣内国光・小尾晴美・義基祐正・奥山優佳・川村雅典『日本の保育労働者——せめぎあう処遇改善と専門性』ひとなる書房，9-46頁．

片岡昇監修（1978）『労働判例総覧　解説・年表・索引（昭和22～52年）』産業労働調査所．

加藤潤（2012）「児童養護施設におけるダンスの実践」『子どもと福祉』5，112-116頁．

加藤潤（2016）「児童養護施設におけるダンスをとおした子ども集団づくり——A園の調査から」日本福祉大学大学院社会福祉学研究科修士論文（未公刊）．

加藤潤（2021）「小規模化した児童養護施設におけるダンスをとおした子ども集団づくり——職員への聞き取り調査から」『社会的養護研究』1，151-157頁．

加藤薗子・鈴木政夫・上野悦子・岸田孝史（1992）「座談会——社会福祉と人権を考える」『日本の福祉はこれでいいのか』編集委員会編『日本の福祉はこれでいいのか——最前線から福祉労働を問う』あけび書房，212-238頁（加藤薗子発言）．

加藤尚子・益子洋人（2012）「児童養護施設職員のバーンアウトに関する研究——職員支援にもとづく被措置児童等虐待防止の観点から」『明治大学心理社会学研究』8，1-15頁．

金子恵美（2016）「対照表　英国」『平成26年度　厚生労働省児童福祉問題調査研究事業

課題9　社会的養護制度の国際比較に関する研究　調査報告書（第3報）』日本社会事業大学社会事業研究所，263頁（2024年4月22日アクセス）。

亀田秀子・藤枝静暁・中村敬（2014）「児童養護施設における直接処遇職員のストレスに関する研究——勤務年数短群と勤務年数長群への半構造化面接による調査」『川口短大紀要』28，149-163頁。

川上知幸（2020）「家庭的養護実践の意義と職員間連携の課題——児童養護施設職員へのインタビュー調査から」『子どもと福祉』13，105-111頁。

川北隆雄（2011）『財界の正体』講談社。

川松亮（2020）「まとめ——児童相談所はこれからどうなっていくのでしょうか？」青山さくら・川松亮著『ジソウのお仕事——50の物語で考える子ども虐待と児童相談所』フェミックス，238-250頁。

木下康仁（2020）『定本　M-GTA——実践の理論化をめざす質的研究方法論』医学書院。

木村憲一（2021）「労働組合の成果は『私』だけに帰らない」『KOKOO』43，16-22頁。

首切り攻撃に反対し恵泉寮の仲間を励ます会（2003）『あきらめないでよかった——恵泉寮解雇撤回裁判闘争完全勝利記念誌』。

蔵田伸雄（2005）「（5）提言・その5——『政策決定過程・手続き・機構等に関する生命倫理基本法』」『北大法学論集』56(3)，422-407頁。

栗山隆（2013）『児童養護施設実践の展開方法と分析視角——ソーシャルワークとグループワーク』相川書房。

黒澤幸一（2019）「人を引きつける労働組合運動にするための心得とツボ」『医療労働』625，26-31頁。

黒田邦夫（1992）「『豊かさ』の底辺に生きる子どもたち」真田是編『日本の福祉はこれでいいのか——最前線から福祉労働を問う』あけび書房，47-52頁。

黒田邦夫（2009）「なぜ，職員は辞めるのか」『子どもと福祉』3，86-90頁。

黒田邦夫（2013）「児童養護施設における『小規模化』の現状と課題——『小規模化』は施設間格差を拡大している」『子どもと福祉』6，64-68頁。

黒田邦夫（2018）「日本の児童養護が培ってきたものを土台とした方向性を提起する——社会的養護のあり方検討の前提は妥当なのか」浅井春夫・黒田邦夫編『〈施設養護か里親制度か〉の対立軸を超えて——「新しい社会的養育ビジョン」とこれからの社会的養護を展望する』明石書店，213-236頁。

桑原教修（2020）「新型コロナウイルス感染症について」『季刊児童養護』51(1)，6-7頁。

厚生省（1988）「昭和62年　社会福祉施設調査報告」。

厚生省（1993）「平成3年　社会福祉施設調査報告　上巻」。

厚生省（1996）「平成6年　社会福祉施設等調査報告　上巻」。

厚生省（1999）「平成9年　社会福祉施設等調査報告　上巻」。

厚生労働省（2003）「平成15年　労働組合基礎調査の概況」（2024年7月4日アクセス）。

厚生労働省（2005）「平成15年　社会福祉施設等調査報告　上巻」。
厚生労働省（2008a）「平成19年度　社会的養護施設に関する実態調査　中間報告書」。
厚生労働省（2008b）「平成19年　労働者健康状況調査」（2020年5月17日アクセス）。
厚生労働省（2009）「平成21年　労働組合基礎調査結果の概況」（2024年7月26日アクセス）。
厚生労働省（2010）「平成20年　社会福祉施設等調査報告」。
厚生労働省（2013）「平成25年　労働組合基礎調査の概況」（2024年6月2日アクセス）。
厚生労働省（2015a）「毎月勤労統計調査　平成27年3月分結果確報」（2024年7月2日アクセス）。
厚生労働省（2015b）「平成25年　社会福祉施設等調査報告」。
厚生労働省（2017a）「社会的養護の現状について（参考資料）平成29年12月」（2024年9月23日アクセス）。
厚生労働省（2017b）「平成28年　賃金構造基本統計調査」（2023年3月12日アクセス）。
厚生労働省（2017c）「平成28年『就労条件総合調査』の結果」（2023年4月20日アクセス）。
厚生労働省（2017d）「平成28年　社会福祉施設等調査の概況」（2024年8月23日アクセス）。
厚生労働省（2018）「平成30年　労働組合基礎調査の概況」（2024年6月2日アクセス）。
厚生労働省（2019）「平成30年　労働安全衛生調査（実態調査）の概況」（2020年5月17日アクセス）。
厚生労働省（2020）「平成30年　社会福祉施設等調査報告」。
厚生労働省（2022a）「令和4年　労働組合基礎調査の概況」（2024年7月22日アクセス）。
厚生労働省（2022b）「毎月勤労統計調査　令和3年分結果確報」（2024年7月7日アクセス）。
厚生労働省（2022c）「児童福祉法による児童入所施設措置費等国庫負担金交付要綱の改正点及びその運用について（事務連絡　令和4年2月16日）」。
厚生労働省（2023）「令和5年　労働組合基礎調査の概況」（2024年7月4日アクセス）。
厚生労働省（2024a）「令和4年　社会福祉施設等調査報告」。
厚生労働省（2024b）「毎月勤労統計調査　令和6年3月分結果確報」（2024年6月26日アクセス）。
高良麻子（2017）『日本におけるソーシャルアクションの実践モデル——「制度からの排除」への対処』中央法規出版。
国税庁（2017）「平成28年分　民間給与実態統計調査——調査結果報告」（2023年3月12日アクセス）。
こども家庭庁（2023）「児童福祉法による児童入所施設措置費等国庫負担金について」通知の施行について（令和5年5月10日こ支家第49号）。
こども家庭庁（2024）「児童養護施設入所児童等調査の概要」（2024年7月8日アクセス）。
伍賀一道（2014）『「非正規大国」日本の雇用と労働』新日本出版社。
伍賀一道（2022）「コロナ禍の雇用，失業・半失業の変容——現状と課題」『労働総研

クォータリー』122, 2-27頁。
後藤章寿 (2020)「コロナに泣き，コロナに学ぶ」『季刊児童養護』51(1), 14-17頁。
児美川孝一郎 (2019)「若者の『自己責任論』への呪縛と企業社会への馴化――ビジネスに翻弄される就活を通じて」『月刊全労連』274, 1-8頁。
近藤雄二 (2010)「予防と回復できる仕事の疲れ――働くシステムを人間らしく」細川汀編『健康で安全に働くための基礎――ディーセント・ワークの実現のために』文理閣, 50-75頁。
斎藤耕平 (2019)「施設入所児童の抱える問題と家庭的養育環境とのマッチング」『季刊児童養護』50(1), 18-21頁。
齋藤美江子 (2001)「施設訪問 聖家族の家 さらに援助を明確化し，生活の質の向上を目指す――苦情解決制度の導入」『季刊児童養護』31(3), 37-40頁。
佐藤桃子 (2016)「対照表 デンマーク」『平成26年度 厚生労働省児童福祉問題調査研究事業 課題9 社会的養護制度の国際比較に関する研究 調査報告書（第3報）』日本社会事業大学社会事業研究所（2024年4月22日アクセス）。
真田是 (1975)「社会福祉における労働と技術の発展のために」真田是編『社会福祉労働――労働と技術の発展のために』法律文化社, 226-263頁。
真田是 (2003)『新版 社会福祉の今日と明日』かもがわ出版。
鮫島隆紘 (2024)「こども家庭庁里親委託率75％設定 新計画策定要領を決定」『週刊福祉新聞』2024年4月2日付。
座安晃生 (2020)「児童養護施設における働き続けることができる職場環境の諸要因」『社会福祉学評論』21, 128-139頁。
皿海碩 (1972)「児童福祉施設の現状と闘い」『東京の社会福祉運動――平和と幸福への道標』都政新報社, 157-185頁。
沢渡あまね (2021)『なぜ，日本の職場は世界一ギスギスしているのか』SBクリエイティブ。
重田博正 (2010)『保育職場のストレス――生き生きした保育をしたい！』かもがわ出版。
資生堂社会福祉事業財団 (2008)「第33回（2007年度）資生堂児童福祉海外研修報告書」(2024年4月22日アクセス）。
設楽清嗣・高井晃 (2010)「壊死する企業別労働組合――再生の道はあるのか」設楽清嗣・高井晃編『いのちを守る労働運動――最前線9人の証言』論創社, 239-274頁（高井晃発言）。
嶋﨑量 (2020)「教員の職場で期待される新たな労働組合の取り組み――コロナ禍におけるSNS等を活用した活動を通じて」『月刊全労連』286, 1-6頁。
清水亮宏 (2020)「若者の組織化のために――ワークルールと労働組合」『労働の科学』75(7), 23-27頁。
新村隆博・葛西真記子 (2018)「児童養護施設職員の養育観とストレスに関する調査研究――

児童養護施設職員の養育観尺度開発を通して」『鳴門教育大学学校教育研究紀要』32, 183-190頁。

杉本美江 (1973)「民間福祉労働者の実態とたたかい」「福祉問題研究」編集委員会編・鷲谷善教監修『社会福祉労働論』鳩の森書房, 338-362頁。

砂上史子 (2017)「保育者を取り巻く現状とその支援——保育者の感情労働とバーンアウト」日本家族心理学会編『個と家族を支える心理臨床実践Ⅲ——支援者支援の理解と実践』金子書房, 38-48頁。

積惟勝 (1981)「集団主義養護への展開」全国養護問題研究会編『明日をきずく子どもたち——日本の児童養護』ミネルヴァ書房, 120-154頁。

全国児童養護施設協議会 (2010a)「子どもの権利を擁護し, 養育条件を高めるために——児童養護施設のあり方検討プロジェクト・提言」。

全国児童養護施設協議会 (2010b)「『養育単位の小規模化』に関する状況調査について(概要)」『季刊児童養護』40(4), 23-26頁。

全国児童養護施設協議会 (2015)「施設における人材確保等に関する調査報告書——平成26年度実施」。

全国福祉保育労働組合 (2019)「2019年度 定期組織調査」。

全国福祉保育労働組合 (2023)「定期組織調査」。

総務省 (2017)「平成28年 地方公務員給与の実態——平成28年4月1日 地方公務員給与実態調査結果」(2023年3月12日アクセス)。

総務省 (2024)「家計調査(家計収支編)時系列データ(総世帯・単身世帯)」(1.品目分類:支出金額・名目増減率・実質増減率〈年〉) (2024年7月6日アクセス)。

髙井由起子・阪本博寿 (2002)「児童養護施設におけるリスクと苦情について」『聖和大学論集』30, 35-44頁。

髙木和美 (2007)『社会福祉労働者政策——ホームヘルパーの労働・生活・健康の質を規定する社会的条件』桐書房。

高橋重宏・中谷茂一・荒川裕子・横山和泰・伊藤嘉余子・庄司順一・才村純・山本真実 (2001)「児童養護施設における子どもの権利擁護に関する研究」『日本子ども家庭総合研究所紀要』37, 7-15頁。

高橋利一・原田和幸 (1999)「児童養護施設職員のストレスに関する調査研究」『社会事業研究所年報』35, 85-127頁。

高林秀明 (2004)『健康・生活問題と地域福祉——くらしの場の共通課題を求めて』本の泉社。

竹中哲夫 (1985)『児童集団養護の理論——発達論からのアプローチ』ミネルヴァ書房。

竹中哲夫 (2009)「青年の労働状況と青年期の自立支援をめぐって」全国児童養護問題研究会編集委員会編『児童養護と青年期の自立支援——進路・進学問題を展望する』ミネルヴァ書房, 47-63頁。

田島耕一郎・谷島弘仁（2014）「児童養護施設における職員のバーンアウトへの予防的介入についての研究——バーンアウトの現状に関する実態調査を中心に」『生活科学研究』36，179-182頁．

中日新聞（2023）「『金八先生』はもういらない——教員も生徒も救った名古屋市立八幡中の『複数担任制』」1月23日付（2023年11月11日アクセス）．

調布学園（2003）「児童養護施設における苦情解決の取り組みと特性」『月刊福祉』86(4)，22-24頁．

寺町晋哉（2023）「『責任者は学級担任』が生み出す多忙」片山悠樹・寺町晋哉・粕谷圭佑編『現場から変える！教師の働き方——できることから始めるローカルな学校改革』大月書店，48-67頁．

東京都社会福祉協議会児童部会（2001）「東京都民間児童養護施設職員実態アンケート集計表」．

永井健（2013）「ケース会議をとおした職員集団づくり——白鳩学園」堀場純矢編『子どもの社会的養護内容——子ども・職員集団づくりの理論と実践』福村出版，97-102頁．

中條薫（2019）「大阪の児童養護施設が今後担う機能について——大阪府社会福祉協議会児童施設部会特別委員会からの報告」『季刊児童養護』50(1)，26-31頁．

永田祐・笠原千絵（2013）「データを集める，読みとくⅡ——ひとつを掘り下げる質的アプローチ」笠原千絵・永田祐編『地域の〈実践〉を変える社会福祉調査入門』春秋社，87-127頁．

仲野智（2018）「全労連がめざす二一世紀の労働組合像」基礎経済科学研究所東京支部編『労働組合をどうする——その強化への挑戦』本の泉社，40-54頁．

中原淳・パーソル総合研究所（2018）『残業学——明日からどう働くか，どう働いてもらうのか？』光文社．

中平絢子・馬場訓子・髙橋敏之（2015）「保育所保育における複数担任制の利点と問題点」『岡山大学教師教育開発センター紀要』5，44-51頁．

中村和彦（2015）『入門　組織開発——活き活きと働ける職場をつくる』光文社．

中村國之（1979）「大人たちの集団づくり」浅倉恵一・東海龍毅・中村國之『施設の子らとともに——育ちあう仲間づくりをめざして』ミネルヴァ書房，102-116頁．

中村強士（2019）「保育労働者の労働問題——愛知県保育労働実態調査報告より」『障害者問題研究』47(1)，66-71頁．

楢原真也（2018）「監訳者あとがきと解説」マーク・スミス，レオン・フルチャー，ピーター・ドラン／楢原真也監訳『ソーシャルペダゴジーから考える施設養育の新たな挑戦』明石書店，257-267頁．

西田佳子（1996）「養護施設の足跡——第40回全国養護施設長研究協議会開催までの概史」『養護施設の新たな飛翔——50回全国養護施設長研究協議会記念誌』全国養護施設協議会，36-56頁．

日本医療労働組合連合会（2017）『医療労働』臨時増刊（報告集――看護職員の労働実態調査「報告書」）．（2020年5月17日アクセス）．
日本児童問題調査会（1992）「養護施設におけるマンパワー問題――平成3年度調査」．
日本社会福祉労働組合（1983）「ゆきとどいた福祉と笑顔で働ける職場をめざして――組合活動の手びき」．
日本社会福祉労働組合（1985）「第35回定期全国大会議案書」．
日本社会福祉労働組合大阪支部大阪市社協内分会協議会（1984）「明るい職場をめざして――組合の組織・賃金・労働条件のしおり」．
日本社会福祉労働組合東京支部・佐々木さんを守る会（1973）『養護施設"のぞみの家"児童指導員　佐々木聡・不当解雇事件裁判の記録（第三集）』．
野澤正子（1980）「養護と養護問題」『社會問題研究』30(2・3・4), 199-214頁．
野田知彦（2005）「労働組合の効果――賃金と雇用調整に対する効果の検討」中村圭介・連合総合生活開発研究所編『衰退か再正か――労働組合活性化への道』勁草書房, 71-84頁．
橋本好市・明柴聰史（2014）「児童養護施設の小規模化に関する考察と課題――大舎制から小規模ケアへ」『園田学園女子大学論文集』48, 147-163頁．
長谷川重夫（1986）「戦後の混乱・窮乏期と復興の中で」『養護施設の40年――原点と方向をさぐる』全国社会福祉協議会養護施設協議会, 40-58頁．
早川和男（2007）『権力に迎合する学者たち――「反骨的学問」のススメ』三五館．
平田圭成（2017）「看護師のバーンアウト・ストレスコーピングの性差における特徴」『日本看護学会論文集――看護管理』47, 109-112頁．
広島県労働組合総連合（2008）「広島県労連最新ニュース2008/6/26」（2024年5月5日アクセス）．
廣瀬俊雄（2009）「夜勤と健康」『公衆衛生』73(9), 685-689頁．
福島一雄・村井美紀（1996）「養護施設の足跡――養護施設10年間の軌跡　21世紀へのパスポート」『養護施設の新たな飛翔――50回全国養護施設長研究協議会記念誌』全国養護施設協議会, 56-72頁．
福地保馬（2023）『労働と健康――ディーセント・ワークの実現を目指して』北海道大学出版会．
藤岡孝志（2008）「共感疲労・共感満足と援助者支援」『季刊児童養護』39(2), 24-28頁．
藤田孝典（2019）「社会福祉のアップデートを目指して――ソーシャルワークのオルタナティブ論」鶴幸一郎・藤田孝典ほか編『福祉は誰のために――ソーシャルワークの未来図』へるす出版, 46-78頁．
藤田哲也（2011）「児童養護施設の職員が長く働き続けられるための条件――勤続職員と退職職員への同時調査からの視点」『福祉研究』103, 65-76頁．
藤田哲也（2016）「児童養護施設で働く新任職員の仕事に関する実態調査――人材確保と育

成に関する一考察」『子どもと福祉』9, 100-106頁。

藤野興一（2017）「新たな社会的養育の在り方に関する意見」『新たな社会的養護への挑戦——すべての子どもと歩む未来へ　第70回全国児童養護施設長研究協議会記念誌』全国児童養護施設協議会, 218-220頁。

船橋洋一（2013）「改革政党であれ，政権担当能力を磨け」日本再建イニシアチブ『民主党政権失敗の検証——日本政治は何を活かすか』中央公論新社, 267-292頁。

細井勇（2016）「ソーシャル・ペダゴジーと児童養護施設——福祉レジームの観点からの国際比較研究」『福岡県立大学人間社会学部紀要』24(2), 1-21頁。

細井勇（2022）「ソーシャルペダゴジー——その国際的動向と日本への導入の実践的意義を考える」宇佐美耕一・小谷眞男・後藤玲子・原島博編集代表『世界の社会福祉年鑑2022　第22集』旬報社, 61-94頁。

細川汀（2010a）「人間の身体のしくみと労働」細川汀編『健康で安全に働くための基礎——ディーセント・ワークの実現のために』文理閣, 145-168頁。

細川汀（2010b）「母性保護と女性の健康」細川汀編『健康で安全に働くための基礎——ディーセント・ワークの実現のために』文理閣, 113-127頁。

堀内孜・大林正史・田中真秀・浅田昇平・国祐道広（2009）「教員の職務実態からする『複数担任学級』の意義と効果——参与観察調査，質問紙調査による『少人数教育』の検討(2)」『京都教育大学紀要』115, 81-98頁。

堀江美希（2016）「風通しの良い職場を目指して」『子どもと福祉』9, 12-13頁。

堀場純矢（2007）「児童養護施設の労働争議と職場民主化の課題——Z園・R保育士不当解雇事件から」『福祉研究』96, 14-24頁。

堀場純矢（2013a）『階層性からみた現代日本の児童養護問題』明石書店。

堀場純矢（2013b）「社会的養護で働く職員の労働問題」堀場純矢編『子どもの社会的養護内容——子ども・職員集団づくりの理論と実践』福村出版, 48-57頁。

堀場純矢（2016a）「児童養護施設の小規模化と子ども・職員双方の人権保障」『月刊福祉』99(1), 54-55頁。

堀場純矢（2016b）「児童養護施設からみた貧困と職員の労働環境——階層的な視点から」『日本の科学者』51(2), 24-29頁。

堀場純矢（2016c）「子どもの貧困と生活文化の影響」『保健室』184, 7-12頁。

堀場純矢（2018）「児童養護施設における小規模化の影響——職員の労働環境に焦点を当てて」『生協総研賞・第14回研究論文集』公益財団法人生協総合研究所, 56-70頁。

堀場純矢（2019）「イギリスから学ぶ施設養護の意義」『子どもと福祉』12, 129頁。

堀場純矢（2020a）「児童養護施設職員の労働問題・労働組合に関する研究——20施設のアンケート調査から」『いのちとくらし研究所報』70, 70-77頁。

堀場純矢（2020b）「児童養護施設職員の労働組合観——インタビュー調査から」『日本の科学者』55(11), 38-44頁。

堀場純矢(2021a)「児童養護施設職員のストレスと健康状態——20施設のアンケート調査から」『医療福祉政策研究』4(1),85-106頁。
堀場純矢(2021b)「児童養護施設職員が働き続けられる環境づくり——インタビュー調査から」『総合社会福祉研究』50,31-39頁。
堀場純矢(2021c)「児童養護施設における職員集団づくり——インタビュー調査から」『社会的養護研究』1,38-44頁。
堀場純矢(2021d)「児童養護施設の小規模化と国・自治体の役割——職員へのインタビュー調査から」『児童養護実践研究』9,20-32頁。
堀場純矢(2022a)「児童養護施設の小規模化による子ども・職員の変化と課題——労働組合の有無別・職階別のインタビュー調査から」『いのちとくらし研究所報』77,51-61頁。
堀場純矢(2022b)「ポストコロナ時代における児童養護施設の課題」『労働の科学』77(1),4-8頁。
堀場純矢(2022c)「子ども・支援者双方の人権が保障される社会的養護改革の必要性」『福祉のひろば』273,30-34頁。
堀場純矢(2022d)「社会的養護における労働組合の役割」『社会的養護研究』2,29-38頁。
堀場純矢(2023a)「児童養護施設で働くことになった経緯と仕事のやりがい——職員へのアンケート調査から」『医療福祉政策研究』6(1),69-79頁。
堀場純矢(2023b)「児童養護施設職員の労働問題と労働組合の役割——労働組合の有無別のアンケート調査から」『大原社会問題研究所雑誌』775,2-21頁。
堀場純矢(2023c)「児童養護施設における職員の賃金——労働組合の有無別のアンケート調査から」『社会的養護研究』3,102-111頁。
堀場純矢(2024a)「児童養護施設職員の労働条件——有給休暇・労働時間・超過勤務手当・宿直に焦点を当てて」『福祉研究』117,86-98頁。
堀場純矢(2024b)「児童養護施設で働き続けるために必要な条件——仕事を辞めたいと思った理由と支えになったものに焦点を当てて」『社会的養護研究』4,28-37頁。
本田由紀(2008)『軋む社会——教育・仕事・若者の現在』双風舎。
前田鉄雄(2009)「福祉産別として総力あげた『福祉人材確保闘争』」全国労働組合総連合編『全労連20年史——激動の時代を拓く 闘いの軌跡』大月書店。
増井香名子・岩本華子(2022)「児童相談所がDVと児童虐待が併存するケースに対応する際の支援課題と工夫——職員に対するグループインタビューより」『司法福祉学研究』22,33-50頁。
松村香・鈴木寛・宇津木孝正・岡隆(2020)「児童養護施設版「生活安全感・安心感尺度」を利用した職員研修の効果に関する評価研究」『日本大学文理学部人文科学研究所研究紀要』100,93-108頁。
間淵領吾(2005)「労働組合離れと組合意識の変容」中村圭介・連合総合生活開発研究所編

『衰退か再生か――労働組合活性化への道』勁草書房，123-145頁。
丸山総一郎・瀬戸昌子（2011）「雇用形態多様化と心の健康」矢野栄二・井上まり子編『非正規雇用と労働者の健康』労働科学研究所出版部，203-231頁。
みずほ情報総研（2017）「平成28年度先駆的ケア策定・検証調査事業　児童養護施設等の小規模化における現状・取組の調査・検討報告書」（2020年4月13日アクセス）。
みずほ情報総研（2020）「令和元年度　厚生労働省委託事業　児童養護施設の小規模かつ地域分散化に関する調査研究報告書」（2024年5月8日アクセス）。
三塚武男（1997）『生活問題と地域福祉――ライフの視点から』ミネルヴァ書房。
三富紀敬（2005）『欧米のケアワーカー――福祉国家の忘れられた人々』ミネルヴァ書房。
蓑輪明子（2018a）「連載1　愛知保育労働実態調査から見る保育労働の現在――調査の経緯と時間外労働の実態」『月刊保育情報』502，4-11頁。
蓑輪明子（2018b）「連載2　愛知保育労働実態調査から見る保育労働の現在――時間外労働で何の業務がおこなわれているか」『月刊保育情報』503，4-10頁。
蓑輪明子（2018c）「連載3　愛知保育労働実態調査から見る保育労働の現在――正規保育労働者の生活実態と職業意識」『月刊保育情報』504，4-9頁。
蓑輪明子（2019）「連載5　愛知保育労働実態調査から見る保育労働の現在――非正規保育労働者の基礎的労働条件②　労働時間と賃金」『月刊保育情報』507，4-8頁。
宮地菜穂子（2013）「児童養護施設職員を対象とした研修の現状と課題――愛知県内の児童養護施設ベテラン職員に対するインタビュー調査から」『子ども家庭福祉学』13，1-12頁。
武藤諒介・石井範子（2018）「看護師のバーンアウトと関係要因――中堅看護師の特徴を探る」『秋田大学保健学専攻紀要』26(1)，47-59頁。
村上英吾（2023）「労働組合についての意識に関するアンケート調査――ネット調査と労働総研調査との比較」『労働総研クォータリー』126，74-88頁。
文貞實（2019）「ユニオン・ウェイヴと新しい社会運動」文貞實編『コミュニティ・ユニオン――社会をつくる労働運動』松籟社，19-42頁。
望月彰（2009）「児童養護と青年期問題」全国児童養護問題研究会編集委員会編『児童養護と青年期の自立支援――進路・進学問題を展望する』ミネルヴァ書房，1-13頁。
文部科学省（2018）「教員勤務実態調査（平成28年度）の分析結果及び確定値の公表について（概要）」（2023年4月20日アクセス）。
矢野彩子（2019）「介護労働者がイキイキと輝きだす地域ケアユニオンの取り組み」『月刊全労連』274，24-25頁。
八巻貴穂（2016）「介護福祉専門職の仕事のやりがい感に影響を及ぼす要因――施設介護員と訪問介護員の比較による検討」『北翔大学スポーツ学部研究紀要』7，223-233頁。
山地明恵・宮本邦夫（2012）「児童養護施設職員のバーンアウトとその関連要因」『東海学院大学紀要』6，305-313頁。

山田敬男（2020）『戦後日本　労働組合運動の歩み』学習の友社。
湯浅誠（2008）『反貧困――「すべり台社会」からの脱出』岩波書店。
結城康博（2019）『介護職がいなくなる――ケアの現場で何が起きているのか』岩波書店。
横井美保子（2007）「保育者の労働環境と専門性の現実――東社協保育士会『保育者の労働環境と専門性に関する調査』から」垣内国光・東社協保育士会編『保育者の現在――専門性と労働環境』ミネルヴァ書房，25-68頁。
横山寿一（2003）『社会保障の市場化・営利化』新日本出版社。
吉村美由紀（2019）「児童養護施設の小規模化への移行と課題――子どもの視点から」『日本の科学者』54(8)，44-50頁。
吉村譲・吉村美由紀（2016）「児童養護施設の小規模化について子どもと職員の語りから考える」『岡崎女子大学・岡崎女子短期大学紀要』49，89-98頁。
吉村譲・吉村美由紀（2022）「児童養護施設の職場環境に関する研究――出産・育児中の職員が働き続けられる要件の考察」『名古屋芸術大学人間発達研究所年報』10，1-10頁。
労働運動総合研究所若手研究者研究会（2009）「大学生の労働組合観について――アンケート調査から見えるもの」『季刊労働総研クォータリー』75，2-33頁。
若林俊郎（2011）「営利企業による保育所経営，運営受託の実態」全国保育団体連絡会・保育研究所編『保育白書2011』ひとなる書房，67-69頁。
鷲谷善教（1968）『社会事業従事者』ミネルヴァ書房。

Courtney, M.E. and Iwaniec, D.（2009）*Residential Care of Children : Comparative Perspectives*, Oxford University Press.（＝2010, 岩崎浩三・三上邦彦監訳『施設で育つ世界の子どもたち』筒井書房。）

Goodman, R.（2000）*Children of the Japanese State : The Changing Role of Child Protection Institutions in Contemporary Japan*, Oxford University Press.（＝2006, 津崎哲雄訳『日本の児童養護――児童養護学への招待』明石書店。）

Edmondson, A. C.（2019）*The Fearless Organization : Creating Psychological Safety in the Workplace for Learning, Innovation, and Growth*, John Wiley & Sons.（＝2021, 野津智子訳・村瀬俊朗解説『恐れのない組織――「心理的安全性」が学習・イノベーション・成長をもたらす』英治出版。）

Kawachi, I.（2009）*Globalization and Workers' Health*（招待講演――国際化と労働者の健康について）第81回・日本産業衛生学会企画運営委員会編『日本産業衛生学会　学会創立80周年記念「人間らしい労働」と「生活の質」の調和――働き方の新しい制度設計を考える』労働科学研究所出版部，27-35頁。）

Konopka, J.（1963）*Social Group Work : A Helping Process*, Prentice-Hall.（＝1967, 前田ケイ訳『ソーシャル・グループ・ワーク――援助の過程』全国社会福祉協議会。）

Pfeffer, J.（2018）*Dying for a Paycheck*, Harper Business.（＝2019, 村井章子訳『ブラック職場があなたを殺す』日本経済新聞出版社。）

Smith, M., Fulcher, L. & Doran, P.（2013）*Residential Child Care in Practice : Making a Difference*, Policy Press.（＝2018，楢原真也監訳『ソーシャルペダゴジーから考える施設養育の新たな挑践』明石書店。）

Storo, J.（2013）*Practical Social Pedagogy : Theories, values and tools for working with children and young people*, Policy Press.（＝2022，森茂起・楢原真也・益田啓裕訳『実践家のためのソーシャルペダゴジー——子ども・若者と関わる理論・価値観・ツール』誠信書房。）

巻末資料　児童養護施設職員の労働問題アンケート調査票

1. 性別・年齢などについてお尋ねします。あてはまるものに○印をつけて下さい。
   (1) 性　別　→　① 男　　② 女
   (2) 年　齢　→　① 22歳未満　② 22〜25歳　③ 26〜29歳　④ 30〜34歳
   　　　　　　　　⑤ 35〜39歳　⑥ 40〜44歳　⑦ 45〜49歳　⑧ 50〜54歳
   　　　　　　　　⑨ 55〜59歳　⑩ 60歳以上
   (3) 婚姻関係についてお尋ねします。あてはまるものに○印をつけて下さい。
   　　① 未婚　② 既婚　③ 離婚　④ その他（　　　　　　　　　　　）
   (4) あなたの世帯の生計中心者についてお尋ねします。あてはまるものに○印をつけて下さい。
   　　① 自分が生計中心者である　② 生計中心者ではない　③ その他（　　　　）

2. あなたの最終学歴についてお尋ねします。あてはまるものに○印をつけて下さい。
   ① 中学卒　② 高校卒　③ 専門学校卒　④ 短期大学卒　⑤ 大学卒
   ⑥ 大学院修士課程修了　⑦ その他（　　　　　　　　　　　　　　　　）

3. 資格についてお尋ねします。
   イ) 現在, 取得されている資格はどれですか。あてはまるものすべてに○印をつけて下さい。
   　① 社会福祉士　② 精神保健福祉士　③ 保育士　④ 介護福祉士
   　⑤ 臨床心理士　⑥ 幼稚園教員免許　⑦ 小・中・高校教員免許
   　⑧ 看護師　⑨ 栄養士　⑩ 調理師　⑪ 理学療法士・作業療法士
   　⑫ 自動車運転免許　⑬ その他（　　　　　　　　　　　　　）
   ロ) 今後, 取得したいと思っている資格は何ですか。　→　（　　　　　　　　　　）

4. 就業先の施設と雇用・労働条件についてお尋ねします。
   (1) 施設の形態についてお尋ねします。あてはまるものに○印をつけて下さい。
   　　① 大舎制　② 中舎制　③ 小舎制　④ その他（　　　　　　　　　　　）
   (2) 就業先の従業員規模はどのくらいですか。あてはまるものに○印をつけて下さい。
   　　① 1〜4人　② 5〜9人　③ 10〜29人　④ 30〜49人　⑤ 50〜99人
   　　⑥ その他（　　　　　　　　　）
   (3) 就業の条件はどれに該当しますか。あてはまるものに○印をつけて下さい。
   　　① 常勤職員（正規）　② 常勤契約職員（常勤的非常勤）

③ パート・アルバイト・嘱託
(4) あなたの施設での職種は次のどれに該当しますか。あてはまるものに○印をつけて下さい。
① 施設長　② 副施設長　③ 事務員　④ 主任児童指導員
⑤ 主任保育士　⑥ 家庭支援専門相談員　⑦ 個別対応職員
⑧ 里親支援専門相談員　⑨ 児童指導員　⑩ 保育士
⑪ 心理療法担当職員　⑫ 看護師　⑬ 栄養士　⑭ 調理員
⑮ その他（　　　　　　　　　　）

(5) 年収（税込み）についてお尋ねします。あてはまるものに○印をつけて下さい。
① 1,000万円以上　② 900万円～1,000万円未満　③ 800万円～900万円未満
④ 700万円～800万円未満　⑤ 600万円～700万円未満　⑥ 550万円～600万円未満
⑦ 500～550万円未満　⑧ 450～500万円未満　⑨ 400～450万円未満
⑩ 350～400万円未満　⑪ 300～350万円未満　⑫ 250～300万円未満
⑬ 200～250万円未満　⑭ 200万円未満

(6) 賞与（ボーナス）の有無と支給月数についてお尋ねします。あてはまるものに○印をつけて下さい。
①ある（支給月数　⇒　a．5ヶ月以上　b．4～5ヶ月未満　c．3～4ヶ月未満　d．2～3ヶ月未満　e．2ヶ月未満）
②ない

(7) 昇給の有無と額についてお尋ねします。あてはまるものに○印をつけて下さい。
イ）昇給はありますか。　→　① ある　② ない
ロ）昇給の額（年）はどのくらいですか。あてはまるものに○印をつけて下さい。
① 10,000円以上　② 8,000円～10,000円未満　③ 6,000円～8,000円未満
④ 4,000円～6,000円未満　⑤ 2,000円～4,000円未満　⑥ 2,000円未満
⑦ その他（　　　　　　　　　　）

(8) 有給休暇についてお尋ねします。あてはまるものに○印をつけ，カッコ内に日数をご記入下さい。
イ）有給休暇はありますか。　→　① ある（　年　　　　日）　② ない
ロ）あなたの有給休暇の年間取得日数はどのくらいですか。あてはまるものに○印をつけて下さい。
① 0日　② 1～3日　③ 4～5日　④ 6～9日　⑤ 10～14日
⑥ 15～19日　⑦ 20日　⑧ その他（　　　日）

(9) 週当たりの実労働時間はどのくらいですか。あてはまるものに○印をつけて下さい。
① 70時間以上　② 60～70時間未満　③ 50～60時間未満
④ 45～50時間未満　⑤ 40～45時間未満　⑥ 35～40時間未満

⑦ 30～35時間未満　⑧ 20～30時間未満　⑨ 20時間未満
⑩ その他（　　　　　　）

(10) 月当たりの超過勤務手当の支給時間数は何時間ですか。あてはまるものに○印をつけて下さい。
① 実際に残業した時間すべて支給　② 15～20時間　③ 10～15時間未満
④ 5～10時間未満　⑤ 5時間未満　⑥ その他（　　　　　　　　　）

(11) 勤務形態についてお尋ねします。あてはまるものに○印をつけて下さい。
イ）住み込み制　→　① 断続勤務のみ
　　　　　　　　　　② 断続勤務と継続勤務（早・遅番・日勤）の併用
　　　　　　　　　　③ 継続勤務のみ　④ その他（　　　　　　　　）
ロ）通勤交替制　→　① 断続勤務のみ
　　　　　　　　　　② 断続勤務と継続勤務（早・遅番・日勤）の併用
　　　　　　　　　　③ 継続勤務のみ　④ その他（　　　　　　　　）

(12) 宿直の回数（月）についてお尋ねします。あてはまるものに○印をつけて下さい。
① 20回以上　② 15～19回　③ 10～14回　④ 8～9回　⑤ 6～7回
⑥ 4～5回　⑦ 2～3回　⑧ 2回未満　⑨ その他（　　　　　　）

5. あなたが加入している健康保険についてお尋ねします。あてはまるものに○印をつけて下さい。
① 協会けんぽ　② 公務員共済　③ 組合管掌　④ 国保
⑤ その他（　　　　　　）

6. あなたの健康状態（自覚症状，精神的ストレス）についてお尋ねします。
イ）自覚症状についてお尋ねします。あてはまるものすべてに○印をつけて下さい。
① 首や肩が凝る　② 目が疲れる　③ 腰や背中が痛い
④ 息切れや動悸がする　⑤ 帰宅しても仕事のことが頭から離れない
⑥ 血圧が高い　⑦ 食欲がない　⑧ あまりかまずに食べる
⑨ 仕事のストレスで過食になっている　⑩ 仕事の疲れがとれない
⑪ 近頃，寝つきが悪い　⑫ ささいなことでカッとする
⑬ 夜寝るのが深夜12時を過ぎることが多い　⑭ 胃腸の調子がよくない
⑮ なんとなくイライラする　⑯ 落ち込むことがよくある
⑰ 通院等で治療を受けている持病がある（さしつかえなければ病名　　　　　　　）
⑱ どこも悪いところがなく，健康である
ロ）精神的ストレスについてお尋ねします。あてはまるものに○印をつけて下さい。

（ア）ある　→　a．いつもある　　b．周期的にある　　c．たまにある
　　　　　　　　　d．その他（　　　　　　　）
　　（イ）ない

7. 施設職員として働くことになった経緯についてお尋ねします。あてはまるものすべてに○印をつけて下さい。
　① 子どもが好きだったから
　② 施設実習や施設のボランティアを経験して働きたいと思ったから
　③ 生い立ちにきっかけがあったから　　④ 福祉の仕事に関心があったから
　⑤ 就職活動をしていてたまたま求人があったから
　⑥ 家族・教員・友人などに勧められたから
　⑦ 児童養護問題，施設に関心があったから　　⑧ 自らの信仰心にもとづいて
　⑨ その他（　　　　　　　　　　　　　　　　　　　　　　　）

8. 仕事上の不安，悩んでいることについてお尋ねします。あてはまるものすべてに○印をつけて下さい。
　① 労働時間が長い　② サービス残業が多い　③ 休暇が取りにくい
　④ 研修に参加できない　⑤ 給与が安い　⑥ 健康に不安がある
　⑦ 上司との関係　⑧ 同僚との関係　⑨ 施設の子どもとの関係
　⑩ 施設の親との関係　⑪ 関係機関との連携がとりにくい
　⑫ 近隣住民の理解・協力がえられない　⑬ 身分が不安定
　⑭ 社会的地位が低い　⑮ 相談相手がいない
　⑯ 自らの知識・経験不足で仕事がうまくいかない　⑰ 心身ともに疲れる
　⑱ 結婚しても働き続けられるか不安　⑲ 成果・能力主義が強まっている
　⑳ その他（　　　　　　　　　　　　　　　　　　　）

9. 仕事のやりがいについてお尋ねします。あてはまるものすべてに○印をつけて下さい。
　イ）やりがいを感じる
　　① 子どもと心がかよい合い，信頼関係が築けたとき　　② 子どもの緊急事態に対処できたとき　　③ 地域の専門職，関係機関との連携がうまくいったとき
　　④ 親の信頼を得られたとき　　⑤ 卒園生が近況を報告してくれたとき
　　⑥ 子どもの進学，就職が決まったとき　　⑦ 職場の仲間とわかりあえたとき
　　⑧ 子どもの成長が感じられたとき　　⑨ その他（　　　　　　　　　　　）

ロ）やりがいを感じない　→　（理由　　　　　　　　　　　　　　　　　　　　　）

10. (1) 勤続年数についてお尋ねします。あてはまるものに〇印をつけて下さい。
    ①　3年未満　　②　3年〜5年　　③　6年〜8年　　④　9年〜12年
    ⑤　13年〜15年　⑥　16年〜18年　⑦　19年〜21年　⑧　22年〜24年
    ⑨　25年〜27年　⑩　28年〜30年　⑪　30年以上
    ⑫　その他（　　　　　　　　　　　　　　）
    (2) ④「9〜12年」以上の勤続年数と答えた方にお尋ねします。施設の仕事を長く続けられている理由は何ですか。長く続けられる理由，秘訣を含めてご記入ください。
    　　→　※該当しない方は11の設問へ
    　　（　　　　　　　　　　　　　　　　　　　　　　　　　　　　　　　　）

11. 職場における研修の内容・回数についてお尋ねします。あてはまるものに〇印をつけて下さい。
    イ）昨年1年間に研修に参加する機会はありましたか。
    　　a．ない　→　理由（　　　　　　　　　　　　　　　　　　　　）
    　　b．ある　→　あてはまるものすべてに〇印をつけて下さい。
    　　　①　職場内研修　　②　都道府県社協主催
    　　　③　都道府県（市）児童養護施設協議会・施設長会主催　　④　全養協主催
    　　　⑤　子どもの虹情報研修センター主催　　⑥　養問研主催　　⑦　性生協主催
    　　　⑧　小舎制養育研究会主催　　⑨　社会福祉士会主催　　⑩　その他（　　　）
    　　　→　その回数は　　・3回以上　　・2回　　・1回
    　　　→　その研修は　　・役立った（具体的に　　　　　　　　　　　　　　）
    　　　　　　　　　　　　・役立たなかった
    ロ）今後どのような研修内容を望んでおられますか。あてはまるものすべてに〇印をつけて下さい。
    　①　社会福祉や児童福祉の法制度（利用できるサービス・施設・手続き）
    　②　子どもとのかかわり方　　③　親とのかかわり方　　④　貧困問題
    　⑤　労働問題　　⑥　心理学の知識，実技・ロールプレイ
    　⑦　面接・相談の技術・方法　　⑧　専門的立場の助言者がいる事例検討会
    　⑨　知的障害・発達障害　　⑩　少年非行問題　　⑪　いじめ問題
    　⑫　施設内虐待の予防と対策，暴力問題　　⑬　性教育・性問題の対応方法
    　⑭　子ども・職員集団づくり　　⑮　政治・経済・社会問題
    　⑯　その他（　　　　　　　　　　　　　　　　）

12. (1)所属している事業所に労働組合はありますか。
　　　イ）ある　→　①　入っている　　②　入っていない
　　　　　　　　　　③　個人加入ができる職場外の労働組合に入っている
　　　ロ）ない　→　①　どこにも入っていない
　　　　　　　　　　②　個人加入ができる職場外の労働組合に入っている
　　(2)あなたの職場で労働組合の必要性を感じますか。
　　　イ）感じる　→　（理由　　　　　　　　　　　　　　　　　　　　　）
　　　ロ）感じない　→　（理由　　　　　　　　　　　　　　　　　　　　）

13. 仕事上の悩みなどをよく相談する相手は誰ですか。あてはまるものすべてに〇印をつけて下さい。
　　①　同じ施設の同僚　　②　同じ施設の上司　　③　他施設の職員
　　④　研究会の仲間　　⑤　大学等の教員　　⑥　自治体職員　　⑦　友人・恋人
　　⑧　家　族　　⑨　率直に相談できる人がいない
　　⑩　その他（　　　　　　　　　　　　　）

14. (1)これまでに仕事をやめたいと思ったことがありますか。あてはまるものに〇印をつけ，「イ）ある」と答えた方はその理由を記入して下さい。
　　　イ）ある　→　理由（　　　　　　　　　　　　　　　　　　　　　　）
　　　ロ）ない　→　15の設問へ
　　(2)「イ）ある」と答えた方にお尋ねします。辞めたいと思ったときに支え（ふみとどまるきっかけ）になったものは何ですか。具体的に記入して下さい。
　　　（　　　　　　　　　　　　　　　　　　　　　　　　　　　　　　　）

15. 施設で子どもと家族から行政機関や施設に対する苦情や要望を聞いていますか。あてはまるものに〇印をつけ，「イ）聞いている」の場合は内容を具体的に記入して下さい。
　　イ）聞いている　→　（具体的に　　　　　　　　　　　　　　　　　　）
　　ロ）聞いていない

16. 施設の小規模化についてお尋ねします。あてはまるものに〇印をつけて下さい。
　　①　小規模化している　（イ）ロ）ハ）ニ）の設問へ）
　　②　小規模化していない　（17）の設問へ）
　　　イ）いつから小規模化しましたか。あてはまるものに〇印をつけて下さい。

① 1～3年前　② 4～6年前　③ 7～9年前　④ 10～14年前
⑤ 15～19年前　⑥ 20年以上

ロ）小規模化によって、子どもの生活環境にどのような変化がありましたか。あてはまるものすべてに〇印をつけて下さい。
① 子どもと職員の関係の改善　② 子ども同士のトラブルの減少
③ 家庭に近い生活体験ができる　④ 柔軟な日課の設定
⑤ 職員による子どもへの個別的なかかわりが増えた
⑥ 子ども個々の課題がみえやすい
⑦ 食事（調理・手伝い）に関心を持つ子どもが増えた
⑧ 子どもの学習への集中力が向上した
⑨ 子どもが施設外の友達を連れてくるようになった
⑩ 地域との関係が築きやすい　⑪ その他（　　　　　　　　　　　　　）

ハ）小規模化による職員の働き方の変化についてお尋ねします。あてはまるものすべてに〇印をつけて下さい。
① 子どもと職員の関係が悪化すると修復が困難　② ユニット間の関係の希薄化
③ 一人勤務の増加　④ 職員が問題を抱え込み、孤立しやすい
⑤ ベテランの姿から学ぶ機会が少なく、新人の育成が困難
⑥ 職員集団の合意形成の困難さ　⑦ ユニットを超えた介入の困難さ
⑧ 宿直の増加　⑨ 超過勤務の増加　⑩ 断続勤務の増加
⑪ 離職率の増加　⑫ 子ども集団づくりの困難さ
⑬ 暴力・性問題の増加と対応の困難さ
⑭ 施設運営上の問題が、職員個人や人間関係の問題にされやすい
⑮ 食事作りに時間が取られる　⑯ 価値観の相違による職員同士の関係の悪化
⑰ その他（　　　　　　　　　　　　　　　　　　　　　　　　）

ニ）ユニット間や職員間の連携、職員の働き方を改善するために工夫している点は何ですか。施設で取り組んでいることを具体的に記入して下さい。
（　　　　　　　　　　　　　　　　　　　　　　　　　　　　　　　　）

17. 今後、施設で職員が安心して働き続けるためにはどのようなことが必要ですか。必要と思われるものすべてに〇印をつけて下さい。
① 賃金の改善　② 職員配置基準の抜本的改善　③ 施設整備予算の拡充
④ 労働時間の短縮・残業時間の規制　⑤ 研修制度の整備・拡充
⑥ 信頼できる相談相手が職場にいること　⑦ 民主的で風通しのよい職場づくり
⑧ 産休・育休・介護休暇などを取得しやすい職場づくり

⑨　有給休暇を取得しやすい職場づくり
⑩　関係機関・施設のスタッフとの交流・学習の機会を増やす
⑪　国・自治体行政が児童福祉にかかわる専門職員を拡充させ，家庭支援などを継続的に行える体制を整備する
⑫　その他（　　　　　　　　　　　　　　　　　　　　　）

18. 最後に本調査および，国・自治体行政に対する要望・意見を自由にご記入下さい。

長時間ご協力いただき，ありがとうございました。

索 引

あ 行

浅井春夫 21
新しい社会的養育ビジョン 55
育児 134
育児休業制度 24
意見箱 170
意識の向上 210
伊藤嘉余子 25
井上英夫 6
浦辺史 19, 20
運動 257
衛生管理 211
大阪西本願寺常照園 200
小川政亮 40
親への教育 270
親への指導 270

か 行

会議の工夫 183, 231
会計 211
介護 134
外部からの情報 258
外部との交流 258
風通しを良くするしくみ 186
家族の協力 148
学校教育 160
関係機関との連携 277, 281
気分転換 210
救世軍愛光園事件 53
勤続職員 29
勤続年数 76
勤務形態 75, 80
勤務体制 120
苦情解決制度 32, 173
国の責任 41
経済的理由 136
恵泉寮事件 50
結婚 134
健康状態 4, 8, 25, 108, 125
健康保険 75, 81
研修 227
　――プログラム 38
公私間格差是正制度 48, 51, 58, 59
向上心 145
心の健康 28
子ども・家族からの苦情 32, 167
子ども・家族からの要望 32, 167
子ども・職員双方の人権 6
子どもとのかかわり方 210
子どもとの関係 117, 121, 199
子どもの変化 189
コモンセンスペアレンティング 214
雇用形態 64, 66, 84, 86, 94, 101, 110
雇用の不安定さ 116
孤立感 180
婚姻関係 66

さ 行

最終学歴 67, 69
真田是 19–21
自覚症状 108
自己研鑽 140, 145
仕事上の不安 113
仕事の適性 134
仕事の魅力 151
仕事のやりがい 139, 157
施設運営 133, 141
施設形態 71
施設内の支援体制 186

施設への思い　148
自治体の責任　41
実労働時間　96
児童相談所の対応　169
児童養護施設　1
児童養護問題　13, 22, 155
社会運動　3, 19, 160, 288
社会福祉労働　18–20, 43
社会保障の市場化・営利化　33
就業条件　72, 78
宿直　101
出産　134
取得資格　68
小規模化　34, 176
　──する前と後の変化　189
　──に伴うデメリット　181
　──に伴うメリット　180
　──の影響　8, 284
　──を進めていく上での課題　196
昇給　88
状況の改善　245
上司との関係　124
情報開示　233
情報共有　233
賞与（ボーナス）　85
食　211
職員関係　153
職員間のコミュニケーション　186
職員間の連携　202, 222
職員集団づくり　10, 39, 195, 228, 285
　──の方法　236
職員との関係　119
職員の育成　120, 161, 199
職員の意識　246
職員の確保　199
職員の考え方　246
職員の権利　247, 260
職員の変化　193
職員配置基準　13, 46, 48, 49, 55
職員配置の改善　267

職場内研修　206, 211
職場内の話し合い　250
職場の人間関係　145
人権　13
人事　133
新人研修　211
心理的安全性　140, 154
杉本美江　41
スキルアップ　210
ストレッサー　26
住み込み制　47
性格　151
生活実態　5
生活文化の貧困　121
正規職員　112
性教育　211
精神的ストレス　111
制度・行政の課題　200
制度面の課題　273, 280
世帯の生計中心者　66
全国児童養護問題研究会　7, 48, 289
全国福祉保育労働組合　13, 49
全国養護問題研究会　48
戦争孤児　46
組織　133
　──との関係　153
　──づくり　222, 232
ソーシャルサポート　4, 122, 125, 140, 225, 231
ソーシャルペダゴジー　121, 127
ソーシャルワーク　217
措置制度　85
措置費　5
　──等の改善　267

た　行

第三者委員会　33, 173
退職　129
　──理由　29
退所した子どもとの関係　163
髙木和美　33

他施設との意見交換　210
他施設との交流　210
断続勤務　1, 13, 47
地域小規模児童養護施設　34, 57
地域との連携　277, 281
地域分散化　35
超過勤務手当　99
賃金の改善　24
通勤交替制　75
ディーセント・ワーク　229, 278
転職の困難　139
同族経営　1
同僚との関係　124

な　行

長い経験　196
日常的な確認　170
日本型福祉社会　49
日本子ども家庭福祉学会　53
日本社会事業職員組合　47, 49
日本社会福祉労働組合　49
年収　82, 84
のぞみの家　48

は　行

働き方を改善するための工夫　202
働き方の変化　202
働きすぎ　160
働きやすい環境づくり　229
バーンアウト　27
引き継ぎの工夫　183
非正規職員　112
一人勤務の増加　180
フォスターケア・ドリフト　276
福祉保育労　→全国福祉保育労働組合
普恵園事件　53
負担増　252
振り返り　210
分園型小規模グループケア　57

変則勤務　117
保護者の苦情　170
保護者への対応　170

ま　行

摩擦　252
周りの支え　136
三塚武男　3, 4
民間施設給与等改善費　48, 90
面談　170

や　行

やりがい　159
　——の搾取　160
有給休暇　93
ユニット間の連携　202
要求　257
養問研　→全国児童養護問題研究会
予算　211

ら　行

ルールの改善　169
連絡会の工夫　183
労組　→労働組合
労働環境　i, 130, 145, 149, 198, 225, 235, 242, 278
　——の改善　187
労働組合　1, 71, 76, 88, 96, 115, 207
　——の意義　246, 255
　——の活動　5
　——の組織率　5
　——の必要性　240, 248, 255
　——の役割　246
労働組合法　46
労働条件　i, 2, 8, 93, 104, 130, 145, 149, 225, 242, 278
労働問題　i, 52
　——の歴史　283

わ行・欧文

若松学園事件 52

鷲谷善教 18, 40
Goodman,R. 3

著者紹介

堀場純矢（ほりば・じゅんや）
　1975年，愛知県生まれ．
　2012年，金沢大学大学院人間社会環境研究科博士後期課程修了．博士（学術），社会福祉士．
　全国児童養護問題研究会編集部長，『社会的養護研究』編集委員長．児童養護施設の児童指導員，中京女子大学（現・至学館大学）専任講師などを経て，現在，日本福祉大学社会福祉学部教授，放送大学客員教授．
主　著：『階層性からみた現代日本の児童養護問題』（明石書店，2013年），『日本の児童養護と養問研半世紀の歩み――未来の夢語れば』（共編著，福村出版，2017年），『〈施設養護か里親制度か〉の対立軸を超えて――「新しい社会的養育ビジョン」とこれからの社会的養護を展望する』（共著，明石書店，2018年），『「そだちあい」のための社会的養護』（共著，ミネルヴァ書房，2022年）．
主論文：「児童養護施設職員のストレスと健康状態――20施設のアンケート調査から」『医療福祉政策研究』4(1)，2021年，「児童養護施設職員が働き続けられる環境づくり――インタビュー調査から」『総合社会福祉研究』50，2021年，「児童養護施設職員の労働問題と労働組合の役割――労働組合の有無別のアンケート調査から」『大原社会問題研究所雑誌』775，2023年．

MINERVA社会福祉叢書⑦

児童養護施設の労働問題
――子ども・職員双方の人権保障のために――

2025年2月20日　初版第1刷発行　　　　〈検印省略〉

定価はカバーに
表示しています

著　者　　堀　場　純　矢
発行者　　杉　田　啓　三
印刷者　　藤　森　英　夫

発行所　株式会社　ミネルヴァ書房
607-8494 京都市山科区日ノ岡堤谷町1
電話代表 (075)581-5191
振替口座 01020-0-8076

© 堀場純矢, 2025　　　　亜細亜印刷・新生製本

ISBN978-4-623-09857-6
Printed in Japan

「そだちあい」のための子ども家庭福祉

藤田哲也・安形元伸 編著
Ａ５判／264頁／本体2600円

「そだちあい」のための社会的養護

遠藤由美 編著
Ａ５判／276頁／本体2500円

「そだちあい」のための子ども家庭支援

吉村美由紀・吉村　譲・藤田哲也 編著
Ａ５判／280頁／本体2500円

子どものニーズをみつめる児童養護施設のあゆみ

大江ひろみ・山辺朗子・石塚かおる 編著
Ａ５判／304頁／本体3000円

福祉専門職のための統合的・多面的アセスメント

渡部律子 著
Ａ５判／272頁／本体2800円

———— ミネルヴァ書房 ————
https://www.minervashobo.co.jp/